Michel Lefèvre

Textgestaltung, Äußerungsstruktur und Syntax in deutschen Zeitungen des 17. Jahrhunderts

Zwischen barocker Polyphonie und solistischem Journalismus

WEIDLER Buchverlag Berlin

ISBN 978-3-89693-599-1

Herstellung durch Frank & Timme GmbH
Wittelsbacherstraße 27a, 10707 Berlin
info@frank-timme.de

www.weidler-verlag.de

Michel Lefèvre

Textgestaltung, Äußerungsstruktur und Syntax in deutschen Zeitungen des 17. Jahrhunderts

Berliner Sprachwissenschaftliche Studien

herausgegeben von
Franz Simmler

Band 29

Inhaltsverzeichnis

Vorwort

Die vorliegende Arbeit wurde im Nowember 2008 an der Université Paris-Sorbonne (Paris IV) als Habilitationsschrift angenommen. Das Prüfungsgremium bestand aus den Professorinnen und Professoren Yvon Desportes (Paris), Marie-Thérèse Mourey (Paris), Odile Schneider-Mizony (Strasbourg), Franz Simmler (Berlin) und Peter Wiesinger (Wien), denen ich für die Diskussion und Anregungen recht herzlich danken möchte.

Die Arbeit entstand während meiner Assistentenzeit an der Université du Littoral (Dunkerque/Boulogne-sur-Mer) und Paris-Sorbonne, wo ich jeweils seitens der Kollegen eine große Unterstützung fand. Die Forschungsgruppe in Boulogne-sur-Mer unter Leitung von Prof. Jacquelin Bel war mir insbesondere bei der Beschaffung der Mikrofilme für das Korpus hilfreich. Besonderen Dank schulde ich Prof. Yvon Desportes, der stets Ansporn und Berater für mich war. Er empfing mich in seiner Forschungsgruppe für ältere deutsche Sprache und weckte in mir das Interesse für Sprachgeschichte, weit über das 17. Jahrhundert hinaus. Dass die deutsche Sprache des 17. Jahrhunderts ein spannendes Forschungsfeld ist, in dem neben literarischen und kanzleisprachlichen Werken noch viele Texte brach liegen, erfuhr ich durch Prof. Paul Valentin (Paris) und Klaus-Jürgen Mattheier (Heidelberg), die mich seinerzeit dazu anspornten, die Briefe der Lieselotte von der Pfalz als Korpus für meine Dissertation zu verwenden.

Für die Drucklegung gab mir Prof. Franz Simmler (Berlin) wichtige Hinweise, die es mir erlaubten, Terminologie und Theorie bei der Übersetzung der Arbeit ins Deutsche anzupassen. Ich schulde ihm auch besonderen Dank dafür, dass er die Untersuchung in seine Reihe *Berliner Sprachwissenschaftliche Studien* aufgenommen hat. Meine jetzige Forschungsgruppe, das *Centre de Recherche en Etudes Germaniques* (Montpellier/Toulouse) trug ein Wesentliches bei der Finanzierung der Herausgabe bei, der Dank geht an die Leiterin des CREG, Prof. Dorothea Merchiers, die meine sprachwissenschaftlichen Interessensgebiete seit meinem Ruf an die Université Paul Valéry (Montpellier) vorbehaltslos fördert.

Mein Dank geht auch an alle, die mir in den letzten zehn Jahren, bei der Erstellung des Korpus, der Verfassung der Habilitationsschrift und der Übersetzung geholfen haben. An erster Stelle möchte ich Evelyne, meine Frau nennen, die mich mit viel Geduld meinem Schreibtisch überließ, und auch tatkräftig mitgeholfen hat. Dann möchte ich stellvertretend für etliche andere Françoise Després und Bettina Trümpler nennen, die mir durch wirksame Lektorenarbeit eine große Hilfe waren.

Montpellier, im Januar 2013
Michel Lefèvre

1 Einleitung

1.1 Das Korpus

Diese Arbeit gliedert sich in eine Reihe von Untersuchungen der deutschen Sprache des letzten Drittels des 17. Jahrhunderts ein, die sich mit einem sehr reichhaltigen und dennoch bis heute wenig erforschtem Korpus von Texten befasst: jenem der periodischen Zeitungen. Die frühesten periodischen Zeitungen in Deutschland gehen auf das Jahr 1609[1] zurück, so dass 60 bis 80 Jahre später von einer etablierten Tradition gesprochen werden kann: Es haben sich routinierte redaktionelle Muster und ein festgelegtes Erscheinungsbild der gesamten Zeitung geprägt, die sich bis ins 18. Jahrhundert hinein kaum mehr ändern, trotz merklicher Versuche gegen Ende des 17. Jahrhunderts, das Modell, dessen Stil und insbesondere dessen Äußerungsstruktur, zu erneuern.

Dieser Arbeit liegt ein Textkorpus zu Grunde, das anhand von auf Mikrofilmen abgelichteten Originaltexten erstellt wurde, wobei der Text, so weit es technisch möglich war, originalgetreu elektronisch erfasst wurde, insbesondere mit Berücksichtigung der ursprünglichen Textgestaltung, d.h. zeilen- und seitengetreu und mit Beibehaltung alter Markierungen wie z.B. der Virgel und des Spatiums.[2]

Das Korpus umfasst etwa 500.000 Wörter. Das sind 1.500 Seiten jener Zeitungen, die meist 4 oder 8 Seiten enthielten. Es wurden 16 unterschiedliche Zeitungstitel in das Korpus aufgenommen, allerdings mit einer sehr ungleichen Anzahl von Ausgaben pro Titel. Alle erfassten Titel mit der Zeitspanne der transkribierten Ausgaben und dem Erscheinungsort sowie die im weiteren Verlauf dieser Arbeit verwendeten Abkürzungen sind in folgender Tabelle aufgelistet:

Altonaischer Mercurius (AM): 1698, Altona.
Europäische Zeitung (EZ): 1698, Hanau.
Europäische Relation (ER): 1698, Altona.

1 Vgl. zu den ersten periodischen Zeitungen Margot Lindemann, Deutsche Presse bis 1815; Gerd Fritz et al., Die Sprache der ersten deutschen Wochenzeitungen; Thomas Schröder, Die ersten Zeitungen.

2 Es wurde für die Transkription der in dieser Arbeit wiedergegebenen Beispiele allerdings auf Sonderzeichen wie übergesetztes *e* bei Umlaut und übergesetzten Balken bei Kürzung der Konjunktion *und* und bei geminiertem Nasalkonsonant verzichtet, da diese Orthographie nur in einigen der Zeitungen des Korpus verwendet wurde und die hier erfolgenden Untersuchungen nicht beeinträchtigt, für elektronische Auswertungen und kontrastive Vergleiche aber eher hindernd ist.

Extraordinari Postzeitungen (EPZ): 1696, 1698, Wien.
Gewiß Einlaufende Relation (GER): 1672, Erscheinungsort unbekannt.
Königsberger Ordinari Postzeitung (KOP): 1698, 1699, Königsberg.
Mercurij Relation oder Zeitungen (MRZ): 1672, 1673, München.
Neu Ankommender Currier (NAC): 1672, 1696, 1698, Wien.
Nordischer Mercurius (NM): 1673, 1685, Hamburg.
Ordentliche Wochentliche Post-Zeitungen (OWP): 1671-1673, Frankfurt/Main.
Ordinari Postzeitung (OPZa): 1667-1669, 1673, Erscheinungsort unbekannt.
(Dingstags/Freytags) Ordinari Post-Zeitungen (OPZb): 1696, 1698, Dantzig.
Ordinari Reichs-Zeitung (ORZ): 1698, Wien.
Relations-Currier (RC): 1696, Hamburg.
Rigische Novellen (RN): 1699, Riga.
Teutscher Kriegs-Currier (TKC): 1673, Nürnberg.

1.2 Forschungsstand[3]

Dieses Korpus wurde von seinem Umfang sowie von der berücksichtigten Zeitspanne im letzten Drittel des 17. Jahrhunderts her als komplementäre Weiterführung jenes Korpus erstellt, das vor etwa 20 Jahren einem Forschungsprojekt über die ersten deutschen Periodika an der Universi-

---

3 Grundlage der vorliegenden Untersuchung sind Texte aus der Zeitungssprache des 17. Jahrhunderts, die bisher in der Forschung wenig Berücksichtigung fanden. Ausführlich behandelt ist im Forschungsbericht daher die Literatur zur Geschichte der Presse und der Sprache in der frühen Publizistik. Es ist nicht das Ziel, einen vollständigen Forschungsbericht zur Syntax des 17. Jahrhunderts zu geben, weil sich die entsprechende Literatur auf andere Textgrundlagen bezieht. Einen Überblick vermitteln dazu folgende Werke, die zu einzelnen Fragestellungen herangezogen werden: Wolfgang Stammler (Hg.), Deutsche Philologie im Aufriss; Werner Besch et al. (Hgg.), Sprachgeschichte. Ein Handbuch zur Geschichte der deutschen Sprache, vor allem mit den Überblicksartikeln von Vilmos Àgel, Syntax des Neuhochdeutschen bis zur Mitte des 20. Jahrhunderts und von Werner Besch, Die Entstehung und Ausformung der neuhochdeutschen Schriftsprache; ferner die Monographie von Anne Betten, Zur Entwicklung der Prosasyntax. Besondere Berücksichtigung fanden auch die Sammelbände Anne Betten (Hg.), Neuere Forschungen zur historischen Syntax und von Klaus Jürgen Mattheier et al. (Hgg.), Methoden zur Erforschung des Frühneuhochdeutschen. Auf die entsprechenden Artikel wird in Anmerkungen eingegangen. Der im Kapitel 4 dieser Arbeit vorgeschlagene Ansatz versucht, sich von üblichen syntaktischen Analysen zu distanzieren, und setzt sich vor allem mit den Arbeiten von Robert Peter Ebert, Historische Syntax und Wladimir Admoni, Historische Syntax, auseinander.

tät Tübingen unter Leitung von Erich Straßner zu Grunde lag. Die Tübinger Forscher interessierten sich damals für die frühesten periodischen Zeitungen zu Beginn des 17. Jahrhunderts um 1609 und erstellten Vergleiche mit späteren Ausgaben, die bis in das Jahr 1667 reichten. Genau hier setzt das hier erarbeitete Korpus an und reicht bis ans Ende des Jahrhunderts.

Somit erscheint die hier in Angriff genommene Untersuchung auch als komplementär zu den von dem Tübinger Forscherteam veröffentlichten Studien.[4] Das Forscherteam hat alle in den frühen Zeitungstexten enthaltenen sprachlichen Aspekte berücksichtigt. Es erfolgten syntaktische, textliche und lexikologische Untersuchungen und es wurden texttypologische Überlegungen angestellt, ganz in der Tübinger Tradition, wo die textliche Dimension einen zentralen Forschungsbereich darstellt.

Die Untersuchungen zur frühesten Presse wurden mit erheblicher Anwendung von EDV-Verarbeitungsmitteln angestellt, so dass in den verschiedenen Veröffentlichungen zahlreiche Tabellen mit genauen Zahlenangaben und Statistiken zu den untersuchten Bereichen enthalten sind.

Mit den Arbeiten des Tübinger Forschungsteams wurde eine Lücke in der sprachwissenschaftlichen Kenntnis historischer deutschsprachiger Texte zum Teil geschlossen. In der Tat haben sich die Linguisten bis zu jenem Zeitpunkt kaum für die Zeitungen interessiert, insbesondere für jene des 17. Jahrhunderts: Es erschienen lediglich sehr vereinzelte Untersuchungen, darunter einige Aufrufe an die Linguisten und Sprachhistoriker, sich mit jenen Texten zu befassen. Dies trifft auf etliche Aufsätze von Lutz Mackensen zu,[5] der als Leiter der Deutschen Presseforschung in Bremen um den potentiellen außerordentlichen Wert für die Sprachforschung seiner frühen Bestände wusste und dies zu vermitteln suchte. Allerdings hat er selbst auf dem linguistischen Gebiet lediglich lexikalische Untersuchungen in Angriff genommen.

Auch muss hier die Arbeit dieser heute zur Universität Bremen gehörenden Forschungsstelle erwähnt werden, dank welcher seit ihrer Gründung zahlreiche Publikationen über die deutsche Presse erschienen sind und ein beträchtlicher Archivbestand älterer Zeitungen zusammengetragen, mikrofilmiert und der Öffentlichkeit zugänglich gemacht wurde.

---

4 Vgl. insbesondere Gerd Fritz et al., Die Sprache der ersten deutschen Wochenzeitungen; Thomas Schröder, Die ersten Zeitungen.

5 Lutz Mackensen, Zeitungen als Quelle; ders., Über die sprachliche Funktion der Zeitung; ders., Zur Sprachgeschichte des 17. Jahrhunderts.

Die im Rahmen der Deutschen Presseforschung veröffentlichten Studien behandeln im Wesentlichen die Geschichte der deutschen Presse mitsamt den frühen Vorformen der Zeitungen.[6] Als eine der ersten in diesem Rahmen veröffentlichten Monographien muss Margot Lindemanns 1969 erschienener Band zur Geschichte der deutschen Presse erwähnt werden.[7] Der Arbeit Else Bogels[8] ist es zu verdanken, dass wir heute über einen Bestandskatalog verfügen, in dem alle Zeitungen des 17. Jahrhunderts verzeichnet sind, von denen es noch Archivalien gibt, mit Angabe von Publikationsort und -datum, soweit diese nachvollzogen werden konnten.

Jedoch wurden nur wenige sprachwissenschaftliche Studien anhand jener Forschungsinstrumente erstellt. In der Einleitung des von dem Straßner-Team veröffentlichten Sammelbands[9] sind alle Arbeiten und Bemerkungen zum Thema Sprache in den frühen Zeitungen angeführt, die in der Tat von geringem Umfang sind.[10]

Für dieses geringe Forschungsinteresse kann man mehrere Erklärungsansätze anführen. Zunächst haben die Sprachhistoriker bis heute kaum Zeitungstexte als Grundlage für ihre Forschungen gewählt, da sie literarische Korpora vorzogen oder sich auf kanzleisprachliche Dokumente bezogen, wobei volkstümliche Romane wie der *Simplicissimus* als sprechsprachlich abgetan wurden. So wurden in der diachronen Sprachwissenschaft bedeutende Textkorpora wie die Briefwechsel oder die Zeitungen vernachlässigt. Erst seit etwa zwanzig Jahren interessieren sich Linguisten für derartige Korpora, insbesondere im Zuge der Überlegungen zu den historischen Sprachvarietäten, wie sie etwa ab den 80er Jahren des vorigen Jahrhunderts angestellt wurden.[11] Die Konsequenz ist,

6 Zu den Forschungszielen und -ergebnissen des Instituts für Deutsche Presseforschung der Universität Bremen vgl. Holger Böning (Hg.), Deutsche Presseforschung und Holger Böning, Periodische Presse.

7 Margot Lindemann, Deutsche Presse bis 1815.

8 Else Bogel, Elger Blühm, Die deutschen Zeitungen des 17. Jahrhunderts; Else Bogel, Schweizer Zeitungen des 17. Jahrhunderts

9 Gerd Fritz et al., Die Sprache der ersten deutschen Wochenzeitungen, S. 4.

10 Aktuell werden neue Forschungsvorhaben in Angriff genommen, die von einem zunehmenden Interesse für ältere Zeitungen und Publizistik zeugen. Stellvertretend für diese neue Tendenz sollen hier einige Arbeiten von Britt-Marie Schuster genannt werden, in denen sowohl der textlich-syntaktische (vgl. Britt-Marie Schuster, Der Zusammenhang von syntaktischer Variabilität und Textsortenstil) als auch der kommunikativ-pragmatische Ansatz (vgl. Britt-Marie Schuster, Die Geschichte des öffentlichen Kommunizierens) berücksichtigt werden.

11 Vgl. als repräsentative Beispiele für die Anwendung auf die Sprachgeschichte der Varietätentheorien den Sammelband von Anne Betten (Hg.), Neuere Forschungen zur histori-

dass man heute noch in einschlägigen Studien und Handbüchern die Kanzleisprache als die typischste Form der deutschen Barocksprache betrachtet[12] und die anderen Textsorten für nicht repräsentativ für die damalige deutsche Sprache hält. Erst seit kurzer Zeit hat man auch die Zeitungstexte zu den repräsentativen Formen der deutschen Barocksprache erhoben, und man ist sogar der Auffassung, dass die Zeitungssprache ein genaueres Bild der Barocksprache abgeben dürfte als die Kanzleitexte.

Eine weitere Ursache für die geringe Zahl der Untersuchungen anhand von Zeitungstexten ist, dass sie sich in der Tat nicht für alle Bereiche der sprachwissenschaftlichen Forschung eignen. So hat z.B. eine Forschergruppe um Peter Wiesinger in Wien eine Zeit lang erwogen, die Zeitungen als Grundlage für eine Untersuchung der Dialektentwicklung in der Barockzeit zu verwenden, in der Meinung, dass in jeder Stadt des deutschen Reiches eine Zeitung erschien, die auch Berichte von den umliegenden Regionen enthielt, so dass sich durch die Zeitung anscheinend ein präzises diatopisches Raster aufstellen ließe. Doch verhinderten die überraschend weit entwickelte Standardisierung der Zeitungssprache einerseits, und andererseits die komplexen Äußerungsstrukturen in den Berichten, in denen man nicht eindeutig unterscheiden kann, wer der aktuelle Sprecher ist und wo er sich situiert (zumal der Erscheinungsort einiger Zeitungen noch nicht einmal eindeutig festgelegt werden kann), dass eine derartige Studie zustande kam, die klare Verhältnisse in der Identität und vor allem in der geographischen Herkunft des Sprechers verlangt.

Ein weiterer Grund besteht schließlich darin, dass man, will man historische Textkorpora mit größtem Gewinn für sprachhistorische Kenntnisse angehen, gewisse heute übliche Begriffe und Kategorien der Grammatik an jene Texte anpassen muss. Geht man diese frühen Texte mit grammatischen Begriffen an, die erst später entwickelt wurden, so sind die Ergebnisse wenn nicht gefälscht, so doch nicht in dem gewünschten Maße heuristisch. So weisen die syntaktischen Untersuchungen in den Veröffentlichungen des Tübinger Forscherteams Ergebnisse auf, die oft nicht über eine einfache, nach Wortklassen gegliederte Auflistung von linguistischen Einheiten oder Bemerkungen zu den an Umfang zunehmenden Syntagmen hinausgehen, ohne dass man das Besondere in Rhythmus und syntaktischem wie argumentativem Aufbau der barocken Sätze richtig erfasst. Man befindet sich in der paradoxen Situa-

schen Syntax des Deutschen; sowie das Handbuch von Werner Besch et al. (Hgg.), Sprachgeschichte.

12 Vgl. Hans Moser, Die Kanzleisprachen.

tion, dass ein heutiger Sprecher zwar einige Mühe hat, barocke Zeitungstexte anzugehen, sie zu lesen und ihre Bedeutung völlig zu erfassen, die Linguisten aber, die ihre modernen Analysemethoden und Beschreibungskriterien anwenden, keine grundlegenden Unterschiede in Form und Funktion der dort enthaltenen Einheiten zur heutigen Sprache ermitteln können.

1.3 Ziel der vorliegenden Untersuchung

Es geht im Folgenden in erster Linie darum, eine zu den bereits bestehenden Untersuchungen zur Sprache in den frühen deutschen Zeitungen ergänzende Studie zu erstellen, sowohl was die Untersuchungsmethode als auch die zu durchleuchtenden linguistischen Bereiche betrifft.[13]

Auch der Standpunkt, von dem aus die Texte betrachtet werden sollen, ist komplementär zu jenem in den früheren Untersuchungen. Während in den Arbeiten des Tübinger Teams[14] der Akzent eindeutig auf den Standpunkt des Rezipienten, des Lesers der Zeitungen, gesetzt wird, so dass ein ganzes Kapitel in diesem Sammelband diesem Dekodierungsaspekt gewidmet ist („Verständlichkeit und Verständnissicherung in den frühen Wochenzeitungen“), soll in vorliegender Untersuchung eher die Sprachproduktion untersucht und systematisch folgenden Fragen nachgegangen werden: In welchem Äußerungsrahmen befinden wir uns? Wer ist der aktuelle Sprecher? Wie richtet er sich an den Adressaten? Welche Äußerungsstrategie verwendet er, um zu informieren, zu argumentieren, seinen Adressaten zu überzeugen und zu manipulieren? Die Frage nach der sprechenden Stimme bzw. Vielzahl von Stimmen und Polyphonie ist zweifelsohne eine zentrale Frage in der gerade entstehenden journalistischen Kommunikation, und dies zu einer Zeit, in der das Berufsethos des Journalisten quasi von der Obrigkeit und deren vielfältigen Zensurmöglichkeiten verordnet wurde, wobei es aber auch nötig war, ein solches beim Publikum durchzusetzen, das von Beginn an eine kritische Haltung gegenüber diesem Medium hatte. Widersprüche sind seit den Anfängen deutlich spürbar. Das Medium „Neue Zeitung“ ent-

---

13 Als synchrone Untersuchung ist der Fokus nicht auf die Sprachgeschichte gerichtet. Dennoch dürfte diese Arbeit einen Beitrag zu einer neuen Sprachgeschichtsschreibung der frühen neuhochdeutschen Epoche, wie sie etwa Monika Rössing-Hager, Ansätze zu einer deutschen Sprachgeschichtsschreibung vom Humanismus bis ins 18. Jh. skizziert, beitragen.

14 Gerd Fritz et al., Die Sprache der ersten deutschen Wochenzeitungen, S. 8. Auch die Untersuchungen von Britt-Marie Schuster setzen den Akzent auf die Problematik der Rezeption, vgl. Britt-Marie Schuster, Die Verständlichkeit von frühreformatorischen Flugschriften.

puppt sich eher als ein Propagandamittel, um das Publikum mit heftigen Parolen für eine bestimmte Partei zu gewinnen, wie es etwa bei den von Luther herausgegebenen Flugblättern deutlich wird, während sich das Publikum gleichzeitig aber auch für objektive und bewahrheitete Informationen, für wahrheitsgetreu wiedergegebene Fakten interessiert. Daher wird in den Zeitungen für die Berichterstattung das Wort bevorzugt an den Korrespondenten oder den Informanten am Ort des Geschehens, an die direkten Zeugen auch entfernter Ereignisse weitergereicht. Bei dieser Auffassung des Journalismus reduziert sich die Tätigkeit des Herausgebers einer Zeitung auf das Zusammentragen und Wiedergeben von Zeugnissen, so dass er als Dirigent eines vielstimmigen, polyphonen, Chors fungiert. Aber wie zuverlässig sind diese Quellen? Kann man dem Delegieren der Sprecherfunktion wirklich Glauben schenken? Ist der Herausgeber nicht geneigt, sich in den Chor der Sprecher einzumischen, unter den vielen Stimmen gar den Ton anzugeben? Welche Techniken der Redewiedergabe wählt der Redakteur? Zeigt er sich distanziert zu den übermittelten Informationen oder fügt er Kommentare und subjektive Meinungen hinzu? In den folgenden Untersuchungen soll stets Rücksicht auf diese Fragestellungen genommen werden.

Deshalb wurde der eigentlich syntaktischen Beschreibung eine Untersuchung der Text- und Äußerungsstruktur vorangestellt, um die Rahmenbedingungen für diese kommunikativ-argumentativen Fragestellungen zu skizzieren. Der textliche Aufbau gestaltet sich auf den ersten Blick recht eindeutig. Jeder Textteil scheint zunächst einem Sprecher und somit einem Textexemplar[15] mit spezifischer Äußerungssituation zu entsprechen. Aber da die dem Herausgeber zugeordneten, hauptsächlich paratextlichen Textteile ihm keinen Raum für eine subjektive Äußerung lassen, mischt er auch bei den anderen Textteilen mit, deren Äußerungsrahmen anscheinend den anderen Sprechern, dem Korrespondenten und dem Informanten vorbehalten ist, wobei spezifische sprachliche und nicht-sprachliche Einheiten eine solche Einmischung signalisieren können. Der zentrale redaktionelle Teil der Zeitung, der aus Textexemplaren der Textsorte ‚Korrespondenz' besteht, ist daher jener, in dem die Polyphonie am stärksten ausgeprägt ist, und es erscheint als unvermeidlich, in einer gezielten Untersuchung die einzelnen Stimmen darin zu unter-

15 Zur verwendeten Begrifflichkeit im Bereich der Textlinguistik, vgl. Franz Simmler, Teil und Ganzes in Texten. Zum Terminus ‚Textexemplar', s. S. 15: „Jedes Vorkommen eines Textexemplars ist an die Existenz einer externen Variablenkonstellation aus Sprecher, Hörer, Ort und Tempus/Zeit gebunden". Zur textlinguistischen Beschreibungsmethode älterer Texte, vgl. etwa Jörg Meier, Textstrukturen und Textmuster.

scheiden. Vielstimmigkeit prägt nicht nur Teiltexte wie die Korrespondenzen, sondern auch deren untergeordnete Textteile, Makrostrukturen und Sätze, in denen unterschiedliche Stimmen, d.h. Sprecher, mit ihrem jeweiligen Äußerungsrahmen identifiziert werden können. Auch in kleineren syntaktischen Einheiten, für die man üblicherweise homogene Äußerungssituationen voraussetzt, lässt sich eine Vielfalt von Stimmen und Äußerungsrahmen feststellen.

Vielstimmigkeit kennzeichnet auch die ‚Periode', einen Typ von komplexen sprachlichen Einheiten, die man zwischen Makrostrukturen und Sätzen ansetzen muss, da sie sich in mehrerer Hinsicht, syntaktisch, semantisch und auch kommunikativ vom heute üblichen Begriff ‚Satz' unterscheidet. Es erscheint als angebracht, diese komplexe Einheit in der folgenden Untersuchung zu definieren, und in ihrem Verhältnis zur übergeordneten Einheit Text sowie zu den untergeordneten syntaktischen Einheiten wie Sätze oder Teilsätze mit bestimmten Kohäsions- oder Kohärenzregeln zu beschreiben.

Wenn man die Zeitungen des 17. Jahrhunderts in ihre konstituierenden Teiltexte zergliedert, muss man sich für jedes Textexemplar die Frage stellen, ob der vermeintliche aktuelle Sprecher tatsächlich das Wort führt, und ob derjenige, der dem Anschein nach hinter der objektiven Nachricht zurücktritt nicht doch in irgend einer Weise zu Worte kommt. Hier sieht man, wie der Beruf des Journalisten entsteht, mit seiner zwiespältigen Haltung eines Vermittlers, der seine eigene Meinung hat, eines Chordirigenten, der selbst mitsingt.

1.4 Untersuchungsmethode

Die vorliegende Untersuchung ergibt sich hauptsächlich aus der empirischen Beobachtung sprachlicher Fakten, wie sie in den Zeitungstexten zu finden sind. Alle Hypothesen werden anhand konkreter Beispiele diskutiert, die Befunde orientieren die sprachliche Beschreibung und die Einteilung von Einheiten in Wortklassen. Es sollen möglichst zahlreiche Auszüge aus dem Korpus zitiert werden. Das gesamte Korpus allerdings kann in diesem Rahmen nicht veröffentlicht werden.

Auch wenn das Korpus und nicht vorab gefasste theoretische Standpunkte, die Untersuchung im Folgenden leiten soll, ruht diese Untersuchung doch auf drei theoretischen Grundsätzen, die hier kurz vorgestellt werden.

Zunächst soll, einem saussureschen und systemischen Grundsatz zufolge, die Beschreibung sprachlicher Formen stets mit der Beschreibung ihrer Bedeutungsinhalte (Signifikate) und, im Rahmen einer auf den außersprachlichen Kontext ausgedehnten Untersuchung, derer Äußerungsfunktionen einhergehen. Eine Einteilung von sprachlichen Einheiten in vorab definierte Klassen, die nach rein formalen, nicht aber nach funktionalen Kriterien geführt wird, kann zu Irrtümern führen. So wurde z.B. die Polyfunktionalität einiger Einheiten, wie der subordinierenden Konjunktionen, nicht berücksichtigt, und sie wurden stets auf Grund ihrer Form in eine einzige Kategorie eingeordnet, so dass man stets davon ausgeht, dass der Aufbau von Sätzen in früheren Sprachperioden mit Hilfe jener Einheiten sich genauso wie in der modernen Sprache gestaltet. Man stellt ihre subordinierende Funktion nicht in Frage, man versucht nicht, den Aufbau komplexer Gesamtsätze in ein anderes Licht zu stellen und die Begriffe von ‚Unterordnung' und ‚Hypotaxe' angesichts der damaligen Gepflogenheiten im Satzbau anders zu perspektivieren.

Ein weiterer Grundsatz ist daher, dass eine fruchtbare Analyse von solchen Texten einer frühen Sprachperiode mit einer gewissen Distanz zu den sowohl in der modernen als auch in der historischen Sprachwissenschaft geltenden Analysemitteln erfolgen muss. Dies betrifft insbesondere die syntaktische Analyse und den Begriff ‚Satz' in seinen gängigen Definitionen, ebenso den Begriff ‚Hypotaxe' mit seiner Markierung durch Verbendstellung, die den in den Texten vorkommenden Syntagmen nicht vollständig gerecht zu werden scheint. Es erschien zunächst nicht als wünschenswert, diese Begriffe mit erweiterter Definition bei dieser Arbeit zu verwenden, um nicht in festgelegte Analyseroutinen zu verfallen. Es wurde der Versuch unternommen, statt des im 17. Jahrhundert bei Grammatikern noch nicht gängigen Begriffes ‚Satz' einen anderen Begriff anzusetzen, dessen Definition den in den Zeitungstexten vorkommenden sprachlichen Erscheinungen eher gerecht wird, nämlich den der ‚Periode', die nach modernen syntaktischen Prinzipien in Form und Funktion neu definiert wird.

Das dritte Postulat wäre, dass auch für ältere Textkorpora eine pragmatische Analysemethode vorausgesetzt werden darf. Die Erforschung der älteren deutschen Sprache ging allzu oft ohne die pragmatische Dimension einher. Zwar benötigt man dafür kontextuelle Angaben, die es erlauben, den Text in das Umfeld seines Entstehungskontextes zu stellen, und eben jene Informationen fehlen bei historischen Texten größtenteils. Doch für weitläufige Korpora mit derart besonderen und gut dokumentierten Äußerungsbedingungen wie bei den Zeitungen des 17. Jahrhunderts darf der pragmalinguistische Ansatz nicht vernachlässigt werden. Die kontextuellen Angaben zu den Äußerungsbedingungen wurden bei den Tübinger Arbeiten um Erich Strassner auch nicht erschöpfend berücksichtigt, was aber am Postulat liegen mag, dass dort die Texte vom Standpunkt der Rezeption angegangen wurden.

Ein Grund für das Fehlen jenes pragmatischen Ansatzes dürfte auch sein, dass es der Linguistik an Analysemitteln fehlt, um die Komplexität der Äußerungsstrukturen systematisch beschreiben zu können. Äußerungsstrukturelle Untersuchungen gehen die Texte, seien sie modern oder aus älteren Sprachperioden, fast ausschließlich als eindimensionale, flache Größen an und begnügen sich mit deren Oberfläche: Man zieht meist nur einen einzigen Äußerungsrahmen in Betracht, mit einem einzigen Sprecher bzw. Adressaten, und berücksichtigt nicht eventuelle andere, in diesen Kommunikationsrahmen eingebettete, weitere Äußerungsrahmen, die dem Text eine gewisse ‚Tiefe' der Äußerungsstruktur verleihen. Dies ist insofern gerechtfertigt, als das sprachliche Ausdrucksvermögen sich eben nur dieser einzigen Dimension bedienen kann, indem sprachliche Einheiten sukzessive geäußert und linear verkettet werden. Aber genauso, wie man bei einer syntaktischen Untersuchung in einer solchen eindimensionalen Verkettung hypotaktische Einbettungen unterscheiden kann, so dass Einheiten, die nur sukzessive erscheinen, hierarchisch gestuft werden, muss man bei einer äußerungsstrukturellen Untersuchung verschiedene, hierarchisch gestufte Äußerungsrahmen unterscheiden. Diese Einbettung von Kommunikationsrahmen, in denen sich jeweils ein distinkter Sprecher äußert, führt zu einer Sprechervielfalt,[16] die wir im Folgenden als Vielstimmigkeit bzw. Polyphonie bezeichnen.

1.5 Zur verwendeten Terminologie in der Beschreibung der Polyphonie

Die polyphone Dimension von Texten wird erst seit etwa 30 Jahren von den Linguisten in Betracht gezogen. Doch nachdem die Sprachwissenschaft im Zuge unterschiedlicher pragmalinguistischer Ansätze über ein gewisses Instrumentarium verfügt, um die äußerungsrelevanten Erscheinungen innerhalb eines einzelnen Äußerungsrahmens zu beschreiben, herrscht noch immer ein Mangel an Begriffen und Beschreibungsmitteln, um der Vielzahl, Verflechtung und Schichtung bzw. Verschachtelung solcher Äußerungsrahmen innerhalb eines Textes Rechnung zu tragen.

16 Als beispielhafte Untersuchung, die versucht, der Sprechervielfalt in älteren Texten Rechnung zu tragen, sei hier Yvon Desportes, Stimmenvielfalt und Sprecherwechsel im ahd. Isidor, genannt.

Seitdem die Linguistik auch äußerungsstrukturellen Erscheinungen nachgeht, unterscheidet man in der Regel zwischen einerseits dem ‚Satz' als syntaktischer Einheit, deren komplexer Bedeutungsträger (‚Signifiant' bzw. ‚Signans') meist aus einer Verbalgruppe mit einem Verb als Basis besteht, und deren Bedeutungsinhalt (‚Signifié' bzw. ‚Signifikat') auf dem geschilderten Prozess aufbaut, und andererseits dem ‚Satz' als Äußerung, in dem also die außersprachlichen Begleitumstände, die ‚externen Variablen' der Sprachhandlung berücksichtigt werden. Laut Emile Benveniste[17] ergreift in einem Äußerungsakt der Sprecher im wahrsten Sinne das Wort, d.h. er bemächtigt sich der sprachlichen Einheiten der ‚Langue' und versetzt sie in eine konkrete ‚Parole', die um seine eigene aktuelle Äußerungssituation organisiert ist: Es erscheint, implizit oder explizit, das Sprecher-‚Ich', sowie das ‚Hier' und ‚Jetzt' der Sprechsituation. Es fällt allerdings schwer, beide Analyseebenen, ‚Satz' und ‚Äußerung' zu unterscheiden, da in derselben eindimensionalen Verkettung von sprachlichen Zeichen einerseits die das Signifikat bildenden ‚propositionalen' Einheiten und andererseits die die Äußerungsstruktur und -situation kennzeichnenden ‚diskursiven' Einheiten[18] vermengt sind. So werden beide Ebenen parallel rezipiert bzw. analysiert. Da aber meist nur ein einziger Sprecher vorausgesetzt wird, stellt man sich eine Äußerungsstruktur in einem Satz oder gar einem Text als einen einfachen Sprecher-Hörer-Rahmen vor, als fände die Kommunikation innerhalb einer syntaktischen Einheit ‚Satz' stets auf einer einzigen Kommunikationsebene statt. Durch den Begriff ‚Polyphonie' hingegen setzt man voraus, dass hinter ein und derselben Äußerung mehrere Sprecher und unterschiedliche Adressaten in Betracht gezogen werden können. Der Begriff ‚Polyphonie' bezieht sich allgemein auf eine implizite Sprechervielfalt, wenn ein von einem Sprecher in einem bestimmten Rahmen geäußerter Gehalt implizit den Gehalt eines anderen Sprechers aus einem anderen, nicht explizit erwähnten Rahmen wiedergibt.[19] Er

17 Emile Benveniste, L'appareil formel de l'énonciation.

18 Zu diesen diskursiven Einheiten zählen komplexe bzw. makrostrukturelle Zeichen wie z.B. die Satztypen, die man eher ‚Äußerungstypen' nennen sollte, die unterschiedlichen Klassen der deiktischen Einheiten sowie die unterschiedlichen ‚Partikeln', deren funktionale Klassen die Subjektivität des Sprechers zum Ausdruck bringen.

19 Eine frühe Anwendung des Begriffs ‚Polyphonie' auf die Sprachwissenschaft befindet sich bei Oswald Ducrot, Le dire et le dit, der dieses Phänomen als einen in der Äußerung kristallisierten Dialog beschreibt (S. 9). Ducrots Beschreibung mündet in eine Unterscheidung innerhalb von Äußerungen zwischen dem Sprecher (*locuteur*), auf den sich das ‚Ich', ‚Jetzt' und ‚Hier' der Äußerungssituation bezieht, und dem Urheber einer implizit oder explizit wiedergegebenen Aussage (*énonciateur*). So bestünde, laut Ducrot, die Äu-

entspricht somit innerhalb eines Satzes oder einer Äußerung einer Erscheinung, die man auf ganze Texte bezogen ‚Intertextualität' nennt.

Der Begriff Polyphonie wird somit auf einige Erscheinungen wie die sogenannte ‚freie indirekte Rede' bezogen.[20]

In vorliegender Arbeit soll die Anwendung des Begriffs erweitert und auf die Vielzahl von Äußerungsrahmen mit ihren jeweiligen Sprechern innerhalb einer geschlossenen syntaktischen Einheit bezogen werden. Polyphonie besteht immer dann, wenn innerhalb eines Satzglieds, eines Satzes bzw. einer Periode, eines Textteils oder eines Textexemplars unterschiedliche, voneinander unabhängige und besonders auch voneinander abhängige Sprecher am Zuge sind.

Das Augenmerk soll insbesondere auf diese Abhängigkeit bzw. Hierarchie von Äußerungsrahmen, d.h. auf die Polyphonie, in der Sprecher unterschiedlichen, ineinander verschachtelten Äußerungsrahmen angehören, gelenkt werden. Dadurch erweitert sich die Vorstellung einer Äußerungsstruktur auf über- bzw. untergeordnete Äußerungsrahmen, auf Matrixrahmen und abhängige Rahmen. Die Äußerung erscheint somit als ein vielschichtiges Konstrukt, das parallel mit der syntaktischen Struktur einhergehen kann (etwa wenn eine untergeordnete Verbalgruppe einem abhängigen Äußerungsrahmen entspricht, welches ja in klassischer Weise bei indirekten Redewiedergaben in untergeordneten *dass*-Sätzen zu beobachten ist. Auch im Falle einer direkten Rede kommt es allgemein zu einem syntaktischen Bruch, zu einer Neuperspektivierung von Tempus und Deiktika, so dass deutlich zwei syntaktische Einheiten mit jeweils einem Äußerungsrahmen zu erkennen sind. Die Polyphonie soll sich jedoch auch auf das Vorhandensein mehrerer Äußerungsrahmen beziehen, die durch keinen expliziten syntaktischen Bruch gekennzeichnet sind. Da Einheiten wie Textexemplare z.T. anhand ihres einheitlichen Äußerungsrahmens definiert werden, ist der Begriff Polyphonie auch dazu geeignet, den unmarkierten Übergang von einem Äußerungsrahmen zu einem anderen innerhalb dieser Einheit zu bezeichnen.

ßerung „ich komme nicht" aus zwei Aussagen, aus „ich komme" und der Verneinung letzterer. Die Verneinung ist dem Sprecher zuzuschreiben, die Aussage „ich komme" aber einem Urheber, der mit dem aktuellen Sprecher nicht identisch ist, der im Vorfeld eine Frage oder Behauptung dieses Inhalts formuliert hat (S. 152-153).

20 Der Begriff ‚Polyphonie' wurde von Mikhail Bakhtine, Le Marxisme et la philosophie du langage, S. 155ff., geprägt, und zwar im Rahmen einer systematischen Untersuchung der unterschiedlichen Formen der Redewiedergabe, der direkten Rede, der indirekten Rede und der Zwischenformen.

Äußerungsstrukturelle Beschreibungsansätze, in denen Äußerungen als vielschichtige, hierarchisierte Konstrukte behandelt werden, sind selten. Hingegen wurden schon seit einigen Jahrzehnten in der Literaturwissenschaft Beschreibungsmethoden entwickelt, die der komplexen Narrationsstruktur innerhalb von Erzählungen Rechnung tragen. Der Begriff ‚Polyphonie‘ selbst stammt aus der Literaturwissenschaft und wurde von Oswald Ducrot u.a. für linguistische Untersuchungen neu definiert. Für die Beschreibung komplexer Äußerungsstrukturen könnte man sich auf die narratologischen Grundbegriffe von Gérard Genette[21] stützen, der über die relativ einfachen Kategorisierungen wie ‚Ich-Erzählung‘ und ‚Er-Erzählung‘ hinauszugehen sucht. Genettes Überlegungen, die auf Erkenntnissen aus der Semiotik aufbauen, sind in der Tat eng mit Problemstellungen in der Sprachwissenschaft, insbesondere der Pragmatik, verwandt, wie er selbst unterstreicht.[22]

Genette stützt einen großen Teil seiner narratologischen Untersuchungen auf den Begriff ‚diegetische Ebene‘, der in der Linguistik dem Begriff ‚Äußerungsrahmen‘ bzw. ‚Kommunikationsrahmen‘ entspricht, in dem ein Sprecher (das ‚Ich‘) sich sprachlich an einen Hörer (das ‚Du‘) an einem durch diesen Sprechakt fixierten Zeitpunkt (dem ‚Jetzt‘) und in einem durch die Sprechsituation definierten Ort (dem ‚Hier‘) wendet. In der Narratologie wird der Sprecher lediglich ‚Erzähler‘ genannt. In seinen Darlegungen stellt Genette zudem klar, dass Sprecher und Adressat in einer Erzählung anders perspektiviert sein können, als es die sprachlichen Einheiten andeuten, also dass der Sprecher sich selbst in der 3. bzw. 2. Person bezeichnen kann. Grammatische Person und Bezeichnung von Sprecher und Adressat müssen somit unterschieden wer-

21 Gérard Genette, Figures III.

22 Gérard Genette, Figures III, S. 225: „On sait que la linguistique a mis quelque temps à entreprendre de rendre compte de ce que Benveniste a nommé la *subjectivité dans le langage,* c'est-àdire de passer de l'analyse des énoncés à celle des rapports entre ces énoncés et leur instance productrice – ce que l'on nomme aujourd'hui leur *énonciation.* Il semble que la poétique éprouve une difficulté comparable à aborder l'instance productrice du discours narratif, instance à laquelle nous avons réservé le terme, parallèle, de *narration.* Cette difficulté se marque surtout par une sorte d'hésitation, sans doute inconsciente, à reconnaître et respecter l'autonomie de cette instance, ou même simplement sa spécificité: d'un côté, comme nous l'avons déjà remarqué, on réduit les questions de l'énonciation narrative à celles du „point de vue"; de l'autre, on identifie l'instance narrative à l'instance d'„écriture", le narrateur à l'auteur et le destinataire du récit au lecteur de l'oeuvre. Confusion peut-être légitime dans le cas d'un récit historique ou d'une autobiographie réelle, mais non lorsqu'il s'agit d'un récit de fiction, où le narrateur est lui-même un rôle fictif; fût-il directement assumé par l'auteur, et où la situation narrative supposée peut être fort différente de l'acte d'écriture (ou de dictée) qui s'y réfère".

den, ähnlich wie bei ‚Tempus' vs. ‚Zeit'. Für sprachwissenschaftliche Ansätze bedeutet dies, dass linguistische Einheiten wie Pronomen oder morphologische Marker der 3. bzw. 2. Person in einer Äußerung durchaus den aktuellen Sprecher bezeichnen können, das referenzielle Potential dieser Einheiten muss weniger reduktiv betrachtet werden.

Ein Vorteil des Begriffs „diegetische Ebene" bei narratologischen Untersuchungen liegt darin, dass man sich eine Erzählung als eine Ineinanderbettung mehrerer, voneinander abhängiger Ebenen vorstellen muss, wobei ein Erzähler, der als ‚Origo' fungiert (auf der diegetischen Ebene 0), weitere Erzähler in weiteren diegetischen Ebenen (diegetische Ebene 1, 2, ...) inszenieren kann. Diese Terminologie legt die Vorstellung einer hierarchischen Abstufung, einer dreidimensionalen Tiefe der Erzählstruktur nahe, die auch dem Linguisten bei pragmatisch orientierten Beschreibungen von komplexen Äußerungsstrukturen hilfreich sein kann. In der Tat wurde Genettes Ansatz von Linguisten der deutschen Romanistik übernommen, die ein Beschreibungsmodell mit mehreren ‚Ebenen der Kommunikation' (für Genettes ‚diegetische Ebenen') entwarfen.[23] In einem Text mit mehreren unterschiedlichen Sprechern muss daher stets untersucht werden, ob der aktuelle Äußerungsrahmen von einem anderen abhängt, wenn ja, auf welchem Abhängigkeitsgrad er sich befindet, wenn nein, ob es sich um die Origo, d.h. den Matrixäußerungsrahmen handelt, oder ob die Äußerungen parallel, voneinander unabhängig strukturiert sind.

In Anlehnung an Genettes Darstellung von hierarchisch abgestuften Erzählstrukturen soll sich der Begriff ‚Polyphonie' im Folgenden insbesondere auf das Vorhandensein innerhalb eines Textexemplars, eines Satzes oder einer Periode mehrerer Sprecher, die unterschiedlichen, voneinander abhängigen und ineinander eingebetteten Äußerungsrahmen angehören, beziehen. Dies bedeutet, dass man sich trotz des Übergangs in einen anderen Äußerungsrahmen, wobei jeder dieser Rahmen einem

23 Vgl z.B. Elisabeth Gülich in Elisabeth Gülich – Klaus Heger – Wolfgang Raible, Linguistische Textanalyse, S. 82f.: „Teilt ein Sprecher S1 einem Hörer H1 in einer Kommunikationssituation etwas mit, so sprechen wir von einer Mitteilung auf der ersten Ebene der Kommunikation. Das Modell sprachlicher Kommunikation kann nun rekursiv angewendet werden. Das heißt, dass im Bereich der Gegenstände und Sachverhalte wieder ein Sprecher und ein Hörer auftreten können, die sich etwas mitteilen. Teilen sich innerhalb der Mitteilung, die S1 an H1 richtet, ein weiterer Sprecher S2 und ein weiterer Hörer H2 etwas mit, so ist diese Mitteilung eine Mitteilung auf der zweiten Ebene der Kommunikation, in der Regel eine in eine Mitteilung auf der ersten Ebene der Kommunikation eingebettete ‚direkte Rede'. Ein einschlägiges Beispiel wäre eine Rahmenerzählung, in die auf einer zweiten Ebene der Kommunikation eine Binnenerzählung eingebettet ist, die von einem im Rahmen eingeführten Sprecher erzählt wird."

anderen Sprechakt entspricht und in jedem die drei Grundkomponenten (das ‚Ich', das ‚Jetzt' und das ‚Hier') neu perspektiviert werden müssen, stets in Abhängigkeit vom übergeordneten Rahmen, insbesondere von der Origo oder dem Matrixäußerungsrahmen, befindet. Die Origo wäre im Falle der Zeitungen der Herausgeber, der Matrixäußerungsrahmen wäre jener, in dem der Herausgeber der Zeitung sich an den Leser wendet, in den Textexemplaren der Titelseite etwa.

Eine parallel geführte narratologische und äußerungsstrukturelle Analyse des Gedichts „*Erlkönig*" von J.W. v. Goethe würde etwa folgende Abhängigkeitskette ergeben:

> [Ebene 0, Origo – Dichter/Erzähler]
> Wer reitet so spät durch Nacht und Wind? [...]
>
> > [Ebene 1]
> > Mein Sohn, was birgst du so bang dein Gesicht? [...]
> > [andere Ebene 1 – unabhängig von der vorhergehenden]
> > Siehst Vater, du den Erlkönig nicht! [...]
> >
> > > [Ebene 2 (oder weitere Ebene 1?)]
> > > Du liebes Kind, komm geh' mit mir!
> > > Gar schöne Spiele, spiel ich mit dir

Es äußert sich ein Erzähler, der Sprecher des Matrixäußerungsrahmens bzw. der Ebene 0, der nicht explizit genannt wird. Es bleibt dahingestellt, wer er ist und inwiefern er mit dem Verfasser, Goethe, gleichzusetzen ist. Sprachlich lässt sich zunächst feststellen, dass diese Ebene einem Äußerungsrahmen entspricht, in dem nicht explizit, etwa durch deiktische Zeichen oder Pronomen, auf den Sprecher verwiesen wird, dessen Sprecher-Hörer-Beziehung jedoch durch einen illokutiv stark markierten Äußerungstyp (Fragesatz) hervorgehoben wird. Gleichzeitig wird jeglicher Verweis auf die Äußerungssituation vermieden: Die Ort und Zeit bestimmenden Nominalgruppen („Nacht und Wind") sind undeterminiert, das Tempus (Präsens) ist unmarkiert.

In der Ebene 1, d.h. den Äußerungsrahmen, die sich in Abhängigkeit ersten Grades vom Matrixäußerungsrahmen befinden, ergreifen Vater und Sohn abwechselnd das Wort und fungieren als Sprecher in ihrem eigenen Äußerungsrahmen mit eigenem Kontext. Jeder Sprecher leitet seinen Teil mit einem illokutiv stark markierten Äußerungstyp (Frage- bzw. Ausrufesatz) ein, so dass ein Repräsentationstyp[24] (neuer Vers +

---

24 Der Begriff ‚Repräsentationstyp' wird im Folgenden in Anlehnung an Franz Simmler gebraucht. Vgl. z.B. Franz Simmler, Textsortengebundene syntaktische und interpungierende Entwicklungsetappen, S. 51: „[Es] werden die interpungierenden Regelungen mit einbezogen. Sie sind in Repräsentationstypen aus orthographischen, interpungierenden, her-

markierter Äußerungstyp) entsteht, der den Übergang von einem Äußerungsrahmen zu einem anderen kennzeichnet. Obwohl beide Personen, abhängig von der Ebene 0 in derselben hierarchischen Ebene 1 abwechselnd als Sprecher fungieren, sind beide Äußerungssituationen dennoch nicht identisch: Der Vater ist Sprecher in einem Äußerungsrahmen, in dem das ‚Hier' und ‚Jetzt' völlig verschieden sind von jenen des Rahmens, in dem sich der Sohn äußert. Beide Sprecher verweisen mit unterschiedlichen Mitteln auf die Äußerungssituation, der Sohn jeweils mit markierteren Zeichen als der Vater: Den finiten Pronomen des Sohns („den Erlkönig") entspricht beim Vater ein infinites Pronomen („ein Nebelschweif"), dem stark markierten deiktischen Adverb („Dort im düstern Ort") ein finites Pronomen („die alten Weiden").

Und in diesem anderen ‚Hier' und ‚Jetzt' der Ebene 1 wird eine zweite Ebene der Kommunikation, d.h. ein Äußerungsrahmen in Abhängigkeit zweiten Grades vom Matrixäußerungsrahmen, in Szene gesetzt, in der der Erlkönig zum Zuge kommt.

Dieses Gedicht veranschaulicht somit in wenigen Versen, warum man sich komplexe Äußerungsstrukturen als eine mehrstufige Hierarchie und als Einbettung und/oder Nebeneinander mehrerer distinktiver Ebenen der Kommunikation vorstellen muss. Dabei unterstützen unterschiedliche Typen von Sprachzeichen (Makrostrukturen, Satzstrukturen, diskursive Einheiten) die Möglichkeiten zur Unterscheidung der einzelnen Äußerungsrahmen voneinander und zur Opposition des einen zum anderen.

Eine weitere Veranschaulichung dieser Hierarchie von Äußerungsrahmen ist die Redewiedergabe: Die direkte Redewiedergabe erscheint zumeist als Einbettung eines Äußerungsrahmens in einen anderen, die indirekte Redewiedergabe hebt diese Hierarchisierung teilweise auf, da die eingebettete Rede von der Äußerungssituation der Matrixrede aus wiedergegeben wird. Es bleiben allerdings formale Indizien der Einbettung bestehen, etwa die modale (Konjunktiv) oder syntaktische (*dass*-Satz) Markierung. Es wird in der traditionellen platonischen Beschreibung der Erzählung der *Diegesis* die *Mimesis* entgegengestellt.[25] Die Nachahmung des Diskurses eines Sprechers, d.i. die direkte Rede, müsste demnach als mimetisch betrachtet werden, während die indirekte Rede als diegetisch zu gelten hätte. Der Standpunkt von Genette aber, den wir

vorhebenden und lexikalischen Mitteln integriert, die textinterne Oppositionen bilden und es ermöglichen, aufgrund zeitgenössischer Gebrauchsnormen Makrostrukturen wie Kapitel, Absatz, Abschnitt und syntaktische Strukturen wie Gesamtsatz, Teilsatz und teilweise Satzglieder und Satzgliedteile zu unterscheiden."

25 Gérard Genette, Figures III, S. 184.

im Folgenden übernehmen wollen ist, dass die eingebetteten direkten Redewiedergaben nur in fiktiver Weise mimetisch sein können, es ändern sich nur die subjektiven, modalen Distanzierungsmarkierungen des Sprechers zur wiedergegebenen Rede.[26] Auch dies ist ein interessanter Berührungspunkt zwischen Genettes narratologischem Ansatz und der pragmatischen Linguistik mit ihren Überlegungen zur Modalisation und Bewertung. Direkte wie indirekte Reden sind als Äußerungen zu betrachten, die ursprünglich jeweils in einer unabhängigen Äußerungssituation produziert wurden, als Redewiedergabe jedoch beide in gleichem Maße von einem Matrix-Äußerungsrahmen abhängen, in den sie eingebettet sind. Der Sprecher in diesem Matrixrahmen setzt die Reden, indem er mehr oder weniger Distanz zu ihnen signalisiert, durch direkte oder indirekte Wiedergabe in Szene

Die Zeitungen des 17. Jahrhunderts erweisen sich als besonders vielstimmig und komplex in ihrer Äußerungsstruktur. Für jeden Sprecher, für jeden Kommunikationsrahmen müssen jeweils beide Aspekte untersucht werden: einerseits die ursprünglichen Äußerungsbedingungen, die oft völlig unabhängig von der Zeitung auftraten, und andererseits die Einbettung in den Matrixrahmen der Zeitung, in der meist der Herausgeber als Origo-Sprecher fungiert. In den Texten entsteht oft eine Spannung zwischen einerseits einem Collageeffekt von unabhängigen Äußerungen Dritter, d.h. von Zeugnissen, Berichten und Korrespondenzen unterschiedlichster Herkunft, die scheinbar lose und ohne Anpassung bzw. Einbettung aneinandergereiht werden, und andererseits einer systematischen Verarbeitung durch den Herausgeber aller Nachrichten, der sie in seinen eigenen Äußerungsrahmen einbettet, sie in Szene setzt, ja sie sich völlig aneignet. Beim Collageeffekt scheint eine maximale Distanz zwischen Nachricht und Herausgeber zu entstehen, der als Sprecher nicht explizit zum Vorschein kommt, bei dem Aneignungseffekt ist die Distanzierung minimal. In den Zeitungstexten schwankt die Äußerungsstruktur ständig zwischen diesen beiden Polen hin und her, wobei die Markierungen der indirekten Redewiedergabe (durch Konjunktiv I oder II, durch *verbum dicendi + dass*) abgestufte Zwischenstadien bilden.

Innerhalb eines äußerungsstrukturell scheinbar einheitlichen Textexemplars kann der Leser unmerklich von einem Äußerungsrahmen in den anderen geraten, etwa von einem Rahmen, in dem der Sprecher (das ‚Ich') koreferent zum Geschilderten ist, d.h. ein Korrespondent oder der unmittelbare Zeuge eines entfernten Ereignisses ist, die Äußerungssitua-

26 Gérard Genette, Figures III, S. 185.

tion also das berichtete Geschehen selbst ist, in einen Rahmen, in dem der Herausgeber der Zeitung als Sprecher fungiert, der nicht koreferent zur Äußerungssituation des geschilderten Geschehens ist. In der hier vorliegenden Untersuchung soll versucht werden, diese unmerklichen Übergänge, Brüche in der Äußerungsstruktur, anhand von sprachlichen Merkmalen zu identifizieren. Es soll stets einer Reihe von Fragen nachgegangen werden, um die aktuelle Äußerungsstruktur zu kennzeichnen: Wer ist der aktuelle Sprecher? Sind Sprecher und geschildertes Geschehen koreferent, d.h. bildet das Ereignis den Kontext zur Äußerungssituation? Kommen ausreichend linguistische Zeichen (wie etwa deiktische Pronomen) vor, um daraus schließen zu können, dass der aktuelle Sprecher in diesen Äußerungen und der geäußerte propositionale Gehalt zum selben Kontext gehören? Wenn nicht, bedeutet dies bei Zeitungstexten, dass ein Sprecher nicht direkter Zeuge eines berichteten Geschehens war, dass er also nicht selbst die Quelle der Nachricht ist, sondern Informationen Dritter wiedergibt. Wird in der Äußerung der Sprecher in irgendeiner Weise durch sprachliche Mittel bezeichnet (sei es in der 1., 2. oder 3. Person), oder ist er nur implizit als ‚Ich' der Äußerung vorhanden? Die Zeitungen bestehen größtenteils aus Texten, in denen der Sprecher sichtlich bemüht ist, nicht explizit zum Vorschein zu treten, wobei bestimmte Mittel der Verhüllung eingesetzt werden, die ebenfalls eingehend untersucht werden. Ebenso sollen die sprachlichen Zeichen aufgelistet werden, mit denen in manchen Textteilen der Sprecher dennoch direkt oder indirekt bezeichnet wird.

Diese Untersuchung erweist sich umso notwendiger, als die Äußerungsrahmen nicht dem entsprechen, was durch die formale Gestaltung der Zeitung dem Leser suggeriert wird. Der Herausgeber scheint nur im Zeitungskopf als Sprecher zu fungieren, dort wird oft auf das ‚Hier' und ‚Jetzt' seiner Äußerungssituation durch Erscheinungsort und -datum hingewiesen. Ebenso scheint sich der Korrespondent lediglich im Kopf und den einleitenden Sätzen der jeweiligen Korrespondenzen zu äußern. Der restliche Teil der Korrespondenzen würde somit dem Äußerungsrahmen des Informanten entsprechen. Schematisch ergäbe dies folgenden äußerungsstrukturellen Aufbau:

> Titelangabe = Äußerungsrahmen des Herausgebers, Matrixäußerungsrahmen.
> *Nordischer Mercurius*
> *Anno 1673 Januarius. 25*
>
> > Kopf der Korrespondenz = Äußerungsrahmen des Korrespondenten, Äußerungsrahmen in Abhängigkeit 1. Grades vom Matrixäußerungsrahmen.
> > *Wien vom 18. Januar.*

Vorgestern ist aus Ober-Ungarn ein Currirer allhero gekommen / welcher mitgebracht haben soll /
Bericht, vom Korrespondenten angeeignet,
Sprecher und Berichtetes sind nicht koreferent.
daß die Rebellen sich abermahl de novo starck versamlet /

> Bericht = Äußerungsrahmen des Informanten, Äußerungsrahmen in Abhängigkeit 2. Grades vom Matrixäußerungsrahmen.
> *Immittelst*
> *sind denen neu resolvirten Obristen die Werb-Gelder auff ihre Regimenter distribuirt worden*

Es entsteht durch die formale Gestaltung der Zeitung der Eindruck, dass sich die Sprecher sukzessive das Wort weiterreichen, wobei der Übergang vom Korrespondenten zum Informanten sogar in mehreren Etappen erfolgt. Bei genauerem Hinsehen aber stellt man fest, dass sowohl der Herausgeber als auch der Korrespondent direkte Zeugen der berichteten Informationen sein können, oder dass der Herausgeber als Sprecher in den Teiltexten fungieren kann, die dem Korrespondenten oder Informanten vorbehalten sind, und dass der Korrespondent als Sprecher im Teiltext des Informanten auftaucht. Der Aufbau der Zeitung suggeriert eine genaue Folge von äußerungsfunktional distinktiven Texten, die Untersuchung der Äußerungsstruktur erweist aber eine Vermischung der Äußerungsrahmen innerhalb des Textexemplars ‚Korrespondenz'. Es stellt sich nun die Frage, ob das Layout, die augenscheinliche Gestaltung der Zeitung nicht als Hierarchie zu interpretieren ist, in der die Berichte in die Korrespondenzen eingebettet sind, und diese wiederum vom Äußerungsrahmen des Herausgebers abhängig sind.

Der hierarchische Ansatz in der Beschreibung der Äußerungsstrukturen erlaubt es, nie die Origo aus dem Blickfeld zu verlieren, nämlich den Herausgeber der Zeitung. Alle anderen Ebenen der Kommunikation, auch diejenige, in der die Informanten, die Zeugen des Geschehens, zu Wort kommen, sind von ihm abhängig und existieren nur durch seine Inszenierung, seine Wiedergabe. Er ist der Verfasser der gesamten Zeitung, er allein lenkt und orientiert den Text, er ist derjenige, der in demselben Kommunikationsrahmen wie der Leser steht und deshalb alle phatischen und konativen Kommunikationsfunktionen seines Kommunikationskanals „Zeitung" auf den Leser richtet. Die von Genette entlehnte Vorstellung einer Abhängigkeit aller Sprecher von dieser Origo entspricht unserem Standpunkt und soll im Folgenden den Untersuchungsansatz lenken.

2 Struktureinheiten der Zeitungen

Man pflegt die Zeitung als die erste Form der Massenmedien zu betrachten, und es erscheint beim Begriff „Medium“ nützlich, sich die verschiedenen Funktionen der Kommunikation in Erinnerung zu rufen, wie sie etwa von Roman Jakobson beschrieben werden. Zu diesen Funktionen zählt die ‚phatische Funktion‘,[27] die sich auf den Kommunikationskanal bezieht, d.h. auf das Medium, auf die konkreten Mittel zur Herstellung eines Kontakts. Somit sind die materiellen Voraussetzungen und Zwänge, Form und Gestalt der Kommunikation durchaus als deren Bestandteil zu betrachten; deshalb müssen auch das konkrete Erscheinungsbild der Zeitung, deren allgemeine Gestaltung, die Organisation der einzelnen Textteile und die Makrostrukturen eingehend untersucht werden.

Das Erscheinungsbild unserer heute üblichen Zeitungen[28] hat sich gegenüber den ersten Periodika stark verändert, sowohl in materieller Hinsicht des Informationsträgers als auch was die Gestaltung des Inhalts, den Text, betrifft. Man kann zudem feststellen, dass dieses Erscheinungsbild gegen Ende des 17. Jahrhunderts dazu tendiert, sich unter dem Impuls einzelner Herausgeber teilweise zu verändern, so dass es einige Variationen unter den Zeitungen gibt, was zu Beginn des Jahrhunderts nicht der Fall war, wie aus den einschlägigen Untersuchungen hervorgeht: „Die äußere Form der frühen Zeitungen war in allen Orten mehr oder weniger gleich.“[29] Leider konnte für diese Arbeit die materielle Form der Zeitungen nicht vollständig nachvollzogen werden, da sie auf Mikrofilmen abgelichtet archiviert sind, genaue Größe und Qualität der Papierbogen und eventuelle Farbmuster bleiben somit verborgen. Es ist auch nicht immer klar, in welcher Form die Zeitungen ausgeliefert wurden, gab es Beiblätter, lose Werbungen oder sonstige „beigefügte Sachen“,[30] wo dem Leser für die kommende Ausgabe eine „Abbildung“ angekündigt wird, die auf den Mikrofilmen fehlt. Derartige Hinweise sind in den Texten selten, so dass man nicht wissen kann, welchen Umfang solche Extralieferungen haben konnten. Man weiß auch, dass die Abonnenten vieler Zeitungen ein oder zwei Mal jährlich Beilagen erhiel-

27 Roman Jakobson, Essais de linguistique, S. 217.

28 Zur textlichen und kommunikativen Gestaltung heutiger Printmedien, vgl. Erich Straßner, Journalistische Texte.

29 Margot Lindemann, Deutsche Presse bis 1815, S. 91; s. auch Gerd Fritz et al., Die Sprache der ersten deutschen Wochenzeitungen, S. 25.

30 NM 1673 01 3 S. 8.

ten, etwa den ca. 30 Seiten umfassenden, registerähnlichen „Anzeiger“, der nur in Archiven zu finden ist, die eine gebundene Jahresausgabe der Zeitung besitzen.

Die Archivbedingungen und noch weitere fehlende Informationen verhindern, dass man für die frühen Zeitungen eine vollständige paratextliche Untersuchung anstellen kann. Es soll hier lediglich festgestellt werden, dass es gegen Ende des 17. Jahrhunderts keine zweiseitigen periodischen Zeitungen mehr gibt. Alle Ausgaben betragen 4 oder 8 Seiten; der Textumfang ist sehr unterschiedlich und schwankt zwischen 1.400 und 2.500 Wörtern pro Ausgabe: *OWP* weist einen äußerst dicht gedruckten Text auf, da auf nur 4 Seiten weit über 2.300 Wörter stehen. Allgemein kann man gegenüber den Zeitungen zu Beginn des Jahrhunderts einen sehr starken Anstieg des durchschnittlichen Informationsumfangs feststellen. So können sich vielleicht auch einige Variationen im Format der Zeitungen erklären lassen, das zunächst relativ einheitlich blieb; aber während der *NM* stets nur 27 Zeilen pro Seite zählt, steigt diese Zahl auf 32 in den *MRZ*, 42 in der *OWP* und bis auf 63 in den Ausgaben von 1711 der *EZ*, wo das Textvolumen am größten ist (die Ausgaben von 1698 jener Zeitung zählen dagegen nur 52 Zeilen).

Die Strukturbeschreibungen in Gerd Fritz et al.[31] beschränken sich daher auf den eigentlichen Zeitungstext, ohne den Paratext bzw. das Textumfeld in Betracht zu ziehen. Die Autoren des ersten Beitrags in jenem Band[32] zergliedern den Text in drei deutlich unterscheidbare Struktureinheiten: jene des Zeitungstitels, jene der Korrespondenz und jene der Information.[33] In zwei textlinguistischen Ansätzen von Thomas Gloning[34] und Jarno Korhonen[35] werden insbesondere die text- bzw. textteilbegrenzenden Einheiten und die kohärenzstiftenden Einheiten untersucht und mit EDV-Unterstützung aufgelistet. Erstaunlich ist jedoch, dass die Zeitungstexte stets als monolithische, aus nur einer Hierarchiestufe bestehende Einheiten betrachtet werden. Die Art und Weise, wie die Abgrenzungsmarker und Kohäsionseinheiten aufgelistet werden, scheint vorauszusetzen, dass die Zeitungen nur aus einem Textexemplar beste-

31 Gerd Fritz et al., Die Sprache der ersten deutschen Wochenzeitungen.

32 Beitrag von Jens Gieseler und Thomas Schröder: „Bestandsaufnahme zum Untersuchungsbereich Textstruktur, Darstellungsformen und Nachrichtenauswahl“, in: Gerd Fritz et al., Die Sprache der ersten deutschen Wochenzeitungen, S. 29ff.

33 Gerd Fritz et al., Die Sprache der ersten deutschen Wochenzeitungen, S. 32.

34 Beitrag von Thomas Gloning: „ Zur Vorgeschichte von Darstellungsformen und Textmerkmalen der ersten Wochenzeitungen“, in: Gerd Fritz et al., Die Sprache der ersten deutschen Wochenzeitungen, S. 196ff.

35 Jarno Korhonen, Zur Textkonstitution, S. 227ff.

hen, das von nur einem einzigen Sprecher (dem Herausgeber) produziert wurde, der selbst die Unterteilung in Teiltexte (Korrespondenzen) vorgenommen und kohäsive Mittel zu deren Verknüpfung eingesetzt hat. Somit wird in diesen Untersuchungen nur ein Pol im Spannungsfeld zwischen Polyphonie und alleinige Stimme des Herausgebers in Betracht gezogen, was die Beschreibung der Äußerungsstruktur der Zeitungen aber verzerrend vereinfacht, denn es lassen sich vielerlei hierarchisch gestufte Äußerungsrahmen ausmachen.

Man kann annehmen, dass sich die Variabilität der Äußerungsstrukturen auf die formale Gestaltung der Texte niederschlägt. Ein erster Ansatzpunkt wären die drei Teile im formalen Aufbau der Zeitung, die zwar nicht alle Texthaftigkeit aufweisen, jedoch eine erste, grobe Distinktion zwischen drei kommunikativen Rahmen suggerieren, jener des Herausgebers, jener des Korrespondenten und jener des Informanten. Es sollen deshalb im Folgenden zunächst diese formalen Teile genauer untersucht werden.

2.1 Identifikatoren, allgemeine Initiatoren und Terminatoren der Zeitung

Eine Zeitung zeichnet sich durch das Vorkommen spezifischer Textteile und nicht-sprachlicher Einheiten aus, die zu den Grundelementen der journalistischen Kommunikation gehören. Die formale Gestaltung mit Titel, Überschriften, in Spalten organisierter Textkörper, Typographie und Bebilderung kennzeichnen die heutigen Tageszeitungen so, dass sie nicht mit anderen Drucktexten verwechselt werden können. Im 17. Jahrhundert waren die gestalterischen Mittel nicht so zahlreich, da Drucker Zeitungen zur Rentabilisierung der für den Buchdruck verwendeten Geräte herausgaben. Zudem enthält jede Ausgabe einer Zeitung spezifische Kennzeichen, die zur Identifizierung des Titels und der Ausgabe (im Falle von Periodika) beitragen. Weniger als ein Jahrhundert nach Erscheinen der ersten Periodika haben die Zeitungen noch keine endgültig festgelegten und systematischen Identifizierungsmerkmale, was den heutigen Forschern, die sich mit alten Zeitungen befassen, einige Mühe bereitet, denn es ist manchmal schwierig oder gar unmöglich, einzelne Ausgaben genau zu datieren, einzelne Erscheinungsorte zu bestimmen oder einzelne Herausgeber zu nennen. So sind auch in unserem Korpus einige Titel enthalten, deren Erscheinungsort und Herausgeber von der Deutschen Presseforschung nicht bestimmt werden konnten (*OPZa* und *GER*). Für die ersten Periodika, etwa für den *Aviso* von 1609, der vom

Tübinger Forschungsteam untersucht wurde,[36] mussten im Laufe des 20. Jahrhunderts langwierige und kontroverse Forschungen angestellt werden, um mit einiger Sicherheit sagen zu können, dass Wolfenbüttel dessen Erscheinungsort war. Es soll nicht Gegenstand dieser Untersuchung sein, die Ungewissheiten in unserem Korpus zu beseitigen. Es soll hier nur vermerkt werden, dass in der Tat in den Texten, wie sie uns vorliegen, nur äußerst selten Hinweise auf die genaue Identität von Herausgeber, Korrespondent oder Informant vorkommen. Sie enthalten Kommunikationsrahmen, in denen der Sprecher verhüllt, unbekannt, anonym ist.

Der Aufbau der gesamten Zeitung besteht, trotz zahlreicher Varianten, stets aus einerseits peripheren Textteilen, den allgemeinen Initiatoren und Terminatoren, insbesondere dem Kopf bzw. dem Titel, und andererseits den zentralen Textteilen, dem Textkörper, der aus einer Aneinanderreihung bzw. Allianz unterschiedlicher Textexemplare besteht, meist Korrespondenzen. Der periphere Textteil Zeitungstitel ist äußerst polyfunktional: Er dient zur Identifizierung sowohl des Mediums allgemein als auch eines bestimmten Titels sowie einzelner Ausgaben eines Titels und schließlich als allgemeiner Initiator der Zeitung, zuweilen auch als spezifischer Initiator des Textkörpers. Der Titel gestaltet sich als eine Makrostruktur, deren Texthaftigkeit unten noch diskutiert wird. Er besteht aus dem Namen der Zeitung und dazugehörend, je nach Zeitung, aus der Nummer der Ausgabe, dem laufenden Jahr, dem Datum, manchmal auch einer Abbildung; das Ende der Zeitung wird oft überhaupt nicht markiert. Als Terminatoren fungieren, unterschiedlich je nach Zeitung, bestimmte Textexemplare (Werbung), Teiltexte (Wetterberichte), Repräsentationstypen (die letzten Zeilen werden immer kürzer und sind zentriert), einzelne sprachliche (das Wort „Ende“) oder nicht-sprachliche Einheiten (Strich oder Zierleiste).

2.1.1 Der Titel

In vielen Zeitungen ist der Titel der einzige Identifikator des Mediums und der einzelnen Ausgabe. Er breitet sich allgemein auf etwa ein Viertel der ersten Seite aus, nur der Titel des *TKC* nimmt die gesamte erste Seite in Anspruch, was äußerst bemerkenswert ist, auch deshalb, weil man zu jener Zeit, mehr noch als heute, sparsam mit Papier umgehen musste. In der Typographie unterscheidet er sich vom Textkörper durch einen größeren Schriftgrad, in seltenen Zeitungen wie *RC* und *AM* durch

36 Gerd Fritz et al., Die Sprache der ersten deutschen Wochenzeitungen, S. 22.

eine etwas ausgefallene Schriftart, die sich vom sonst ziemlich einheitlichen Schriftbild abhebt; somit dient der Titel eindeutig als Blickfang.

Zudem können im Titel die deutsche und die lateinische Schriftart abwechseln, so wie es auch im Textkörper in den meisten Zeitungen üblich ist: Grundsätzlich wird die altdeutsche Fraktur-Schriftart verwendet, aber einzelne Sätze, Wörter oder Wortteile stehen in Latina, um anzuzeigen, dass es sich um Entlehnungen bzw. fremdsprachliche Zitate handelt.[37] In einigen Zeitungen wird, den Empfehlungen damaliger Grammatiker oder sonstiger Anhänger von Sprachpurismus entsprechend,[38] oder auch aus Sprachpatriotismus, auf die lateinische Schriftart völlig verzichtet, oder sie wird nur für lateinische Zitate verwendet.

Für den Namen der Zeitung wird wie im Textkörper verfahren, d.h., in vielen Zeitungen stehen die Fremdwörter des Namens, der meistverbreiteten Gepflogenheit entsprechend und den Sprachpatrioten zum Trotz, in lateinischer Schrift bzw. kursiv.

Mercurij Relation oder Zeittungen /
von underschidlichen orthen

Dingstags *ordinari* Post-Zeitungen

Königsb. Sonntags *ordinari* Postzeitung

Altonaischer *MERCURIUS* und desselben RELATION aus dem *PARNASSO*

*EUROPÆI*sche Zeitung

Nordischer *MERCURIUS*

In einigen wenigen Zeitungen wird im Titel nicht konsequent verfahren, vielleicht aus ästhetischen Gründen:

Europäische *RELATION*

Noch andere wechseln zwar im Textkörper für Fremdwörter zur lateinischen Schriftart über, aber nicht im Titel:

Ordinari Postzeitung [*OPZa*]

Neu-ankommender Currier

---

37 Zur Markierung und Quantifizierung der Fremdwörter im Deutschen des 17. Jahrhunderts, insbesondere in Zeitungen, vgl. Michel Lefèvre, Einflüsse des Französischen auf die deutsche Sprache des Barocks; ders., Langue de spécialité. Man kann Vergleiche zu anderen Textsorten mit ähnlichen Zählungen anstellen, vgl. zu den Fremdwörtern etwa in privaten Briefen, Michel Lefèvre, Die Sprache der Lieselotte von der Pfalz. Zum „Sprachkrieg" sei stellvertretend für alle Schriften nur Justus Georgius Schottel, Der schreckliche Sprachkrieg, hier zitiert.

38 Vgl. William J. Jones, Sprachhelden und Sprachverderber, S. 445. Vgl. Hierzu auch: Andreas Gardt, Das Fremdwort; und Karen Kinnemark, Studien zum Fremdwort in deutschen Zeitungen.

Zwei Zeitungen unseres Korpus vermeiden vollständig die lateinischen Schriftzeichen, *ORZ* („Ordinari Reichs-Zeitung“) und *TKC* („Teutscher Kriegs-Curier“), was, zumindest im Fall der letzteren, über den rein grammatischen Sprachpurismus hinauszugehen scheint, welcher zwar oft herbeigewünscht wird, aber außerhalb der literarischen Texte kaum konkret angewendet wird, wie schon die meisten Namen zeigen. *TKC* hingegen, mit dem Wort „Curier“ in deutscher Schrift und mit einem nach deutschen Rechtschreibregeln verschriftlichten [u]-Laut dürfte dem damaligen Leser vor allem als ein patriotisches Blatt erschienen sein (vgl. Abbildung 1).

Deß drey und zwantzigsten
Teutschen
Kriegs-Curiers
Ab- und Außfertigung /
Vom 24. Nov. 4. Decemb.
1673.

Abb. 1: Titelseite von TKC (TKC 1673 12 04)

Die formale Gestaltung des Zeitungstitels entspricht somit völlig der phatischen Funktion der Sprache, mit dem Ziel, das Interesse einer größtmöglichen Leserschaft zu erwecken. Der Name musste es auch einer Zeitung erlauben, sich von der Konkurrenz abzuheben, da aus marktstrategischen Gründen sich in einer Stadt die Zeitungsnamen oft sehr ähnlich waren und zudem oft geändert wurden. Aber die Gestaltung des Titels kann auch schon einiges zu den Absichten des Herausgebers aussagen.

Die Zeitungsnamen sind meist variierende Kombinationen mit dem Lexem „Zeitung“, „Relation“ oder „Courrier“. Das abwechselnd im Singular und Plural vorkommende Lexem „Zeitung“ zeigt, dass dieses gerade im Begriff ist, von der ursprünglichen Bedeutung „Nachricht“ zur metonymischen Bezeichnung eines Nachrichtenträgers überzugehen, wobei das Lexem „Nachrichten“ in Zeitungstiteln erst im 18. Jahrhundert geläufig wird. Drei Titel in unserem Korpus beinhalten das Lexem „Zeitung“ im Singular, d.h. in der modernen Bedeutung eines Nachrichtenträgers:

Europaeische Zeitung
Ordinari Postzeitung
Königsberger Ordinari Post Zeitung

Vier weitere Titel beinhalten das Lexem „Zeitung“ im Plural, mit der alten Bedeutung von Nachrichten, darunter ein Titel, in dem es ausdrücklich als Variation für „Relation“ fungiert:

Mercurij Relation oder Zeitungen
Dingstags(Dienstags)/Freytags Ordinari Postzeitungen
Extraordinari Mittwochs Post-Zeitungen
Ordentliche Wochentliche Post-Zeitungen

Das Lexem „Zeitung“ erinnert auch an den Sammelbegriff für eine frühere Form der Nachrichtenverbreitung in deutschsprachigen Ländern, die sogenannten „Neuen Zeitungen“:[39] Es handelte sich um gesammelte Nachrichten, die in handgeschriebener oder gedruckter Form entweder bei Anfrage oder regelmäßig ausgetauscht wurden. Ursprünglich waren sie Briefen beigelegt, die nicht eigentlich den Zweck der Nachrichtenvermittlung erfüllten. Die Veröffentlichung von „Neuen Zeitungen“ unabhängig von den Briefen oder Botschaften, die sie begleiteten, geht auf den Anfang des 15. Jahrhunderts zurück und verbreitet sich im Laufe des 16. Jahrhunderts. Wo zunächst nur einzelne Nachrichten verbreitet wurden, werden später ganze Bündel von Nachrichten gedruckt. Im 16. Jahrhundert kam dann die Gepflogenheit auf, auf die von den Briefen getrennten Nachrichtenteile Absendeort und -datum des entsprechenden Briefes abzudrucken. Schließlich wurde der zunächst private Austausch von Nachrichten zum Gewerbe.

Das Wort Zeitung geht auf ältere germanische Formen zurück, etwa ae. *Tīdan;* dieses Verb bedeutet, dass ein Ereignis in seinem Verlauf, während seines Geschehens geschildert wird. Bei Auflösung einer solchen Isochronie liefert das Geschehen den zeitlichen Bezugspunkt, dessen Distanz zum Zeitpunkt des Äußerungsaktes nicht allzu groß erscheinen darf, damit es sich wirklich um „neue“ Zeitungen handeln kann.

---

39 Vgl. Gerd Fritz et al., Die Sprache der ersten deutschen Wochenzeitungen, S. 35 und 244ff.; Margot Lindemann, Deutsche Presse bis 1815, S. 80ff.; Karl Schottenloher, Flugblatt und Zeitung, S. 160ff.

> Das Wort: Zeitungen: kommet von der Zeit / darinnen man lebet / her / und kan beschrieben werden / daß sie Benachrichtigungen seyn / von denen Händeln / welche zu unserer gegenwärtigen Zeit in der Welt vorgehen.[40]

Schon in seiner ursprünglichen Bedeutung verweist das Wort ‚Zeitung' auf die Notwendigkeit, von dem Verlauf eines Ereignisses in einem kürzest möglichen zeitlichen Abstand Bericht zu erstatten. Aber es wird, neben der Zeit des Geschehens, im Signifikat dieses Lexems auch die Zeit des Berichtens angedeutet, d.h. die Zeit des Journalisten. Ein Ereignis wird nur durch den Berichterstatter und in der Zeit des Berichtens zur „neuen Zeitung", die ursprüngliche Bedeutung des Worts ‚Zeitung' beinhaltet diesen Verweis auf die Berichterstattung, auf den Prozess des Nachrichtenschreibens; das Geschehen an sich reicht nicht aus, um selbst zu einer Nachricht zu werden.

Ganz ähnlich verhält es sich mit dem Lexem ‚Novelle' im Zeitungsnamen „*Rigische Novellen*", dem einzigen in unserem Korpus, der diese am Ende des 17. Jahrhunderts noch neue Entlehnung aus dem Italienischen enthält. Im Italienischen bezeichnet ‚Novella' zunächst ein neues Ereignis und entwickelt sich dann rasch, wie auch im Deutschen, um das Erzählen eines neuen Ereignisses zu bezeichnen, d.i. die Novelle im literarischen Sinne. Auch diese Entwicklung zeigt, wie das Erzählte mit dem Erzählen notwendigerweise einhergehen muss.

Äußerungszeit und -handlung schwingen auch im Signifikat des Lexems ‚Relation' mit, das zur Bezeichnung der ältesten deutschen periodischen Zeitung verwendet wird, weil es den ausführlichen, nach damaligen Gepflogenheiten wie ein Teiltext gehaltenen Titel der gebundenen Ausgabe für das Jahr 1609 einleitet:

> Relation: Aller Fürnemmen und gedenckwürdigen Historien / so sich hin vnnd wider in Hoch vnnd Nieder Teutscland / auch in Frankreich / Italien / Schott- und Engel-land / Hisspanien / Hungern / Polen / Siebenbürgen / Wallachey / Moldaw / Türckey / etc. Inn diesem 1609. Jahr verlauffen und zutragen möchte. Alles auff das trewlichst wie ich solche bekommen und zu wegen bringen mag / in Truck verfertigen will.[41]

Bemerkenswert ist dieser quasi programmatische Teiltext schon allein wegen seines letzten Satzes, in dem darauf hingewiesen wird, dass der Herausgeber die Ereignisse wirklichkeitsgetreu („auff das trewlichst") und ohne eigenes Hinzufügen („wie ich sie bekommen mag") wiedergeben will; somit wird dem Wort „Relation" die Bedeutung eines Sprach-

40 Kaspar Stieler, Zeitungs Lust und Nutz, S. 25.
41 Zitiert nach Margot Lindemann, Deutsche Presse bis 1815, S. 90.

rohrs ohne eigenes Hinzutun verliehen. Vermutlich ist dies genau die Bedeutung, die alle Herausgeber, die ihre Zeitung „Relation“ betitelten, ihren Lesern, insbesondere den vornehmsten unter ihnen, den Fürsten, die das Druckerprivileg erteilten, vermitteln wollten.

Die Europäische Relation
Gewiss einlaufende Relation
Historische Relation
Mercurij Relation oder Zeitungen
Relations-Courie

Der Name „Relation“ verweist auch auf eine andere frühe Vorform der Presse, nämlich auf die sogenannten „Messrelationen“,[42] die ein- oder mehrmals jährlich während der Messen in den großen Städten, die solche veranstalteten, vertrieben wurden, wobei freilich zwischen jeder Lieferung sehr viel Zeit ins Land ging. Es ist allerdings umstritten, ob die Messrelationen zu den Zeitungen gezählt werden sollen, da sie eher einem Almanach oder, so die Meinung Margot Lindemanns, einer geschichtlichen Erzählung ähneln.[43] Ein Titel unseres Korpus, „*Historische Relation*“, scheint dies zu bestätigen. Auch mit den Chroniken sind die Zeitungen gewissermaßen verwandt, wie aus Titeln wie „*Diarii Europaei*“ herauszulesen ist, oder wie es aus der Möglichkeit, gebundene Jahresausgaben der Zeitungen herzustellen oder zu kaufen, zu ersehen ist. Außerdem kann man bei den Messrelationen kaum von sich selbst darstellenden Nachrichten sprechen, da die geschilderten Ereignisse oft schon Monate zurückliegen und bekannt sind: Hier kommt es auf die Darstellungsweise an, auf die Kunst des Inszenierens und Erzählens. Man darf im Lexem „Relation“ das Präfix *re-* nicht übersehen, das eindeutig darauf hinweist, dass etwas von einer dritten Person nacherzählt wird, dass die Nachrichten mittelbar zur Kenntnis des Lesers gelangen.

Bemerkenswert ist auch, dass in keinem der Titel unseres Korpus das Lexem „Nachricht“ vorkommt, dessen Pluralform ab dem 18. Jahrhundert das Lexem „Zeitungen“ ersetzt. Dabei ist dieses Wort mit der modernen Bedeutung im 17. Jahrhundert schon geläufig und eine Konkurrenzform zu „Zeitungen“ innerhalb der Zeitungstexte:

Zumalen von Wien sichere Nachricht eingelauffen / daß… (MRZ 1672 35 S. 2)

Ihr König hat sich nunmehr / von Nancy / auf eingelauffene Nachricht von würcklicher Brechung des Königreichs Spanien / über *Langres* auf Pariß begeben. (TKC 1673 09 12 S. 4)

42 Margot Lindemann, Deutsche Presse bis 1815, S. 80.
43 Margot Lindemann, Deutsche Presse bis 1815, S. 80.

Mit einer Stafetta aus Pohlen ist die Nachricht eingelauffen / daß... (AM 1698 02 22 S. 2.)

Der vermeintlich objektive Begebenheiten bezeichnende Begriff „Nachricht“ birgt in seiner ursprünglichen Semantik kaum mehr Objektivität als die Wörter „Relation“ und „Zeitung“, da er mit den Verben „abrichten“ oder „ausrichten“ verwandt ist, die andeuten, dass jemand oder etwas absichtlich in gewisser Weise gebildet und geformt wird und vermutlich in Zusammenhang mit dem Ausdruck „sich nach etwas richten“ gebracht werden muss. Unter diesem Grundbegriff journalistischer Tätigkeit verbirgt sich also eine starke Intentionalität, der Wille des Redakteurs, nicht nur objektive Ereignisse zu vermitteln, sondern auch zu formen und zu gestalten und somit seine Leser subjektiv zu beeinflussen.

Dasselbe gilt für das Lexem „A(d)vis“ bzw. „Aviso“, das in den Titeln unseres Korpus nicht mehr vorkommt, aber im Namen einer der ersten periodischen Zeitungen enthalten ist.[44] Im Italienischen bezeichnete dieses Wort zunächst Boote, die Nachrichten oder Botschaften transportierten: Nach einer ähnlichen metonymischen Wandlung wie für ‚Zeitung‘ wurde die Bezeichnung des Beförderungsmittels auf das Beförderte übertragen. In den Zeitungstexten unseres Korpus kommt das Wort „Advis“, auch in Form des abgeleiteten Verbs „advisieren“ vor (in 8 Zeitungen: *AM, NM, EPZ, GER, OPZba OPZb, TKC*, d.h. eher im niederdeutschen Raum, mit dem etymologischen *-d-*). Der lateinische Ursprung des Wortes, „mihi est visum“, zeigt, dass man auch bei diesem Wort mit der Subjektivität, der persönlichen Meinung des Informanten oder des Redakteurs konfrontiert ist.

Von Bilbau hat man Advis / daß... (NM 1673 01 3 S. 1)

Nicht weniger wird auch aus dem Käiserl. Feldläger avisirt / daß... (TKC 1673 09 25 S. 5)

Bei den restlichen Titelwörtern unseres Korpus handelt es sich meist um eine Variante des Worts „Kurrier“, mit den unterschiedlichen Rechtschreibungen, oder auch um die mythologische Variante „Merkur“, wobei auf dessen Rolle als Kurier der Götter angespielt wird.

Altonaischer Mercurius
Mercurij Relation oder Zeittungen
Neu-ankommender Currier
Nordischer Mercurius

44 Vgl. Gerd Fritz et al., Die Sprache der ersten deutschen Wochenzeitungen, S. 22ff.

Relations-Courier
Teutscher Kriegs-Curier

Dieses Lexem in zahlreichen Zeitungsnamen weist auf den einzigen Kommunikationskanal zwischen Personen hin, die über große Entfernung miteinander in Verbindung traten, und somit auf die besonderen, mit diesem Kommunikationskanal verbundenen Zwänge bzw. Störungen (Geräusche).

Es waren zunächst geographische Zwänge: Die Korrespondenten und Drucker befanden sich vornehmlich auf den großen Postrouten, die unter dem Postgeneralat der Thurn und Taxis seit 1490 ziemlich gut organisiert waren. Die Taxis hatten sich schon seit Mitte des 15. Jahrhunderts mit der Organisation der Posten in verschiedenen italienischen Städten, darunter insbesondere der päpstlichen Post in Rom, ausgezeichnet. Daher sind die deutschen Termini im Bereich der Post meist italienischer Herkunft: *Kurier, Post, Postillon, Porto, Felleisen* (< *valigia*).[45] Für die Postmeister in den großen Relaisstationen wurde im Laufe der Zeit das Verfassen von Zeitungen, wobei sie die Nachrichtenbündel, die durch ihre Hände liefen, einfach nur abzuschreiben und drucken zu lassen brauchten, zu einer neuen Einnahmequelle neben dem Gasthausgewerbe.[46] Auf diese Nebentätigkeit der Postmeister soll auch der Name „(Ordinari-)Postzeitung“ vieler Zeitungen hinweisen, wobei die wirkliche redaktionelle Tätigkeit der Postmeister umstritten ist. Zumindest müsste man das Bild des einfach nur abschreibenden Herausgebers etwas distanziert sehen.

Man muss auch den zeitlichen Zwang in Betracht ziehen, der mit den geographischen Begebenheiten einhergeht: Das Erscheinen vieler Zeitungen ist zunächst durch das Ankommen der Posten bedingt. Das wöchentliche oder zweimal wöchentliche Ankommen der Postkutsche dürfte den parallelen Rhythmus der Erscheinung einiger Zeitungen, zumindest zu Beginn der periodischen Presse, erklären, und so muss man wohl auch das Lexem „Ordinari“ in „Ordinari Postzeitungen“ auf den Rhythmus der gewöhnlichen Posten zurückführen, an denen diese Zeitungen dann erschienen, ebenso bei Titeln wie „Dingstags-“ oder „Freytags Ordinari Postzeitung“, wo es sich um die Posttage handeln könnte. Dahingegen würden Zeitungsnamen wie „Extraordinari Postzeitung“ auf eine Erscheinung außerhalb der gewöhnlichen Posttage weisen. Doch trifft diese Interpretation auf die Situation gegen Ende des 17. Jahrhunderts

45 Vgl. Wolfgang Behringer, Thurn und Taxis, S. 24.
46 Margot Lindemann, Deutsche Presse bis 1815, S. 20.

nicht mehr zu, zumindest in größeren Städten wie Hamburg: Einerseits gab es wohl kaum je einen Tag, an dem nicht irgendeine Postkutsche dort verkehrte; andererseits gab es immer mehr Zeitungen, und es bemühten sich immer mehr konkurrierende Blätter um ein Druckerprivileg, so dass die Fürsten oder Stadtoberhäupter das Druckprivileg für die unterschiedlichen Zeitungen an verschiedenen Wochentagen erteilten. So durfte *NM* in Hamburg an zwei bestimmten Tagen in der Woche erscheinen, und der Herausgeber musste eine weitere Zeitung mit einem anderen Namen gründen („*Extraordinari Relation*", auf die am Ende jeder Ausgabe von *NM* hingewiesen wird und die auch Fortsetzungen der in *NM* begonnenen Nachrichten enthält), um auch an den anderen Tagen Nachrichten veröffentlichen zu dürfen. Rechnet man alle Privilegien für einzelne Herausgeber zusammen, für die „Ordinari"- und für die „Extraordinari"-Ausgaben, so gelangten einige Herausgeber zur Möglichkeit, täglich eine Zeitung herauszugeben: Z.B. gibt es in Dantzig neben der „*Ordinari Dingstags Post-Zeitungen*" und der „*Ordinari Freytags Post-Zeitungen*" auch die „*Extra-ordinari Mittwochs Post-Zeitungen*". So kann man zu Beginn der ersten Ausgabe des Jahres 1673 von *NM* folgenden vollständigen, texthaften Titel für die Zeitung lesen:

> Nordischer Mercurius, welcher / wochentlich / viermahl als / am Dings- und Freytage in der Ordinair. am Mittwochen und Sonnabend aber in den extraordin. Relationen / kürtzlich / vorstellet / was mit den Europeischen Posten vom Krige und Friden / auch andern denckwürdigen Sachen eingekommen ist (NM 1673 01 1 S. 1)

Auch wenn das System der Relaisstationen die Beförderungszeit für Personen und Briefe wesentlich verkürzt hat (man konnte schon im 16. Jahrhundert binnen ca. einer Woche quer durch Europa reisen), verlief die Beförderung insbesondere klimabedingt nicht immer reibungslos ab. Dies konnte dann einen Niederschlag in den Zeitungen finden, etwa in Form einer veränderten Reihenfolge der Korrespondenzen: *OWP*, die unweigerlich mit einer Korrespondenz aus Venedig beginnt, muss die Ausgabe Nr. 14 vom März 1672 anders gestalten, da die Post aus Venedig offensichtlich nicht rechtzeitig angekommen ist; ebenso muss in der Ausgabe vom 1. Juli 1668 von *OPZa*, die sonst immer mit einer Korrespondenz aus Wien beginnt, eine Korrespondenz aus Venedig an deren Stelle gesetzt werden. Es konnte auch der Erscheinungsrhythmus von Zeitungen, die an einem bestimmten Wochentag herauskommen sollten, gestört werden, sei es durch Feiertage wie in *NM* vermerkt:

In der folgenden 27. extraord. Relation ein mehrers / weilen die liben Oster-Feyer-Tage auch hierinnen eine Feyerung gemachet haben (NM 1673 04 1 S. 8)

oder durch Verspätungen auf den Postwegen.

Das Lexem „Kurrier“ erinnert an die ursprünglichste Form der Nachrichtenverbreitung, nämlich durch Austausch von Briefen, sei es zwischen Privatpersonen oder zwischen Inhaber eines öffentlichen Amts. Aus dem Lexem „Kurrier“ ist nicht herauszulesen, ob die beinhalteten Nachrichten aus öffentlichen oder privaten Briefwechseln stammten; es kommt aber innerhalb der Korrespondenzen vor, dass der Leser vor einer privaten Quelle und somit vor dem inoffiziellen Charakter der Nachrichten gewarnt wird:

vnd berichtet ein Particulier auß Lippstatt / mit vns gehets Arger als in Holland... (MRZ 1673 11 S. 4)

Man hat mit particulier-Madritischen Brieffen vernommen / daß... (OPZb 1698 47a S. 2)

Solche Angaben scheinen darauf hinzudeuten, dass offizielle, amtliche Quellen mehr Gewähr leisten als private Quellen. Hinter dem immer wiederkehrenden Lexem „Kurier“ zeichnet sich somit eine erste Diskussion über die Qualität der Nachrichtenquellen ab, wobei der Leser immer wieder überzeugt werden muss, dass die vom Herausgeber berücksichtigten Kuriere die besseren Quellen sind. Dies kann sogar seinen Niederschlag im Titel selbst der Zeitung finden, wenn dieser etwa lautet:

Gewiß einlauffende *Relation* deß jetzigen Zustands vom Frantzösischen und Holländischen Kriegs-Wesen Aus unterschiedenen Orten.

Dabei handelt es sich zwar um keine eigentliche periodische Zeitung, weil sie auf einen bestimmten Anlass beschränkt war, doch dauerte der Krieg immerhin mehrere Jahre. Dieser Titel offenbart auch die redaktionellen Richtlinien des Blattes, das Epitheton „gewiß“ klingt wie ein Versprechen des Redakteurs an den Leser, was die Qualität und Objektivität der Nachrichten betrifft, und fungiert als Modalisierungspartikel (epistemische Einheit),[47] wobei auch unterschwellig der Verdacht geäußert wird,

---

47 Modalisatoren bzw. Modalisierungspartikeln sind jene Partikeln, die eine subjektive Bewertung des Sprechers zur Wahrheit, Glaubhaftigkeit des propositionalen Gehalts ausdrücken, wie in „er ist sicher/wahrscheinlich/womöglich krank“; vgl. unten, 3.2.2.2.2. Eine Definition der funktionalen Klasse der Modalisatoren befindet sich bei Marcel Pérennec, Présentation des mots du discours; eine systematische funktionale Einordnung der „Partikeln“ in die von Pérennec herausgearbeiteten Klassen wurde von René Métrich et al., Wörterbuch deutscher Partikeln, unternommen. Zur Feststellung, dass im 17. Jahrhundert

dass in anderen Zeitungen die Nachrichten über den Krieg nicht „gewiß", sondern durch Gerüchte und Propaganda gefälscht sind. Ein derartiger Titel soll also auch als Richtschnur für alle Herausgeber gelten.

Solche Blätter entstanden in besonderen Krisenzeiten, man könnte sie als opportunistische Gelegenheitsblätter bezeichnen, wie es früher die „Neuen Zeitungen" oder „Meßrelationen" waren. Gegen Ende des 17. Jahrhunderts entstanden so vielerlei kurzlebige Zeitungen, deren Titeltexte nicht immer einen objektiven Standpunkt vertreten, sondern subjektive Stellungnahmen des Redakteurs ankündigen. Eine der berühmtesten Zeitungen, die auf diese Weise anlässlich eines Krieges gegründet wurden, ist sicherlich „Teutscher Kriegs-Curier / aus dem Käyserlichen und Frantzöischen Feld-Lägern. Vom 9. September / im Jahr 1673." Diese Zeitung erschien erstmals in Nürnberg, als der französische König Ludwig XIV. den Krieg, den er bisher gegen die Niederlande und deren Verbündete führte, nach Franken lenkte, wo der deutsche Kaiser eine Interventionsarmee zusammengeführt hatte, um übers Elsass nach Frankreich einzudringen. Der französische Marschall Turenne hatte Befehl, diesen Truppen entgegenzueilen, um diesen Angriff zu verhindern, und er erreichte sie im September 1673 bei Nürnberg. Der Name „*Teutscher Kriegs-Kurier*", der die gesamte erste Seite einnimmt und ausschließlich in deutscher Schrift gedruckt ist mit einer verdeutschten Schreibung des Worts „Kurier" und mit der Absicht, nur von Kriegshandlungen zu berichten, zeigt offenkundig, dass es sich um eine pro-deutsche Zeitung handelt, in der offen ein patriotischer Standpunkt vertreten wird und in der man sich an die erschreckten fränkischen Leser richtet, deren Land bisher weit weg von den Kriegsgeschehen war, und die begierig nach beruhigenden und tröstlichen Nachrichten Ausschau hielten. Die erste Ausgabe war vermutlich als Einzeldruck gedacht gewesen, wurde aber zu einem Wochenblatt, das bis ins 18. Jahrhundert Bestand hatte, mit leicht veränderter Makrostruktur im Titel, in dem die Ausgaben durchnummeriert waren:

Deß Teutschen Kriegs-Kurier [n]te Ab- und Außfertigung vom…

2.1.2 Die Illustrationen

Der Titel besteht nicht nur aus einem Namen oder Teiltext, sondern auch aus weiteren, teils nicht-sprachlichen Einheiten und bildet insgesamt eine komplexe Makrostruktur. Zu dieser gehört in manchen Zeitungen ein

attributive Adjektive wie in „sichere Nachricht" die Funktion der Modalisierung übernehmen, vgl. Michel Lefèvre, Qualifikation und subjektive Bewertung.

Kupferstich, wodurch der phatischen Funktion der Titelseite etwas Nachdruck verliehen wird.[48] Illustrationen konnten jedoch vielerlei Drucke zieren und sind nicht kennzeichnend für Zeitungen, die sogar eher weniger illustriert sind als andere Drucke, da sie im Textkörper nur höchst selten zur Veranschaulichung von Sachlagen verwendet werden und fast ausschließlich zur Zierde des Initiators dienen. Man findet einerseits blickfangende, ornamentierende Umrahmungen der gesamten ersten Seite oder öfter Zierleisten (*NM*, vgl. Abbildung 2), die den Initiator vom Textkörper trennen und somit als spezifischer Terminator des Titels bzw. Initiator des Textkörpers fungieren:

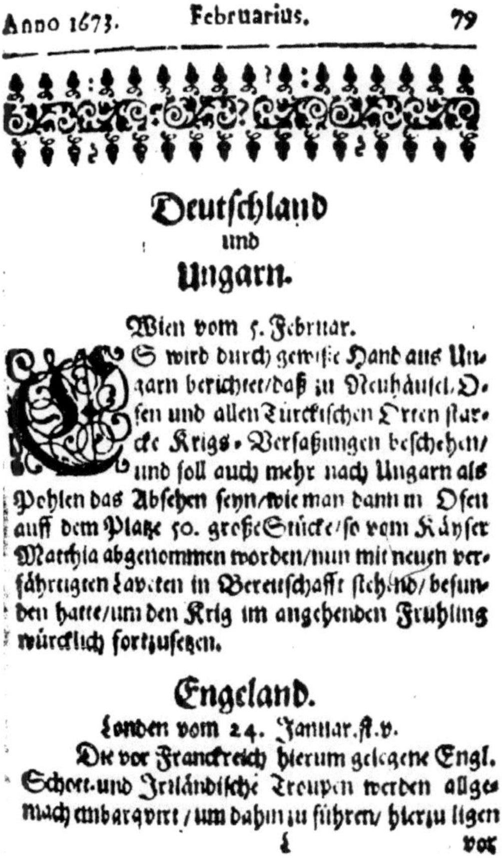

Anno 1673. Februarius. 79

Deutschland
und
Ungarn.

Wien vom 5. Februar.

ES wird durch gewisse Hand aus Ungarn berichtet/daß zu Neuhäusel/ Ofen und allen Türckischen Orten starcke Krigs-Verfaßungen beschehen/ und soll auch mehr nach Ungarn als Pohlen das Absehen seyn/wie man dann in Ofen auff dem Platze 50. große Stücke/so vom Käyser Matthia abgenommen worden/nun mit neuen verfährtigen Laveten in Bereitschafft stehend/ befunden hatte/um den Krig im angehenden Frühling würcklich fortzusetzen.

Engeland.

Londen vom 24. Januar. st.v.

Die vor Franckreich hierum gelegene Engl. Schott- und Irländische Troupen werden allgemach embarqvirt/ um dahin zu führen/ hierzu ligen

L vor

Abb. 2: Titelseite einer Ausgabe von NM im Jahresband 1673 (NM 1673 01 1)

48 Zur Bedeutung der Illustrationen in frühen publizistischen Textsorten, vgl. Siegrid Schmidt, Die Bilder sind zugleich der Text.

Andererseits befinden sich dort auch figurative Illustrationen, die schon eher an die Kupferstiche bzw. Holzschnitte der satirischen Flugblätter erinnern, auf denen das Bild den Text weitgehend ersetzte. In den Zeitungen unterstreichen diese Illustrationen meist eines der Titelworte, sie gehören somit zum Paratext und tragen zur identifizierenden Kennzeichnung der Zeitung bei. Man findet sie über (*ORZ*) oder unter dem Namen oder auch mitten im Titeltext (*AM*), manchmal auch links neben dem Beginn des Textkörpers, so dass dieser auf einigen Zeilen eingerückt ist (*MRZ, OPZa, OPZb*) und die Trennung zwischen Titel und Textkörper überbrückt wird.

Num. MM. DCCC. L X X X.

Extra-Ordinari

Mittwochs Post-Zeitungen / Anno 1698.

Den 3. September.

Auß Madritt / vom 9. Augusti.

IN dem Gesicht von Cartagena seynd 14. Frantzösische Galeren vorbey nach der Strassen gesegelt. Die Frantzösischen Fregatten haben denen See-Räubern von Salee zwo Fregatten / welche unsere Meer beunruhiget / hinweg genommen. Die von der Handelschafft haben sich verglichen / wegen der Indulte auß denen Gallionen zu Cadix 400000. Rhlr. zu bezahlen / also / daß man nun wird angefangen haben gedachte Gallionen a[illegible]aden. Von Cadix hat man / daß die Flotte nacher Neu-Spanien den 22. passato von dannen unter Segel gegangen ist. Von Ceuta hat man / daß Don Francisco del Castillo

Abb. 3: Titelseite von EPZ (EPZ 1698 09 03)

Die verwendeten Motive scheinen zunächst genauso konventionell zu sein wie die Titelworte. Viele Motive deuten auf die Post hin, wobei ein Bote oder ein Postillon dargestellt wird. So ist etwa in *OPZa* ein auf einem galoppierendem Pferd reitender Postillon abgebildet, der in ein Horn bläst, welches bis heute das Symbol der Post geblieben ist; in *OPZb* und *EPZ* (vgl. Abbildung 3) befindet sich eine andere Variante: Ein Bote mit Hut, Federbusch und Horn galoppiert durch ein Dorf, ebenso in *RC* wo der Reiter einen wehenden Mantel trägt; diese Bilder sollten wohl den Eindruck von Geschwindigkeit vermitteln und somit dem Leser frische Nachrichten versprechen, aber es sollte beim Leser bestimmt auch eine Art Neugier und Sehnsucht nach fernen, unbekannten

Ländern erweckt werden, wie es etwa das Symbol eines Flugzeuges heute tun würde.

Auf einem weiteren Blatt, *ORZ* (vgl. Abbildung 4), prangt eine Art quasi-offizielles Wappen mit gekröntem Doppeladler, darüber zwei Engel, die die Krone halten, darunter ein Kreuz wie jenes, das traditionsgemäß auf dem Reichsapfel zu sehen ist. Diese eindeutige Symbolik unterstreicht nachdrücklich das Lexem „Reich“ im Titel, wobei dem Leser nicht nur angedeutet wird, dass diese Zeitung ein kaiserliches Privileg erhalten hat, sondern auch, dass die Linie der Zeitung höchst wahrscheinlich offiziell, kaisergetreu und katholisch sein dürfte, und in der Tat erschien diese Zeitung in Wien.

2020.

Ordinari Reichs=Zeitung/

Den 13. September/ Anno 1698.

Auß Londen / vom 19. Augusti.

DAs Parlament in Schottland/hat zum Unterhalt der Königl. Völcker/welche gegenwärtig in selbigem Königreich noch auff den Beinen seynd/ein Subsidium von 2. Millionen und 200000. Pf. Schottisch Geld zu bezahlen / dem König verwilligt. Von dannen ist ein Patent gekommen/umb dem Graffen von Arran/ mit Bewilligung von der Hertzogin Wittib seiner Mutter/zum Hertz. von Hamilton zu machen/und solches an Seine Königl. Majestät gesandt worden. Die 2. alte Regimenter de Marines, von dem Marquis von Camarthen und dem Ritter Cloudesley / seynd zu einem Regiment gemacht worden / welches der Obrist Brudnel commandiren wird/und also nur 4. Regimenter Marines/nemblich von Seymur / Cole / Mordant und Brudnel/zusammen 3000 Mann außmachende/ in Diensten seynd. Als der Hertzog von Ormont jüngst zu Chester gewesen/ hat einer von seinen Bedienten ihme 1500. Guinées gestohlen/so aber ertappt und ins Gefängnuß gelegt worden ist; von dem gestohlnen Geld aber hat man sehr wenig wieder bekommen.

Abb. 4: Titelseite von ORZ (ORZ 1698 09 13)

Ähnlich ist die Abbildung in *ER*, wobei das Wort „Europa“ sich in diesem Titel eher auf die Frankreich umklammernden habsburgischen Länder bezieht, denn auch diese Zeitung entstand im Zuge des von Ludwig XIV. geführten Krieges gegen Holland. Da ist eine gekrönte, auf einem Thron sitzende Frau zu sehen, die in der linken Hand eine Weintraube, in der rechten ein Szepter hält; zu deren rechtem Fuß, der Reichsapfel mit Kreuz, so dass der Leser vorab weiß, dass die Nachrichten vom deutsch-kaiserlichen Standpunkt aus geschildert sein werden, auch wenn es sich um eine dänische, in Altona erscheinende Zeitung handelt.

Nordischer
MERCURIUS
Welcher / wochentlich / viermahl als/am Dings-und Freytage in den Ordinair. am Mittwochen und Sonnabend aber in den extraordin. Relationen/ kürtzlich/vorstellet/was mit den Europeischen Posten vom Krige und Friden/auch andern denckwürdigen Sachen eingekommen ist.
1673.

Abb. 5: Titelseite zum Jahresbeginn 1673 im Jahresband von NM

Bleibt nur noch die Gruppe der Zeitungen, die ein Bild des geflügelten Merkurs gewählt haben. Auf *MRZ* prangt ein römisch gekleideter Merkur, der einen Äskulapstab in der rechten Hand hält und den linken Zeigefinger hebt; seine geflügelten Beine ruhen auf einem Erdball. Auf den Kupferstichen von *AM* erblickt man einen auf einem geflügelten Pferd galoppierenden Merkur, der mit dem Äskulapstab nach vorne zeigt, so dass sich in diesem Bild die Symbolik des Postboten und jene des Boten der Götter vermengt. *NM* schließlich ist nur in der gebundenen Version auf der ersten Seite jedes Monats mit einem Kupferstich versehen, der einen stehenden geflügelten Merkur darstellt: Er hält in den Händen einen Äskulapstab und eine Fahne mit der Inschrift „sine mora" (vgl. Abbildung 5).

Es soll hier noch die grundsätzliche Zweideutigkeit der für das Symbol des Kuriers herangezogenen mythologischen Figur des Merkurs hervorgehoben werden, zumal die griechische Entsprechung Hermes auch den Ruf eines hinters Licht führenden Schurken hat: Er ist unter anderem auch der Gott der Lügner und Diebe sowie jener des Wissens. Somit handelt es sich nicht um einen unbeteiligten Sendboten, er ist wissend, ja an der Gestaltung seiner Botschaft beteiligt. Diese Gestalt wird damit auch zur symbolischen Figur des Journalisten, der zwar vermittelt und weiterleitet, aber gleichzeitig auch mit seinem Wissen mitmischt, gestaltet, manipuliert, auf seinen Leser einwirkt. Man könnte in dieser Figur jemanden sehen, der mit seinem regen Geist die unbefangenen Leser in seinen Bann zieht.

Die Gestaltung der Titel der Zeitungen erscheint somit nicht nur als eine relativ einfallslose Variation von wenigen Schlüsselwörtern und Illustrationen. Die Titel dienen nicht nur dem Blickfang mit rein ornamentalen Mitteln, sie stellen eine Makrostruktur dar, die eine Mitteilung für den Leser beinhaltet und Auskunft über die Linie und das redaktionelle Programm des Herausgebers gibt. Dadurch gewinnen diese Titel an Texthaftigkeit, sie können als Teiltexte gelten, in denen der Herausgeber als aktiver Sprecher wirkt. Letzterer aber, sei es, weil dies den damaligen Gepflogenheiten entsprach, oder aus Vorsicht gegenüber den Gefahren der Zensur und möglicher Verfolgungen wegen, wird in diesem allgemeinen Initiator der Zeitung wie auch sonst nicht namentlich genannt. Jedoch tritt er indirekt auf, nicht nur in verschlüsselter Form in verborgenen Initialen,[49] sondern auch als impliziter Sprecher und Urheber die-

49 Die Initialen des Herausgebers findet man in wenigen Zeitungen wie EZ um 1640, vgl. Carsten Prange, Die Zeitungen und Zeitschriften des 17. Jahrhunderts in Hamburg, S. 90.

ser im Titel geäußerten Mitteilungen. Man kann ja nicht glauben, dass Nachrichten in der Zeitung, ohne irgendwie gestaltet zu werden, einfach nur weitergeleitet werden.

2.1.3 Die Seriennummer und das Datum

Zu den kennzeichnenden Einheiten einer Zeitung gehören all jene, die es erlauben, die Zeitung zu datieren und in der Chronologie ihres periodischen Erscheinens zu situieren. Es hat sich zu diesem Zweck im 17. Jahrhundert noch kein einheitliches Verfahren durchgesetzt, jedoch werden die meisten Zeitungen auf irgend eine Art durchnummeriert, wodurch man erkennen kann, dass es sich um einen periodischen und nicht um einen Einzeldruck handelt. So erscheint *TKC* ab der 2. Ausgabe im September 1673 mit einer in den Titel integrierten Nummerierung, so dass er zu jenen Zeitungen gehört, die von Beginn an durchnummeriert sind, wie auch *ORZ* und *NAC* (der mit römischen Ziffern nummeriert ist) in unserem Korpus. Der Leser kann so den Erfolg von langlebigen Zeitungen ermessen, auf denen z.T. eine vierstellige Zahl prangt. *NAC* erschien mit seiner Nummer 1 im Januar 1672 (auch dies eine Zeitung, die anlässlich des holländischen Krieges gegründet wurde) und ist Ende 1698 bei der Nummer „M.M.DCCCXXXVI“ angelangt. Die meisten Herausgeber wählen eine jährliche Nummerierung: *EZ, KOP, MRZ* (die zudem eine Alphabetische Nummerierung anwendet, wie es die Drucker für die Folien tun), *OPZa, RC* (der die Wochen und die Ausgaben innerhalb einer Woche durchnummeriert), *RN.*

Dennoch gibt es noch einige Zeitungen, die überhaupt nicht nummeriert sind, so dass man deren Einzelausgaben nicht sicher von Einzeldrucken unterscheiden kann. Diese Zeitungen scheinen dem Vorweisen ihrer Langlebigkeit oder auch eines mehr oder weniger ausdrücklichen redaktionellen Programms keine Bedeutung beizumessen, dabei zählen einige der renommiertesten Zeitungen Hamburgs bzw. Altonas dazu: *AM*, *ER* und *NM*. Letzterer liegt für unser Korpus z.T. in gebundener Version mit allen Ausgaben des Jahres vor; dort werden die Seiten über das ganze Jahr wie ein Buch durchnummeriert und mit einem laufenden Titel versehen. Die erste Seite der einzelnen Ausgaben lässt sich da nur noch an der ornamentalen Umrahmung erkennen, es wird aber keine der Einheiten des Initiators der Zeitung, weder Name der Zeitung noch Seriennummer noch Datum angegeben. Dies ist ein Beweis dafür, dass der Titel in der Tat als allgemeiner Initiator für eine Zeitung fungiert, da er bei gebundenen Ausgaben nur einmal zu Beginn des Sammelbandes zu finden ist, ohne zu Beginn jeder Ausgabe wiederholt zu werden; dort reicht dann ein Kupferstich als Initiator. Man kann vermuten, dass diese Version nachträglich neu gedruckt und die erste Seite jeder Ausgabe entsprechend geändert wurde. In den nicht gebundenen Ausgaben des Jahres 1685 in unserem Korpus besteht der Titel aus einer Makrostruktur mit Namen, Datum, Nummer der Ausgabe (mit einer jährlichen Nummerierung) und sogar aus einer den Merkur mit Äskulapstab darstellenden Abbildung. Man kann vermuten, dass die nicht gebundene Ausgabe von 1673 ähnlich gestaltet war.

Wenn die Seriennummer der Zeitung relativ belanglose Hinweise zur Periodizität und Langlebigkeit der Zeitung liefert, so ist das Datum eine äußerst wichtige Angabe. Dies gilt zunächst im Hinblick auf die Information, denn zu jener Zeit konnte eine beachtliche Zeitspanne die Zeit des Ereignisses und die Zeit der Ereigniswiedergabe voneinander trennen, und man konnte nicht davon ausgehen, dass eine Nachricht von einer unmittelbar davor geschehenen Sache handelt, wie heute, wo eine einzige Zeitangabe für Ereignis und Bericht des Ereignisses ausreichen kann. Es muss also durch das Datum der Ausgabe schon einmal die Zeit des Berichtens genau festgelegt werden. Die Angabe des Datums ist auch hinsichtlich der Kommunikation wichtig, denn es legt den Zeitpunkt des Äußerungsaktes des Redakteurs, der Origo für die Äußerungsstruktur der gesamten Zeitung, fest. Die Makrostruktur Titel wird zur Äußerung. Dadurch, dass das Datum der Ausgabe zugleich auch das ‚Jetzt' und ‚Heute' des sich äußernden Sprechers bzw. Herausgebers ist, wird bewirkt, dass Letzterer als aktiv an der Kommunikation mit dem Leser beteiligt erscheint.[50] Wenn der Herausgeber ein Datum auf der Ausgabe seiner Zeitung angibt, so ist er nicht mehr nur implizit und verborgen, er tritt offen ans Licht, wird explizit zum Sprecher in seinem nun zeitlich definierten Äußerungsrahmen und übernimmt durch diese zeitliche Fixierung die Verantwortung für das in der Zeitung Geäußerte. Bei fehlender Namensangabe der Herausgeber ist das Datum das einzige konkrete Element im Kopf der Zeitung, jenem Teiltext, der der Kommunikation vom Herausgeber zum Leser gewidmet ist und durch den der Herausgeber sich als Bestandteil dieser Kommunikationsebene entlarvt. Dieses offene Hervortreten des Herausgebers als Sprecher hat wichtige äußerungsstrukturelle Konsequenzen.

Es entsteht eine Opposition zwischen der Makrostruktur ‚Titel', in dem sich der Herausgeber an einem bestimmten Zeitpunkt an den Leser richtet, und den Textexemplaren im Textkörper, in denen andere Spre-

50 Vgl. Emile Benveniste, L'appareil formel de l'énonciation.

cher an jeweils anders fixierten Zeitpunkten sich an unbestimmte Leser, nicht aber an den Leser der Zeitung, richten. Diese Opposition wird durch formale Gestaltungsmittel bzw. makrostrukturell noch deutlicher hervorgehoben. Da der Herausgeber so außerhalb des Berichteten steht, hat diese Opposition auch bedeutende sprachliche Auswirkungen. Im Textkörper häufen sich zwar die Distanzierungseffekte zum Matrixäußerungsrahmen, etwa durch indirekte Rede oder Modalisierung. Da der Herausgeber, sei es nur mittels dieses Datums, zu einem expliziten Bestandteil der Zeitungskommunikation wird, besteht aber dennoch die Möglichkeit, dass man auch innerhalb der Textexemplare ‚Korrespondenz' z.B. einige Deiktika aus der Perspektive des Herausgebers interpretieren muss.

Nun findet man eine große Vielfältigkeit in der Art und Weise, wie Herausgeber die Opposition zwischen der Makrostruktur im Kopf und den Textexemplaren im Textkörper der Zeitungen zu unterstreichen oder zu überbrücken versuchen, indem sie verschiedene Kombinationen von sprachlichen und nicht-sprachlichen Mitteln einsetzen, wie Datum der Ausgabe, Datum der ersten Korrespondenz, Trennbalken als Terminator für den Teiltext ‚Titel' usw. Es entstehen mehrere Repräsentationstypen, die das Ende der Makrostruktur ‚Titel' bzw. den Beginn des ersten Textexemplars im Textkörper markieren, mit unterschiedlichen äußerungsfunktionalen Auswirkungen:

1. Repräsentationstyp [– Datum im Titel, – Terminator im Titel, + Datum der 1. Korrespondenz]

Manche Zeitungen vermeiden es, im Kopf ein Datum anzugeben, so dass die Äußerungssituation des Herausgebers implizit bleibt. So etwa im *NAC*, in dem die Ausgabe nicht datiert wird, es stehen im Kopf lediglich eine Seriennummer und das laufende Jahr. Es gibt aber auch keinen Trennbalken zwischen Kopf und Textkörper, so dass man das Datum des ersten Textexemplars im Textkörper, der ersten Korrespondenz also, für jenes der gesamten Ausgabe betrachten könnte, wobei der Leser anscheinend unmittelbar, schon im Titel der Zeitung, in den Äußerungsrahmen des Korrespondenten versetzt wird, da kein sichtbarer Bruch zwischen den Äußerungsstrukturen im Titel und der ersten Korrespondenz besteht.

2. Repräsentationstyp [– Datum im Titel, + Terminator im Titel, + Datum der 1. Korrespondenz]

Es lassen sich etliche Formen von nur teilweise angedeutetem Bruch zwischen Kopf und Textkörper finden. In *OWP* wird dieser Bruch durch einen Trennbalken formell angezeigt. Im Titel befinden sich eine Seriennummer und das laufende Jahr, unter dem Trennbalken beginnt der Textkörper mit dem Datum der ersten Korrespondenz. In *OPZa, OPZb, EPZ* und *MRZ* wird das Datum der ersten Korrespondenz durch Fett- bzw. Großdruck oder Absetzung hervorgehoben, indem es wie ein Titel vor der Initiale über dem Textkörper, aber nach dem Trennbalken steht. In all diesen Varianten wird angedeutet, dass der gesamte Text (Titel und Textkörper) in der zeitlichen Perspektive der Korrespondenz betrachtet werden muss. Der Zeitpunkt des Äußerungsaktes des Herausgebers, jener also der Redaktion der Zeitung, wird ausgeblendet, es scheint, als träte der Herausgeber hinter den Nachrichten zurück, die Korrespondenzen werden in den Vordergrund gerückt, der Herausgeber bleibt implizit.

3. Repräsentationstyp [+ Datum im Titel, + Terminator im Titel, + Datum der 1. Korrespondenz]

Auf anderen Titelseiten steht einerseits das Ausgabedatum, andererseits das Datum der ersten Korrespondenz, dazwischen ein Trennbalken. Beide Äußerungsrahmen sind deutlich zu unterscheiden. Der Herausgeber fungiert explizit als Vermittler, der den Leser in die Berichte der Korrespondenten einführt, das Wort im Titel zunächst selbst ergreift und es dann an den Korrespondenten weiterreicht. Eine solche Gestaltung findet sich in *ORZ, RN* und in der nicht gebundenen Version von *NM.*

4. Repräsentationstyp [+ Datum im Titel, – Terminator im Titel, + Datum der 1. Korrespondenz]

Es wird in Zeitungen wie *EZ* eine Absorption des Äußerungsrahmens des Korrespondenten durch jenen des Herausgebers angedeutet, wo das Ausgabedatum nach dem Trennbalken steht, unmittelbar vor jenem der ersten Korrespondenz. In *RC* gibt es keinen Trennbalken vor den beiden Daten, beide Äußerungsrahmen vermengen sich, und ohne Bruch zwischen Titel und Textkörper scheint der Herausgeber in der Korrespondenz das Wort weiter zu führen.

5. Repräsentationstyp [+ Datum im Titel, – Terminator im Titel, – Datum der 1. Korrespondenz]

Schließlich steht in einigen Zeitungen kein abgesetztes Datum für die erste Korrespondenz nach jener für die Ausgabe, so dass der Leser den Äußerungsrahmen des Herausgebers tatsächlich nicht verlässt, da Titel und Textkörper nicht nur verkettet, sondern auch vertextet werden. Die Titelworte führen nahtlos, ohne syntaktische Unterbrechung, in den Text der ersten Korrespondenz, deren Datum, auch ohne syntaktischen Bruch, in den ersten Sätzen verwebt ist. Die Äußerung des Korrespondenten geht völlig in jener des Herausgebers auf (vgl. Abbildung 6)

Altonaischer MERCURIUS

Und desselben

RELATION

aus

dem PARNASSO.

ANNO 1698. den 5. April.

Aus folgenden wird ihm der courieuse Leser das seit jüngst ausgefertigter Relation eingelauffene Neues geneigt vortragen lassen/ und von

Copenhagen

vernehmen/welcher gestalt Ih. Excell. der Hr. geheimer Raht von Pleß den 29sten dieses von ihrer Ambassade von den Friedens-Tractaten angelanget/ und von dero Verrichtungen Ih. Königl. Maj. allerunterthänigsten Rapport abgestattet haben/womit dann Ih. Königl. Maj. höchstens vergnügt und zufrieden gewesen; Man wird nun ebesten bey dero Anwesenheit vernehmen/ob und wie weit die Alliance zwischen dieser Krone und Ih. Hochmög. den Herren General-Staaten von Holland geschlossen / daß aber Ih. Excell. wieder dahin gehen solten/wo'ten viele nicht glauben. Daß Ih. Durchl. des Hertzogen von Würtenbergs angesetzter Reis-Termin numehro fast für der Thüre/ist gewiß/und vernimmet man bereits / daß sie in 4. oder 5. Tagen recta nach Dantzig aufbrechen werden/

Abb. 6: Titelseite von AM (AM 1698 04 05)

Die Gestaltung der Makrostruktur ‚Titel', insbesondere das Vorhandensein des Ausgabedatums und des Trennbalkens, hat daher eine wichtige kommunikative Bedeutung. Durch die formale Gestaltung des Titels und des Übergangs vom Titel zum Textkörper kann der Leser sofort erkennen, ob explizit zwei Äußerungsrahmen unterschieden werden: jener des Herausgebers und jener des Korrespondenten, wobei jeder mit Angabe des jeweiligen Datums seine eigene Äußerungszeit hat. In manchen Zeitungen wird dieser Bruch in der Äußerungsstruktur scheinbar überbrückt. Aber in Wahrheit bleiben beide Kommunikationsrahmen implizit bestehen, entweder zu Gunsten des Herausgebers, der dann explizit als Nachrichtengestalter erscheint, oder zu Gunsten des Korrespondenten, wobei der Herausgeber völlig in den Hintergrund zurücktritt und scheinbar keine Verantwortung für das Berichtete übernimmt.

2.1.4 Der Erscheinungsort

Durch den Äußerungsakt entsteht nicht nur das ‚Jetzt' des Sprechers, sondern auch sein ‚Hier', d.i. der Ort, an dem sich der sich äußernde Sprecher befindet.[51] Eine Zeitung kann ortsgebundene Informationen enthalten, die eher für das örtliche Publikum bestimmt sind. Inhaltliche und formale Regionalismen wären somit Anhaltspunkte mit symptomatischer Funktion, die uns auf die Spur des Sprechers führen könnten. Aber die Zeitungen des 17. Jahrhunderts weisen eine erstaunliche Einheitlichkeit auf, sowohl was die Form betrifft (sie enthalten nämlich eine quasi standardisierte deutsche Schriftsprache, in der fast keine Interferenzen in Morphologie und Lexik mit den Dialekten vorkommen) als auch was den Inhalt betrifft. Die Korrespondenzen stammen meist aus entfernten Orten, und lokale Nachrichten finden sich nur wenig in diesen Blättern. So erklärt sich, dass einige Zeitungen, in denen kein Erscheinungsort im Titel gedruckt ist, heute unmöglich anhand symptomatischer sprachlicher Hinweise einem Ort oder einer Region zugeordnet werden können. In unserem Korpus ist dies der Fall für *OPZa*. Für andere, bekanntere Zeitungen müssen außertextliche Informationsquellen herangezogen werden, um den Erscheinungsort bestimmen zu können, so etwa *NAC, ER, EZ, MRZ, OWP, TKC*. Es erweist sich, dass Ende des 17. Jahrhunderts die meisten Zeitungen erschienen, ohne ausdrücklich das ‚Hier' des Herausgebers zu bestimmen, wodurch die Abgrenzung des Kommunikationsrahmens des Herausgebers von dem des Lesers verschleiert wird.

---

51 Vgl. Emile Benveniste, L'appareil formel de l'énonciation.

Es scheint aber kaum vorstellbar, dass fast alle Herausgeber davor zurückschreckten, offen ans Licht zu treten. Man muss eher davon ausgehen, dass die frühen Zeitungen in einem geographisch begrenzten Raum vertrieben wurden. Es hatte keinen Zweck, Nachrichten, die ohnehin schon lange unterwegs gewesen waren, noch tagelang nach dem Druck auf die Reise zu schicken. Für den Leser, der fast zwangsläufig eine Zeitung kaufte, die in seinem Wohnort erschien, war somit das Abdrucken des Erscheinungsorts unnötig, da er implizit jener war, an dem er die Zeitung kaufte. Was das Fehlen lokaler Nachrichten betrifft, so kann man sich leicht vorstellen, dass die Herausgeber darauf erpicht waren, nicht den Eindruck erwecken zu wollen, dass ihre Zeitung sich auf örtliche Informationen beschränkte; aus solchen marktstrategischen Gründen vermieden sie auch jeden Bezug auf den Äußerungsort, der zu lokal begrenzt konnotiert war, und wählten vielmehr Titel, die auf ein möglichst weites Einzugsgebiet der Nachrichten hindeuteten, daher Namen wie *ER* und *EZ*. Dennoch begannen einige Zeitungen Werbungen zu drucken, die wiederum äußerst ortsgebunden waren, so etwa am Ende einiger Ausgaben von *OWP*, und in diesen Werbeinseraten wird paradoxerweise mit expliziten deiktischen Zeichen auf die implizite Äußerungssituation hingewiesen.

Eine kleine Anzahl von Zeitungen in unserem Korpus geben in ihrem Titel den Erscheinungsort an; dies ist eine neue Tendenz bei den periodischen Zeitungen, die es in früheren Formen der Presse wie etwa den Flugblättern, welche per definitionem beweglich, nicht ortsgebunden waren, nicht gab. Während die ersten periodischen Zeitungen von 1609 überhaupt keinen Erscheinungsort aufwiesen,[52] wird es gegen Ende des 17. Jahrhunderts langsam zur Gepflogenheit, einen solchen anzugeben, wie etwa in *NM* (bei dem man vielleicht gar von einem regionalen Vertrieb sprechen könnte), *KOP, RN, AM.* Dies erklärt sich auch durch das Prestige des Erscheinungsortes, wie z.B. Hamburg, wo Ende des 17. Jahrhunderts bis zu 8 Zeitungen erschienen, denn solche Städte vermittelten dem Leser die Garantie für eine gute Qualität der Nachrichten und für eine wirkliche Vielfältigkeit der Quellen. Die Angabe des Namens einer solchen Stadt im Titel konnte, wie auch im Falle Königsbergs, eine breitere regionale Leserschaft anlocken, oder, wie im Falle Hamburgs, wo viele Konkurrenzblätter erschienen, es einer Zeitung erlauben, sich als quasi offizielles Blatt am Ort hervorzutun und sich von den anderen

52 Vgl. Gerd Fritz et al., Die Sprache der ersten deutschen Wochenzeitungen, S. 22ff.; Thomas Schröder, Die ersten Zeitungen, S. 22.

abzuheben. Auch konnte dies die Werbeinserate vermehren, da sich die Inserenten so stadtbekannt machen konnten.

Die Angabe des Erscheinungsortes ist aber auch ein Mittel für den Herausgeber, im Rahmen eines Äußerungsaktes hic et nunc, als handelnde Person zu erscheinen, sich als derjenige hervorzutun, der die redaktionelle Linie seiner Zeitung bestimmt, der seine Äußerungsintention durch die Wahl seiner Informationen kund tut, der seine Hand in der Gestaltung der Zeitung erkennen lässt, kurz, der nicht willens ist, die Korrespondenzen an seiner statt sprechen zu lassen. Dies ist besonders spürbar in Zeitungen wie *AM* und *NM,* aber auch in weniger bekannten Blättern wie *RN*: In dem unter schwedischer Herrschaft stehenden Lettland mussten die Herausgeber dieser Zeitung, darunter der Magistrat der Stadt, ein großes Durchsetzungsvermögen besessen haben, um eine deutschsprachige Zeitung herauszugeben, die sich sprachlich von der mehrheitlichen Umgebung abhebt, die sich nicht direkt der schwedischen Obrigkeit zu unterwerfen hat und die es erlaubt, nicht mehr von Königsberg, dem nächstgelegenen Erscheinungsort einer deutschen Zeitung, abhängig zu sein.[53] Die Angabe des Erscheinungsortes im Titel der Zeitung kommt somit einem redaktionellen Programm gleich. Das Erscheinen einer deutschsprachigen Zeitung in einem nicht mehrheitlich deutschsprachigen Gebiet gilt bis heute als ein starkes Signal. Allerdings wäre dies auch für die in Danzig erscheinende *OPZb* der Fall, in der kein Erscheinungsort im Titel angegeben ist. Jedoch gibt es deutschsprachige Zeitungen in dieser an mehreren großen Poststraßen gelegenem Hansestadt schon seit vielen Jahren (seit 1618[54]), und es gibt keine Pionierarbeit mehr zu leisten.

2.1.5 Die Terminatoren der Zeitung

Nach dem Ende der letzten Korrespondenz stehen in den Zeitungen oft sprachliche oder nicht-sprachliche Einheiten, die die Ausgabe der Zeitung schließen. So kommt es am Schluss jeder Ausgabe zu einem Bruch in der Äußerungsstruktur, da vom Äußerungsrahmen des letzten Korrespondenten mehr oder weniger nahtlos wieder zu jenem des Herausgebers übergegangen wird, in dem jener das Ende der Kommunikation zu seinem Leser signalisiert.

Bei diesen Terminatoren handelt es sich nur selten um Textteile; sie können sich aber als eine Makrostruktur bzw. eine relativ komplexe

53 Vgl. Ainars Dimants, Die Entwicklung der Massenmedien in Lettland, S. 32.
54 Vgl. Margot Lindemann, Deutsche Presse seit 1815, S. 29 und 99.

Kombination von sprachlichen und nicht-sprachlichen Zeichen gestalten. Sie haben eine doppelte textliche Abgrenzungsfunktion: Sie begrenzen das letzte Textexemplar ‚Korrespondenz', sie begrenzen zugleich jede Form der direkten Kommunikation des Herausgebers zum Leser, die mit dem Titel beginnt, dessen zumindest partielle Texthaftigkeit schon erörtert wurde.

Oft schließt die Zeitung mit dem Wort „Ende" (*GER, KOP, OWP, OPZa, TKC*), das meist abgesetzt vom übrigen Text durch einen größeren Schriftgrad bzw. fett gedruckt, und auch, wie in TKC, mit einer kleinen ornamentalen Zierleiste hervorgehoben werden kann; manchmal aber steht aus Platzmangel das Wort „Ende" auf der letzten Zeile der letzten Korrespondenz, wodurch die Abgrenzung der zwei Äußerungsrahmen (jener des letzten Korrespondenten und jener des abschließenden Herausgebers) formal überbrückt und quasi aufgehoben wird.[55] Lediglich das Wort „Ende" an sich fungiert als Terminator für die gesamte Zeitung (und nicht nur für die letzte Korrespondenz), muss daher als wirkliches Pendant zum Titel betrachtet werden und markiert den Übergang vom Äußerungsrahmen des Korrespondenten zu jenem des Herausgebers. Allerdings wird dieser Terminator offensichtlich oft als überflüssig empfunden, er steht nicht in jeder Ausgabe der Zeitungen und viele Zeitungen enden ohne diese Einheit.

Es werden noch andere, nicht-sprachliche Zeichen als Terminatoren verwendet, wie etwa die zentrierte, spitz zulaufende Gestaltung der letzten Zeilen, die gelegentlich in *NM, OWP, OPZb* zu sehen ist:

(1) [...] Die Campagne sol nun bald in Ungarn eröffnet werden /
solche Armee wird über 50000. Combatten gerechnet / welche man
besser als 80000. M[üde?] männer ästimiret / bey der Christlichen
Armee ist eine Artollerie von 100. Canonen und 30. Mortiren / und
saget man daß ein grosses Dessein unterhanden soll
seyn / soe die Zeit lehret. (OPZb 1698 33b S. 8)

Manche Herausgeber verwenden hingegen ganze Teiltexte, um dort Informationen abzudrucken, die sich inhaltlich von jenen der voranstehenden Korrespondenz abheben. So fungiert in *NM* eine Wetterbeschreibung der vergangenen Tage als Terminator, wobei der Herausgeber einer Nachfrage seiner Leserschaft entspricht, zu der Hamburger Kaufleute zählen, die auf die Ankunft ihrer Schiffe warten und vor allen Dingen

55 S. z.B. in TKC 1673 09 09 S. 8.

fürchten, dass ein Sturm diese mitsamt ihrer Ware versenkt, oder dass das Wetter die Schifffahrt und somit den Handel verhindert (2).

(2) In der 10. extraord. Relation findet ihr allerley Lesenwürdiges. Den 29. Januar. ist der Wind NW. mit gelindem Wetter / den 30. N. und N. W. mit Nacht Frost und schönem Wetter / den 1. februar. SO. den 2. O. mit Frost / den 3. N. mit Nacht-Frost und Nebel gewesen. (NM 1673 02 1 S. 8)

Als Terminatoren stehen in *NM, AM* und *EZ* zuweilen auch Werbeinserate in Form von Teiltexten oder ganzen Textexemplaren, wobei durchaus auch in eigener Sache geworben werden kann. Die Ausgaben des Jahres 1673 von *NM* enthalten fast durchgehend Ankündigungen der nächsten Ausgabe der *Extraordinari Relation*, ebenso in *AM*, wie in (3) zu ersehen ist, wo zudem auf ein wichtiges Werbeargument verwiesen wird, nämlich auf das königliche Druckprivileg.

(3) Diese Relation ist zu bekommen bey Christian Reymers / Königl. *privilegir*ten[56] Buchdrucker in Altona. (AM 1698 02 22 S. 8)

Daneben befinden sich in *AM* auch Werbungen für unterschiedliche Händler, in (4) für einen Tapezierer und in (5) für einen Buchhändler. In *EZ* (6) kann sich der Leser über die Fahrpläne neuer Postverbindungen informieren. Diese eigenständigen Textexemplare werden von den voranstehenden Textexemplaren durch nicht-sprachliche Einheiten getrennt, so dass eindeutig der Bruch in der Äußerungsstruktur markiert ist. In *EZ* wird dieser Bruch durch eine Trennleiste hervorgehoben. Zudem steht das Textexemplar ‚Inserat' eingerückt, in einem kleineren Schriftgrad, mit dem Marker „N.B.". In *TKC* (7) steht in dem als Terminator fungierenden Textteil nach dem Separator „P.S." eine Art Werbung für die Druckfassung von Reden im englischen Parlament gegen die Weiterführung des Krieges an der Seite Frankreichs. Diese Werbung allerdings steht inhaltlich in enger Verbindung mit dem Haupttext der Zeitung, so dass der Leser die antifranzösische Linie des Herausgebers (dessen Äußerungsrahmen Initiator und Terminator der Zeitung bilden) durch eine quasi direkte, an ihn gerichtete Äußerung erfährt.

(4) Allen curieusen Liebhabern wird hiemit zu wissen gefüget / wie Ihro Königl. Maj. zu Dännemarck und Norwegen / Tapezier Bernd von der Eichen / allerhand Sorten von Tapeten / darinnen Historien / auch Landtschafften ohne Bilder / wie auch Blumen und Obst-Stücke / desgleichen gewürckte Tisch-Decken / und Stüle zu überziehen / so courieus gewürcket als sie immer in Franckreich / Brabandt und andern Ohrten gefunden

56 In allen zitierten Belegen entsprechen die kursiv gedruckten Stellen dem Original.

werden mögen / um einen billigen Preiß zu kauffe zu finden / wohnend zu Copenhagen in der Adel Strasse. (AM 1698 02 25 S. 8)

(5) Daß numehro das Dänische Liw oder Gesetz-Buch in Lateinischer Sprache übersetzet worden von (Titul) dem Herrn Cantzeler Raht D. Weghorst / und seyn darvon die Exemplaria bereits zu bekommen bey Hn. Hans Albert Haseckern in Corenhagen in der Hochbrüg-Strassen. (AM 1698 04 01 S. 8)

(6) NB. Denen Reisenden dienet zur Nachricht / daß nunmehr wider eine *Ordinari*-Kutsche / welche der Hanß Jacob Pfarr / Burger zu Francken Thal / haltet / von Franckfurt nacher Straßburg alle Woche fähret / und gehet den Dienstag als den 29. Martii st. v. um 11. Uhre Mittags zum erstenmal von Franckfurth auß dem Nürnberger-Hoff und folgends alle Dienstag um gemelde Zeit von dannen ab / kommt Mittwoch Mittags zu Wormbs im Pfauen an / deß Abends zu Franckenthal im güldenen Engel / den Donnerstag Mittags zu Speyer im Roß / führet um 1. Uhr wider ab / und kompt Sambstag um 10. Uhren zu Straßburg in der Herberg zum Raben an; Gemelte Kutsche gehet hingegen von Straßburg alle Diensstag um 10. Uhren wider ab / kompt Donnerstag um 10. Uhren zu Speyer im Roßan / fährt um 1. Uhr wieder ab / kombt Abends nach Franckenthal in gültenen Engel / Freytags um 10. Uhren zu Wormbs im Pfauen / und Sambstag morgens um 10. Uhren zu Franckfurt Im Nürnberger Hoff wider an. Wornach sich die Reisende richten können.
Ingleichen dienet zur Nachricht / daß die Hanauer *Ordinari* Kutsche nunmehro alle morgen um 5. Uhren und Nachmittags um halber drey Uhren von Hanau nacher Franckfurt abfahrt und hingegen von Franckfurt Morgens um 6. Uhren und Nachmittag um halber drey Uhren wider nacher Hanau zurück abfahren wird. (EZ 1698 26a S. 4)

(7) P.S. An den günstigen Leser. Es ist unter der Presse Seiner Königl. Majest. in groß Britannien / und desselben Hrn. Reichs-Kantzlers an die Parlamente-Häuser geschehene Vorträge / die Fortsetzung deß Kriegs wieder Holland betreffen / neben dem jenigen Send-Schreiben / so die Herrn General-Staaden zu höchst gedachte Königl. Majest. um ablegung aller Feindseligkeit gelangen lassen. Aus den Niderländischen getreulich übersetzt und bey den Verläger dieses Currirs zu haben. (TKC 1673 12 01 S. 7)

Werbungen als eigenständige Textexemplare sind allerdings noch selten, es befinden sich in unserem Korpus keine weiteren Beispiele davon. Diese frühe Form der Werbung gehört von ihrer formalen Gestaltung her zum Äußerungsrahmen des Herausgebers: Auftraggeber bzw. Werber sind in diesen Teiltexten nicht als aktuelle Sprecher zu identifizieren. Die Werbung wird vom Herausgeber eingeleitet und dem Leser als Informationselement vorgelegt, wobei hingegen moderne Werbungen

Textexemplare mit distinktem Äußerungsrahmen bilden, in denen ein Werber zum Kunden ohne Vermittlung der Zeitungsredakteure spricht. Dass sich in diesen Werbungen der Herausgeber äußert, zeigen Verbum dicendi äquivalente Gefüge wie „wird hiemit zu wissen gefüget“ oder „dienet zur Nachricht“.

2.2 Formale und strukturelle Gestaltung des Textkörpers

Durch die Gestaltung des redaktionellen Teils unterscheiden sich die früheren Zeitungen am meisten von der modernen Presse, denn er enthielt damals keine Serie von thematischen Artikeln, sondern bestand aus einer Allianz von Textexemplaren, die meist durch Datum und geographische Herkunft gekennzeichnet wurden, wobei jedes einen einheitlichen, meist einspaltigen Textblock bildete. Diese Textallianz bildete wiederum einen geschlossenen, einförmigen Gesamtteil, der hier als ‚Textkörper‘ bezeichnet wird, in Opposition zum Titel, dem ‚Kopf‘, und als Sammelbegriff für alle Textexemplare der Textsorten ‚Korrespondenz‘ und ‚Dokument‘. Dass der Textkörper einen geschlossenen Textteil bildet, zeigen auch seine deutlich erkennbaren Abgrenzungen. Zu Beginn wird er vom Terminator des Titels, wie schon erwähnt, in unterschiedlichen Variationen abgegrenzt, wobei man als Initiator noch die in fast allen Zeitungen (mit Ausnahme von *OWP* und *EZ*) zu Beginn der ersten Korrespondenz stehende Initiale erwähnen muss. Sonst kommt im weiteren Verlauf des Textkörpers keine weitere Initiale vor, außer wenn ein als besonderes Dokument präsentierter Text eingefügt wird, der so formal von den anderen Korrespondenzen abgehoben und als Textexemplar einer anderen Textsorte mit veränderter Kommunikationsstruktur markiert wird. Der Textkörper besteht somit aus einer Bündelung von übergangslos aneinandergereihten Textexemplaren, die man nur zwei Textsorten zuordnen kann, der Textsorte ‚Korrespondenz‘ und der Textsorte ‚Dokument‘, wobei sich Letztere im Wesentlichen durch ihre Opposition zur Ersteren definieren lässt, denn dies ist ihre Funktion.

Abgegrenzt werden die Textexemplare der Textsorte ‚Korrespondenz‘ von anderen Textexemplaren im Textkörper der Zeitung durch ihre Überschrift bzw. ihren Kopf, durch Einrückung und eine Leerzeile, die als Initiatoren fungieren. Manchmal werden diese Textexemplare durch einen von einer Korrespondenz zur anderen veränderten Schriftgrad gekennzeichnet. Die Textexemplare der Textsorte ‚Dokument‘ haben einen Initiator, dessen sprachlicher Inhalt sich nicht in das Paradigma der Köpfe der Korrespondenzen stellen lässt, und eine Initiale, die formal den inhaltlichen, äußerungsstrukturellen und textlichen Bruch innerhalb des Textkörpers hervorhebt.

2.2.1 Die Korrespondenzen

2.2.1.1 Allgemeine formale Gestaltung

Am Ende des 17. Jahrhunderts scheinen zumindest einzelne Herausgeber den Versuch unternommen zu haben, die Gestaltung des Textkörpers zu variieren. So ist *RN* die einzige Zeitung unseres Korpus, die einen zweispaltigen Textkörper aufweist, eine Gestaltung, die später kennzeichnend für Zeitungen wird und es erlaubt, den Umfang des Textes zu erhöhen, ohne das Lesen zu erschweren. Eine weitere Entwicklung scheint die Variierung des Schriftgrades von einem Textexemplar zum anderen zu sein. Einige Zeitungen (*MRZ* und *NM*) weisen im gesamten Textkörper, auch in den Korrespondenzköpfen, einen einheitlichen Schriftgrad auf. In einigen anderen Zeitungen verändert sich der Schriftgrad lediglich in den Korrespondenzköpfen, die in *TKC* sind in einem kleineren, jene in *KOP*, *NAC* und *ORZ* in einem größeren Schriftgrad gedruckt. Schließlich variiert in einer letzten Gruppe von Zeitungen der Schriftgrad von einer Korrespondenz zur anderen. Es kommt z.B. vor, dass aus Platzmangel die letzte Korrespondenz kleiner gedruckt ist, wenn eine offensichtlich nicht vorgesehene Korrespondenz im letzten Augenblick noch hinzugefügt wird, wie etwa in *OPZa* vom 8. Juni 1668. Dies zeigt, dass die Herausgeber flexibel und reaktiv genug waren, um notfalls den allgemeinen Terminator der Zeitung einer zusätzlichen Korrespondenz zu opfern, und auch wie sehr sie darauf erpicht waren, möglichst neue Nachrichten herauszubringen. In der Tat brachten im Jahre 1668 die Zeitungen wie eine spannende Fortsetzungsgeschichte den Bericht von der langen Belagerung von Candia (Heraklion auf Kreta) durch die Türken, und diese offensichtlich in letzter Minute hinzugefügte Korrespondenz aus Venedig bringt die jüngsten Entwicklungen in dieser Krise. Bei den damaligen technischen Möglichkeiten der Drucker war eine solche Umgestaltung sicher nicht einfach, so dass einige Fehler daraus erfolgten, z.B. im Kustos, der nach einer Verschiebung der Korrespondenzen in letzter Minute manchmal nicht aktualisiert wurde. Der Kustos „Franck" in (8) oder „Cöln /" in (9) entspricht nicht dem ersten Wort auf der jeweils nächsten Seite, wo offensichtlich eine nicht vorhergesehene andere Korrespondenz „Aus Speyer" bzw. „St. Gallen" gedruckt wurde:

(8) […] das Thumb-Capitel allhier soll sich in 8. Tagen Kayserlich oder räntzösisch erklärn / dann man keine Neutralität mehr will

Franck-

[… /…]

Auß Speyer / vom 30. dito.

Heut Vormittag vmb 10. Vhr ist der Marrschall Tourraine hier vorbey passiert / hat seinen Weeg auff Neustatt gerichtet / alles ligt hierumb voller Frantzösischer Völcker / vnd seyn manschmal über 200. in der Statt / allerhand Leben-Mittel einzukauffen / […] (MRZ 1673 46 S. 2-3)

(9) […] deßwegen mit nechsten deß fernern verllauffs ein mehrers zu berichten seyn dörffte.

Cölln /

[… /…]

St. Gallen den 29. August.

Die Zeitungen aus Franckr. sind nichts *considerabels,* als daß die *Contagion* in gantz Flandern in allen Quarnisonen grossen Schaden thue / dahero man den *desein* geändert / Troppen in Candien zusenden / die man jetzt in Flandern schicket / die Quarnisonen in allen Plätzen so sehr geschwächt / zu *recrutirn*; (OPZa 1668 09 13 S. 1-2)

In unserem Korpus kommen in *TKC* oder *OPZb* solche Kustos-Fehler überhaupt nicht vor, sie sind in *ORZ*[57] und *KOP*[58] selten und wohl auf einfache Setzerfehler zurückzuführen, in *MRZ* etwas häufiger,[59] in *OPZa*[60] und in *NM*[61] aber richtig zahlreich. Soll dies als mangelnde Qualität der Zeitungen interpretiert werden? Als vernachlässigte Drucker- und Setzerarbeit? Das wäre insbesondere bei *NM* erstaunlich, da diese Zeitung sich allgemein durch ihre gute Qualität in Form und Inhalt von den anderen hervorhebt. Deshalb sollte man vielmehr daraus schließen, dass diese Herausgeber äußerst reaktiv arbeiteten und neu ankommende Nachrichten auch bei schon fast fertiggestellter Druckplatte unbedingt herausgeben wollten. Die Fehler deuten somit eher auf eine besondere Herausgeberqualität hin, die den ihr wichtigen Nachrichten den Vorrang vor einer perfekten Gestaltung der Zeitung gab.

In *OWP* erscheint deutlich, dass die Variierung der Schriftgrade zur besseren Unterscheidung der einzelnen Textexemplare beitragen soll.

57 S. z.B. ORZ 1698 11 08 S. 6-7.

58 S. z.B. KOP 1699 95 S. 4-5.

59 S. z.B. MRZ 1673 14 S. 3-4; 1673 46 S. 2-3.

60 S. z.B. OPZa 1668 01 14 S. 1-2; 1668 04 07 S. 1-2; 1668 06 16 S. 1-2; 1668 07 21 S. 3-4; 1668 09 13 S. 1-2.

61 S. z.B. NM 1673 01 2 S. 4-5; 1673 01 3 S. 3-4; 1673 02 1 S. 3-4; 1673 02 2 S. 7-8; 1685 05 26 S. 7-8; 1685 06 05 S. 5-6.

Die Schriftgrade werden beim Wechsel von einer Korrespondenz zur anderen anscheinend wahllos geändert: *OWP* etwa verwendet mindestens drei verschiedene Schriftgrade, die Korrespondenzköpfe haben jeweils denselben Grad wie die übrigen Textteile in der Korrespondenz. Auch der *TKC*, der zunächst ein ziemlich eintöniges Aussehen hatte, da nur ein einziger Schriftgrad verwendet wurde, ändert seine Gestaltung nach zwei Monaten, denn in der Ausgabe vom 18. Oktober 1673[62] wird der Schriftgrad für ein Textexemplar mit dem Titel „(Extract-Schreiben aus Kitzingen / vom 4. (14.) Octobr.)" geändert: Die Variierung des Schriftgrades dient somit eindeutig zur Hervorhebung dieses Dokuments; inmitten des einheitlich gehaltenen Textkörpers entspricht der veränderte Schriftgrad einer nicht zu übersehenden Kommunikationsintention. Die Textexemplare werden vom Herausgeber durch dieses Mittel unterschiedlich gewichtet. Es werden dem Leser Signale erteilt, durch die er bestimmten Informationselementen eine größere Bedeutung beimisst als den anderen.

Einen ähnlichen Gebrauch der Schriftgradvariation machen die Herausgeber von *OPZb* und *NAC*: In diesen Zeitungen befindet sich regelmäßig, ungefähr in der Mitte des Textkörpers, eine Korrespondenz mit kleinerem Schriftgrad, und es handelt sich dabei fast immer um eine Korrespondenz aus Wien. In unserem Korpus gibt es nur eine einzige Ausnahme,[63] in der dem Leser eine sehr lange und ausführliche Schilderung eines prächtigen Festes mit Umzug, Jagd, Festessen am Hofe des dänischen Königs geschildert wird. Dient hier der kleinere Schriftgrad dazu, diese Schilderung hervorzuheben? Oder gilt es bei einem solch ausgedehnten Bericht, Platz zu sparen? Jedenfalls bilden in dieser Zeitung die in der Mitte des Textkörpers mit deutlich kleinerem Schriftgrad abgedruckten Korrespondenzen aus Wien eine eindeutige Klimax in der Folge der Korrespondenzen, wobei andere Zeitungen die Wiener Briefe hervorheben, indem sie sie an den Beginn des Textkörpers setzen (*NM* und *OPZa*).

Diese Gepflogenheit, Korrespondenzen aus Wien hervorzuheben, kann unterschiedlich begründet werden. Zunächst ist Wien nach wie vor die politische Hauptstadt des deutschsprachigen Raums in Europa, auch wenn die kaiserliche Herrschaft in etlichen Fürstentümern (z.B. Brandenburg) und Städten (z.B. Hamburg) erheblich geschwächt ist. In Wien laufen alle diplomatischen und politischen Fäden der unterschiedlichen Bestandteile des Reiches zusammen: Italien, die Niederlande, Spanien,

62 TKC 1673 10 18 S. 5.
63 OPZb 1696 01 S. 5.

Ungarn und natürlich auch Österreich, und somit ist Wien ein bedeutender Umschlagplatz für Informationen. Wien ist auch ein bedeutendes Zentrum zwischen den beiden anderen politischen Schwergewichten in Europa, Frankreich und der Türkei. Briefe aus Wien konnten daher Informationen über die Konflikte zwischen Wien und der Pforte sowie zwischen Wien und Paris liefern, denn diese Konflikte waren so weitläufig, dass sie nicht ohne Konsequenzen auch für eine so unabhängige Stadt wie Hamburg und für den dortigen Handel mit eben diesen unterschiedlichen Bestandteilen des Reiches und mit deren Feinden blieben. Schließlich ist die Macht des Kaisers noch stark und zentralisiert genug, um die Presse direkt oder indirekt (durch das Verleihen von Druckerprivilegien) wirksam kontrollieren und zensieren zu können.[64] So war es selbst in Hamburg kaum möglich, ausgewogene Informationen zu drucken, in denen den Standpunkten aller Parteien Rechnung getragen wurde. Das kann man aus einem Ausbruch des Herausgebers des *NM*, Georg Grefflinger, anlässlich der Seeschlacht von Schooneveldt am 7. Juni 1673 herauslesen: In dieser Schlacht stießen die alliierten französischen und englischen Flotten auf die holländische Kriegsschiffen. Es kam in Wirklichkeit zu keiner eigentlichen Seeschlacht, der Wind trieb die Schiffe auseinander, bevor eine der Parteien einen Sieg errang. Dennoch haben die Niederlande und Österreich diese Schlacht zu einem außerordentlichen Sieg der Holländer hochstilisiert, und die deutschen Zeitungen bringen nur die Berichte, die von einem solchen Sieg sprechen. Doch genau dies tat Georg Grefflinger anscheinend nicht, denn er hat in einer Ausgabe von *Extraordinari Relation* (über die wir nicht verfügen) einen gegnerischen Bericht abgedruckt, was für ihn nicht ohne Konsequenzen blieb, wie er in der darauf folgenden Ausgabe des *NM* selbst erklärt (10):

(10) Nider-Elbe vom 13. Junii.

Es ist in der 45. Extr. Relation zum Ende versprochen worden / daß ein jeder nach sener Paßion von so hochwichtigen Sachen / nähmlich von den See-Actionen / etwas haben möchte / so sollte von einer jeden Parthey Schreiben ein Extract mitgetheilet werden / um den Verfaßer diser Novellen nicht einseitig zu halten / solches wurde auch von vilen verständigen Männern vor gut geachtet / und schrib bald auch einer auß der Nachbarschafft zu: Daß es den Juristen zwar wol anstündte / einseitig und der Parthey getreu zu seyn / den Novellisten aber gebührte es nicht ein / sondern wol zwey / und wol gar 3. Seitig zu seyn / um den vilen Humeuren und jedem nach seiner Paßion ein Genügen zu thun. Disem allen bin ich getreu nachgekommen / was ich aber vor Danck verdint habe / ist nähmlich / ei-

64 Vgl. Ulrich Eisenhardt, Die kaiserliche Aufsicht ueber Buchdruck, Buchhandel und Presse.

> ne Bedrohung meine Feder und auch gar meine Füße mit Eisen zu beschrencken / eben als wann ich einer Parthey etwas zu wider fingirt hätte / und solches mit Schreiben nicht belegen könnte (NM 1673 06 4 S. 5)

Dem Herausgeber wurde demnach, weil er Vertreter unterschiedlicher Standpunkte in seiner Zeitung zu Wort hat kommen lassen, mit dem Druckverbot, ja sogar mit dem Kerker gedroht („meine Feder und auch gar meine Füße mit Eisen zu beschrencken"). Die Hervorhebung der Wiener Korrespondenzen darf also als Zeichen der Untertänigkeit der Herausgeber gedeutet werden, jedenfalls beinhaltet sie eine Absicht, eine Aussage des Herausgebers.

2.2.1.2 Der Kopf der Korrespondenzen

Die frühen Zeitungen enthalten keine Überschriften im modernen Sinne, die auf das Thema, den Inhalt des Artikels hindeuten: In der heutigen Presse bringt der Journalist im Titel seines Artikels seine Auffassung eines Ereignisses, seine Meinung über berichtete Fakten auf den Punkt. Sie können ironisch, satirisch oder knapp und treffend gehalten sein, sie geben jedenfalls Auskunft über die Kommunikationsintention des Journalisten. In den ersten Periodika (*Annus Christi*) findet man, wie in anderen damaligen Druckformen, Marginalien, die in geraffter Form über den Inhalt des danebenstehenden Abschnittes Auskunft gaben und so dem Leser halfen, sich im Text zu orientieren;[65] jedoch kommen solche Marginalien in keiner der Zeitungen unseres Korpus mehr vor. Die einzige thematische Orientierungshilfe befindet sich im „Anzeiger" des *NM*, über den der Leser aber erst nachträglich, am Ende des Jahres, wenn der gebundene Jahresband der Zeitung verfertigt ist, verfügt. In den Zeitungen des endenden 17. Jahrhunderts steht über jeder Korrespondenz stets ein Kopf, der sich oftmals durch einen anderen Schriftgrad von den folgenden Textteilen abhebt (*TKC, KOP, NAC* und *ORZ*), mit Angabe des Absendeortes und -datums. Im Laufe des 16. Jahrhunderts kam die Gepflogenheit auf, nicht nur die Nachrichtenteile aus den ursprünglichen Briefquellen, die als Inhalt der „Neuen Zeitungen" verwendet wurden, zu übernehmen, sondern auch den entsprechenden Briefkopf mit Absendeort und Datum.[66] Der Kopf der Korrespondenzen entstammt somit einer anderen Textsorte, nämlich dem Brief, und hatte daher eine ganz andere kommunikative Funktion als die thematische Orientierung des Lesers.

65 Vgl. Gerd Fritz et al., Die Sprache der ersten deutschen Wochenzeitungen, S. 229.
66 Vgl. Gerd Fritz et al., Die Sprache der ersten deutschen Wochenzeitungen, S. 235.

Die sprachliche Gestaltung der Korrespondenzköpfe variiert kaum, die Variabilität betrifft lediglich das Vorhandensein und die Wahl der Präposition vor dem Ortsnamen oder vor dem Datum und das Hinzufügen oder Fehlen einer Virgel:

> Wien den 18. dito. (*OWP*)
> Stockholm / den 8. Martii st. v. (*EZ*)
> Brüssel vom 21. May. (*KOP*)
> Dantzig / vom 6. April. (*ER, OPZa*)
> Auß Pariß / vom 26. Dito. (*EPZ*)

Es kommen außerdem noch zwei Typen von Erweiterungen für das Datum vor, einerseits das konventionelle „dito", um die Wiederholung von Monat und Jahreszahl zu vermeiden, andererseits Angaben dazu, ob das Datum dem julianischen („st. v." für „stilo vetere") oder dem gregorianischen („st. n." für „stilo novo") Kalender entspricht, denn die meisten deutschen protestantischen Fürstentümer sowie die meisten niederländischen Staaten, Dänemark und Schweden weigerten sich Ende des 17. Jahrhunderts noch immer, den gregorianischen Kalender von 1581 einzuführen. Um Verwechslungen zu vermeiden, mussten die Sprecher den jeweiligen „Stil" des Datums angeben, oder, wie bei einigen Sprechern und auf der Titelseite von *TKC* üblich, beide Daten aufführen. So sind in *EZ* fast alle Korrespondenzköpfe mit einer solchen Ergänzung versehen, sie kommt häufig in *NM* und *OPZB* vor, seltener in *AM, KOP, RN* und ist in den restlichen Zeitungen, insbesondere *OPZa, OWP, NAC, TKC* überhaupt nicht zu finden.

Das Datum der Korrespondenzköpfe ist eine zusätzliche Zeitangabe zum Datum im Titel der Zeitung (wenn vorhanden), was sich als unbedingt notwendig erweist, denn es verstreicht oft sehr viel Zeit zwischen dem Zeitpunkt, an dem eine Korrespondenz an einem entfernten Ort verfasst, und jenem, an dem sie in der Zeitung gedruckt wird: Die Korrespondenz von Konstantinopel vom 19. November 1695 befindet sich in einer in Danzig in der 4. Januarwoche 1696, sprich zwei Monate später gedruckten Ausgabe von *OPZb*.[67]

Jedoch ist die zeitliche Distanz nicht der einzige Grund, weshalb systematisch für jede Korrespondenz ein Datum angegeben wird. Z.B. steht in der Wiener Zeitung *NAC* gleich nach dem Titel der Zeitung immer der Kopf der ersten, der Wiener Korrespondenz, z.B. „Auß Wienn / vom 25. May". Zwar kann dieser Kopf als Datum für die ganze Zeitung betrachtet werden, da *NAC* kein Datum im Titel führt, doch hat dies vor al-

67 OPZb 1696 04 S. 1.

lem eine äußerungsstrukturelle Bedeutung. In der Tat dienen die Korrespondenzköpfe dazu, das ‚Hier' und ‚Jetzt' eines Äußerungsrahmens zu fixieren, der sich vom Äußerungsrahmen im Zeitungstitel unterscheidet. Damit wird deutlich angezeigt, dass der Herausgeber der Zeitung und der Verfasser der Korrespondenz zwei verschiedene Sprecher sind oder als solche betrachtet werden müssen, dass der Übergang vom Titel der Zeitung zur ersten Korrespondenz auch einen Bruch in der Äußerungsstruktur darstellt. Sie sind ein Signal für die Sprechervielfalt, für die Polyphonie in der Zeitung.

2.2.1.3 Das Postskriptum

In den Korrespondenzen begegnen manchmal noch weitere Einheiten, die kennzeichnend für die Textsorte ‚Brief' sind und in die Textsorte ‚Korrespondenz' übernommen wurden, nämlich die mit der konventionellen Abkürzung „P.S." gekennzeichneten Postskripta. Sie kommen in *MRZ, NM, OPZ, KOP* und *OPZb* vor. Eine Korrespondenz kann so mit Ort- und Zeitangabe des Äußerungsaktes zu Beginn und mit einem Nachtrag zur Äußerung am Schluss umrahmt sein, die beide explizit auf die Äußerungssituation des Korrespondenten hinweisen. Einige Postskripta befinden sich am Ende der Zeitung und sind Teil des Terminators der gesamten Zeitung, d.h., sie enthalten Äußerungen des Herausgebers im Matrixäußerungsrahmen.

Man muss sich fragen, warum in den Zeitungen die Postskripta als solche markiert und als Teiltexte bzw. besondere Äußerungen in den Textexemplaren des Typs ‚Korrespondenz' hervorgehoben werden. Ein Postskriptum nimmt Bezug auf die Äußerungssituation, genau wie Zeit- und Ortsbezeichnungen. In gewissem Maße ist das Postskriptum eine neue Perspektivierung der Äußerungszeit, denn das Wort sagt nichts anderes aus, als dass ein Teil der Äußerung nach dem im Kopf der Korrespondenz angegebenen Zeitpunkt geschrieben wurde. In der Tat folgt fast immer eine Zeitangabe auf die Abkürzung „P.S.", z.B. mittels des Adverbs „gleich jetzo" in (12). So setzt sich der Korrespondent oder der Redakteur der Zeitung in Szene, man sieht ihm quasi beim Schreiben zu, wie er im Laufe der Zeit die Nachrichten zu Papier bringt, der Leser wird unmittelbarer Zeuge des Äußerungsaktes, vgl. (12)-(14):

(12) […] so haben wir heut gewise Avisen erhalten / wie das gestern der Kaiserl: General Sporck mit 6000. Mann zu Gelhausen Persöhnlich angelangt seye / wird demnach wol in kurtzem was Notabels zuberichten vor-

fallen. →[68] *P.S.* Gleich jetzo kombt auch in dise Statt ein Trompeter vom Caprarischen Regiment an den Rittmeister Stonenfeld / berichtend / daß wolgemeldter General heut frühe 400. Curassier / neben 200. Croaten / zu recognosciren außcommandiert / welche vnweit Aschaffenburg eine Frantzösische Parthey von 400. Pferdten überfallen / über 200. davon nidergemacht / vnd 100. vnd etliche 30. zu Gelhausen gefänglich eingebracht. (MRZ 1673 44 S. 2)

(13) → P.S. Obwolen nun 2. Posten von der Ubergab der Neuen Schantz gehört / aber nichts davon berichten wollen / weilen die Zeitungen gar *variabel,* so ist doch itzund gewisser Bericht eingekommen / daß dieselbe von den unserigen mit stürmenender Hand eingenommen [...] (OPZa 1673 07 30 S. 3)

(14) Gestern wurden die Verbesserungen darinnen durch die grosse Committe gemacht / gelesen / alle / biß auff eine / approbiret / und befohlen / die Bille ins Reine zu schreiben. → P. S. So gleich begaben sich die Glieder in eine Committe von dem gantzen Hause / umb über die Landtax-Bill vom 4. Schillingen auff daß Pfund zu deliberiren (OPZb 1696 07a S. 4)

In diesen drei Beispielen wird explizit auf die zeitliche Distanz zwischen dem Äußerungsakt der Korrespondenz und jenem des Postskriptums hingewiesen: Es wird einem „heute" der Äußerung in der Korrespondenz ein „gleich jetzo" im Postskriptum entgegengesetzt (12), ebenso einem „gestern" ein „so gleich" (14) und einer zeitlichen Angabe mit perfektivem Verb „2. Posten... gehört" ein „itsund" (13). Der Herausgeber bzw. Korrespondent hat sich dafür entschieden, diese Chronologie des Schreibens beizubehalten. Wo etwa in (12) das Postskriptum die Antwort auf die Frage der Korrespondenz bringt, wäre es eigentlich überflüssig, diese Frage beim Drucken der Zeitung noch beizubehalten. Diese Inszenierung der sich nach und nach gestaltenden Information zeigt dem Leser, dass sowohl die Korrespondenten als auch die Herausgeber selbst (vgl. Beispiel (15) mit einem Postskriptum nach dem Terminator der Zeitung) stets emsig bemüht sind, die Nachricht auf den aktuellsten Stand zu bringen.

(15) Ist was mehrers / als von Bilefeld und Münster gedacht wird / so findet man solches in der 11. extraordinaire Relation.
PS. Jetzt laufft widerum ein großes Gerüchte von einer großen wider die Frantzosen erhaltene Victorie herum / davon ehest ein gewißers. (NM 1673 02 2 S. 8)

68 Mit → bzw. <u>→</u> wird in den Belegen auf ein Spatium hingewiesen, wenn dieses eine besondere funktionale Bedeutung besitzt und für den Leser zur Veranschaulichung hervorgehoben werden muss.

Wo der Informationsgehalt im Postskriptum thematisch die vorangehende Korrespondenz weiterführt bzw. ergänzt, wie es durch die anaphorischen Einheiten „wohlgemeldter“ (12) und „dieselbe“ (13) und durch die Wiederholung von „bill“ (14) signalisiert wird, kann man erkennen, dass die Informationsquelle eine andere als im voranstehenden Textteil ist: Man verdankt das Postskriptum einem „Trompeter“ in (12), oder einer als sicher, „gewiß“, angesehenen Quelle in (13); aus diesen Präzisierungen lässt sich schließen, dass es sich um einen anderen Sprecher, um eine andere Quelle handelt als die als „variabel“ bezeichneten Quellen im voranstehenden Textteil in der Korrespondenz in (13), dass jedenfalls innerhalb der Korrespondenz zwischen dem Postskriptum und dem voranstehenden Textteil zum selben Thema ein Sprecherwechsel stattfand. Ein unerwarteter Kurier, ein neues Gerücht, solche und ähnliche Quellen werden in den Postskripta angegeben, so dass diese innerhalb einer Korrespondenz dazu dienen, Polyphonie zu signalisieren. Für den Redakteur ist es nützlich, die Postskripta als solche beizubehalten, denn sie erlauben es ihm, dem Leser zu zeigen, dass die Information von unterschiedlichen Quellen stammt und überprüft wird, sie fungieren als eine Art Quellendiskussion, wie aus (13) deutlich zu ersehen ist. Somit werden Postskripta nicht unverändert abgedruckt, um dem Originaltext getreu zu bleiben, sondern weil dies einer bestimmten Kommunikationsintention entspricht. Es gehört zur Äußerungsstrategie des Korrespondenten und des Herausgebers, den Leser von der Qualität der Nachrichten zu überzeugen, sowohl was ihre Aktualität als auch was ihre Überprüfung bei unterschiedlichen Quellen betrifft.

2.2.1.4 Entwicklungen in der allgemeinen formalen Gestaltung

In fast allen Zeitungen erscheint der Textkörper als eine Folge von Textexemplaren, von denen jedes seinen eigenen Äußerungsrahmen bzw. seine eigenen „externen Variablen“[69] besitzt. Doch befanden sich etliche Teiltexte der Korrespondenzen ursprünglich in Textexemplaren mit einem Äußerungsrahmen, insbesondere mit einem Adressaten, der völlig verschieden war vom Äußerungsrahmen der Zeitung, ihres Herausgebers und Lesers. Es handelt sich ursprünglich, wie der Kopf der Korrespondenzen anzeigt, um Textteile aus der Textsorte Brief. Die den Briefen

69 Vgl. Franz Simmler, Teil und Ganzes in Texten, S. 601: „Jedes Vorkommen eines Textexemplars ist an die Existenz einer externen Variablenkonstellation aus Sprecher, Hörer, Ort und Tempus/Zeit gebunden. Diese besitzt eine identifizierende und zugleich eine differenzierende Funktion, weil sich einzelne Variablenkonstellationen ausschließen.“

entnommenen Textteile mit informativem Gehalt waren in der Kommunikationssituation des Briefes ursprünglich nicht unbedingt der wesentliche Zweck der Mitteilung, sie wurden oft nur begleitend beigeschickt. In den Zeitungen werden diese Textteile nun zum wesentlichen Zweck der Kommunikation zwischen Herausgeber und Leser. Die Textexemplare der Textsorte ‚Korrespondenz' in Zeitungen sind somit Bündelungen bzw. Allianzen zweckentfremdeter Teiltexte, die aus ihrem ursprünglichen Äußerungsrahmen herausgenommen und in den ganz neuen Äußerungsrahmen des Herausgebers oder des Korrespondenten der Zeitung hineingesetzt wurden. Bei dieser Neuvertextung konnte es immer wieder zu Fehlern in der Neuperspektivierung kommen.

Gegen Ende des 17. Jahrhunderts kann man in dieser Hinsicht immerhin einige bedeutende Entwicklungsversuche beobachten. Während es die Gepflogenheit wollte, dass jede Korrespondenz durch den mit Schriftgrad und Einrückung gekennzeichneten Kopf als unabhängiges Textexemplar markiert wird, kommen nun Zeitungen vor, in denen die Herausgeber mehr oder weniger stark bemüht sind, die Korrespondenzen zusammenschmelzen zu lassen, so dass der gesamte Textkörper der Zeitung zu einem einzigen Textexemplar wird, das womöglich nicht mehr der Textsorte ‚Korrespondenz' entspricht, sondern einer erweiterten Textsorte ‚Zeitung'.

Formal geschieht dies zunächst durch eine Abschwächung der wichtigsten Abgrenzung dieser Textexemplare, des Initiators bzw. Kopfes. In *TKC* beginnt der Textkörper ohne Initiator für die erste Korrespondenz, so dass der erste Teiltext des Textkörpers sich formal weiter im Äußerungsrahmen des Zeitungstitels, jenem also des Herausgebers und Lesers, befindet: Es gibt keinen formalen Hinweis auf einen neuen Äußerungsrahmen und dessen Sprecher, den Korrespondenten. Auch ist dieser erste Teiltext des Textkörpers ziemlich lang, und es folgen anschließend Korrespondenzen, die in der üblichen Manier durch den Kopf als Initiator abgegrenzt sind, allerdings in geringer Zahl im Verhältnis zu anderen Zeitungen: etwa 4 bis 5 im Schnitt, gegenüber 17 in *NM.*[70] Zudem werden ab der Ausgabe Nr. 7[71] die Korrespondenzköpfe in Klammern gesetzt, und in einem kleineren Schriftgrad gedruckt als der restliche Text. In dieser Zeitung werden die Abgrenzungen, die den Textkörper in einzelne unabhängige Textexemplare gliedern, zwar nicht völlig aufgehoben, aber doch deutlich abgeschwächt. Die allgemeine Gestaltung des Text-

70 Gerd Fritz et al., Die Sprache der ersten deutschen Wochenzeitungen, S. 34.
71 TKC 1673 10 11.

körpers entspricht noch dem üblichen Bild, aber er tendiert insbesondere zu Beginn dazu, sich zu einem eindeutig einheitlicheren Textexemplar zu entwickeln, dessen Äußerungsrahmen sich von jenem der üblichen Korrespondenzen unterscheidet.

(16) Deß Funffzehenden
Teutschen
Kriegs Curriers
Ab- und Ausfertigung /
Vom 27. October / und 6. Novemb.
1673

[... /...]

Gleichwie Spanien wider Franckreich / so hat dieses wieder jenes / am 10. (20.) Octobr. den Krieg in allen Kreutz-Gassen zu Pariß / [...] durch öffentlichen Trompeten-Schall verkünden; [...]

(Aus dem Elsaß vom 30. Octobr.) Die Turennische Armee ist nunmehro zu Philippsburg übergangen / (TKC 1673 11 06 S. 4)

OWP, vgl. (17), ist eine weitere Zeitung, in der der Textkörper aus einer relativ geringen Zahl von Korrespondenzen, meist weniger als fünf, besteht, aber viele Korrespondenzen gliedern sich ihrerseits in untergeordnete Teiltexte auf, die wie Abschnitte markiert sind, und zugleich eine Ortsangabe enthalten, jedoch nicht so formal hervorgehoben wie in den Korrespondenzköpfen, und daher auch nicht mit demselben Verweis auf die entsprechende Äußerungssituation. Der Herausgeber besteht zwar auf einer exakten Quellenangabe, möchte aber nicht einem dritten, dem Korrespondenten, die Kontrolle über die Äußerung überlassen.

(17) Wien den 16. dito.

Verwichenen Sontag ist der Kayserl. *Plenipotentiarius* neben dem ungarischen Cantzler und *Praesiden*ten ahnhero gelangt / [...]

Von Hannover und andern an der Weser liegenden Orthen werden mit jüngsten Briefen die vorige gut gewesene Friedenszeichen zwischen Münster und Braunschweig nunmehr gantz verändert / [...]

Von Londen wird berichtet / daß die Hertzogin von Yorck den 10. dieses gestorben; beyde Parlaments-Häusser haben dem König ein Decret / so hiebevor wegen Newerung in Engländischen Glaubens-Sachen ergangen / überreicht / (OWP 1671 17 S. 3)

OWP weist also zunächst eine polyphone Gliederung in Korrespondenzen auf, in denen der Leser dann mehrere Typen von Untergliederungen vorfinden kann, die den im Kopf der Korrespondenz fixierten Äußerungsrahmen zumindest formal beibehalten. Makrostrukturell bestehen diese Untergliederungen teils aus Absätzen mit syntaktisch unabhängigen Sätzen, teils aus komplexen Einheiten mit einem Nomen bzw. einer Nominalgruppe (der neuen Ortsangabe) + unabhängigen Satz (mit Verbzweitstellung), vgl. (18):

(18) Venedig den 15. May.
Ahm vergangenen Sontag ist der *Cavallier Bapt: Nani Procurator* und benenter *Commissarius* hiesiger *Republic* nacher Dalmatien verreist [...]. Auß Rom / der Printz Altieri ist[72] abermahl nach *Civita Vecchia* den Land- und Seevölckern ihre Besoldung reichen zulassen / [...] (OWP 1671 22 S. 1)

Die Zeitung, die in der Neugestaltung des Textkörpers am weitesten geht, ist in unserem Korpus ohne Zweifel *AM*. Dort kann man die Folge der Korrespondenzen kaum mehr erkennen, sie sind zu einem formal und kommunikativ einheitlichen Text verschmolzen. Die Gliederung in untergeordnete Teiltexte erfolgt nur noch durch den Absendeort, der formal zwar mit Spatium bzw. mit Zeilensprung markiert, aber syntaktisch völlig in den vorangehenden und nachfolgenden Kotext integriert ist. Diese Spuren der üblichen Gliederung in unabhängige Textexemplare („Gotha" in (19)) scheinen nur noch dem Zweck der Orientierungshilfe für den Leser zu dienen, aber nicht mehr der Fixierung des ‚Hier' eines neuen Äußerungsrahmens, in dem nicht mehr der Herausgeber, sondern ein Korrespondent als Sprecher fungieren würde. Die sorgfältige Integrierung in den Kotext hebt die Polyphonie völlig auf, der Herausgeber bleibt allein als Sprecher kontinuierlich am Zuge.

(19) [...] An statt eines allgemeinen Land-Tages soll mit nechsten zu Torgau zu Menachirung der Kosten nur ein Ausschuß gehalten werden. Von
Gotha
hat man wegen der jüngsten Revolte / so das Regiment zu Pferde / so in Ih. Königl; Maj. von Pohlen Dienste gehen sollen / unternehmen wollen / von einem Cavallier folgende Particularia: [...] (AM 1698 02 22 S. 3)

Zwar gilt nach wie vor die allgemeine Feststellung, dass die Zeitungen bis Ende des 18. Jahrhunderts eine unveränderte formale Gestaltung und Struktur behalten,[73] zwar ist diese formale Gestaltung der frühen Zeitungen sehr verschieden von derjenigen in der modernen Presse, aber es gilt

72 In den Originaltexten unseres Zeitungskorpus befinden sich nirgends unterstrichene Stellen; Unterstreichungen in den zitierten Belegen sind vom Verfasser dieser Untersuchung zur Hervorhebung der relevanten Stellen hinzugefügt worden.

73 Vgl. Gerd Fritz et al., die Sprache der ersten deutschen Wochenzeitungen, S. 21; Margot Lindemann, Deutsche Presse bis 1815, S. 21.

dennoch, einige Nuancen in dieses Urteil einzubringen. Zunächst enthalten auch heute noch die Zeitungen, wenn nicht in der Überschrift der Artikel, so doch im Anlauf, Angaben zu Zeit und Ort der Quelle.[74] Dann kann man vor allem anhand mehrerer Zeitungen aus dem Ende des 17. Jahrhunderts feststellen, dass einige Herausgeber versucht haben, neue Lösungen für die strukturelle Gestaltung ihrer Zeitung zu finden. Dies ging mit erheblichen Konsequenzen für die Äußerungsstruktur einher. Statt einer Allianz von Textexemplaren mit jeweils unterschiedlichen Sprechern, deren Äußerungsrahmen voneinander und von jenem des Herausgebers und Lesers zeitlich und räumlich weit entfernt liegen und deren Äußerungsintentionen in den Zeitungen z.T. zweckentfremdet werden, entsteht ein neuer Text, in dem der als Journalist handelnde Herausgeber als aktueller Sprecher fungiert. Die obigen Beispiele zeigen, wie der Herausgeber in seiner eigenen Äußerungssituation in den Vordergrund tritt.

2.2.2 Die Dokumente

Neben den Textexemplaren der Textsorte ‚Korrespondenz' kommen im Textkörper der Zeitungen gelegentlich Textexemplare vor, die sich vor allem durch ihre distinktive Funktion kennzeichnen, sie heben sich von den Korrespondenzen ab. Sie weisen in Form und Äußerungsstruktur eine gewisse Variabilität auf.

Formal erscheinen diese Dokumente als deutlich abgegrenzte Textexemplare; allerdings einige als Teiltexte von Korrespondenzen, andere als unabhängige Textexemplare neben den Korrespondenzen mit formalen Markierungen, die jenen der Korrespondenzen ähnlich sind, etwa mit Absendeort und -datum wie in (20e), wobei bei einigen Dokumenten die hierarchische Zugehörigkeit nicht eindeutig zu entscheiden ist. Als den Korrespondenzen nebengeordnete Textexemplare werden sie direkt vom Herausgeber dem Leser vorgelegt, und werden somit in den Äußerungsrahmen des Herausgebers eingebettet. Als den Korrespondenzen untergeordnete Teiltexte gehören sie in den Äußerungsrahmen des Korrespondenten nebst den anderen direkt oder indirekt wiedergegebenen Berichten der Informanten.

Was sie als Textexemplare einer besonderen Textsorte identifiziert, ist einerseits ihre Überschrift, die sich in Form und Funktion von den Korrespondenzköpfen unterscheidet, und andererseits die zu Beginn eines solchen Dokuments stehende Initiale (außer in *OPZa*). Die Über-

74 Vgl. Erich Straßner, Zeitung, S. 33.

schrift enthält meist das Lexem „Extract", wodurch angezeigt wird, dass eine Quelle wortgetreu in der direkten Rede zitiert wird, im Gegensatz zu den üblichen Quellen, die vom Korrespondenten oder Herausgeber in der indirekten Rede neu formuliert werden. Z.T. stehen in der Überschrift auch ein Ort und ein Datum, die es erlauben, das ‚Hier' und ‚Jetzt' eines sich im Dokument äußernden Sprechers zu fixieren, wobei allerdings der implizite Adressat nicht mit jenem der üblichen Korrespondenzen übereinstimmt. Somit unterscheiden sich die Dokumente nicht nur formal, sondern vor allem auch in der Kommunikationsstruktur. Solche Einschübe findet man in *MRZ, NM, OPZa, OPZb, ORZ,* und *TKC*:

(20a) Extract auß Coburg / vom 29. dito. (MRZ 1673 20 S. 1)

(20b) Extract-Schreibens außm Käys. Haupt-Läger /
vom 18. dito. (MRZ 1673 40 S. 2)

(20c) Extract-Schreiben aus Wien vom 26. Jan. (NM 1673 01 8 S. 2)

(20d) Extract.
Aus einem Brife aus Newgrot /
vom 4. May. (NM 1673 06 2 S. 6)

(20e) *Extract*-Schreiben aus Aachen / vom 16. Martii. (OPZa 1668 03 10 S. 4)

(20f) *Extract* aus einem Schreiben von einem Capitain aus
Perpignan / vom 12. Jul. (OPZa 1668 07 28 S. 2)

(20g) *Extract* eines Schreibens von einem guten Freund / den 11. May (OPZa 1673 05 7 S. 2)

(20h) Extract-Schreiben vom Hn. Admiral de Ruyter, an S. Hoheit den Printz von Uranien / vom 8. Junii. (OPZa 1673 06 15 S. 2)

(20i) Rest
Der Fridens-Handlung /
Des Königreichs Polen.
Davon der Anfang in der 33. extraord. Relation
zu sehen ist. (NM 1673 04 8 S. 2)

(20j) Copien.
Zweyer Schreiben / als des Herrn von Turenne /
an den Herrn Bischoff zu Münster / und Herrn
d'Estrades unter dato Soest den 23. May 1673.
nebenst einem Memorial sub dato Soest den 29.
May / den getroffenen Fridenschluß mit I.
Chur-Fürstl. Durchl. zu Brandenb. [etc?].
betreffend.
Aus dem Frantzösischen in das Deutsche übergesetzt. (NM 1673 06 3 S. 4)

Bei einigen dieser Dokumente wie (20i) und (20j) soll es sich, laut Angabe des Herausgebers, um den Abdruck eines Staatsvertrags oder Erlasses handeln, der auf Initiative des Herausgebers dem Leser bekannt gemacht wird, womöglich aber auch auf Befehl der Obrigkeit in der Zeitung erscheint, welches durchaus zu den Verpflichtungen gehört, die einem Herausgeber im Rahmen des erteilten Druckerprivilegs auferlegt wurden. In einem solchen Fall ist wiederum die besondere Äußerungsstruktur und -intention, mit denen sich ein Fürst mittels der Zeitung an seine Untertanen wendet, ein Grund dafür, dass diese Texteinheiten auch formal vom Rest des Textkörpers abgehoben werden. In diesem Fall kontrastieren die offiziellen Einschübe mit den eher privaten Informationsquellen.

Ebenso muss man wohl die Todesanzeige des Kurfürsten von der Pfalz (des Vaters der Lieselotte von der Pfalz, die an den Versailler Hof verheiratet war, dessen Tod dann auch weitläufige kriegerische Auseinandersetzungen um das Erbe verursachte) als eine von der Pfälzischen Hofkanzlei verfasste hoch offizielle Nachricht betrachten, was dann die außerordentliche Überschrift erklärt: „Extract Schreibens aus Heydelberg vom 19 May".[75]

Allerdings unterscheiden sich viele der in der Gestaltung des Kopfes und im Inhalt der Überschrift als Dokumente gekennzeichneten Textexemplare inhaltlich kaum von den Korrespondenzen. Es stehen darin ähnliche Informationen, die ebenso unbestimmte Quellen haben, wie sonst die Korrespondenzen auch, die zudem oft auch in der üblichen indirekten Rede wiedergegeben werden. So sucht der Herausgeber einem Textexemplar und dessen Inhalt eine herausragende Bedeutung zu verleihen, wobei diese Bedeutung mehr vom Herausgeber subjektiv gewollt als von den Tatsachen objektiv gegeben ist. So etwa die Seeschlacht von Schooneveldt, von der in *OPZa* und *NM* mittels eines Dokuments berichtet wird. In *OPZa* (ohne Initiale) wird das Dokument in der Überschrift dem Admiral de Ruyter zugeschrieben[76] und in *NM* (mit Initiale) mit der Überschrift „Holländische Relation / Von der ersten See-Batallie am 7. Junii."[77] versehen, ohne dass dort auf den vermeintlich vornehmen Schreiber bzw. Adressaten hingewiesen wird. In *NM* ist dieses Dokument als Teiltext einer Korrespondenz aus der „Nider-Elbe" untergeordnet, wobei es sich allerdings um eine Scheinkorrespondenz handelt, in der der Herausgeber

75 NM 1685 05 29 S. 2.
76 OPZa 1673 06 15 S. 2.
77 NM 1673 06 5 S. 3.

selbst als Sprecher agiert. Er leitet auch selbst das Dokument ein und bezeichnet es als meist empfohlene Quelle für dieses Geschehen (20k):

(20k) Nider-Elbe vom 17. Junii.

> Weilen einige curiose Historien-Freinde jüngsthin begehret haben / von allen vorher gesetzten Relationen / wegen der ersten und andern See-Batallien / die am meisten / einer jeden Parthey Meynung nach / gewißeste auffzusetzen / und dem Buche einzuverleiben / so habe ich es hiemit wagen / und einer jeden Parthey wolgefaßte Relationes / aus ihren Sprachen treulichst verdeutscht / nach einander setzen wollen / damit man von keiner Parthey könne beschuldigt werden / als thäte man zu wenig oder zu vil / wie leyder! genug geschicht / die Zeit sey aber Zeige von allem. Sehet vor das erste die Holländische Relation von der ersten Action / als die von den meisten ist recommendiret worden / bald nach diser soll hiernechst die Englische / gleichsahm als ein Gegesatz / gesetzet werden / und also soll allezeit geschehen / daß man nicht einseitig möge gehalten seyn. (NM 1673 06 5 S. 3)

Es wurde oben schon die Bedeutung dieser Schlacht im Kontext des Krieges, den Frankreich gegen Holland geführt hat, erörtert. Dieses eigentlich unentschieden gebliebene Aufeinandertreffen beider Flotten wurde auf deutsch-holländischer Seite in den Medien zu einem Sieg hochstilisiert, wodurch dann eindeutig eine psychologische Schlacht gewonnen wurde. Diese quasi Propaganda-Funktion[78] erklärt die herausragende Gestaltung dieser Textexemplare und die Form eines Dokuments, deren Funktion es ist, sich von den übrigen Korrespondenzen zu unterscheiden.

Aber was soll der Leser von jenen mit dem Wort „Extract“ betitelten Texteinheiten halten, die nichts Ungewöhnliches enthalten und von unbekannten Schreibern verfasst wurden? Warum wird z.B. in (20d) explizit angemerkt, dass das „Extract“ einem Brief entnommen wurde, wo doch ohnehin die meisten Korrespondenzen Briefen entstammten? Man muss sich hier schon die Frage stellen, worin dann noch der Unterschied zwischen einem als „Extract“ markierten Textexemplar und einer Korrespondenz besteht: Die Antwort scheint zu sein, dass die Dokumente Textexemplare sind, die vorgeblich oder wirklich vom Herausgeber unverändert wiedergegeben werden, während die Korrespondenzen vom

78 Zum Verhältnis der Presse mit der mehr oder weniger Objektiven Darstellung von Kriegshandlungen und Politik in Gegenwart und Geschichte und dessen Niederschlag auf die Sprache, vgl. etwa Franz Bosbach (Hg.), Feindbilder; Mirra M. Guchmann, Die Sprache der deutschen politischen Literatur; Sonja Schultheiß, Zeitgeschichte in der europäischen Publizistik des 17. Jahrhunderts.

Herausgeber umgestaltet, zusammengefasst, übersetzt, kommentiert wurden. Somit kann von den Korrespondenzen nicht behauptet werden, dass dort die Berichte zwar distanziert, aber „weitgehend unverändert abgedruckt werden“,[79] denn dies gilt nur für die Dokumente. Die Korrespondenzen entpuppen sich als Textexemplare, deren Äußerungsstruktur weit komplexer und polyphoner ist.

2.3 Untergeordnete Textteile in den Textexemplaren des Textkörpers

In der allgemeinen Gestaltung der Zeitungen deutet alles auf eine hierarchisierte Strukturierung der Teiltexte hin: Zunächst ist der zentrale, redaktionelle Textkörper in den Matrixäußerungsrahmen zwischen Titel und Werbeinserate eingebettet. Dieser Textkörper ist eine Bündelung von relativ einförmigen Textexemplaren, diese wiederum enthalten eine dreifache, meist dreistufige Untergliederung.

Die Einheiten der ersten Stufe der Untergliederung werden durch nicht-sprachliche Zeichen wie Spatium und Absatz abgegrenzt, die zugleich auch jeweils einen Bruch in der Äußerungsstruktur signalisieren können. Die zweite Stufe wird von starken Interpunktionszeichen abgegrenzt, deren Distribution allerdings nicht normiert ist und von einer Zeitung zur anderen und sogar innerhalb derselben Zeitung variable Repräsentationstypen bilden kann. Durch diese Interpunktionszeichen werden die Absätze und Makrostrukturen zwischen Spatien in syntaktische Einheiten wie Sätze oder Perioden unterteilt. Auf der dritten Stufe werden syntaktische Satzglieder, rhetorische und rhythmische Einheiten durch Virgeln abgegrenzt, die in sämtlichen Texten des 17. Jahrhunderts noch durchgehend gebraucht werden.

Es ist eher unwahrscheinlich, dass die Texte in all ihren Abstufungen „weitgehend unverändert“ direkt von den Korrespondenten an die Leser weitergeleitet wurden. Texte mit einer solch komplexen und doch einheitlichen Strukturierung konnten nur unter Federführung des Herausgebers entstehen. Auch hat diese textliche Struktur eine phatische Funktion. Zwar ist der Inhalt der Korrespondenz einem zeitlich und räumlich entfernten Sprecher zu verdanken, jedoch ist der Herausgeber derjenige, der den Text rhythmisch und strukturell organisiert, so dass schon allein durch dieses Zusammenspiel von Korrespondent und Herausgeber eine Polyphonie entsteht.

79 Gerd Fritz et al., Die Sprache der ersten deutschen Wochenzeitungen, S. 339.

2.3.1 Teiltexte und Makrostrukturen

2.3.1.1 Die Absätze

Der mehrheitliche Brauch in den frühen Zeitungen scheint gewesen zu sein, die Korrespondenzen in einem Block zu gestalten, d.h. sie enthielten meist weder Einrückung noch Zeilensprung noch Absatz. So enthalten die Korrespondenzen in *ER, EZ, KOP, OPZa, ORZ, RC, RN* keine durch Absatz abgegrenzten untergeordneten Teiltexte.

Nun wird beim Lesen der Zeitungen des 17. Jahrhunderts rasch offenkundig, dass die untergeordneten Teiltexte vor allem eine äußerungsstrukturelle Funktion besitzen. Durch das Fehlen einer solchen Untergliederung wird dem Leser suggeriert, dass in jedem durch einen entsprechenden Kopf gekennzeichneten Textexemplar nur ein Sprecher (der Korrespondent) das Wort ergreift. In diesen Zeitungen erscheint die Polyphonie zunächst nur im Wechsel von einem Textexemplar zum anderen, indem bei jedem Übergang zu einem neuen Korrespondenzkopf sich ein neuer aktueller Sprecher in seinem Kontext äußert, während innerhalb des monolithischen und daher anscheinend einstimmigen Textblocks kein Sprecherwechsel angedeutet wird.

In *AM* wird deutlich, wie sehr die Text- und Makrostruktur parallel zur Äußerungsstruktur gestaltet wird. Dort werden die Korrespondenzköpfe kaum noch abgesetzt, sie sind syntaktisch in den Text verwebt, formal gehen sie im Block des Textkörpers auf. Beim Anblick dieses so einheitlich gestalteten Textblocks muss der Leser den Eindruck haben, dass darin die Äußerungsstruktur ebenso einheitlich ist und dass darin lediglich ein einziger Sprecher zum Ausdruck kommt, nämlich der Herausgeber. Es wird in *AM* auch die offensichtlichste Polyphonie, jene beim Übergang von einem Textexemplar eines Korrespondenten zu jenem eines anderen Korrespondenten, getilgt.

Im Gegensatz zur Tendenz, die sich in *AM* abzeichnet, lassen sich in einigen Zeitungen mindestens zwei untergeordnete Teiltexte oder Makrostrukturen innerhalb der Textexemplare des Textkörpers unterscheiden, so dass dem Leser auch die Äußerungsstruktur als weniger einheitlich, d.h. polyphoner, erscheinen muss als in *AM*. Jedenfalls wird dadurch augenscheinlich, dass die Korrespondenzen mehr Äußerungsrahmen enthalten als nur den einen, der durch Fixierung von Ort und Zeit im Kopf angedeutet wird.

In *EPZ, OPZb, ORZ* und *NAC* werden die Textexemplare nur ansatzweise in untergeordnete Teiltexte aufgegliedert, es kommen einige wenige Absätze mit eingerückter erster Zeile vor. In (21) geht man innerhalb einer Korrespondenz aus Brüssel, in der ein niederländischer Sprecher sich zu den zu seinem Kontext gehörenden Ereignissen äußert, zum Inhalt von jüngst in Brüssel angelangten Briefen aus Spanien über. Offensichtlich wird der neue Absatz durch diesen Sprecherwechsel, durch diesen Übergang zu einem neuen Äußerungsrahmen mit einem neuen Kontext motiviert. Somit ist der Absatz ein Marker der Polyphonie innerhalb der Korrespondenz. Ähnlich, aber nicht so explizit, verhält es sich in (22), einer Korrespondenz aus Paris. In einem ersten Absatz geht es zwar um jene seit Wochen in den vorhergehenden Ausgaben der Zeitung mehrmals angekündigten, und jetzt kurz bevorstehenden Militärmanöver in Compiègne, daneben werden aber noch andere französische Staatsangelegenheiten erörtert, denn es geht auch um Finanzen, Steuern und um Diplomatie. Im zweiten Absatz wird die Abreise des gesamten Versailler Hofes nach besagtem Compiègne geschildert, und es folgt die ganze Chronik jenes außerordentlichen Ereignisses. Der zweite Absatz greift zwar eine bestimmte Nachricht des ersten Absatzes wieder auf und entwickelt sie weiter, dennoch besteht zwischen beiden Absätzen keine Kontinuität, da inzwischen noch von anderen Dingen berichtet wurde, auch ist der Blickwinkel der zweiten Schilderung ein ganz anderer. Das Fehlen dieser Kontinuität und auch textsortenspezifische Unterschiede zwischen beiden Absätzen deuten darauf hin, dass es sich um unterschiedliche Quellen handelt. Der zweite Absatz ist offensichtlich einer Hofchronik entnommen, in der die Ereignisse Tag für Tag chronologisch vom Sprecher, der Zeuge des Geschilderten ist, aufgezeichnet werden. Form, Inhalt, Perspektive und Intention der Äußerungen im ersten und zweiten Absatz sind unterschiedlich, ebenso die Funktion der Teiltexte in ihrem ursprünglichen Kotext. Es kommt zwischen beiden Teiltexten zu einem Bruch in der Äußerungsstruktur, es besteht somit durchaus eine Polyphonie, die mit dem neuen Absatz markiert wird:

(21) Auß Brüssel / vom 1. September.

Auß den Conquesten hat man / daß auß Menin alle Reuterey / in 3000. Mann starck / und auß Tournay das Regiment von Anjou / nicht weniger das von Dauphin 2500. Mann starck / nach dem Lager bey Compiegne marschirt / und obschon auß andern Garnisonen gleichfalls einige Trouppen dahin gangen / so seynd doch die Garnisonen noch sehr zahlreich. […]

Mit den frischen Brieffen auß Spannien vom 14. Augusti / thut man noch versichern / daß Ihro Königl. Majestät biß dahin in guter Gesundheit zu leben continuirten / welches an diesem Hoff grosse Freude verursachet. (EPZ 1698 09 17 S. 2)

(22) Ein anders auß Paris vom 25. Augusti.

Das Lager zu Compiegne / welches 14. Tage währen solle / wird den König 10. Millionen kosten; Seine Majestät haben anbefohlen / daß man jeden Tag ein anderes *Militar*isches *Exercitium* machen solle / umb desto besser die 3. printzen Kinder von Franckreich / und vor allen den Hertzogen von Burgund / welcher alldar in Dualität als *Generalissimus commandiren* wird / zu unterweisen. Die Geistliche *Doctores* haben unter ihnen eine Contribution von 3000. Livres erhoben / umb denen Priestern und Geistlichen / welche auß Engell-Schott-und Irrland anhero gekommen seyn / Hülffe zu leisten. Es ist ein Königl. Engelländischer Commissarius hier angelangt / umb die Differentzien / welche noch wegen dem Fürstenthum von Oranien abzuthun seyn / zu regulieren. Der Herr Audifredi / welcher als Königl. Extraordinar-Envoye / nacher Mantua gehet / hat auch Creditivschreiben an die Höffe von Modena und Parma.

Die Equipage deß Königs / deß Dauphins und deß gantzen Hoffs / seynd nach Compiegne abgangen / wohin der König 2. Millionen in Gold- und Silber-Geld abgesandt / (ORZ 1698 09 13 S. 2)

Diese Absätze, auch wenn sie in jenen Zeitungen selten sind, zeigen immerhin, dass die Textexemplare (Korrespondenzen und Dokumente) des Textkörpers ihrerseits aus Textallianzen bestehen, aus einer Bündelung untergeordneter Teiltexte, die unterschiedliche Funktionen und Äußerungsrahmen aufweisen.

In einigen Zeitungen, in denen Absätze in den Korrespondenzen selten sind, kann man gelegentlich auf einen Text stoßen, der sich in etliche Absätze aufgliedert. Dies weist auf den Übergang zu einem neuen Teiltext hin, der auch einer anderen Textsorte entstammt: Auf einen für Korrespondenzen typischen blockförmigen Teiltext, in dem vermeintlich der Korrespondent als einziger Sprecher fungiert, folgt ein Teiltext vom Typ ‚Dokument', der zwar nicht durch eine besondere Überschrift oder durch eine Initiale gekennzeichnet ist, aber dennoch originalgetreu wiedergegeben wird, was man aus dem Stil und der ursprünglichen Gliederung des Teiltextes in Absätze ersehen kann. So wird in *NAC* eine Chronik der Friedensverhandlungen mit dem Osmanischen Reich im Jahre 1698 in Karlowitz, die mit dem Friedensvertrag von 1699 abgeschlossen wurden, offensichtlich originalgetreu abgedruckt, so dass sich dieser Teiltext durch seine zahlreichen Untergliederungen in Absätze von den übrigen Teiltexten in diesem Textexemplar hervorhebt, indem jedem Tag in dieser Chronik ein neuer Absatz entspricht, vgl. (23). Dieselbe Chronik wird in *ORZ* in Form eines unabhängigen, besonders hervorgehobenen

Textexemplars wiedergegeben, mit einer Überschrift, die das Dokumente kennzeichnende Wort „Extract“ enthält.[80]

(23) Auß dem Lager oberhalb Carlowitz / vom 3. November.

Den 31. October Vormittags hat der Moscowittische Gesandte erstlich den Herrn Venetianischen Gesandten / und nachgehends aber die beede Herren *Mediatores* besucht / [...]

Den 1. November haben die Herren *Mediatores* den Pohlnischen Gesandten / einer nach dem andern / auff gleiche Weise besucht.

Eodem haben die Herren *Mediatores* die / von denen Türcken bekommene Zeitungen / denen Kayserl. *Plenipotentiariis communicirt* /

Eodem hat man so wohl Kayserl. als Türckischer Seits / an Gleichmachung deß Platzes zum Conferentz-Hauß / beederseits mit vielen Commandirten zu arbeiten angefangen.

Den 3. haben die Herren *Mediatores* dem Moscowittischen Gesandten die Visita in gleichem Auffzug und Ceremonien / wie die vorige Täge bey denen anderen geschehen / restituirt. [...] (NAC 1698 11 15 S. 3)

Da in *NAC* ansonsten kaum untergeordnete Teiltexte innerhalb der Korrespondenzen vorkommen, steht dieser Textteil in besonderem Kontrast zu den gewöhnlichen Korrespondenzen, auch wenn er sonst keine Markierungen aufweist. Zudem kommen in *NAC* als Absatz markierte Teiltexte vor, die eine direkte Redewiedergabe signalisieren. Somit können die Abgrenzungen eines Teiltextes durch Einrückung und Zeilensprung einen Repräsentationstyp darstellen, der den besonderen Äußerungsrahmen der direkten Rede kennzeichnet.

(24) Auß der Schweitz / vom 14. April.

Nachdem sich unlängst der Canton Freyburg / wegen der Reforme und Verringerung deß Soldes der Schweitzerischen Trouppen / bey dem König in Franckreich schrifftlich beschwehtet / hat derselbe hierauff nachfolgender massen geantwortet:

Ludwig von GOttes Gnaden / König in Franckreich und Navarra. Besonders liebe / grosse Freunde und Bundsgenossen. Wir haben Euer vom 11. dieses an Uns abgefassenes Schreiben wohl erhalten / [...] (NAC 1698 04 30 S. 5)

Wenn auch in jenen Zeitungen solche als Absätze abgegrenzten Teiltexte nur selten vorkommen, so wird dadurch doch angezeigt, dass die Textexemplare aus einer Textallianz bestehen, dass sie eine hierarchisch untergeordnete Bündelung von Teiltexten enthalten, die z.T. unter-

80 ORZ 1698 11 08 S. 1.

schiedlichen Textsorten zuzuordnen sind. Ein Absatz kann einen Teiltext einer distinktiven Textsorte wie der Chronik abgrenzen, aber auch einen Teiltext mit distinktiver Äußerungsstruktur, etwa indirekte Reden, die wegen des besonderen Ranges des sich darin äußernden Sprechers auch als Teiltexte der Textsorte ‚Dokument' gelten können.

Zu den Teiltexten, die als Absatz abgegrenzt sind und die einen deutlichen Kontrast zu den übrigen Teiltexten innerhalb des Textexemplars aufweisen, zählen z.B. die Abdrucke offizieller Dokumente, in denen die Offiziersernennungen in der französischen Armee aufgelistet werden.[81] In jedem Fall signalisiert die Abgrenzung eines Teiltextes durch Absatzbildung einen Bruch in der Äußerungsstruktur: Es äußert sich ein neuer aktueller Sprecher in einem neuen Äußerungsrahmen mit einer neuen Kommunikationsintention. Somit geht die Gliederung in Absätze eindeutig mit der Äußerungsstruktur einher und nicht, wie zumeist in den modernen Texten, mit der angeschnittenen Thematik.

Dies lässt sich auch in den zwei Zeitungen feststellen, in denen die Textexemplare viel häufiger in untergeordnete Teiltexte gegliedert sind: *NM* und *MRZ*. In (25) trägt der Hamburger Korrespondent offensichtlich Informationen aus unterschiedlichen Briefen und Quellen zusammen, zunächst aus Polen, dann aus seiner eigenen Stadt und schließlich aus dem benachbarten Königreich Dänemark. Jedem Absatz entspricht eine neue Informationsquelle. Der veränderte Äußerungsrahmen wird in jedem Absatz oft auch mit sprachlichen Einheiten gekennzeichnet, die explizit auf den neuen Äußerungsrahmen hinweisen: „Die Polnische Avisen", „Brieff von Brüssel berichten / daß"[82] usw. Aber auch wenn in einem Absatz solche Hinweise nicht explizit vorhanden sind, lässt doch die geographische Entfernung der geschilderten Begebenheiten implizit auf eine neue Quelle, d.h. auf einen Sprecherwechsel schließen. Die Korrelation zwischen untergeordnetem Teiltext und untergeordneter Äußerungsstruktur scheint eine fest etablierte Regel zu sein. So kann man induktiv aus der formalen Abgrenzung eines Teiltextes durch Absatzbildung schließen, dass dadurch ein neuer Äußerungsrahmen abgegrenzt wird, auch wenn dieselbe Thematik ohne erkennbaren Bruch weitergeführt wird, ähnlich wie bei den schon erwähnten Postskripten, die selbst auch Teiltexte darstellen, die durch Absatzbildung abgegrenzt sind. In (26) wird durchgehend von den Geschehnissen im holländischen Krieg berichtet. Die Absätze signalisieren weder einen geographischen Orts-

81 OPZb 1696 04 S. 3.
82 MRZ 1672 29 S. 3.

wechsel noch einen thematischen Bruch, aber einen impliziten Sprecherwechsel, das Heranziehen einer anderen Quelle durch den Herausgeber.

(25) Auß Hamburg / vom 28. dito.

Die Polnische Avisen lauffen gantz wider einander / [...]

Allhier vnd in den vmbligenden Orthen seyn alle frembde Werbungen verbotten worden. Brieff auß Dännemarck berichten: daß [...]

Von dem Chur Brandeburgischen Hof hört man noch zur Zeit von keinem endtlichen Entschluß / [...] (MRZ 1672 11 S. 2)

(26) Ein anders auß Cöln / vom 30. dito.

Auß dem Lager von Deventer wird vnderm 22. diß geschriben / daß selbigen Tags der Bischoff von Straßburg sich von dar zum König nach Duysburg begeben / [...]

Den 22. diß haben sich Zwoll / Campen / vnd Harlem ergeben / vnd den 20. Zurphen / nun gedenckt man Ambsterdam anzugreiffen / [...]

Die Römische Catholische Gottes Dienst werden anjetzo in allen eroberten Plätzen mit grossen *Solennit*äten vnd Freude der Catholischen Einwohner verrichtet. (MRZ 1672 28 S. 3)

In *NM* und *MRZ* wird daher ganz offensichtlich, dass die Textexemplare im Textkörper der Zeitungen bei weitem nicht so einheitlich und einstimmig sind, wie es ihre formale Gestaltung als Block ohne Untergliederung in den meisten Zeitungen suggeriert. Es besteht kein Zweifel, dass auch in den nicht in untergeordnete Teiltexte gegliederten Textexemplaren der Textsorte ‚Korrespondenz' eine ganz ähnliche Polyphonie herrscht, die es dann anhand anderer, sprachlicher, Marker zu identifizieren gilt. Der aktuelle Sprecher in den Teiltexten der Korrespondenzen ist nicht immer oder überhaupt nicht jener, dessen Äußerungsrahmen im Kopf der Korrespondenz mit Orts- und Datumsangabe fixiert wird. Diese Angaben geben nur den Zeitpunkt und den Ort an, an dem verschiedene Teiltexte aus Informationsquellen mit jeweils unterschiedlichem Äußerungsrahmen in einer Korrespondenz zusammengetragen wurden. Letztere ist somit eine komposite und polyphone Allianz von Teiltexten. Der Äußerungsrahmen des Korrespondenten kann sich innerhalb einer Korrespondenz auf nur sehr kleine Textteile reduzieren, wenn überhaupt, da in einigen Zeitungen die formale Gestaltung in unabhängige Textexemplare zugunsten des Matrixäußerungsrahmens des Herausgebers aufgehoben wird. Eine solche Gestaltung suggeriert einen direkten Übergang vom Matrixäußerungsrahmen zu jenen der Informanten in den untergeordneten Teiltexten. So etwa in *OWP*, wo dem Kopf der Korrespondenzen nicht immer eine eigenständige Zeile eingeräumt wird, vgl.

(27). In solchen Fällen erscheint die Angabe von Ort und Datum nicht mehr als herausragendes Signal für die Fixierung des Äußerungsrahmens in einem Textexemplar ‚Korrespondenz', sondern als Abgrenzung eines untergeordneten Teiltextes mit dem hierarchischen Rang eines Absatzes.

(27) Venedig den 16. Januarij.

[...] mit Gelegenheit Freudenfest / so wegen deß newen *Cardinals Borremeo* gehalten worden / hat man zugleich den Anfang der Fastnacht-Spiel gemacht und dem Herrn *Gubernator General* zu Hoff ein köstliches Banquet gehalten / bey dem sich alle fürnehmste Cavallier und Damen eingefunden. Pariß den 17. dito.

Alhier ist allen Frantzosen einige Holländische Wahren zukauffen / verbotten worden; bey dem *Fort St. Sebastian* werden wieder etliche Trouppen versamblet / deren Zahl / wie man sagt / sich auff 12000. erstrecken solle / welche nach Flandern gehen und auff den Gräntzen ohne den Adel noch so viel tausend darzu stossen soll (OWP 1671 05 S. 2)

In *OWP* ist der Textkörper formal nicht in Korrespondenzen, sondern direkt in Absätze gegliedert. Damit will der Herausgeber den Anschein erwecken, als erledige er selbst die Arbeit des Korrespondenten. Die Struktur dieser Zeitung hebt eine Hierarchiestufe auf und weist unmittelbar auf die Dichotomie in der Äußerungsstruktur der Zeitungen hin: einerseits die alles beherrschende Stimme des Herausgebers, andererseits die Vielstimmigkeit der Informanten und Quellen.

2.3.1.2 Die Unterabsätze

Die eher seltene Abgrenzung von Teiltexten durch Absatzbildung verläuft teils komplementär, teils in Konkurrenz zu einer anderen Art der Abgrenzung von untergeordneten Teiltexten innerhalb der Textexemplare des Textkörpers, nämlich jene mittels Spatiums. Bei Komplementarität sind die durch Spatium abgegrenzten Teiltexte den Absätzen untergeordnet und bilden eine neue Hierarchiestufe von Teiltexten, die wir hier Unterabsätze nennen. Solche Unterabsätze begegnen z.B. in *OWP*. Bei Konkurrenz untergliedern sich die Textexemplare teils in durch Absatzbildung, teils in durch Spatium abgegrenzte Teiltexte, und es besteht für beide nur eine Hierarchiestufe. In vielen Zeitungen fehlen die Abgrenzungen durch Absatzbildungen ganz, und es kommen nur durch Spatium abgegrenzte Teiltexte vor. Der Einfachheit halber sollen die durch Spatium abgegrenzten Teiltexte auch dann Unterabsätze genannt werden, wenn die Hierarchiestufe ‚Absatz' fehlt. Der Begriff soll sich im Folgenden allgemein auf die formale Abgrenzung durch Spatium beziehen.

Die Unterabsätze, zumal wenn sie komplementär zu den Absätzen vorhanden sind, entsprechen oft nur sehr kurzen Teiltexten oder gar nur Textteilen, die sich mit der syntaktisch-rhetorischen Einheit ‚Periode'[83] decken. Trotzdem müssen beide Einheiten unterschieden werden, da sie distinktive Funktionen haben.

Das Spatium ist ein Mittel der Untergliederung in Teiltexte, das in allen Zeitungen unseres Korpus häufig vorkommt. Drucktechnisch bietet es gegenüber der Absatzbildung den Vorteil erheblich mehr Platz zu sparen, was bei vier- bis achtseitigen Blättern nicht unerheblich sein dürfte. Dabei erfüllen die durch Spatium abgegrenzten Teiltexte dieselben, meist äußerungsstrukturellen Funktionen wie die Absätze: Sie signalisieren eine Polyphonie und einen Bruch in der Äußerungsstruktur.

Einen konkurrierenden Gebrauch von Absatzbildung und Spatium kann man zunächst bei der Abgrenzung der Korrespondenz selbst feststellen, und zwar in den Zeitungen *AM* und *OWP*, die die Gliederung des Textkörpers in formal unabhängige Textexemplare aufzuheben versuchen: Statt wie in allen anderen Zeitungen jedes Textexemplar mit Überschrift, Leerzeile und Einrückung deutlich abzusetzen, fungieren hier nur Absatzbildung oder Spatium als Initiatoren und Terminatoren der Korrespondenzen: (28) zeigt, wie in *AM* das Spatium quasi als freie Variante für die Absatzbildung in dieser Funktion verwendet wird („zu Londen" nach Spatium vs. „Amsterdam" abgesetzt). Man könnte vermuten, dass es z.T. zu einem komplementären Gebrauch beider Markierungen kommt, um eine Hierarchie der Korrespondenzen anzudeuten, so etwa in (29): „Nider-Elbe", abgesetzt, obere Hierarchiestufe, vs. „aus Paris", nach Spatium, untere Hierarchiestufe.

(28) […] Der Hr. von Hoppe ist ordiniret / als Ambassadeur nach dem Käyserl. Hofe zu gehen / wer aber von Ih. Hochmög. nach Madrit werde spediret werden / stehet noch nicht zu vernehmen. _→_ Zu Londen lässet der Schwedische Ambassadeur zu seinem Einzug eine kostbare Carosse machen. Zukünfftige Woche wird das Paquet-Boht von Ryc nach Calais zu gehen / den Anfang machen. _→_ Zu

Amsterdam

hat man Briefe aus Provence / mit dem Einhalt / daß […] (AM 1698 04 01 S. 8)

(29) Nider-Elbe vom 1. April. Auß Westfalen nahe Hervord hat man / daß […]

83 Zum Begriff ‚Periode', dessen Definition, rhetorische und syntaktische Beschreibung und semantische und kommunikative Funktion, s. unten 2.3.2.2 und 4.1.

> Es gehet ein starckes Gerüchte um / daß [...] I. Churfürstl. Durchl. von Brand. laßen in Hinter-Pommern auch starck werben. →
> Aus Paris hat man / daß der König widerum auff 12000. Mann Patenta außgegeben hätte. (NM 1673 04 1 S. 6)

Die äußerungsstrukturelle Funktion des Spatiums als Trennzeichen zwischen Korrespondenzen ist je nach Zeitung unterschiedlich zu interpretieren. In *AM* ist der Herausgeber darauf erpicht, durch die formale Gestaltung des Textes beim Leser den Eindruck zu erwecken, dass es im gesamten Textkörper zu keinem Bruch in der Äußerungsstruktur kommt, dass man meint, vom Titel bis Ende der Zeitung den Matrixäußerungsrahmen des Herausgebers nicht zu verlassen. In *OWP*, *OPZa, ORZ* und *NM* hingegen, wo gelegentlich Korrespondenzen mit Spatium voneinander getrennt werden, scheint dieses eher eine zusätzliche hierarchische Stufe in der Untergliederung der Textexemplare und damit einen entsprechenden zusätzlichen Äußerungsrahmen einzuführen.

In der Regel scheint die Unterteilung der Textexemplare anzudeuten, dass man sich bei Absätzen im Äußerungsrahmen des Korrespondenten, in den Unterabsätzen aber in jenem des Informanten befindet. Von diesem Normalfall abweichend kann es zu zwei Extremfällen in der Gestaltung des Textkörpers kommen. In *NM* (vgl. (29)), scheint es die Einstellung des Herausgebers zu sein, dem Leser die Vielfältigkeit der Nachrichten und Quellen vor Augen zu führen, indem er, so oft es geht, deren Ort und Datum angibt; dies ist ein Mittel, um die Qualität der Zeitung hervorzuheben, die sich traditionsgemäß an der Vielzahl und Entfernung der geschilderten Ereignisse misst. Einerseits eine verhüllte Polyphonie in *AM*, andererseits eine offen behauptete Polyphonie in *NM.* Dies sind zwei gegensätzliche redaktionelle Linien, die ihren Niederschlag in der Untergliederung des Textkörpers in Textexemplare und deren Teiltexte, Absätze und Unterabsätze finden, welche wiederum die Äußerungsstruktur der Textkörper widerspiegelt.

Auf die Feststellung aufbauend, dass in etlichen Fällen die Abgrenzung eines Teiltextes durch Spatium mit einem Bruch in der Äußerungsstruktur einhergeht, kann man die Hypothese aufstellen, dass das Spatium auch an solchen Stellen einen Bruch in der Äußerungsstruktur signalisiert, wo dieser an nur sehr wenigen impliziten oder an gar keinem anderen sprachlichen Zeichen zu erkennen ist.

In manchen Fällen kann man den durch Spatium signalisierten Wechsel des Äußerungsrahmens anhand weniger sprachlicher Indizien identifizieren. Auf das Spatium kann ein expliziter Hinweis auf den

Sprecherwechsel folgen, indem das neue aktuelle ‚Ich' der Äußerung genannt und der neue Äußerungsrahmen fixiert wird, vgl. (30, 31):

(30) Auß Cölln / vom 28. Augusti.
Zeit deß guten Wetters ein Tag oder 5. hat der Land-Mann Tag und Nacht im Feld gearbeitet / und seynd die Früchten dieser Orten nun fast alle eingescheuret. → Passagiers auß der Eiffel bringen / daß es diesen Monat der so kalt als im Winter der Orten gewesen / und hätte es im Lüxemburgischen Land zu drey Fuß hoch geschneyet gehabt; so bey dieser Zeit ohnerhört ist. (EPZ 1698 09 10 S. 3)

(31) Antwerpen vom 13. April. Die jüngsten
[...] Wir haben die Convoye von Ostende mit 18. Beyländern und andern Schiffen auff der Schelde / welche mit dem ersten ihre Ladungen bekommen sollen. → Man sagt / daß der Printz von Conde ehest zu Charle-Roy seyn werde / und daß ein großes Volck die Mosel herab komme. → Der Herr Boreel / vormahls gewesener Ambaßadeur in Engeland / ist / wie man von Seeland berichtet / gestorben. → Selbige Admiralität soll einige Capitaine denominiret haben in die See zugehen / sie sollen aber von dem Printzen von Oranien vor dieses Jahr erlaßen / und andere an derer Stelle seyn gesetzet worden. (NM 1673 04 3 S. 5)

Beispiel (31) veranschaulicht in besonders deutlicher Weise, wie in den Äußerungsrahmen des Textexemplars ‚Korrespondenz' mehrere durch Spatium abgegrenzte Teiltexte eingebettet werden, die Äußerungen Dritter entsprechen. Das Spatium leitet somit einen Sprecherwechsel ein, auf den jeweils im Folgenden explizit hingewiesen wird, und zwar mit variierenden sprachlichen Mitteln: mit unpersönlichen Fügungen wie „man sagt" oder „wie man berichtet" und mit dem Modalverb „soll", das stets auf einen impliziten dritten Sprecher hinweist, der hier nicht weiter bestimmt wird, aber der doch als die sich äußernde Instanz des wiedergegebenen Inhalts betrachtet werden muss. Es fällt auf, dass die Polyphonie durch diese formale Untergliederung in Unterabsätze zwar markiert ist, dass die unterschiedlichen Sprecher aber unpersönlich oder implizit bleiben: Im Gegensatz zu (30) werden in (31) die neuen Sprecher nach dem Spatium nie explizit genannt, sie bleiben verschleiert.

Auf das Spatium als Signal eines Bruchs in der Äußerungsstruktur folgen zuweilen auch Hinweise auf die neue Äußerungssituation, d.i. auf das neue ‚Hier' und ‚Jetzt' des im Unterabsatz neuen aktuellen, impliziten Sprechers. So befindet sich oft nach Spatium ein Adverb oder eine sonstige Form der Zeitangabe, wie in (32)-(34), bzw. der Ortsangabe (35), wodurch der neue Äußerungsrahmen fixiert wird:

(32) Paris / vom 6. Nov.

Aus Portugal sind Zeitunge / daß die Mohren die Stadt Massagan in Africa bey Nacht zu überrumpeln gedacht / die Portugiesen sie aber dergestalt empfangen / daß sie mit Verlust einiger 100. Mann abzuweichen gezwungen worden / und vermeynte man allda nicht / daß der König von Portugal in unsere auf Marinhao habende Prätension einwilligen werde. → Vorigen Montag fuhr der König nach Marly / umb allda bey 12. Tage zu verbleiben. (KOP 1699 95 S. 4)

(33) Der Herr feldmarschall de Turenne aber soll mit seiner Armee auf Westfalen zu gehen / um dem Herrn Bischof von Münster Hülffe zu leisten / und die Ober-Iselische Städte mit mehrem Volcke zu verstärcken. → Nunmehro ist das Waßer / bey jetzigem Süd W. Winde / zimlicher maßen wider abgelauffen. (NM 1673 01 7 S. 7)

(34) Turin / vom 9. Oct.

[...] Vor etlichen Tagen kamen alhier bey 100. Mann teutsche Recruuten von der Hertzogin Regiment / weil Se. Königl. Hoheit wil / daß selbiges eben so starck / wie das Seinige / seyn soll; → Auff unserer Citadelle liegt anitzo eine Batallion von dem Regiment Gardes / das andere Theil aber desselben liegt vor der neuen Pforte. (OPZb 1698 49a S. 1)

(35) Auß Venedig / vom 22. Martij.

[...] Dannenhero der Sultan alle die Englische Schiffe zu Smirna hat in Arrest nehmen lassen; worauff mehr gedachter Ambassadeur einen Expressen nach Engelland geschickt habe / umb von dieser Sache dorten Nachricht zu geben. → Allhier befindet sich ein Teutscher Officier / welcher 1000. Mann alte Soldaten anerbiethet / umb in Levante Dienste zu thun (NAC 1698 04 12 S. 3)

Schließlich kann man auch in Unterabsätzen, in denen nach dem Spatium weder auf den neuen Sprecher noch auf die neue Sprechsituation hingewiesen wird, anhand eines deutlichen Themenwechsels, anhand der geographischen Entfernung der berichteten Ereignisse von einem Unterabsatz zum anderen („Port-Louis“ vs. „Calais“ in (36)) erkennen, dass man innerhalb des Textexemplars ‚Korrespondenz‘ zu einem neuen Teiltext mit neuem Äußerungsrahmen (einer neuen Quelle) übergegangen ist:

(36) [...] Der Intendant von Port Louis hette Befehl / das Schiff l'Esclatant von 66. Stücken / welches [...] wegen contrairen Wind und Sturm aber / Mastloß vor Port Louis wieder zurück gekommen war / Kiehl holen zu lassen. → Der Dispüt über die Pacquet-Böthe zwischen Calais und Douvre / ist noch nicht abgethan / und wird von unser Seithen *praetendiret,* das eben so viel Frantzösische als Engl. Fahrzeugen sollen Employret werden. (ER 1698 04 05 S. 5)

Ein weiteres Argument, das bestätigen könnte, dass das Spatium ein Marker der Polyphonie ist, wäre, dass es kaum eine andere Funktion für dieses Zeichen zu geben scheint. Die naheliegendste Funktion einer solchen Teiltextabgrenzung wäre, semantisch-thematische Einheiten innerhalb des Textes zu trennen; jedoch kommt es nach einem Spatium bei weitem nicht immer zu einem Themenwechsel. Wenn das übergeordnete Textexemplar ‚Korrespondenz' den Rahmen für eine gewisse thematische Einheit bildet, haben die untergeordneten Teiltexte ‚Unterabsatz' fast immer einen minimalen thematischen oder zumindest geographischen gemeinsamen Nenner. In (31) ist *Seeland* der gemeinsame Nenner der Unterabsätze, was durch die anaphorische Einheit „selbige Admiralität" (die auf *Seeland* im vorhergehenden Unterabsatz verweist) noch unterstrichen wird. In (33) ist es *Westfalen*, in (35) ist es der (zugegebenermaßen große) Teil des Mittelmeers, in dem sich die Konflikte mit dem Osmanischen Reich abspielen, der mit dem Sammelbegriff „Levante" im zweiten Unterabsatz summierend wiederaufgegriffen wird. Auch in (36) ist der thematische Bruch nur relativ, da beide Unterabsätze französische Seeangelegenheiten behandeln, um *Port-Louis* einerseits, um *Calais* andererseits. In (30) besteht eindeutig eine thematische Kontinuität zwischen den Unterabsätzen, die Nachrichten handeln vom Wetter, obwohl der Sprecherwechsel explizit ist.

Man darf also annehmen, dass das Spatium als Marker der Polyphonie auch dann fungiert, wenn weder explizite Hinweise auf die neue Sprechsituation bzw. auf den neuen Sprecher noch ein Themenwechsel erfolgen. Innerhalb eines Textexemplars signalisiert das Spatium dann, dass der beginnende Unterabsatz sich äußerungsstrukturell vom vorhergehenden abhebt.

(37) NB. Denen Reisenden dienet zur Nachricht / daß nunmehr wider eine *Ordinari*-Kutsche / welche der Hanß Jacob Pfarr / Burger zu Francken Thal / haltet / von Franckfurt nacher Straßburg alle Woche fähret / und gehet den Dienstag als den 29. Martii st. v. um 11. Uhren Mittags zum erstenmal von Franckfurth auß dem Nürnberger-Hoff und folgends alle Dienstag um gemelde Zeit von dannen […]. → Wornach sich die Reisende richten können. (EZ 1698 26a S. 4)

In (37) handelt es sich um den allgemeinen Terminator einer Ausgabe in Form eines Werbeinserats, in dem der Leser über den Fahrplan einer Postkutsche zwischen Frankfurt und Straßburg informiert wird. Die kommunikative Funktion des längeren mittleren Teiltextes entspricht durchaus derjenigen von heutigen Verkehrsbetrieben, die sich mittels eines festgefügten Textmusters an die Benutzer wenden. In diesem Äußerungsrahmen wäre der Werber als Sprecher anzusetzen. Davor steht ein Initiator in Form eines Teilsatzes, in dem der Herausgeber als Sprecher fungiert, was mit der Angabe „N.B." unterstrichen wird; danach folgt als Terminator ein Unterabsatz mit abschließendem Kommentar, in dem auch wieder der Herausgeber als Sprecher erscheint. Der Sprecherwechsel wird makrostrukturell durch das Spatium, syntaktisch durch den durch „wornach" eingeleiteten weiterführenden Relativsatz signalisiert. Diese Anapher fasst den gesamten propositionalen Inhalt des Teiltextes ‚Fahrplan' zusammen und fügt einen subjektiven Kommentar, eine Art Bewertung oder Modalisierung des Herausgebers zu diesem propositionalen Gehalt hinzu. Dieses Beispiel ist besonders aufschlussreich dafür, dass gut abgegrenzte, in sich geschlossene und anscheinend einheitliche Textexemplare polyphon sein können, dass der Herausgeber unvermittelt innerhalb eines informativen Textexemplars, in dem ein dritter als aktueller Sprecher fungiert, erscheinen kann, und dass diese Brüche in der Kontinuität der Äußerungsstruktur unterschiedlich signalisiert werden: mit Hilfe des Spatiums, mittels sprachlicher Mittel wie Modalisation oder Bewertung oder mittels syntaktischer Einheiten wie des weiterführenden Relativsatzes. Dies lässt sich nicht nur in diesen etwas abseits des Textkörpers stehenden Werbungen beobachten: In (38) lässt die Untergliederung der Korrespondenz in zwei Absätze darauf schließen, dass der Korrespondent zwei verschiedene Quellen unter demselben Kopf zusammengefügt hat; der zweite Absatz schließt mit einem weiterführenden Relativsatz mit dem Pronomen „wovon" nach Spatium: Diese zugleich makrostrukturelle und syntaktische Markierung deutet darauf hin, dass es an dieser Stelle zu einem Sprecherwechsel kommen dürfte, was einerseits durch den Inhalt des Relativsatzes bestätigt wird, denn der Herausgeber schaltet sich in die Korrespondenz ein, um dem Leser mitzuteilen, dass die Fortsetzung in der nächsten Ausgabe der Zeitung zu lesen ist, andererseits dadurch, dass solche Eingriffe des Herausgebers gegen Ende einer Ausgabe in *NM* häufiger vorkommen. Das Spatium signalisiert hier einen doppelten Sprung in der Äußerungsstruktur: vom Äußerungsrahmen des Informanten (der formal durch den Absatz markiert ist), über jenen des Korrespondenten zum Matrixäußerungsrahmen des Herausgebers. In (39) gibt der Londoner Korrespondent zwei Reden wieder, die im Parlament gehalten wurden: die erste vom König, die zweite vom Präsidenten der Kammer als Antwort an den König. Beide Reden werden in der indirekten Rede wiedergegeben, mit wiederholter Markierung durch ‚Verbum dicendi + *dass*' und z.T. auch durch Konjunktiv I, was zunächst darauf hinzudeuten scheint, dass man sich im gesamten Textexemplar im Äußerungsrahmen des Korrespondenten befindet; dennoch befindet sich inmitten dieser Einheit eine makrostrukturelle und syntaktische Markierung mit Spatium und weiterführendem „Worauf", die auf eine Polyphonie hindeuten. Daraus lässt sich schließen, dass beide Reden nicht unmittelbar vom Korrespondenten in der indirekten Rede wiedergegeben werden, er muss vielmehr eine Parlamentschronik herangezogen haben, worauf auch der offizielle Stil dieser beiden Teiltexte hindeutet, die in den Äußerungsrahmen des Korrespondenten eingebettet werden. Als Übergang zwischen beiden Redewiedergaben schaltet sich der Korrespondent ein, um den Kontext der Rede zu präsentieren.

(38) Nider-Elbe vom 23. May.

Es sind heute gegen dem Morgen 2. *a* 3. hundert Mann von fremden Krigs-Völckern in einigen Schiffen auff der Ober Elbe herab gekommen / [...] / wem sie angehören / ist noch nicht eigentlich bekandt. Aus Engeland sind heute die Brife von dreyen Posten eingekommen. Unser neues ist meistentheils von dem Müntzwesen / welches nun öffentlich gedruckt und gepublicirt ist. → Wovon künfftig alles soll beygefüget werden. (NM 1673 05 7 S. 8)

(39) Auß Londen / vom 16. Decemb.

[...] Heute ist die Eröffnung des Parlaments mit gewöhnlichen Ceremonien beschehen / worinn der König erschienen ist / und eine schöne Rede an beede Parlaments-Häuser gethan hat; Unter andern darinn bestehend / daß Se. Majest. sehr befriedige seye / sie wieder versamblet zu sehen / nachdeme Se. Majest; mit ihrem Gutfinden und Zustimmung einen ehrlichen Frieden mit Franckreich gemacht habe: Daß es Sr. Majest. mißfalle / daß dero Volck nicht so geschwinde die Früchten darvon / als Sie verlangten / geniessen könte; Es wären aber die Fonds oder Stifftungen / auff welche Sie ihre Subsidien das letzte Jahr angewiesen haben / so mangelhafft gewesen / daß Se. Majest. genöthigt worden / auff dero gewöhnliche Einkünfften die Gelder vorschiessen zu lassen / umb einen Theil der Kriegs-Unkosten außführen zu können [...]. → Worauff beede Parlaments-Häuser beschlossen haben / jegliches eine Addresse an den König zu überlieffern / umb Sr. Majest. wegen Dero Ansprach zu dancken / und Selbige zu versichern / daß sie sich verbunden / Ihro Majest. so wohl in Friedens-Zeiten kräfftigst beyzustehen und zu defendiren (NAC 1698 01 08 S. 4)

Durch Spatium werden Teiltexte abgegrenzt, die hierarchisch unterschiedlich eingeordnet werden müssen. Innerhalb des Äußerungsrahmens des Korrespondenten, dem das Textexemplar ‚Korrespondenz' entspricht, werden Teiltexte eingebettet, die dem Äußerungsrahmen eines vom Korrespondenten in Szene gesetzten Informanten, Berichterstatters bzw. Chronikers entsprechen. Diese Inszenierung geht über das bloße Vermitteln in der direkten Rede hinaus. Zwischen den inszenierten Teiltexten schaltet sich der Korrespondent mit unterschiedlichen Äußerungstypen ein, mit Fragesätzen etwa, indem sich der Korrespondent fragt, was nun weiter in dem von ihm in Szene gesetzten Äußerungsrahmen geschehen wird. So erweckt er bei seinem Adressaten Neugier und Spannung.

Auch in (40) schaltet sich der Herausgeber in einem durch Spatium abgegrenzten Teiltext mit einer solchen (indirekten) Frage in den Äußerungsrahmen eines Informanten ein. Die beiden durch Spatium und daher in ihrer Äußerungsstruktur getrennten Teiltexte werden semantisch durch Anaphern in einen isotopischen Zusammenhalt gebracht, mit der adverbialen Anapher „hierauf". Es konkurrieren in demselben Text Zeichen der Trennung und Zeichen der Überbrückung (Kohärenz), sie beziehen sich aber auf distinkte Funktionen: Getrennt werden die Äußerungsrahmen, die Überbrückung gilt dem semantischen Zusammenhang.

(40) [...] so erbiten sich auch vil Particulir-Leute in Seeland / durch ihre gedeputirte im Haage / auff ihre Unkosten 50. Brand-Schiffe außzurüsten / und mit dises Stats Krigs-Floote zu conjungiren / [...]. → Was die Herren Staten hierauff resolviren werden stehet künfftig zuvernehmen. (NM 1673 03 8 S. 7)

Der Herausgeber von *NM* scheint solche Eingriffe in den Äußerungsrahmen der von ihm in Szene gesetzten Korrespondenten oft zu gebrauchen. Meistens aber ist die Polyphonie innerhalb der Texte weit weniger auffällig und wäre anhand des alleinigen semantischen Gehalts der Teiltexte oft kaum zu entlarven, wäre da nicht das Spatium als Signal für den äußerungsstrukturellen Bruch. In (41) etwa wird von einem Korrespondenten in Frankreich der Verlauf eines heftigen Gewitters geschildert, was völlig in der Tradition der ‚Neuen Zeitungen' steht, da dort von solchen Katastrophen mit Vorliebe berichtet wurde.[84] Die Schilderung des Unwetters scheint zunächst ein einheitlicher und chronologischer Bericht zu sein, in dem jede Phase des Ereignisses genau beschrieben wird. Dennoch ist dieser Bericht mittels zweier Spatien in drei Unterabsätze geteilt. Dies lässt sich nur dadurch erklären, dass der Korrespondent in seinem Text zwei unterschiedliche Quellen miteinander verwebt, wobei der mittlere Teiltext mit einem besonders beeindruckenden Bericht, der den Leser suggestiv mitten in das Gewitter versetzt, in einen anderen Bericht

84 Karl Schottenloher, Flugblatt und Zeitung, S. 160.

eingebettet wurde. Man kann drei Indizien festhalten, die diese Hypothese stützen: Zunächst kommt im integrierten Teiltext die konnektive Partikel „also" vor, die als quasi Kommentar des eingreifenden Sprechers (eines hierarchisch übergesetzten Äußerungsrahmens) zu interpretieren ist, der den zweiten Bericht chronologisch an den Verlauf des ersten angleicht; ein weiteres Indiz sind die Zeitangaben: Im Matrixtext wird explizit erwähnt, dass das Gewitter sich zwischen 3 und 4 Uhr genähert hat, während einer Zeitspanne also, die unter einer Stunde liegt, während im eingebetteten Teiltext gesagt wird, dass das Gewitter erst nach anderthalb Stunden ausbrach; schließlich schildert der eingebettete Teiltext das ausbrechende und niedergehende Gewitter, wobei der Himmel wie mit Feuer erfüllt voller Blitze war, d.h. genau dasselbe Geschehen wie der letzte Unterabsatz, wo wiederum geschildert wird, wie das Gewitter ausbricht und mit strömendem Regen und Hagel niedergeht. Somit liefert der Korrespondent für den fürchterlichsten Augenblick des Gewitters einen doppelten Bericht, wodurch das Ereignis natürlich umso beeindruckender auf den Leser wirkt. Trotz dieser Quasi-Fälschung wird die Polyphonie durch Spatium explizit markiert.

(41) Auß Mante in Franckreich / vom 10. Augusti.

Nachdem wir / seit dem 18. passato / mehr nicht als 2. warme Täg gehabt / sahe man / den 20. Nachmittags umb 3. Uhr / den Himmel auff eine solche erschröckliche Weise sich verfinstern / daß es jederman darüber angst und bang wurde; das Gewölcke sahe grün / blau / violet / roth und schwartz durcheinander auß / und war in einer so hefftigen Bewegung / daß es nicht eine halbe Viertel-Stunde einerley Strich behielte: denn die jenige Wolcken / welche anfangs gegen Auffgang der Sonnen lieffen / kamen gleich darauff wieder gegen den Niedergang / von dannen zogen sie gegen Mitternacht und alsobald abermahl gegen Auffgang; unter diesen Wolcken sahe man etliche / welche nach dem Augenmaß biß auff 12. Schritt über der Erde hiengen / und deroselben gleichsamb eine Sündfluth troheten / bald aber wieder empor stiegen; sie verursacheten einen starcken Schwefel-Geruch / und eine gantz ungewöhnliche kalte Lufft. → Das Gewitter zog also biß auff anderthalbe Stunden herumb / ehe es sich außschüttete / und war indessen die Lufft fast lauter Feuer / auch liessen die starcke Donnerschläge fast nicht eine Minute nach. → Gegen 4. Uhr wurde es so finster / daß man auff 30. Schritt keinen Menschen mehr erkennen könnte / welche Finsternuß durch den grausamen Platz-Regen vermehret wurde; dieser Regen aber verwandelte sich bald in eine unbeschreibliche Menge Schlossen / welche eine Viertel- Stund lang anhielten; die kleinesten darvon waren so groß als welsche Nüsse (EPZ 1698 09 03 S. 2)

Dies ist auch ein besonders veranschaulichendes Beispiel dafür, dass der Unterabsatz und das Spatium keine thematische Untergliederung im Text markieren, denn hier hat man es mit einer eindeutigen Kontinuität des geschilderten Inhalts zu tun. Somit muss es sich um eine äußerungsstrukturelle Untergliederung handeln, wobei das Spatium den Übergang von einem Äußerungsrahmen zum anderen signalisiert, sei es von einem eingebetteten Rahmen zu einem anderen oder von einem Matrix-Äußerungsrahmen zu einem eingebetteten und umgekehrt. Der so angezeigte Bruch in der Äußerungsstruktur kann zwar mit einem Themenwechsel einhergehen, aber oft findet man aufeinander folgende Unterabsätze, die dasselbe Thema weiterbehandeln, was dem Bemühen der Korrespondenten entspricht, für ein Thema vielfältige Quellen heranzuziehen, um dem Leser vollständige und bestätigte Nachrichten zu bieten. Genauso wie der Herausgeber möglichst vielfältige Korrespondenzen in seiner Zeitung abdruckt, trägt der Korrespondent seinerseits möglichst viele Quellen zusammen und verrichtet eine Redaktionsarbeit, in der er diese Quellen miteinander verschmelzt wie in (41) oder verwebt wie in (42) oder möglichst viele Berichte bündelt, wobei eine klassische Allianz von Teiltexten entsteht. In (42) wird in zwei Unterabsätzen geschildert, wie die bisher rebellische Stadt Danzig dem polnischen König huldigt und wie diese Zeremonie von Festlichkeiten begleitet wird. Der zweite Unterabsatz mit einer Art Vorschau auf noch nicht Geschehenes folgt auf einen Teiltext, in dem der Sprecher wie in einer Chronik Zeuge des tatsächlich Geschehenen zu sein scheint. Die Thematik ist vor und nach dem Spatium zwar dieselbe, Form und Funktion beider Teiltexte sind jedoch unterschiedlich.

(42) Auß Dantzig / vom 30. Martij.

[…] Selbigen Tag wurde durch Trompeten-Schall kund gethan / daß sich jedermann den folgenden Tag zur Huldigung schicken solte / so auch den 25. dito Morgens umb 9. Uhr durch Läutung der grossen Glocken das Zeichen darzu gegeben ward / da sich dann jedermann auff den Marck bey dem Rath-Hauß versamblete / wor auff der König den Groß-Cantzler Denhoff nach dem Rath-Hauß sandte / welcher die Huldigung im Nahmen Seiner Mayestät solte abnehmen / so dann auch geschahe / da dann nach Vollziehung desselben die Heer-Paucken / Trompeten und Posaunen sich lustig hören liessen; wie solches verrichtet / haben die Stücke auff Wällen rund umb die Stadt mit grossem Knallen den Beschluß gemacht / und also auch dieser Tag lustig zu End gebracht worden. __→__ Es wird auch noch ein grosses Feuer-Werck verfertiget / welches den 1. April soll außgelassen werden / dieweil die stille Woche solches an- zuzünden verhindert. (NAC 1698 04 19 S. 3)

Es ist für den Verfasser der Nachrichten wichtig, die Polyphonie seiner Texte offen zu zeigen, und diese Aufgabe erfüllt das Spatium, das wir nun als konventionelles Zeichen für die Markierung der Vielstimmigkeit betrachten können. Es ist ein Zeichen für die Qualität der Nachrichten, aber auch ein Mittel, um Nachrichten in vielfältiger Weise darzustellen, um unterschiedliche Quellen miteinander zu konfrontieren, um Debatten und Kontroversen hervorzurufen.

Nachrichten, die auf den ersten Blick einheitlich zu sein scheinen, entpuppen sich als komplexe Äußerungen, mit einem Hin und Her zwischen distinkten Äußerungsrahmen, in denen der jeweilige Sprecher sich mit einer anderen Kommunikationsintention äußert. Die Äußerungsstruktur wird dann komplexer, wenn der Wechsel von einem Äußerungsrahmen zu einem anderen hierarchisch erfolgt, d.h., wenn z.B. der Korrespondent sich in den von ihm in Szene gesetzten Bericht eines Informanten einmischt und wenn sich zusätzlich noch der Herausgeber einschaltet. Mitten im Äußerungsrahmen des Informanten erscheinen der Sprecher des übergesetzten Äußerungsrahmens und dann noch der Sprecher des Matrixäußerungsrahmens. Mit einer derartigen dreistimmigen Polyphonie muss sich der Leser in (43) auseinandersetzen: Es handelt sich um den Bericht eines als „erschrecklich" bezeichneten Ereignisses, in dem ein Adeliger, der einer armen Bäuerin die einzige Kuh, die sie zum Überleben besaß, zur Bezahlung ihrer Steuern nahm, eine fürchterliche göttliche Strafe erleiden muss:

(43) Nürnberg vom 16. Januar.

[1] WIr haben allhier eine erschreckliche Zeitung / daran sich alle Gottes Lästerer wol spigeln mögen. → [2] Es hat ein N. N. vornehmen Geschlechts / (Ort und Name bleiben biß zu anderer Zeit / aus gewißen Ursachen verschwiegen) in seinem Schloße N. wenig Meilen von der Stadt N. seine Unterthanen hefftig gepreßet […] […] Wie sie nun die Kuh zurücke in den Stall brachten / verreckte und starb all sein an- der Vih im Stalle / in wenig Stunden. → [3]Hierüber ergrimmete der Herr solcher maßen / daß er als rasend tobte / und GOtt erschrecklich lästerte / zum Kampff herabforderte / ja daß GOtt auch Hunde verschaffen sollte / die das Luder-Aas (sein todtes Vih meinende) aufffreßen konnten. → [4] Hierauff (erschräcket über der Rache Gottes!) kam alsobald eine große Menge von Hunden in den Hof / und er wurde auch selbst plötzlich zu einem großen Hund. → [5] Wie solches an dem Hofe zu N. bekannt wurde / erging alsobald ein Befehl / daß man solchen öffentlich / zum Exempel anderen Gottlosen Menschen / herum führen / und der Welt zeigen sollte. → [6] Man soll ihn jüngst in einer Caroßen mit 6. Pferden und 2. Jägern / nach N. gebracht haben / man erwartet ihn auch allhier / und soll er fort nach

Wien gebracht werden. → [7] Der Kopff soll annoch eine Menschen-Gestalt haben / er soll aber doch wie ein großer Hund bellen / und nichts als Aas freßen. (NM 1673 01 5 S. 1)

Dieser Bericht, der zunächst den Anschein eines Auszugs aus einem Textexemplar mit einheitlichem Äußerungsrahmen hat, gliedert sich in sieben Unterabsätze mittels sechs Markierungen durch Spatium, die dem Leser signalisieren, dass es sich in Wirklichkeit um eine polyphone Bündelung, eine Allianz von Teiltexten handelt. In der Tat kann man beim Lesen leicht Texteinheiten erkennen, die dem Äußerungsrahmen des Korrespondenten entsprechen, in denen er z.B. die Nachricht mit einer formelhaften Wendung wie „Wir haben hier…“ einleitet. Die Textteile dieser Hierarchiestufe enthalten sprachliche Hinweise zur Äußerungssituation, etwa Bezeichnungen des aktuellen Sprechers, denn es kommt hier das Pronomen in der ersten Person „wir“ vor (Unterabsatz [1]), oder Bezeichnungen des ‚Hier‘ und „Jetzt“ dieses Rahmens mit dem Adverb „allhier“ (Unterabsatz [1] und [6]). Darüber hinaus kommen auch indirekte Hinweise auf den Sprecher dieses Äußerungsrahmens vor, durch subjektive Bewertungen zum geschilderten Geschehen („schreckliche Zeitung“) und vor allem auch durch Angaben zur Kommunikationsintention, denn es handelt sich um eine Schmähschrift gegen die „Gottes-Lästerer“, denen das eindrucksvolle Beispiel einer göttlichen Strafe vor Augen geführt wird. Das Wort „Gott“, das als Signal für diese Kommunikationsintention fungiert, kommt in den Unterabsätzen [1], [3] und [5] vor.

Der zweite Äußerungsrahmen, den man in diesem Textexemplar erkennen kann, ist jener des unbenannten Informanten, dem die Unterabsätze [2] und [4] entsprechen, die in der direkten Rede im Indikativ verfasst sind. Der Korrespondent tritt hinter dem Bericht der von ihm in Szene gesetzten Quelle zurück, der Leser befindet sich im Äußerungsrahmen des Informanten, der keine Distanz zum Ereignis, das zu seinem Kontext gehört, signalisiert. In diesen Textteilen werden die Ereignisse geschildert. Getrennt werden diese beiden Textteile durch den Einschub eines Textteils, der dem Äußerungsrahmen des Korrespondenten entspricht, in dem dieser die vom Informanten religiös neutral gehaltene Berichterstattung zu seinen eigenen religiös-moralischen Kommunikationszwecken umdeutet: „und Gott schrecklich lästerte“ im Unterabsatz [3]. Ab dem Unterabsatz [5] ist der Korrespondent (und nicht mehr der Informant) der aktuelle Sprecher in der weiteren Schilderung der Fakten, denn diese werden in der indirekten Rede wiedergegeben (die wiederholt durch das Modalverb „soll“ markiert ist); zudem kommt wieder ein Hinweis auf den Äußerungsrahmen des Korrespondenten durch das Adverb

„allhier“ vor. Die beiden letzten Unterabsätze [5] und [6] können nur dadurch erklärt werden, dass der Korrespondent unterschiedliche Quellen aus unterschiedlichen Orten (z.B. aus Wien) heranzieht, um die Geschichte mit Informationen bzw. Gerüchten zum weiteren Schicksal des Adeligen zu ergänzen.

Schließlich schaltet sich dreimal ein dritter Sprecher mit distinktem Äußerungsrahmen ein, dem die Teiltexte entsprechen, die durch Klammern abgegrenzt sind. Die Klammern fungieren hier als Alternative zum Spatium als Zeichen für den Wechsel von einem Äußerungsrahmen zu einem anderen.[85] Der Sprecher dieses Rahmens äußert sich ironisch, er glaubt offensichtlich nicht an die vom Informanten geschilderten Ereignisse und macht sich zudem noch über den religiös-moralisch gesinnten Korrespondenten lustig. Es handelt sich dabei eindeutig um die Stimme des Herausgebers der Zeitung. In einer ersten Klammer erscheint der Herausgeber, um bekannt zu machen, dass er weder Ort noch Datum der Korrespondenz angeben kann (diese Angaben entsprechen in der Tat dem zeitungsgestalterischen Anliegen eines Herausgebers); in der zweiten Klammer greift er ein, um einen erläuternden Kommentar abzugeben, er paraphrasiert das Wort „Luder-Aas“ (in der Tat ist ein solches didaktisches Verhalten seinen Lesern gegenüber typisch für den Herausgeber von *NM*);[86] die dritte Klammer hebt sich von den andern Klammern, aber auch von dem gesamten Textexemplar durch die Äußerungsform hervor, der Sprecher richtet sich direkt an den Leser in der 2. Person, zudem haben wir es hier mit einem der seltenen Ausrufesätze unseres Korpus zu tun.

All diese Indizien weisen darauf hin, dass tatsächlich Georg Grefflinger selbst sich in diesen drei Textteilen in Klammern äußert. Sein Ruf ist zu gut, als dass man meinen könnte, dass er derartigen unwahrscheinlichen Informationen Glauben schenkt und sie lediglich in der Absicht, seine Leser zu informieren, zu belustigen oder gar zu belehren veröffentlicht, wie es C. Prange zu glauben scheint, der diesen Auszug zitiert.[87] Dass Grefflinger diese Nachricht veröffentlicht, muss vielmehr als Auseinandersetzung mit solch zweifelhaften Quellen, wie jene der Unterabsätze [2] und [4], die ähnliche Nachrichten verbreiten, mit den Konkurrenzblättern, die diese Geschichte ohne jede Distanzierung, auch in

85 Zur Funktion der Parenthesen in den Zeitungen s. unten, 3.1.3.3.

86 Vgl. Carsten Prange, Die Zeitungen und Zeitschriften des 17. Jahrhunderts in Hamburg und Altona, S. 43 und 135, und s. unten, 3.1.3.2.

87 In Carsten Prange, Die Zeitungen und Zeitschriften des 17. Jahrhunderts in Hamburg und Altona, S. 145.

Hamburg und Altona, veröffentlicht haben,[88] und mit Korrespondenten, die solche Geschichten zu ihren religiös-moralischen Zwecken verwenden, angesehen werden. Der Herausgeber aus der protestantisch-liberalen Stadt Hamburg, in der schon ein aufklärerischer Geist herrscht, scheint hier über die dem Aberglauben verfallenen Gemüter in katholischen Städten wie Nürnberg zu spotten, allerdings nicht ganz explizit und offen, um nicht der kaiserlichen Zensur anheimzufallen. Diese Kontroverse hat somit auch eine regionale Dimension, der norddeutsche Herausgeber lässt sich ironisch gegen Süddeutschland bzw. „Hoch-Deutschland“ aus: Darauf weisen mehrere Andeutungen hin, die in der Folgezeit als Nachspiel zur Veröffentlichung dieser Geschichte in unterschiedlichen Ausgaben erschienen.[89] Grefflinger bringt all jene Zeitungen in Verruf, die ihre Quellen nicht überprüft haben, indem er einige Wochen später verlauten lässt, dass es sich dabei ohnehin schon um eine alte Geschichte handelt, die ein halbes Jahrhundert früher verbreitet wurde: „Die außgesprengte Zeitung vom verwandelten Menschen in einen Hund laufft auff die alte Historie von Anno 1632. aus.“[90] So weht auch in den Zeitungen z.T. ein Hauch der früheren Flugblätter und -schriften, in denen zugleich solche Sensationsnachrichten und solche Kontroversen mit Vorliebe abgedruckt wurden. Das Spatium signalisiert in solchen Fällen nicht nur einen simplen Sprecherwechsel, sondern auch den Wechsel des Standpunktes, der vertretenen Meinung.

2.3.2 Die syntaktischen Untergliederungen

2.3.2.1 Repräsentationstyp und Interpungierung

Innerhalb der Textexemplare des Textkörpers werden parallel zu den Unterabsätzen oder den Unterabsätzen untergeordnet komplexe syntaktische Einheiten durch die üblichen Mittel der Interpunktion und der Großschreibung abgegrenzt. Da aber die Verwendung der Interpunktionszeichen zur Abgrenzung der Sätze und Teilsätze noch nicht normiert ist,[91] stellt man von einer Zeitung zur anderen oder von einem Textexemplar zum anderen innerhalb derselben Zeitung konkurrierende Verwendungen fest, so dass unterschiedliche Repräsentationstypen zur Kennzeichnung von Satz- oder Satzteilbeginn bestehen. Hinzu kommt

88 Vgl. Carsten Prange, Die Zeitungen und Zeitschriften des 17. Jahrhunderts in Hamburg und Altona, S. 146.
89 Z.B. NM 1673 02 1 S. 2.
90 NM 1673 03 1 S. 2.
91 Vgl. Franz Simmler, Geschichte der Interpunktionssysteme im Deutschen.

noch die Verwendung der lateinischen Schriftart, die durch die Kombinationen mit dieser Schriftart und der nur in dieser Schriftart vorkommenden Interpunktionszeichen (das Komma) zu zusätzlichen Repräsentationstypen führt.

Die meisten Repräsentationstypen enthalten für die Abgrenzung des Satzbeginns eine Majuskel, in etwa wie in der heutigen Sprache, und zur Abgrenzung am Schluss ein Interpunktionszeichen, wobei für diese abschließende Funktion in unserem Korpus eine weit größere Variation der Interpunktionszeichen festzustellen ist als im heutigen Sprachgebrauch.

Variationen gegenüber dem heutigen Gebrauch lassen sich vor allem beim Einsetzen des Doppelpunkts und des Kommas feststellen. Der Doppelpunkt kann statt des einfachen Punktes als Zeichen nach abgekürzten Wörtern gesetzt werden, in *ER* (44) oder *OPZa* (in *AM* hingegen dient das Semikolon als Zeichen für abgekürzte Wörter). Das Komma wird in den damaligen deutschen Drucken sehr selten verwendet, denn seine Funktion als Trennzeichen zwischen rhythmischen Einheiten wie im Französischen wird systematisch von der Virgel übernommen. Das Komma kommt daher fast ausschließlich in Textteilen vor, die in der lateinischen Schriftart gedruckt sind, insbesondere um das Ende solcher Textteile und den Übergang zur deutschen Schriftart zu markieren, ohne dabei eine syntaktische oder rhythmische Funktion zu haben (45). Komma und Virgel stehen in komplementärer Distribution in Bezug auf die Schriftart, aber in überlappender Distribution in Bezug auf ihre Funktionen:

(44) Monsr. Vauban Gen: Lieut / und Ober-Ingenieur (ER 1698 04 05 S. 5)

(45) *Monsr. de Rambures,* ist den 11. zu *Calais* im 39. Jahr seines Alters gestorben (OWP 1671 23 S. 3)

Doppelpunkt und, selten, Komma dienen auch zur Kennzeichnung des Satzendes, so dass mit Semikolon und Punkt insgesamt vier Interpunktionszeichen den Schluss der syntaktischen Einheit ‚Satz' markieren können. Alle 4 Satzzeichen sind in dieser Stellung äquivalent, da der folgende Satz nach jedem dieser Zeichen mit Majuskel beginnen kann (46, 48); zwar ist der Repräsentationstyp Majuskel … Komma + Majuskel eher selten, man begegnet aber einigen Beispielen, etwa in *OWP* (46):

(46) [Gedachter *Canonicus*] gibt auch vor / daß die Türcken sich mehr gegen Ungarn als Pohlen zum Krieg schickten, Der junge Chwielnicki wehre bey der Pforten in eisernen Banden / Tetera aber in Gnaden / und die Cosackische Gesandten würden hoch und werth gehalten. (OWP 1671 07 S. 3)

(47) [...]. Vorgestern ist vom Spanischen Bottschaffter bey Hoff eine Spanische Comedi *exhibirt* von den Cavalliern aber seynd vortreffliche Wirthschafften gehalten worden; Für die Orientalische Handlungs-Companie seynd vor etlichen Tagen schwehr beladene Wägen mit Oehl und andern Specereyen auß den Morgenländern ahngelangt [...]. (OWP 1671 07 S. 4)

(48) Laut Frantzösischen Briefen / hat man längst selbiger Küste einen hefftigen Sturm gehabt: Aus Rotterdam wird geschrieben / daß ein grosses Schiff unlängst von Londen / so auf der Maaß eingefallen / am vergangenen Sonnabend vor selbige Stadt angekommen sey. (AM 1698 02 22 S. 7)

In seinem modernen Gebrauch dient der Doppelpunkt nicht nur dazu, zwei Einzelsätze voneinander zu trennen, etwa wie in (48), er signalisiert auch, dass die beiden auf diese Weise getrennten Sätze in engem semantischem Zusammenhang stehen, der Inhalt des zweiten Satzes ist eine Ergänzung, Erklärung für den Inhalt des ersten, er wird zudem im ersten Satz kataphorisch angekündigt, erwartet (z.B. mittels des Adjektivs „folgend“ in (49)). Dieser semantische Zusammenhang zwischen zwei durch Doppelpunkt getrennten Sätzen lässt sich in unserem Korpus nachweisen, allerdings selten und nur in wenigen Zeitungen wie *AM* (49):

(49) [Man hat] von einem Cavallier folgende Particularia: Als man die Estandarten von denen Compagnien abfordern / [...] (AM 1698 02 22 S. 3)

Diese Variationen im Gebrauch der Interpunktionszeichen zeigen, dass die formale Gestaltung der Texte noch in einem gewissen Maße von Normen abhängt, die nicht für das gesamte deutschsprachige Gebiet gelten. Die Individualität des Herausgebers kommt durch den Gebrauch eines Repräsentationstyps zum Vorschein. Innerhalb unseres Korpus sind einige dieser Repräsentationstypen charakteristisch für eine bestimmte Zeitung, z.B. ist der Gebrauch des Kommas als satzschließendes Zeichen + Majuskel zu Beginn des nächsten Satzes typisch für *OWP*, der Doppelpunkt als satzschließendes Zeichen auch vor Spatium (also ohne semantische Kohärenz mit einem Folgesatz) für *NAC*. Daraus lässt sich ersehen, dass die Korrespondenzen vom Herausgeber nicht unverändert wiedergegeben werden, jeder Text wird von ihm überarbeitet, er hinterlässt unweigerlich seine persönlichen Spuren im Text.

Ende des 17. Jahrhunderts kann man in den Zeitungen schon einen signifikanten Gebrauch des Fragezeichens (*KOP, OPZa, OPZb, TKC*) und des Ausrufezeichens (*EZ, EPZ, MRZ, NAC, NM, OPZa, OPZb, RN, TKC*) feststellen. Diese beiden Interpunktionszeichen signalisieren zumeist einen Eingriff des Sprechers des Matrix-Äußerungsrahmens und somit eine Polyphonie.[92]

2.3.2.2 *Sätze und Perioden*

Die Kombination von Majuskel und Interpunktionszeichen dient zur Abgrenzung der syntaktischen Einheit ‚Gesamtsatz' und dessen Gliedsätze. Eine formale Beschreibung dieser Einheit führt zunächst zur Feststellung ihrer variierenden Komplexität, vom relativ einfachen Einzelsatz zu komplexen Gesamtsätzen, die man zwar anhand der heute üblichen grammatischen Kriterien angehen kann, für die in folgenden Untersuchungen jedoch ein etwas erweiterter Ansatz gewählt wurde, um die rhetorischen und rhythmischen Besonderheiten dieser Gesamtsätze zu berücksichtigen. Diese Gesamtsätze mit den hier zu definierenden rhythmischen und rhetorischen Merkmalen nennen wir im Folgenden früheren Gepflogenheiten zufolge ‚Perioden'.

Die damaligen Sprachtheoretiker von Martin Opitz[93] bis Augustus Buchner[94] behandelten in ihren Werken gleichzeitig Poetik, Grammatik und Rhetorik, und die Periode galt sowohl als Stilmuster als auch als Äquivalent für den heutigen grammatischen Begriff ‚Satz', der vor dem 18. Jahrhundert kaum gebraucht wurde. Die bekanntesten Grammatiker des uns betreffenden Zeitraums, Kaspar Stieler und Justus Georg Schottel, standen in ihrer Sprachbeschreibung[95] noch ganz in der antiken Tradition, in der der logische Begriff ‚Proposition' aus der griechisch-aristotelischen Überlieferung und dessen nach Apuleus von Madaura[96] eingeführte spätlateinische Entsprechung ‚Oratio' die zentralen komplexen syntaktischen Einheiten darstellten, die zwischen der Mikrostruktur und Makrostruktur anzusetzen waren. Als deutsche Entsprechung für diese Begriffe kommt immer wieder der Begriff ‚Rede' vor, der aber zweideutig ist, da er sowohl den makrostrukturellen Text als auch eine kleinere syntaktische Einheit bezeichnet. Um eindeutig auf die syntaktische Zwischengröße zu verweisen, versuchen die Grammatiker, neue lexikalische Kompositionen in Umlauf zu bringen, etwa die ‚Spruchrede' (wobei es

92 Vgl. hierzu unten 3.1.2.1 und 3.1.2.2.

93 Martin Opitz, Buch von der Teutschen Poeterey.

94 Augustus Buchner, Anleitung.

95 Kaspar Stieler, Der Teutschen Sprache Stammbaum; Justus Georgius Schottel, Ausführliche Arbeit.

96 Zur Geschichte der metasprachlichen Terminologie, s. Jacqueline Léon, Proposition, Phrase, Enoncé. Apuleus von Madaura gilt als Verfasser des *Peri hermeneias*, ein Werk aus dem der Begriff ‚Oratio pronuntiabilis' in der Grammatiktradition bis ins 18. Jahrhundert übernommen wurde.

sich um eine Lehnübersetzung von ‚oratio pronuntiabilis' handeln dürfte)[97] bei Stieler,[98] oder sie verwenden den Begriff ‚Periode', der aber nirgends genau in Form und Funktion definiert wird. Die Situation im 17. Jahrhundert dürfte dennoch der heutigen relativ ähnlich gewesen sein, denn auch der heutige Begriff ‚Satz' ist schwammig und widersteht jedem Versuch einer eindeutigen Definition, die allen Aspekten der Syntax, Semantik, Äußerungsstruktur usw. Genüge tut. Dennoch wird er als ein allgemein bekannter und akzeptierter Begriff vorausgesetzt. Da der Begriff ‚Satz' erst im 18. Jahrhundert in der Sprachbeschreibung aufkam, war der Begriff ‚Periode' als selbstverständliche Bezeichnung für diese nirgends formal beschriebene komplexe syntaktische Einheit zwischen Wort und Text bei sämtlichen gebildeten Sprachteilnehmern im 17. Jahrhundert äußerst präsent und selbstverständlich, so dass davon ausgegangen werden kann, dass jeder Schreiber bewusst oder unbewusst in gewissem Maße den periodischen Stil anwandte. Inmitten des von unserem Korpus abgedeckten Zeitraums veröffentlichte z.B. Christian Weise seine Abhandlung über Rhetorik,[99] und er trug auch zur Debatte für und wider die Presse bei, die Ende des 17. Jahrhunderts stattfand,[100] wobei er bei den Zeitungen eben die mangelhafte rhetorische Kunstfertigkeit beanstandete. Nun sind die Zeitungen komposite Gebilde, in denen nicht nur kunstfertige Schreiber die Feder hielten, aber dennoch stammen viele Textteile von professionellen und gut ausgebildeten Schreibern, die u.a. in den Kanzleien tätig waren und die sich zweifelsohne an die rhetorischen Gepflogenheiten der Zeit hielten und in Perioden schrieben. Die kritischen Stimmen in der damaligen Zeitungsdiskussion[101] dürfen nicht auf das Fehlen von Perioden in den Zeitungen bezogen werden, ganz im Gegenteil.[102]

Vorab soll hier noch ein tiefliegendes Missverständnis aus dem Weg geräumt werden, das durch sämtliche sprachtheoretischen Studien seit dem 17. Jahrhundert geistert und die ‚Periode' als eine Gepflogenheit betrachtet, einfache Gedanken in komplexer und verschnörkelter Weise zum Ausdruck zu bringen. Diese Auffassung wird u.a. von Sprachkritikern wie

97 Vgl. Michel Lefèvre, Die Periode als strukturierende Einheit.

98 Kaspar Stieler, Der Teutschen Sprache Stammbaum, S. 196.

99 Christian Weise, Der Politische Redner, aus dem Jahre 1677.

100 Gerd Fritz et al., Die Sprache der ersten deutschen Wochenzeitungen, S. 259.

101 Der publizistische Stil sorgte bereits im 17. Jahrhundert für Kontroversen unter den damaligen Grammatikern und Rhetorikern. Vgl. Karl O. Kurth (Hg.), Die ältesten Schriften für und wider die Zeitung. In diesem Zusammenhang, vgl. die Schrift von Kaspar Stieler, Zeitungs Lust und Nutz, die als Verteidigung der Zeitungen aufgefasst werden muss.

102 S. unten, 4.3.1, s. dazu auch Michel Lefèvre, Die Periode als strukturierende Einheit.

Christian Weise vertreten. Die Periode bestehe in einer „weitläufig" gestalteten logischen Proposition[103] mit Verwendung unterschiedlicher Stilfiguren, je nach kommunikativer Intention des Sprechers.

> EIn *Periodus* heißt ein Stück von der Rede / welche einen vollkommenen Verstand hat / und mit einem Punct bezeichnet wird. Weil nun die gantze Rede aus solchen *Periodis* zusammen gesetzet ist / wie etwan eine Kette aus viel Gliedern bestehet. [...] Und zwar ein *Periodus* ist nichts anders / als das jenige / welches in der *Logica Enunciatio* oder *Propositio* genennet wird. Nur dieser Unterscheid kommt darzwischen / daß die *Logica* ihre Meynung kurtz von sich giebt: Hingegen die Redens-Kunst auff zierliche Worte und andere Weitläufftigkeit bedacht ist / damit die kurtze Rede gleichsam ein höheres Ansehen zuerreichen pfleget.[104]

Christian Weise bringt somit auch den Ursprung des Missverständnisses und des späteren Anprangerns der Periode auf den Punkt: Bei der Periode handelt es sich in der Tat um ein semantisch-logisches Gebilde, das aber durch von der Periode unabhängige Stilgepflogenheiten teilweise verunstaltet wird. Nicht die Periode an sich, sondern die Art und Weise, wie sie gebraucht wurde, führte zur Verunglimpfung dieses Begriffs.[105] Dieser geriet sogar derart in Verruf, dass einige Grammatiker Gesamtkonstruktionen beschreiben, bei denen es sich um Perioden im eigentlichen Sinne handelt, und diese ausdrücklich der Periode entgegensetzen, diesmal im Sinne ausufernder Gesamtkonstruktionen.[106] Die Kritik bezieht sich also auf einen bestimmten Stil, der bestimmte Formen von Perioden hervorruft, nicht auf das Aufbauprinzip der Periode. Bei diesen stilistischen Aspekten der Beschreibung spielt insbesondere der Begriff „Zierlichkeit" eine zentrale Rolle, da er in jeder Poetika des 16. und 17.

---

103 ‚Proposition': Dieser Terminus der Logik wird in der französischen Grammatographie seit dem 18. Jahrhundert zur Bezeichnung von Verbalgruppen verwendet, auch hier eine verwirrende Entwicklung in der Terminologie.

104 Christian Weise, Der politische Redner, S. 1.

105 Es muss hinzugefügt werden, dass die Periode, als Gesamtkonstruktion, deren Bestandteile (Kola) sowohl aus Satzgliedern als auch aus komplexen Gesamtsätzen bestehen können, eine solche Weitläufigkeit in der Tat ermöglicht. Aber auch weitläufige Perioden lassen sich wegen des symmetrischen Aufbauprinzips und wegen der grundsätzlich parataktischen Reihung der Kola (vgl. Michel Lefèvre, Die Periode als strukturierende Einheit) relativ leicht in einfach analysierbare Bestandteile aufgliedern.

106 Vgl. Armand Minard, La subordination, S. 2-3: Minard setzt die Korrelation als Grundlage für die spätere Entwicklung hin zur Subordination an, wobei er beide Bestandteile der Korrelation ‚Protasis' und ‚Apodosis' nennt, welches auch die semantisch-logischen Bestandteile einer ‚Periode' sind. Er beschreibt diese Syntax als einfach und konsequent rigurös, weit entfernt von jeder syntaktischen Komplexität, geschweige denn von der Periode: „De cette langue impérieuse et raide la phrase complexe est presque inconnue, à plus forte raison la période."

Jahrhunderts vorkommt[107] und die Nominalgruppe „Zierlichkeit der Rede“ als quasi festgefügte Wendung gebraucht wird.

Die Periode muss als zunächst prosodische und rhythmische Größe angesehen werden. Bei Schottel ist der Ansatz einer Definition der Periode zu finden, der auf der Abgrenzung von syntaktischen Einheiten durch Interpunktion beruht, ähnlich dem von uns hier unternommenen Versuch, von der Makrostruktur und den Repräsentationstypen auszugehen. Dieser Definitionsansatz ist dann auch in Schottels Beschreibung der Interpunktionszeichen zu finden:

> Der Punkt / *punctum* ist ein Tütlein / welches allezeit zu ende einer Spruchrede gesetzt wird. Die Spruchrede aber ist eine vollenkommene Rede / oder ein vollkommener Verstand in einer Rede / die man gemeiniglich wol in einem Odem aussprechen möchte / sonsten *Periode* genant.[108]

Jedoch weisen alle, meist in Rhetorikhandbüchern befindlichen Definitionen der Periode auch auf kommunikativ-argumentative und syntaktische Funktionen dieser Einheit hin, bleiben jedoch auch in modernen Studien meist äußerst schwammig: Georges Molinié[109] beschreibt die Periode als eine Einheit, in der ein Thema entwickelt wird, die eine gewisse grammatische Kohäsion aufweist und die ihren Zusammenhalt durch einen sie überwölbenden, einzigen melodischen Überbau zu gewinnen sucht.[110]

Betrachtet man den Aufbau der Periode, so kann man sie zunächst als eine komplexe syntaktische Einheit bezeichnen, die sich in zwei oder drei untergeordnete Einheiten gliedert. Letztere können in Form und Umfang äußerst variabel sein, da es sich sowohl um Satzglieder als auch um Teilsätze oder Einzelsätze handeln kann. Man nennt jede dieser Untereinheiten der Periode ‚Kolon‘, worunter man sich zunächst ebenfalls eine rhythmisch-prosodische Einheit vorstellen muss. Mehrheitlich werden die Kola voneinander durch die Virgel abgegrenzt. Ein typischer Repräsentationstyp für eine einfache, zwei Kola enthaltende (zweikolige) Periode wäre folgender: [Majuskel + / + .]. Bei komplexeren Perioden, in denen sich die Kola jeweils in mehrere, durch Virgel abgegrenzte Syntagmen untergliedern, können die Kola auch mit Semikolon [;], Doppelpunkt [:] oder Punkt [.] voneinander abgegrenzt werden, folgen-

107 Exemplarisch soll hier nur das Werk von Gottfried Wilhelm Leibniz, Unvorgreifliche Gedanken, genannt werden. Vgl. auch Franz Hundsnurscher, J. G. Schottelius' Spracharbeit.

108 Justus Georgius Schottel, Ausführliche Arbeit, Lib. II, Cap. XX. S. 671.

109 Georges Molinié, Dictionnaire de rhétorique, S. 264.

110 „Unité de développement thématique, pourvue d'une certaine cohésion grammaticale et tendant à un englobement sous une unique architecture mélodique“.

dem Repräsentationstyp entsprechend: [Majuskel + / +; + / +.], wobei die Variante [Majuskel + / + . + Majuskel + / + .], d.h. die Variante, in der jedes Kolon einem Einzelsatz entspricht, einen gewissen Extremfall bildet, der dennoch in unserem Korpus belegt ist. Zwischen den hier schematisch skizzierten Extremfällen der einfachsten und komplexesten Perioden sind etliche abgestufte Variationen des Repräsentationstyps möglich.

(50) [1] Wegen Sr. Königl. Hoheit / Hertzogs von Jorck Vermählung mit der Ertz-Hertzogin von Inspruck / sind zwar von Ihrer Königl. Majest. in Franckreich einige eiferige Ansuchungen beschehen / selbige zu annulliren; → [2] Man vernimt aber / S. Königl. Hoheit habe sich darauff erklährt / daß er darvon nicht wider abweichen könne / sondern hochgedachter seiner Ertz-Fürstlichen Braut Ankunfft mit äußerstem Verlangen erwarte; [3] Woraus von vilen noch etwas Hoffnung zu einigem Friden will geschöpffet werden. (NM 1673 01 6 S. 2)

In (50) sind die einzelnen als Kola fungierenden Sätze durch Semikolon abgegrenzt, das ‚syntaktische Ganze' aber, die Periode, durch einen Punkt. In diesem Fall sind die starken Interpunktionszeichen [.] und [;], die oft in gleicher Distribution erscheinen, komplementär, und veranschaulichen die hierarchische Konstruktion innerhalb der Periode: Das stärkere Zeichen [.] dient zur Abgrenzung der Periode, das schwächere Semikolon [;] dient zur Abgrenzung der untergeordneten Einheiten, der Kola. Das Beispiel (50) kann somit als perfekte Illustration für eine „zierliche" Rede betrachtet werden, nach dem Muster der Periode, wie sie noch von Gottsched, auch hier in einem Kapitel über Interpunktion, beschrieben wird:

> Wo eine kurze Rede, oder ein Ausspruch, den man von einer Sache thut, ein Ende hat; das folgende aber ganz von etwas anderm redet, und nicht genau mit dem vorigen zusammenhängt: da machet man einen Schlußpunct. [... Es] kommen bisweilen Perioden vor, die aus kleinern Sätzen zusammengesetzt sind; aber so zusammenhängen, daß man sie nicht ganz von einander trennen kann. Diese scheidet man nun durch zween übereinandergesetzte Puncte (:), die man einen Doppelpunct, oder ein Kolon nennet: wenn das folgende Glied ein neu Subject, und ein neu Prädicat hat.[111]

Auch entspricht dieses Beispiel (50) der Umschreibung des Begriffs ‚Periode' in moderneren rhetorischen Handbüchern, etwa bei Heinrich Lausberg:

111 Johann Christoph Gottsched, Vollständigere und Neuerläuterte Deutsche Sprachkunst, S. 143-144.

> Die Periode […] besteht in der Vereinigung mehrerer Gedanken (res) in einem Satz derart, daß auf einen spannungsschaffenden Bestandteil (protasis) ein spannungslösender Bestandteil (apodosis) folgt. Syntaktisch können protasis und apodosis zueinander in koordiniertem (>zwar ..., aber ...<) oder in subordiniertem (>wenn ..., dann ...<) Verhältnis stehen. Das semantische Grundverhältnis ist die Antithese.[112]

Die in (50) formal durch Punkt abgegrenzte Periode bildet in der Tat eine thematische Einheit, die sich deutlich von den Themen im davorstehenden bzw. folgenden Kotext abhebt und die gleich zu Beginn der Periode festgelegt wird: Es handelt sich um die geplante Heirat zwischen der Herzogin von Innsbruck (einer Untertanin des deutschen Kaisers) und dem Erbprinzen der englischen Krone. Doch England ist in jener Zeit mit Frankreich im holländischen Krieg alliiert, und Österreich rüstet sich zum Krieg gegen Frankreich. Zu dieser Heirat erfährt der Leser in dieser Periode zunächst in einem ersten Satz den Standpunkt des französischen Königs (er ist dagegen, denn er will nicht den Zusammenbruch seiner Allianz mit England riskieren), dann im zweiten Satz den entgegengesetzten Standpunkt des Herzogs von York. Beide Sätze sind gleichwertig, sie bilden ein antithetisches, polarisiertes Ganzes, in dem an zentraler Stelle, an der Schnittstelle zwischen beiden Sätzen, das Wort „annullieren“ steht, das ohne Zweifel den Hauptakzent der gesamten Periode trägt, und es handelt sich somit auch um das Schlüsselwort der gesamten Periode. Der Satz [1] kann somit als Protasis der gesamten Periode betrachtet werden, da sich dort eine Spannung bildet (der französische König spricht sich gegen die Heiratspläne aus); der Satz [2] fungiert als Apodosis, in der sich die Spannung löst (der Herzog von York lässt sich von seinem Vorhaben nicht abbringen); die Akme bildet der Infinitiv „annullieren“, der sich genau an der Nahtstelle zwischen den Sätzen [1] und [2] befindet. Dadurch dürfte der gesamte Aufbau auch von einer entsprechenden, zunächst steigenden, dann sich senkenden melodischen Kurve begleitet gewesen sein. So entspricht diese satzübergreifende Struktur sehr genau den melodisch-rhythmischen und kommunikativ-argumentativen Anforderungen einer Periode.

Diese Binarität im Aufbau dieser zentralen syntaktischen Einheit ‚Periode‘ (im Sinne einer Gesamtkonstruktion mit zwei Kola, meist in Form eines Gesamtsatzes mit zwei Gliedsätzen) entspricht einer grundliegen-

112 Heinrich Lausberg, Elemente, S. 148.

den Tendenz in einer Reihe von indogermanischen Sprachen[113] und hat im Deutschen seit dem Althochdeutschen ebenfalls Tradition.[114] Zur Beschreibung dieser im 17. Jahrhundert und noch lange danach im Deutschen gebräuchlichen Satzgefüge könnte man deshalb auch wortwörtlich Armand Minards Skizzierung der binären Sätze im Vedischen heranziehen:

> Prenant appui sur le conjonctif initial, la phrase s'élève avec la subordonnée, redescend avec la principale. Une forme verbale fermant chacun des membres fixe des bornes et marque, pour ainsi dire, la hauteur où poser la voix. Au moment où la phrase touche à son faîte, et reprend haleine en son premier verbe, un corrélatif apparaît pour signifier à l'oeil ou à l'oreille que la ligne s'infléchit' et que s'amorce la descente.[115]

In den Zeitungstexten lassen sich allerdings neben den bei weitem häufigsten binären Perioden auch solche beobachten, die offensichtlich aus drei Kola bestehen, nach dem Muster eines Syllogismus. In Beispiel (50) folgt nach der Protasis und Apodosis nach einem weiteren Semikolon schließlich noch der letzte Teil der Periode, $_{[3]}$. Formal entspricht dieser dritte Teil mit dem Repräsentationstyp [Majuskel + Punkt] einem unabhängigen Einzelsatz, der als den beiden ersten Sätzen der Periode gleichgestellt erscheint. Grammatisch allerdings hat man es mit einem Gliedsatz bzw. weiterführenden Relativsatz zu tun, der durch die adverbiale Proform „Woraus" eingeleitet wird und durch die Verbstellung als untergeordnet markiert ist. In der semantischen und kommunikativen Gesamtstruktur der Periode ist diese syntaktische Unterordnung aber nicht relevant, der Teilsatz muss als den beiden ersten Teilen der Periode, $_{[1]}$ und

113 Vgl. Jean Haudry, Parataxe, hypotaxe, corrélation; und Armand Minard, La subordination. Beide Autoren beschreiben diese binären logischen Gefüge, resp. im Lateinischen und im Vedischen, als ‚Diptychen': so Minard S. 3: „Son [de l'auteur] instrument d'élection, c'est la phrase à deux membres subordonnée/principale, l'échelle double protase/apodose, ou, comme on dira ici, le diptyque. [...] Des deux membres de la phrase, des deux volets du diptyque, la séquence même est réglée. Jamais elle ne s'inverse, qu'on n'en puisse trouver l'origine et la valeur à l'intérieur du système ou dans ses environs immédiats, dans la démarche de la pensée ou dans la pression du contexte."

114 Dies lässt sich insbesondere an Hand des Gebrauchs der Partikel „so" als Relativum bzw. Korrelativum veranschaulichen, vgl. Jean Haudry, Die Grundlagen der germanischen Korrelation; Yvon Desportes, „Sô" im ahd. Isidor; Yvon Desportes, Anapher, Korrelativa und Korrelationen, und Yvon Desportes, Zu „huu-", „ir", „th-", „these" im ahd.

115 Arman Minard, La subordination, S. 4: „Sich auf die einleitende Konjunktion stützend, steigt der Satz mit dem subordinierten Gliedsatz an, und mit dem daran anschließenden Hauptsatz wieder ab. Eine Verbform, die jedes der beiden Glieder abschließt, setzt die Grenzen und markiert sozusagen die Höhe der Stimmlage. Wo der Satz seinen Gipfel erreicht und auf dem ersten Verb Atem schöpft, erscheint ein Korrelativum, um dem Auge bzw. dem Ohr anzuzeigen, dass sich die Linie nun abwärts neigt, und der Abstieg beginnt."

[2], äquivalent betrachtet werden, so wie es durch die Interpunktion (die Kola werden durch ein Semikolon voneinander getrennt) angedeutet wird. Dieser dritte Teil der Periode fungiert als Klausel für die gesamte Periode. Er enthält den Schlusskommentar, das, was für den Redakteur (und den Leser) als wichtigste Inferierung in den vorangehenden Sätzen zu entnehmen ist, nämlich dass das Zustandekommen der Heirat der Herzogin von Innsbruck England dazu führen könnte, einen separaten Frieden mit Holland zu schließen, so dass Frankreich auf seinen Eroberungskrieg verzichten müsste und es wieder zum Frieden in Europa kommen würde. Die Form eines weiterführenden Relativsatzes entspricht dem schlussfolgernden Aspekt der Klausel völlig.

Es besteht also durchaus eine gewisse Konkurrenz zwischen dem gesamten Aufbau der Periode (als zugleich formale und semantisch-kommunikative Einheit) und der grammatisch-syntaktischen Struktur. Hier scheint das Gebilde ‚Periode' auch deutlich die Oberhand zu gewinnen, da grammatisch untergeordnete Teilsätze als einzelsatzäquivalente Einheiten erscheinen und die Interpunktion den Aufbau der Periode widerspiegelt und nicht die grammatische Struktur der Gesamt- und Teilsätze. Die Periode muss somit als eine syntaktisch relevante und strukturierende Einheit betrachtet werden.[116]

Es besteht auch eine Konkurrenz zwischen der Textstruktur und der Struktur der Periode, da diese Periode zwei Teiltexte, die durch Spatium abgegrenzt sind, umfasst. Dadurch wird deutlich, dass die Periode auch als kommunikativ komplexe Gesamtstruktur betrachtet werden muss. Die Periode enthält mehrere Äußerungsrahmen, die mitten in der Periode zwischen den Sätzen [1] und [2] durch Spatium getrennt werden: Damit wird angezeigt, dass Protasis und Apodosis nicht von derselben Quelle stammen, sie jedoch so in einer einzigen Argumentationsstruktur zusammengefügt werden, wobei sie noch von einer Klausel ergänzt werden, die wiederum einem anderen Äußerungsrahmen entspricht (diesmal handelt es sich um den Matrixrahmen der beiden anderen, da sich nun offensichtlich der Korrespondent oder Herausgeber äußert).

116 In heutigen Grammatiken werden die Begriffe ‚Protasis' und ‚Apodosis' nur noch in Zusammenhang mit Konditional- bzw. Konzessivsätzen verwendet. Sie werden aber auch herangezogen, um Erklärungsversuche für bestimmte syntaktische Probleme im Bereich der Subordination u.ä. zu liefern, vgl. Didier Haberkorn, Untergeordneter Hauptsatz. Diese punktuellen Beschreibungen bekräftigen die Annahme, dass noch in der heutigen Syntax Reflexe eines weit verbreiteteren Gebrauchs von Perioden in früherer Zeit zu finden sind.

Es wäre daher falsch, Absätze, Unterabsätze, Perioden und Sätze in dasselbe Paradigma von hierarchisch gestuften, den Text bildenden Einheiten zu stellen.[117] Es handelt sich vielmehr um mindestens zwei Gruppen von Einheiten, die sich durch ihre distinkte Funktionen nicht decken, so dass Konkurrenzsituationen, wie oben geschildert, entstehen können.

Es kommt dennoch oft vor, dass sich die Periode und die syntaktische und Äußerungseinheit Satz decken und parallel strukturiert sind. Die Satzglieder, meist untergeordnete Teilsätze, fungieren zugleich als der Periode untergeordnete Protasis, Apodosis bzw. Klausel. In diesem Fall sind diese Teilsätze, ganz Lausbergs Definition entsprechend, entweder durch unterordnende oder durch koordinierende Konjunktionen miteinander verknüpft. So kommen in allen Zeitungen unseres Korpus Sätze bzw. Perioden vor, die nach dem Muster [*Verbalgruppe + Koordination + Verbalgruppe + Subordination (weiterführendes Relativpronomen)*[118]+ *Verbalgruppe*] gebaut sind, vgl. (51, 52).

(51) $_{[1]}$ Die Vngewißheit von der See-Schlacht continuiert / $_{[2]}$ und versichert man / daß der Verlurst auff beeden Seiten gleich außgeschlagen / $_{[3]}$ also daß sich kein Theil eines sonderlichen Sigs zu rühmen haben. (MRZ 1672 28 S. 1)

(52) $_{[1]}$ Die Frantzösische Völcker so in diesem Hertzogthumb ligen / sollen theils den 15. dieses und theils den 1. Martij auffbrechen / $_{[2]}$ und ihren Weg nacher Flandern nehmen / $_{[3]}$ wird man also deren im Elsas sich dießmahl nicht zubeförchten haben. (OWP 1671 07 S. 3)

Die minimale Periode besteht, wie gesagt, aus einer binären Struktur, die zunächst einen in der Prosodie und im Inhalt (Spannung) steigenden Satz (im musikalischen Sinne) enthält, die Protasis [P], und dann einen absteigenden Satz, die Apodosis [A]. Dieser binäre Aufbau [P, A] nach dem Muster von (53) und (54), der in der Rhetorik ‚zweikolige Periode'[119] genannt wird, ist in den damaligen Zeitungen äußerst häufig. Zudem müssen nach Möglichkeit beide Bestandteile der Periode ausgeglichen sein, Protasis und Apodosis sollten dieselbe Länge haben. In der

117 Dies im Widerspruch zur textlichen Strukturanalyse bei Elisabeth Gülich oder Klaus Heger in Elisabeth Gülich et al., Linguistische Textanalyse. Vgl. hierzu auch Michel Lefèvre, Textgestaltung in den frühen Zeitungen: zum Problem der Kontinuität vom Satz zum Text.

118 In vorliegender Arbeit sollen alle Relativsatz-einleitenden Einheiten als Relativpronomen bezeichnet werden, auch die unflektierten sogenannten Relativadverbien. Als Relativum wird jene Einheit bezeichnet, die das erste Glied einer Korrelation einleitet, dessen Pendant das Korrelativum ist.

119 Heinrich Lausberg, Elemente, S. 148f.

Periode (53) besteht eine solche Isokolie, es befindet sich dort zudem eine bemerkenswerte Symmetrie im syntaktischen Aufbau. Jedes Kolon enthält eine Verbalgruppe mit Relativsatz; an der Nahtstelle beider Kola steht der Verbkomplex „wird auch erwartet“ als Akme in der Protasis, der zu Beginn der Apodosis durch eine Proform wieder aufgegriffen wird. Eine derartige Symmetrie erlaubt es, in eleganter Weise zwei Inhalte zusammenzufügen, die eigentlich nichts miteinander zu tun haben, wie in (54), wo man in der Protasis erfährt, dass eine Person von Bedeutung, der Prinz von Württenberg, in der Stadt des Korrespondenten angekommen ist, und in der Apodosis, dass eine andere Person, der Prinz von Sachsen-Gotha, von dort abreisen könnte; dabei erfahren wir nicht, was Ziel und Zweck der Reise dieser zwar bedeutenden, aber doch keine Rolle ersten Ranges in der Diplomatie jener Zeit spielenden Personen ist; es handelt sich besonders im zweiten Teil (der Apodosis) um keine eigentliche Information, da die Abreise jenes Prinzen noch nicht effektiv ist, aber dennoch findet diese nichtige und noch zu bestätigende Nachricht ihren Platz in der Korrespondenz dank der eleganten symmetrischen Konstruktion der Periode. Ihre Form, die noch durch die perfekte Hierarchie der Interpunktion unterstrichen wird, erlaubt es, den mangelnden Inhalt zu überspielen.

(53) $_{[1]}$ [P] Madame de Nemours / welcher das gantze Land verwichenen Donnerstag abermahls huldigen müssen / wird auch erwartet; $_{[2]}$ [A] Imgleichen die Hertzogin de L Esdigueres und Mr. de Matignon / die auch an das Land Prätension machen. (KOP 1699 19 S. 5)

(54) $_{[1]}$ [P] Gestern arrivirte allhier der Printz von Würtenberg / ein Vetter des Hertzogs dieses Nahmens / welcher General von der Infanterie dieses Staats anietzo aber in Dännemarck ist; $_{[2]}$ [A] Der Printz von Sachsen-Gotha dörffte mit ehisten von hier nacher Engelland verreisen. (KOP 1699 94 S. 1)

Die beiden Kola der Periode können sich ihrerseits jeweils in zwei untergeordnete Kola [p, a] untergliedern (ursprünglich waren dies ‚Semikola‘) und insgesamt eine hierarchisch strukturierte vierkolige Periode [P[p,a]; A[p,a] bilden. Ein binär untergliedertes Kolon kann zunächst durch einen relativ vagen zweigliedrigen Aufbau der Syntax angedeutet werden wie in (53), wo jedes Kolon aus einem Satz mit Relativsatz besteht. Einen weitaus perfekteren parallelen Aufbau der Syntax und der Kola findet man in (55), wo die Symmetrie des syntaktischen Aufbaus deutlicher zum Vorschein kommt:

(55) [P] [p] Die Frantzösische Völcker thun mit 25000. Mann umb die Statt Mastricht schweben / und jüngst mit starcken Squadronen auff S. Peters Berg kommen / [a] weßwegen dann den gantzen Tag biß zum Abend zu mit Stücken geschossen wurde; [A] [p] Imgleichen thäten einige Scharmützel vorfallen / [a] bey welchen vil Frantzosen todt gebliben. (MRZ 1672 37 S. 3)

Die Periode (55) gliedert sich in zwei Kola auf, deren Zusammenhalt durch die Anapher „Imgleichen" gewährleistet wird, die zugleich auf die parallele Konstruktion in den beiden Hauptkola weist. Die Hauptkola [P] und [A] sind jeweils in zwei untergeordnete Kola [p] und [a] geteilt, die man leicht als Protasis bzw. Apodosis erkennen kann: In den Protasen ist jeweils die Rede von den Angriffen der französischen Armee, der Rhythmus ist steigend, es entsteht eine Spannung; in den Apodosen werden jedes Mal die Gegenangriffe der Niederländer geschildert, die Spannung löst sich. Syntaktisch sind beide Apodosen parallel konstruiert, sie haben jedes Mal die Form eines weiterführenden Relativsatzes mit Relativpronomen auf *w*-: „weß wegen" und „bey welchen"; die gesamte Periode endet mit der Schilderung der von den Franzosen erlittenen Verluste, so dass diese Periode, die eigentlich zwei für die Niederländer beunruhigende Nachrichten enthält, mit dieser fast siegreichen Schilderung schließt: Eindeutig dient hier die Rhetorik der Propaganda.

Neben diesen komplexen Konstrukten, die mehrere syntaktische Einheiten umfassen, kommen in den Zeitungen auch Textteile vor, in denen mehrere unabhängige Sätze aneinandergereiht sind, ohne in ein hierarchisch übergeordnetes Ganzes zusammengefasst zu sein,[120] vgl. (56):

(56) $_{[1]}$ Unsere Flote ist vor 14. Tagen auch zum Außlauffe fährtig gewesen / und wird die Englische Kuste schon erreichet haben. $_{[2]}$ Dise Flote hat 30. Schiffe von 40. biß 90. Canonen. $_{[3]}$ Beyde Floten werden sich in 100. Krigs- und über 50. Brand-Schiffe erstrecken. $_{[4]}$ Ist also in disem Früling zu Waßer und Lande was sonderliches zu vermuhten. $_{[5]}$ GOtt gebe / daß alles zu einem beyderseits gewünschten Friden gedeye! (NM 1673 04 9 S. 6)

In (56) besteht ein ganzer Abschnitt mit starker thematischer und semantischer Kohärenz und mit einer zumindest bis zu den Sätzen $_{[4]}$ und $_{[5]}$ unveränderten Äußerungsstruktur aus einer Aneinanderreihung asyndetisch koordinierter Sätze. Eine solche „compositio" ist in den meisten

120 Heinrich Lausberg, Elemente, S. 148: In der „compositio", dem Aufbau der Texte und Diskurse, wird die sich in Protasis und Apodosis gliedernde Periode der „oratio perpetua" entgegengestellt: „Die oratio perpetua ist, als Aneinanderreihung, die semantisch und syntaktisch linear (d.h. ohne Protasis-Apodosis-Korrespondenz), eine vorwärtsschreitende Abfolge der (meist parataktischen Haupt-) Sätze, die nicht kurz zu sein brauchen."

Zeitungen, besonders in *OWP* oder *MRZ* selten und entspricht offensichtlich noch nicht der mehrheitlichen Schreibgepflogenheit.

Man kann mehrere Erklärungsversuche für den Wechsel zu einem solchen asyndetischen Stil innerhalb der Zeitungstexte vorbringen. Zunächst kann es sich um einen Stil handeln, der anderen Sprachen wie dem Französischen entlehnt ist, und in der Tat ist (56) einer Korrespondenz aus Paris entnommen, ebenso wie (58): Das Asyndeton scheint in jenen Zeitungen häufiger vorzukommen, in denen vermutlich direkt Korrespondenzen und Quellen in französischer Sprache bearbeitet wurden. Es würde sich demnach um eine stilistische und syntaktische Interferenz mit dem Französischen handeln, solche Interferenzen wurden in den vergleichenden Beschreibungen der deutschen und französischen Sprache kaum beschrieben, doch sie sind zweifellos neben den lexikalischen Einflüssen Bestandteil der französischen Spracheinflüsse auf das Deutsche.[121]

Jedoch kommt der asyndetische Stil nicht nur in Korrespondenzen aus Frankreich vor, wie aus (57), einer Korrespondenz aus Köln, zu ersehen ist. Wenn deutsche Schreiber insbesondere in Textteilen mit variierender Thematik und wechselnder Äußerungsstruktur auf das Asyndeton zurückgreifen, geschieht dies vermutlich, um so viel Informationen wie möglich in einen kleinen Raum zu packen, z.B. gegen Ende der Zeitung, wenn schon alle Seiten fast vollgedruckt sind. Dann würde das Asyndeton eine starke Raffung des Textes signalisieren, eine rasche Zusammenfassung einer Korrespondenz in wenigen Einzelsätzen. Dies wiederum wäre ein starkes Zeichen für das Eingreifen des Herausgebers in den Text der Korrespondenz, wodurch unweigerlich eine Polyphonie entsteht, denn jeder Satz fasst jeweils den Informationsinhalt einer neuen Quelle zusammen. In (57) lässt der thematische Gehalt der fünf Sätze darauf schließen, dass mindestens drei unterschiedliche Quellen herangezogen wurden: $_{[1]}$ und $_{[2]}$ enthalten Nachrichten aus Köln, die womöglich vom Korrespondenten selbst stammen. In $_{[3]}$ geht man zu Nachrichten aus Berlin und Paris über, in $_{[4]}$ und $_{[5]}$ stammen sie aus London. Und in der Tat kreuzen sich in Köln die Postrouten zwischen Berlin und Paris und jene zwischen London, Brüssel und Wien, wobei letztere Strecke die älteste und wichtigste Postroute des deutschen Reiches ist. Die Informationen sind daher in jener Stadt zahlreich und vielfältig, was den Übergang zu einem solchen asyndetischen Stil erklären könnte:

121 Vgl. Michel Lefèvre, Einflüsse des Französischen auf die deutsche Sprache des Barocks.

(57) [1] [P] Hiesiger Churf. ist wiederum zu Bohn / der Bischoff von Straßburg annoch im Haag / [A] dessen Herr Bruder Printz Wilhelm wird auf den 1. Jan. deß künfftigen Jahrs allhier erwartet. [2] Die ein zeithero gewesene Chur- und Fürstl- Abgesandte machen sich fertig / ein jeglicher von hier nach seinem *destini*rten Ort abzureisen. [3] Der Churbrandenburgische Oberster Stallmeister Pelnitz und der Cammerrath Menarts gehen im Ambassada vom Churfürsten nacher Pariß in einer Suite von etlich 30. Personen. [4] In Engeland lässet man sich zimlich *favorabel* gegen der Cron Spanien vermercken. [5] Der Cron Cantzler hat sich von Hof in das Stille begeben. (OPZa 1667 12 28 S. 4.)

Es stehen sich somit in den Zeitungen des 17. Jahrhunderts zwei unterschiedliche Stile, zwei Kompositionsprinzipien gegenüber, die anhand der Interpunktion und der formalen Gestaltung leicht zu unterscheiden sind. Einerseits handelt es sich um die rhetorischen Gesamtkonstruktionen, in denen der Schreiber nicht nur auf den Inhalt der Informationen achten muss, sondern auch auf ihre formale Gestaltung. Er muss sie in binären Fügungen vorbringen mit einem steigenden und dann fallenden Rhythmus, die der Protasis und der Apodosis entsprechen. Er muss auf die Reihenfolge der vorgebrachten Informationen achten, und, wenn nötig, die binären Konstrukte mit nichtigen Nachrichten füllen, wie in (54). Bei dem anderen Stil handelt es sich um einen Textaufbau mit kürzeren Sätzen, die jeweils einen klar umrissenen Inhalt aufweisen, gemäß dem modernen Schreibprinzip, das noch heute in den Zeitungsredaktionen gilt: ein Satz, ein Gedanke. Innerhalb ein und derselben Korrespondenz kommen beide Stile oft vermengt vor. In (57) kann der erste Satz noch als Periode betrachtet werden, die sich in eine Protasis [1] [P] und eine Apodosis [1] [A] gliedert, während das Ende des Teiltextes wahrscheinlich aus Platzmangel am Schluss des Papierbogens mehr und mehr asyndetisch wird. Der Übergang vom periodischen zum asyndetischen Stil ist fließend, ganz im Gegensatz zu (58), wo der Stilwechsel unvermittelt und ohne ersichtlichen Grund erfolgt. Die Sätze [3] bis [5] in (57) und vor allem [5] und [6] in (58) sind einfache Einzelsätze, die sich nicht in untergeordnete Kola aufgliedern; sie erscheinen wie Kurzinformationen inmitten weitläufigerer und vielleicht wichtigerer Nachrichtenteile.

(58) Paris / vom 16. Jan.

[1] [P] Der Marquis de Nesmond / von dem man gemeynet / daß er nach Toulon solte gehen / umb sich bey dem Grafen Chasteaurenault zu verfügen / soll nunmehro wegen einer gewissen Entreprise nicht dahin reisen; [1] [A] doch wil man / daß gemeldter Graf mit einer Esquadre von Toulon außlauffen soll / auff eine Kauffardey-Flotte zu passen. [2] [P] Unterdessen gibt man allhier vor / daß unsere Flotte zu Toulon ohnfehlbar

> 50. Schiffe starck zu Anfange des Februarii nach dem Ocean segeln soll / [2] [A] obwohl gesagt wird / daß der Marschall de Tourville und Graf d'Estree dagegen gesprochen / davor haltende / daß man allzu viel wage / allein Msr. de Chateaurenault soll gantz anderer Meynung gewesen seyn. [3] Von Roan wird geschrieben / daß allda Ordre von Hofe ankommen / die 7. Gallern / so daselbst liegen / zu equippiren. [4] [P] Dieser Tagen hat man Madame Guyon in ihrem Hause verarrestiret / [4] [A] umb daß sie einige Versamlungen gehalten / und unterschiedliche Bücher / betreffend die Lehre der Quietisten / außgegeben. [5] Vorgestern Abend kam der König von Meudon nach Versailles. [6] Der Hertzog und Hertzogin von Orleans befinden sich noch in dieser Stadt. (OPZb 1696 05 S. 2)

So erscheint eine Diskrepanz, ja gar Spannung zwischen beiden Stilprinzipien innerhalb der Zeitungstexte: In den asyndetischen Sätzen wird anscheinend ein rohes Nachrichtenmaterial unmittelbar von der Quelle an den Leser und ohne Zusätze seitens des Herausgebers vermittelt; was im Grunde den Auflagen der Zensur entspräche, bei der sich die Herausgeber für das Erhalten ihres Druckerprivilegs verpflichten müssen, Nachrichten kommentarlos wiederzugeben.[122] Dennoch ist auch der asyndetische Stil das Ergebnis einer redaktionellen Arbeit, bei der die Quellen gerafft und zusammengefasst werden und zudem wird dieser Stil von einigen Sprachtheoretikern kritisiert, die an den rhetorischen Gepflogenheiten (d.h. am periodischen Stil) festhalten wollen. Andererseits arbeiten die Schreiber ihre Quellen um, damit die Zeitungstexte den Anforderungen des periodischen Stils entsprechen, wobei sie sich ganz offenkundig in die übermittelten Nachrichten einschalten, die Polyphonie und der Eingriff des Herausgebers in der Nachrichtenübermittlung werden dadurch augenscheinlich. Zudem verbessert sich die Qualität des Stils nicht unbedingt durch das binäre Zusammenfügen von Nachrichten, die im Grunde nichts miteinander zu tun haben: Die Periode erscheint dann als ein formaler Kunstgriff, in dem das Fehlen eines starken Interpunktionszeichens nicht zu verbergen vermag, dass die beiden vermeintlichen Kola eigentlich ein Asyndeton bilden. Dafür liefert (59) ein besonders einleuchtendes Beispiel: Dort scheint das starke Interpunktionszeichen in der Tat zweikolige Perioden mit einer Virgel an der Nahtstelle zwischen den Kola abzugrenzen, wobei allerdings jedes Kolon im Grunde aus zwei unabhängigen Sätzen ohne Interpunktion besteht, denn die semantische und syntaktische Kohärenz der Periode ist jeweils sehr vage. Die Periode [1] [P, A] schildert Geschehnisse an der Schweizer Grenze,

122 Vgl. Carsten Prange, Die Zeitungen und Zeitschriften des 17. Jahrhunderts in Hamburg, S. 113; 119; 149.

auf französischer Seite, die Periode [2] [P, A] berichtet von Ereignissen in der Schweiz, doch sind beide Kola weder parallel noch symmetrisch konstruiert, die syntaktischen Einheiten innerhalb der Kola sind unterschiedlich, es kommt kein gemeinsames Element vor, keine Anapher zu Beginn der Apodosis oder sonstiges Wiederaufgreifen, wie etwa die Adverbien „allhier/hier" oder „gestern/mit ehisten" in (54), man kann höchstens ein leicht antithetisches Verhältnis zwischen beiden Kola erkennen: offensive Truppenbewegungen seitens der Franzosen in der Protasis, durch spanische Truppen verursachte Schäden bei den Franzosen in der Apodosis. Bei der Periode [1] [P, A] dient die periodische Struktur offensichtlich nur dazu, eine tatsächliche asyndetische Koordination zweier Sätze zu überspielen.

(59) (Aus dem Elsaß den 16 Dito.) [1] [P] Von der Turennischen Armee kommen 4000. Mann in dieses Land zu überwintern / [1] [A] die Spanische Burgunder haben vor Befort alles Viehe weggenommen / und 2. Frantzös. Dörffer in Brandt gesteckt. [2] [P] Die Catholische Cantons werden sich bald zu Lucern versamblen / allda der Spanische Ambassador Graff Casati auch erscheinen wird / [2] [A] die Eydgenossen von Zürch / Bern und Claris / haben den Frantzosen die begehrte Verbung und Recruten abgeschlagen. (TKC 1673 12 29 S. 8)

Trotz aller Bedenken zur rhetorischen Qualität solcher zu Perioden umgestalteten Asyndeten kann man leicht feststellen, dass der weitaus größte Teil der Zeitungstexte im 17. Jahrhundert im periodischen Stil gehalten ist, und man kann zahlreiche ausgezeichnete, rhetorisch perfekte Perioden finden wie z.B. (50), so dass man Kaspar Stieler beipflichten muss, der in seiner zwar pressefreundlichen Abhandlung bemerkt, dass die Zeitungstexte stilistisch nicht gar so schlecht gehalten sind, wie manche Kritiker es bemängeln:

> Es ist auch die Sprache / oder der Stylus in der Zeitung so geringe nicht / als man wol meinen möchte. Glaubet / die Leute / von denen die Zeitungen zuerst herkommen / sind keine Kinder / sondern beredte Leute und Statskluge / die ein Handwerk daraus machen / viel Dinge kurz zusammen zu fassen / und doch alles deutlich zu geben / und / da wissen sie / wenn die Sache noch nicht allzuklar ist / so artlich ein Wort / oder einen Umstand einzuflicken / daß sich niemand daraus finden kan / als wer so viel gelernet hat / als sie / oder dessen von gescheueten Leuten unterrichtet ist. Wenn wir darzu Zeit hätten / oder es unsers Thuns alhier wäre / so wolten wir von ihren Clausuli-

rungen und Bedingungen ein vieles / und vieleicht nicht gar zu Ungeschicktes reden […][123]

Das letzte Beispiel (59) zeigt auch die vielfältigen Funktionen des häufigsten Interpunktionszeichens, der Virgel. Sie fungiert als Strukturierungsmittel der Periode, indem sie oft die wichtige Nahtstelle zwischen den Kola markiert, sie trägt auch zur syntaktischen Strukturierung bei, indem sie die syntaktischen Einheiten wie Sätze bzw. Teilsätze abgrenzt, und sie hat schließlich eine rhythmische Funktion, indem sie syntaktisch nicht relevante Einheiten zwischen der Verbalgruppe und dem Wort abgrenzt.

2.3.3 Die rhythmischen Untergliederungen

Während die handgeschriebenen Briefe jener Zeit oft nur sehr spärlich interpungiert sind, weisen die gedruckten Texte des 17. Jahrhunderts einen intensiven Gebrauch der Virgel auf, eines für die deutsche Sprache typischen Zeichens. Seine Funktionen überdecken sich größtenteils mit jenen des ab dem 18. Jahrhundert üblichen Kommas, das zugleich zur Abgrenzung unabhängiger Verbalgruppen dient und als rhythmisches Pausezeichen. Man kann daher voraussetzen, dass das Setzen von Virgeln auf den Herausgeber bzw. auf den Drucker zurückzuführen ist, da es kaum wahrscheinlich ist, dass die handgeschriebenen Quellen in ihrer Interpunktion mit den gedruckten Texten identisch waren. Die Virgel erscheint somit als offensichtliches Zeugnis für das Eingreifen des Herausgebers in den Zeitungstexten.

Dennoch musste es gewisse Normen für das Setzen der Virgel geben, denn man kann nur wenige Abweichungen im Gebrauch dieses Zeichens in seiner grammatischen Funktion von einer Zeitung zur anderen feststellen. Einige Variationen betreffen das Setzen einer Virgel vor unterordnender Koordination, wenn mehrere Konjunktionen aufeinander folgen: In der Konjunktionsfolge *dass + weil* etwa steht eine Virgel vor „weil(en)“ in *NM, ORZ, RN*, (vgl. (63)), während in *MRZ* an solcher Stelle keine Virgel steht (60). In *OWP, OPZa, OPZb* schließlich kommen beide Varianten vor, vgl. (61) und (62).

(60) dann der König in Franckreich an die Republic von Genua geschriben / daß weilen sie sich nicht bequemen wollen / dem Hertzog von Savoya seinem Vettern / vermittelst Ihrer Majest. Mediation die begehrte Satisfaction zu geben / als möchte sie nun ihr bestes thun / sich vor seinen deß Hertzogs Waffen zu schutzen (MRZ 1672 44 S. 4)

---

123 Kaspar Stieler, Zeitungs Lust und Nutz, S. 124.

(61) etliche Vornehme halten darfür / daß weilen er sich Franckreich nicht wol vertrauen dürffe / so were es nur bey hiesigem Hof eine Furcht zu machen (OPZa 1669 02 20 S. 3)

(62) [...] als haben sie sich *extraordinari* versamlet: aufs neue die *Autor*ität des Prinzen *Don Piedro* solcher Gestalt zu bestättigen / daß / weil Er die *Qualit*ät eines Königs nicht wollen annehmen / Er nichts desto weniger solte Regent seyn (OPZa 1668 07 21 S. 4)

(63) [Kaufleute berichten] daß / weilen deß Moßcowitischen Czars Unterthanen die Reußen und Cosacken auff denen Türckischen Grentzen am Schwarzen-Meere großen Scha- den thäten / als wäre man in den Zeug Häusern zu Constantinopel sehr beschäfftiget / um selbige mit Ruderknechten zuversehen (NM 1673 03 6 S. 5)

Der Gebrauch schwankt auch in der Virgelsetzung nach der Koordination *und.* Die Konjunktionsfolge *und + dass* wird in *NAC* systematisch durch Virgel getrennt (64), in allen anderen Zeitungen hingegen nur in Ausnahmen:

(64) Es wil anbey verlauten / daß die Cosacken in dem letzt-eroberten Ohrt eine gewisse Anzahl Stuck / und grossen Vorrath an Kriegs-Munition / gefunden; Und / daß der Czar / welcher würcklich im Rückweg nacher Moscau begriffen / den von dem Tartar-Han zu ihme geschickten Gesandten mit Offerirung deß Friedens / nicht zur Audientz gelassen (NAC 1696 10 24 S. 3)

Jedoch vermögen diese leichten Schwankungen die augenscheinlich durchgehend eingehaltenen grammatischen Regeln der Virgelsetzung, um Verbalgruppen abzugrenzen, nicht in Frage zu stellen. Etwas mehr Spielraum scheinen die Herausgeber im Gebrauch der Virgel außerhalb jener syntaktischen Nahtstellen zu haben, denn es handelt sich dann lediglich um das Setzen rhythmischer Pausen, wobei die Herausgeber die Abgrenzung rhythmischer Einheiten frei einschätzen können. Zwar decken sich zumeist die rhythmischen und die syntaktischen Einheiten, jedoch kann man durch Einschaltung solcher Einheiten, durch Häufung von Apositionen und untergeordneten Satzgliedern einen vermehrten Gebrauch der Virgel und somit einen bewegteren Rhythmus erzielen. Innerhalb einer Zeitung lassen sich so deutliche Änderungen im Rhythmus beobachten, z.B. in jener Ausgabe von *NM*, in der u.a. von der Seeschlacht bei Schooneveldt berichtet wird (65):

(65) [1] [P] Von der Käyserl. Regimenter March in das Reich ist noch keine Gewißheit zu vernehmen / [1] [A] wiewol alle Herren Generalen und Obristen

sich in Bereitschafft halten:_ [1] [C][124] Indeßen aber werden die aus dem Reiche zurück kommende Regimenter allbereits widerumb starck recrutirt

Solingen vom 20. Junij. st. v. [2] [P] Mastricht wird von den Frantzosen starck beschoßen_/_[2] [A] man kan das canoniren allhier hören_/_da es doch 10. Meilen von hier ligt._

[3] [P] Die Belägerte sollen sich tapffer halten_/_[3] [A] und vil Leute davor erlegen.

[4] [P] Der Herr Feldmarschall de Turenre soll Ordre haben bey Bon über den Reyn zu gehen_/_[4] [A] und mit seinen Völckern die Belägerung zu verstärcken.

[…]

Holländische Relation /

Von der ersten See-Batallie am 7. Junii.

[5] DIe feindliche See-Machten hatten von der unsrigen einige Tage lang nicht weit von einander gelegen_/_als: die unsrige auff Schönefeld O. S. O. auff 7. Meilen von West Capell_/_die feindliche den Louffwertz von der unsrigen in SW. bald mit stillem_/_bald mit ungestümen Wetter_/_welches sich aber des Nachts_/_zwischen den 6. und 7. Junii änderte

[6] Den 7. dises_/_Morgens_/_war der Wind NW. das Wetter auch zum fechten beqvehm_/_und da sahen die unsrige ihre Feinde sich bewegen_/_deßwegen sie ihre Botten einkürtzten_/_also_/_daß die Anckers nur auff und nider stundten_/_solche desto fährtiger zu lichten_/_wann die Feinde abkommen möchten_/_und auch ihnen mit der Ebbe entgegen zu gehen.

[7] Sie_/_die Feinde_/_kamen darauff ab zu avanciren_/_und zwar mit allen 3. Esquadres_/_in eines halben Mondes Form.

[8] Hierüber commandirte Printz Robert_/_als das Haupt_/_der Graf von Estree war bey der Esqvadre von der weißen Flaggen_/_und Sr. Edovard Sprang bey der von der blauen Flaggen […] (NM 1673 06 5 S. 2)

Binnen weniger Sätze kann man in diesem Auszug eine empfindliche Änderung des Rhythmus feststellen. Während zunächst in dieser Ausgabe in mehreren Korrespondenzen von der bedrohlichen Lage der belagerten Stadt Maastricht berichtet wird, die sich auch wenige Tage später ergab und so für ernste Verwirrung im Lager der gegen Frankreich alliierten Mächte sorgte (Sätze [1] bis [4]), wird der Bericht der zum holländischen Sieg hochstilisierten Seeschlacht bei Schooneveldt formal als Dokument mit Überschrift und Initiale hervorgehoben, denn dieser auch nur so geringe Rückschlag für Frankreich hat die Kampfesmoral und den

124 Mit [C] werden im Folgenden die letzten Glieder dreikoliger Perioden, d.h. die Klauseln markiert.

Mut der Holländer, die drauf und dran waren, die Waffen vor Ludwig XIV. zu strecken, wieder empfindlich gesteigert (Sätze [5] bis [8]). Man kann beobachten, dass der Bericht der Angriffe auf Maastricht in einem perfekt ausgeglichenen Stil mit dreikoligen ([1]) und zweikoligen ([2] bis [4] Perioden gehalten wird, wobei jeweils nur eine Virgel pro Periode an der Nahtstelle der Kola steht, mit Ausnahme der Periode [2], wo ein Konzessivsatz mit Virgel markiert wird, und somit immerhin ein wenig die Heftigkeit der Artillerieschüsse mit einem etwas bewegteren Rhythmus unterstrichen wird; in [4] fehlt sogar eine Virgel, die von der Grammatik vor dem Infinitivsatz „bey Bon über den Reyn zu gehen“ eigentlich verlangt wird, was freilich zur Beruhigung des Rhythmus beiträgt.

Ganz anders verhält es sich im Bericht über die Seeschlacht bei Schooneveldt. Nach einem ersten Kolon im Satz [5], in dem keine Virgel vorkommt und in einem noch ruhigen Rhythmus erklärt wird, dass mehrere Tage lang eben nichts geschah, wird der Rhythmus deutlich bewegter mit eingeschalteten Umstandsangaben, so dass der Rhythmus in direktem Zusammenhang mit dem Inhalt steht, in dem die Bewegungen des Windes und der See beschrieben werden: „bald mit stillem / bald mit ungestümen Wetter“. Die Schilderung der Schlacht mit ihren dramatischen und heldenhaften Ereignissen wird in einem äußerst bewegten Rhythmus gehalten, da die Sätze mit eingeschalteten Ergänzungen („morgens“), Apositionen („Sie / die Feinde“), präpositionalen Erweiterungen von Nominalgruppen, die mit Virgel markiert sind („in eines halben Mondes Form“), emphatische Wendungen („und zwar“) und koordinierten, systematisch mit Virgeln markierten Verbalgruppen bestickt sind. All diese Mittel setzt der Herausgeber ein, um seinen Leser in den Taumel der Schlacht mitzureißen und einen Rhythmus, der nichts mehr mit den ausgeglichenen und symmetrischen Perioden gemein hat, zu erzielen. Es ist kaum wahrscheinlich, dass dieser bewegte Rhythmus auf den ursprünglichen Schreiber zurückzuführen ist, umso mehr, als es sich laut eigener Angabe um eine vom Herausgeber angefertigte Übersetzung aus dem Niederländischen handelt. Zwar war Georg Grefflinger Dichter, so dass er solche rhythmischen Mittel zur Veranschaulichung des Inhaltes leicht anwenden konnte, doch ist dieser Auszug aus *NM* kein Einzelfall, und man kann auch in anderen Zeitungen beobachten, wie emotional geladene Nachrichten mit bewegterem Rhythmus wiedergegeben werden.

(66) Der Moscowitische Czaar hat sich in diesem Land nicht lang auffgehalten_/ sondern so bald er mit Sr. Mayest. sich *abouchiret*,_gerades Weeges nach Moscau sich begeben_/dieweilen die Brieffe von daher die schlechte Zei-

tung *confirm*iren / wie daß einige Landes*Senatores*, oder Bojaren / auß Anstifftung der Türcken und Tartarn / eine Auffruhr in dem Land zu erwecken sich bemüheten / und daß die Abwesenheit ihres Landsfürsten / eine grosse *Ombragie*, so wol bey dem Volck als Staats-*Ministris* verursachet habe. (EPZ 1698 09 10 S. 4)

(67) Bilefeld vom 30. Januarij.

Ein vestes Haus im Stifft Münster [1] / hat der Brandenburg. Obrist Bomstorff durch Dragoner fliegen [2] / und nehmen lassen[3] / darinn ein Capitain zwey Lieutenants und fünfftzig gemeine Knechte gelegen [4] / so gefangen worden.

Den 18. dieses hat der Obriste Mörner [5] / zwey Cöllnische und Münsterische Regimenter im offenen Felde geschlagen [6] / und ruinirt [7] / worbey sich der General Major Laßberg mit der Flucht salviert.

Der Chur-Brandenburgische General Spaen ist im Cöllnischen eingefallen [8] / mit 1000. Pferden [9] / dessen aber der General Major Renell nicht erwarten wollen [10] / sonder durch gangen ist [11] / und stehet der Herr Spaen nun in dessen Quartiern. (GER 1673 01 S. 4)

In (66) steigt der Rhythmus nach und nach: Zunächst ähnelt das Konstrukt noch einer gewöhnlichen Periode, die einen als Protasis fungierenden einleitenden Satz ohne Virgel enthält; die erste Virgel steht logischerweise an der Nahtstelle zwischen Protasis und Apodosis, die durch die Konjunktion „sondern" eingeleitet wird; dann aber wird der Rhythmus bewegter. Die Apodosis mit einer eingeschalteten Verbalgruppe enthält zwei Virgeln, artet aber dann in ein syntaktisches Gebilde aus, in dem keine periodische Konstruktion mehr nachzuvollziehen ist, mit einer in einem heftigen Rhythmus gehaltenen Schilderung der Ereignisse in Moskau und des Aufstandes gegen den Zaren. Dieser bewegte Rhythmus wird durch eine mit Virgeln markierte koordinierte Verbalgruppe („oder Bojaren"), eine eingeschaltete kausale Präpositionalgruppe („auß Anstifftung der Türcken und Tartarn") und vor allem durch ein mit Virgel und Komma markiertes Akkusativobjekt („eine grosse *Ombragie*") erzielt, wobei letztere Markierung von der Grammatik gar nicht verlangt wird, sondern nur dazu dient, diese Nominalgruppe formal und durch rhythmische Pausen besonders hervorzuheben. Dieses Beispiel zeigt auch, wie die deutsche Virgel und das französische Komma in den Texten komplementär sind, da die Herausgeber, die Fremdwörter mit lateinischer Schriftart markieren, auch das entsprechende Interpunktionszeichen verwenden: Nach den französischen Entlehnungen „*abouchiret*", „*Senatores*" und „*Ombragie*" steht das ebenso entlehnte Satzzeichen

Komma, das allerdings dieselben rhythmischen und rhetorischen Funktionen wie die Virgel besitzt.

Das Beispiel (67) stammt aus einem Einzeldruck, der in der Tradition der Flugschriften und ‚Neuen Zeitungen' steht, mit entsprechendem polemischem Inhalt, da die Zensur solchen Einzeldrucken wegen ihrer einmaligen oder sporadischen Erscheinung weniger anhaben kann als den periodischen Zeitungen. Der polemisierende Inhalt dürfte den bewegten Rhythmus des Textes erklären, der durch Virgeln erzeugt wird, die syntaktisch überflüssig sind: So stehen Virgeln zwischen der Nominalgruppe an erster Stelle im Satz und dem finiten Verb (vgl. Sätze $_{[1]}$ und $_{[5]}$), ebenso zwischen zwei durch „und" koordinierten Verben ($_{[2]}$ und $_{[6]}$); es besteht auch keine syntaktische Notwendigkeit, die Subjekt-Nominalgruppe und Objekt-Nominalgruppe durch eine Virgel zu trennen ($_{[5]}$), schließlich bedarf auch die präpositionale Umstandsangabe keiner Virgelmarkierung. ($_{[8]}$). Somit hat die Hälfte der Virgeln in diesem Text keine grammatische, sondern lediglich eine rhythmische bzw. kommunikativ gesehen expressive Funktion, die bezweckt, die durch die geschilderten Ereignisse hervorgerufene Erregung zu vermitteln. Allein durch die formale Erscheinung dieser Einzeldrucke, durch die augenscheinlich hohe Anzahl der Virgeln wirken diese Blätter wie die Aufmachung einiger moderner Boulevardzeitungen und reizen zum Kauf.

Der Rhythmus gehört zweifellos zu den Eigenschaften, die neben den rhetorischen Charakteristika bei der Analyse der Texte des 17. Jahrhunderts berücksichtigt werden müssen und die auf einen eindeutigen Eingriff des Herausgebers in den Text, bevor dieser an den Leser weitergeleitet wird, hindeuten. Dieser Aspekt wurde jedoch noch wenig untersucht. Einige Ansätze findet man bei Birgit Stolt,[125] die u.a. zu beweisen versucht, dass Luthers Rhetorik mit einer bestimmten Rhythmik und syntaktischen Strukturierung der Diskurse einhergeht, und dass Luthers Bibel im Zuge der Textnormalisierungen erheblich an rhetorischer Qualität und somit an Ausdruckskraft und Wirkung auf den Leser bzw. Zuhörer eingebüßt hat:

> Es ist meine These, daß Luther bei der Übersetzung der Perikopentexte den Rezitationston im Ohr gehabt haben muß. [... So] erklärt sich die seinen Texten noch heute bescheinigte Qualität, wenn auch für uns nicht mehr ohne weiteres singbar, so doch gut laut lesbar zu sein. Ein solcher Text folgt den Gesetzen des Aus- und Einatmens. Er vermeidet „langatmige" Syntagmen und die Anhäufung vieler unbetonter Silben nacheinander. Der Schluß der

125 Birgit Stolt, Periodus, Cola und Commata in Luthers Bibeltext.

> Glieder folgt den Regeln der Kadenzen. Die Information wird in kurze, logisch zusammenhängende Einheiten aufgeteilt und in ruhigem Nacheinander geboten, wobei die Kadenzen das Rhema hervorheben und die Pausen ein Verarbeiten und meditatives Mitgehen ermöglichen. [...]
> Auf diesem Hintergrund ist leicht einzusehen, warum das Unternehmen der Revision des Luther-NT von 1975, in Übereinstimmung mit moderner Satzgrammatik konsequent die Satzklammer durchzuführen, so gründlich scheitern mußte: [...] Bekanntlich stieß der revidierte Text in den Gemeinden auf so große Ablehnung, daß er wieder zurückgenommen und eine neue „Rückrevision" vorgenommen werden mußte.[126]

Die Sprache des 17. Jahrhunderts darf nicht, wie so oft, als Barock im Sinne von komplex und schwulstig betrachtet werden, sondern im Sinne von rhetorisch ausgeklügelt und rhythmisch ausdrucksvoll, die eine große Wirkung auf den Leser auszuüben vermag. Diese Aspekte der Sprache sind gerade in den Zeitungen ganz besonders ausgeprägt.

Fasst man die Erkenntnisse zusammen, die man anhand der rein formalen Gestaltung der frühen deutschen periodischen Zeitungen im ersten Jahrhundert ihrer Existenz sammeln kann, treten gleich mehrere grundlegende Widersprüche zu Tage, in denen die Herausgeber zwischen zwei Vorgehensweisen zu schwanken scheinen.

Allein an formalen Merkmalen erkennt man z.B. das Zögern der Schreiber zwischen einer von vielen Sprachtheoretikern bzw. -patrioten verlangten, von allen fremden Entlehnungen gereinigten Sprache einerseits, und andererseits dem Ideal einer Zeitungssprache, die Zeugnis für alle Neuerungen sein soll, was unweigerlich eine Flut von fremdsprachlichen Neologismen mit sich führt, die dann in den Texten mit geänderter Schriftart markiert werden oder nicht; gerade dieser Aspekt der Zeitungssprache wird besonders von den Zeitungskritikern jener Zeit angeprangert, auch von pressefreundlichen Sprachtheoretikern wie Kaspar Stieler: „Und wir sind so elende und neugierige Leute / daß wir uns ohn alle Noht mit fremden Federn schmücken und darüber von männiglichen ausgelachet und verachtet werden."[127] Jedoch zeigt sich eben dieser Kaspar Stieler an anderer Stelle, wenn nicht nachsichtiger, so doch realistischer, indem er verlangt, dass diese Fremdwörter für den Leser verständlich gemacht werden, z.B. mittels eines Glossars,[128] was einer gewissen Akzeptanz der Neologismen und Entlehnungen gleichkommt.

---

126 Birgit Stolt, Periodus, Cola und Commata in Luthers Bibeltext, S. 265.
127 Kaspar Stieler, Zeitungs Lust und Nutz, S. 37.
128 Kaspar Stieler, Zeitungs Lust und Nutz, S. 36.

Dieses Zögern zwischen Formen, die als literarisch und einer deutschen Tradition entsprechend empfunden werden, und solchen, die als neu und zugleich fremdländisch gelten, findet man auch bei den komplexen syntaktischen Einheiten, die zwischen Mikrostruktur und Makrostruktur anzusetzen sind. In ihrer überwiegenden Mehrheit achten die Schreiber darauf, den Anforderungen der Rhetorik zu genügen und die Nachrichten in Form von Perioden wiederzugeben; aber wenn Nachrichten in objektiver und geraffter Form vorgebracht werden müssen, wenn die in den rhetorisch ausgeklügelten Perioden übliche Einflussnahme auf den Leser vermieden werden muss, eignet sich eher eine neue Schreibform mit kürzeren, asyndetisch aneinandergereihten Einzelsätzen.

Ein weiteres Zögern betrifft die Stellung des Herausgebers innerhalb seiner eigenen Zeitung. Einerseits ist er sorgsam darauf bedacht, nicht selbst als Sprecher zu erscheinen, seinen eigenen Äußerungsrahmen möglichst zu verhüllen und stets Äußerungszeit und -ort der Korrespondenten in den Vordergrund zu stellen. Andererseits aber schaltet sich überall im Text der Herausgeber ein, um als aktiver Teilnehmer an der Kommunikation mit dem Leser zu erscheinen, entweder durch explizite sprachliche Einheiten oder zumindest durch implizite Signale wie die rhythmische und rhetorische Gestaltung der Texte. In dieser Polyphonie ergreift der sich anscheinend im Hintergrund haltende Herausgeber bei genauerem Hinsehen weit öfter das Wort, als man zunächst meinen könnte, und seine Stimme wirkt aktiv mit allen anderen Quellen und Vermittlern in der Gestaltung der Nachrichten mit.

Dies führt uns zu einem heute noch gültigen Widerspruch in der Presse: Nicht nur die Zensurbehörde, sondern auch die frühen Pressetheoretiker, die gegen Ende des 17. Jahrhunderts eine heftige Diskussion zum Nutzen und zur Rechtfertigung der Zeitungen geführt und ein journalistisches Berufsethos entworfen haben, verlangen, dass Nachrichten unverändert und kommentarlos weitergeleitet werden. Aber trotz der Gestaltung der Zeitungen, in denen die Korrespondenzen und Quellen in den Vordergrund gerückt werden, stellt man fest, dass der Herausgeber die Nachrichten zusammenfasst, verarbeitet, also verändert und manipuliert.

Daher muss die Äußerungsstruktur in den Zeitungen nun genauer untersucht werden, um die sprachlichen Mittel zu beschreiben, die der Herausgeber gebraucht, um sich in den Zeitungen zu äußern oder um andere, wenn nötig fiktive Stimmen in Szene zu setzen, hinter denen er seine eigene verbergen kann.

3 Die Äußerungsstruktur der Zeitungen

Bei der Untersuchung der formalen Gestaltung der Zeitungen zeichnet sich bereits ein Grundproblem der frühen Zeitungstexte ab: Sie weisen eine komplexe Äußerungsstruktur auf, in der man zwei entgegengesetzte Tendenzen erkennen kann.

Einerseits deutet die Textstruktur auf mindestens drei getrennte Äußerungsrahmen hin, der erste in den peripheren Teiltexten wie Titel und Schlussankündigungen mit entsprechenden Hinweisen auf die externen Variablen, Datierung und Lokalisierung im Titel; der zweite in den Initiatoren der zentralen, ihrerseits datierten und lokalisierten Korrespondenzen; der dritte in den den Korrespondenzen untergeordneten Teiltexten, meist ohne Datierung. Zwischen diesen Äußerungsrahmen scheinen keine Berührungspunkte zu bestehen. Was die Zeitungsherausgeber dadurch suggerieren wollen, ist, dass die Sprecher der beiden ersten Äußerungsrahmen nur der Übermittlung der Informationen dienen, sie nehmen vorgeblich nicht an der Gestaltung der Nachrichten teil. Lediglich der Sprecher des dritten Äußerungsrahmens wird als Ursprung der Informationen dargestellt. Die gesamte Äußerungsstruktur verleitet den Leser dazu zu glauben, dass die gesamte Zeitung aus einer Collage verschiedener Nachrichten besteht, die vom Informanten über die zwei offensichtlichen, d.h. durch Datum und Ort gekennzeichneten Äußerungsrahmen an den Leser übermittelt werden, als ahme die Äußerungsstruktur der Zeitungen die Relaisorganisation der Posten nach.

Andererseits aber wird eine entgegengesetzte Tendenz sichtbar, die darin besteht, dass die Korrespondenten und der Herausgeber sich die Informationen aneignen, sei es nur durch eine sprachliche Überarbeitung und eine syntaktische und rhythmische Angleichung. Diese Aneignung tendiert dazu, die ursprüngliche Collage in ein harmonisches Ganzes umzuwandeln, in dem die Übergänge von einem Äußerungsrahmen zum anderen überspielt werden.

Zweck der Untersuchung im folgenden Kapitel ist es daher, den linguistischen Zeichen, die im Text die jeweiligen Äußerungsrahmen und Kommunikationssituationen markieren, nachzugehen. Ein wesentlicher Ansatz dieser Teiluntersuchung ist es, in jedem der drei formalen Äußerungsrahmen den bzw. die aktuellen Sprecher anhand deiktischer, bewertender u.a. Einheiten zu ermitteln.

In früheren linguistischen Untersuchungen der Zeitungen des 17. Jahrhunderts wurden solche äußerungsspezifische Merkmale bereits erörtert. So etwa in einer lexikalischen Studie von Thomas Gloning:

> Man kann zwei Haupttypen der Bewertung oder der Kommentierung unterscheiden. Erstens verwenden die Berichterstatter explizit Bewertungsausdrücke (*ansehnlich, gut, herrlich, jämmerlich, köstlich*) [...]. Zweitens legen sich die Berichterstatter beim Ausdruck der Erleichterung (*Gott lob*), des Bedauerns (*leider*), beim Ausdruck von Befürchtungen und Hoffnungen, gelegentlich aber auch bei der Bezugnahme (*Unwesen*) auf Bewertungen fest, ohne daß diese explizit zum Ausdruck gebracht werden.[129]

Allerdings sind die hier in der Kategorie der Bewertungseinheiten eingeordneten sprachlichen Mittel unterschiedlicher Art, da man unter ihnen teils Adjektive bzw. Adverbien aufgelistet findet, die auf die Subjektivität des Informanten verweisen und zum semantischen (propositionalen) Aufbau der Nachricht beitragen (etwa „köstlich"), und teils Modalisierungs- und Bewertungspartikeln, die sich auf subjektive Einstellungen des aktuellen Sprechers, des Korrespondenten oder Herausgebers, beziehen und einen subjektiven Kommentar zum propositionalen Gehalt der Nachrichten darstellen (etwa „Gott lob"). Nachrichtengestaltung mit subjektiver Schilderung seitens des Informanten einerseits, Wahrheitsberechnung und Bewertung des Geschilderten seitens des Herausgebers andererseits: Beide zu unterscheidenden Kategorien werden also nicht vom selben Sprecher geäußert. Frühere Untersuchungen berücksichtigten somit die polyphone Dimension der Zeitungstexte nicht, die schon allein durch die Textstruktur zum Vorschein kommt: Eine bestimmte Einheit kann je nach ihrer Stellung im Text (in den peripheren Textteilen oder den Korrespondenzen, in Klammern oder nach Spatium) unterschiedlichen Äußerungsrahmen angehören und somit von unterschiedlichen Sprechern geäußert werden.

Die von Gloning aufgelisteten lexikalischen Einheiten müssen mit Berücksichtigung dieser stellungs- und äußerungsstrukturellen Variationen neu untersucht werden, daher müssen zunächst die unterschiedlichen Äußerungsrahmen in den Zeitungstexten genauestens beschrieben werden. Dabei soll von einer Hierarchie bzw. Einbettung der Äußerungsrahmen ausgegangen werden.[130] An oberster Stelle dieser Hierarchie ist der Matrixäußerungsrahmen anzusetzen, aus dem alle Schilderungen in den

---

129 Gerd Fritz et al., Die Sprache der ersten deutschen Wochenzeitungen, S. 152.

130 S. oben, 1.5.

Zeitungen hervorgehen, in dem jene Instanz als Sprecher fungiert, die wir als Herausgeber bezeichnen.

Er steht in derselben Kommunikationssituation wie der Leser. Die Leserschaft, an die er sich richtet, besteht zwar aus seiner gewöhnlichen Kundschaft, aber auch aus Autoritätsträgern an unterschiedlichen behördlichen Stellen, die mittels Zensur oder anderen Sanktionen eine gewisse Macht auf den Herausgeber ausüben. Obwohl er daher selbst zumeist nicht durch Pronomen in der 1. Person oder Bestimmung externer Variablen wie Zeit und Ort explizit zum Vorschein kommt, lassen sich doch einige sprachliche Zeichen finden, die diesen Äußerungsrahmen und dessen Sprecher kennzeichnen.

3.1 Sprachliche Kennzeichnung des Matrixäußerungsrahmens des Herausgebers

Die Herausgeber der ersten Zeitungen vermeiden es möglichst, in den Vordergrund zu treten, sei es aus Furcht vor der Zensur oder um den damaligen Gepflogenheiten zu entsprechen. Es entsteht nur selten eine direkte Kommunikation mit den üblichen phatischen und konativen Mitteln einer schriftlichen Verbindung zwischen Schreiber und Leser, im Gegenteil, diese Kommunikation verläuft meist unterschwellig, implizit und indirekt mit sprachlichen Mitteln, die eher zu ihrer Verhüllung dienen bzw. deren Funktion nicht primär der Herstellung eines Kontakts zwischen Schreiber und Leser dient. Allerdings stellt man am Ende des 17. Jahrhunderts eine neue Tendenz, besonders in den Hamburger Blättern fest, in denen der Herausgeber als Sprecher mehr und mehr offen in den Vordergrund tritt und explizit die Herstellung eines direkten Kontakts mit dem Leser sucht.

Durch die formale Gestaltung der Zeitungen ergibt sich der Anschein, dass sich die Kommunikation vom Herausgeber zum Leser auf die peripheren Textteile beschränkt. In Wirklichkeit aber, besonders in den Hamburger Blättern, müssen die meisten expliziten oder impliziten Zeichen eines sich Einschaltens des Herausgebers innerhalb des Textkörpers, in den Korrespondenzen oder gar in den Dokumenten, gesucht werden, trotz aller Markierungen der Distanzierung und des anscheinend mehrstufigen Wechsels des Äußerungsrahmens.

3.1.1 Explizite Zeichen der Herausgeber-Leser-Kommunikation: die direkten Verweise auf die Kommunikationsteilnehmer ‚Ich' und ‚Du'

In den meisten Büchern jener Zeit stehen mehr der weniger ausführliche Widmungen, zumeist an Fürsten, und Vorworte an den Leser, der dann mit konativen Wendungen wie „geehrter Leser"[131] direkt angesprochen wird, wodurch eine explizite Kommunikation zwischen Autor und Leser auf der Kommunikationsebene Verfasser-Leser entsteht.[132] Diese Gepflogenheit wurde in den Zeitungen allerdings kaum übernommen, so dass die konative Bezeichnung des Adressaten in diesem Kommunikationsrahmen durch das Wort „Leser" nur achtmal in unserem Korpus vorkommt, und dies in nur zwei Zeitungen: *AM* und *TKC*.

3.1.1.1 Die besondere kommunikative Struktur in AM

3.1.1.1.1 Sprachliche Zeichen zur Bezeichnung des ‚Du'

Der Herausgeber von *AM* richtet das Wort allgemein zu Beginn des Textkörpers, der sich von den üblichen Initiatoren von Korrespondenzen deutlich abhebt, direkt an sein ‚Du', an den Leser, anstatt, wie in allen anderen Zeitungen unseres Korpus, das Wort formal an den Korrespondenten weiterzureichen. Er behält offenkundig die Kontrolle über die Aussage, er bleibt formal der aktuelle Sprecher im Textkörper:

(1) Altonaischer *MERCURIUS*
und desselben
RELATION
aus
dem PARNASSO.
ANNO 1698. den 25. Februarii.

> IN folgenden wollen <u>wir</u> dem <u>geneigten Leser</u> die merckwürdige Begebenheiten / so seit jüngster Post aus unterschiedlichen Königreichen und Landen bey <u>uns</u> eingeläuffen / kürtzlich vorstellen / und aus
> Copenhagen
> berichten / welcher gestalt von einigen davor gehalten würde / daß... (AM 1698 02 22 S. 1)

Vom peripheren Initiator der Zeitung, dem Titel, bis zur Nachricht verlässt der Leser formal den Matrixäußerungsrahmen nicht. Der Adressat wird explizit mit der konativen Wendung „dem geneigten Leser" be-

131 Vgl. z.B. Kaspar Stieler, Zeitungs Lust und Nutz, S. 1.
132 Vgl. Marina A. Oleynik, Zur Textsortengebundenheit der Adressatenbezeichnung.

zeichnet. Eine direkte Nennung des ‚Du' führt automatisch in einer Kommunikationssituation zum Hervortreten des an das ‚Du' sich wendenden ‚Ichs'.[133] Dies bestätigt sich explizit in (1), da der Herausgeber dort auch direkt mit Pronomen in der 1. Person, „wir" und „uns", auf sich verweist. Zudem befinden sich im Kopf der Zeitung alle Angaben zu den externen Variablen der Äußerungssituation: Der Ort wird mit dem Adjektiv „Altonaischer" im Titel selbst bekannt gemacht, der Zeitpunkt wird mit einem ausführlichen Datum fixiert. Somit sind alle möglichen Kennzeichnungen einer Kommunikationssituation (das ‚Ich' bzw. das ‚Du', das ‚Hier' und das ‚Jetzt') in den einleitenden Texteinheiten dieser Zeitung sprachlich explizit vorhanden. Christian Reimer, Herausgeber dieser Zeitung, geht dennoch nicht so weit, seinen Namen in Form mehr oder weniger verhüllter Initialen zu drucken, wie in Flugschriften und ‚neuen Zeitungen' üblich und wie es auch in Hamburger Konkurrenzblättern teilweise gepflegt wurde: Es erschienen eine Zeit lang zwei Zeitungen mit demselben Titel *Relations-Courier* (die eine in Hamburg, die andere in Altona), welche die Initialen ihrer jeweiligen Herausgeber auf der Titelseite führten, doch war dies hauptsächlich marktstrategisch, um beide Blätter zu unterscheiden.[134]

3.1.1.1.2 Makrostrukturelle Zeichen

In (1) kann man feststellen, dass formal derselbe Matrixäußerungsrahmen auch nach eigentlichem Übergang zur Korrespondenz aus „Copenhagen" der aktuelle Äußerungsrahmen bleibt. In allen anderen Zeitungen wird dieser Übergang durch die Makrostruktur markiert, mit Terminatoren für den peripheren Textteil mit Titel, Separatoren und Initiatoren für das erste Textexemplar des Textkörpers. In *AM* deuten Makrostruktur und Syntax im Gegenteil auf eine Überbrückung dieses Übergangs von einem Äußerungsrahmen zum anderen hin. Der Beginn des ersten Textexemplars „Korrespondenz" befindet sich mitten in einem koordinierten Satz mit dem Pronomen „wir" als Subjekt, wodurch auf den Herausgeber als aktuellen Sprecher in beiden Äußerungsrahmen explizit verwiesen wird. Textstruktur und Syntax überbrücken den Übergang von einem

133 Vgl. Emile Benveniste, L'appareil formel de l'énonciation, S. 182: „[…] C'est d'abord l'émergence des indices de personne (le rapport *je-tu*) qui ne se produit que dans et par l'énonciation: le terme *je* dénotant l'individu qui profère l'énonciation, le terme *tu*, l'individu qui y est présent comme allocutaire."

134 Vgl. Carsten Prange, Die Zeitungen und Zeitschriften des 17. Jahrhunderts in Hamburg, S. 242; Hans-Joachim Köhler, Flugschriften als Massenmedium der Reformationszeit.

Teiltext zum anderen, wodurch auch angedeutet wird, dass derselbe Äußerungsrahmen beibehalten wird.

Solche strukturellen und syntaktischen Zeichen, die auf das Beibehalten des Matrix-Äußerungsrahmens hindeuten, kommen auch mitten im Textkörper vor, also weit entfernt von den peripheren, die externen Variablen der Kommunikationssituation fixierenden Teiltexten: In (2) richtet der Herausgeber wieder das Wort direkt an den Leser mit der üblichen Wendung „geneigten Leser", und zwar gleich nach dem Beginn einer Korrespondenz aus Hannover; die Wendung befindet sich wiederum mitten in einem komplexen Satz. Das Textexemplar ‚Korrespondenz' hat einen Nebensatz als Initiator, so dass die Syntax die Hierarchie der Äußerungsrahmen widerzuspiegeln scheint: Die Kommunikationsebene des Herausgeber-Leser-, d.h. des Matrixäußerungsrahmens, befindet sich im Hauptsatz herausgehoben, der Übergang zum Äußerungsrahmen des Korrespondenten wird überbrückend bzw. verhüllend in einen Nebensatz verbannt. Rhetorisch betrachtet befindet sich der Bruch in der Äußerungsstruktur mitten in einer dreikoligen Periode, und zwar nicht etwa an einer Nahtstelle zwischen Kola, welches durchaus rhetorischen Gepflogenheiten entspräche, sondern innerhalb der mit „ob…gleich" beginnenden Protasis; die konative Wendung „geneigten Leser" befindet sich im dritten Kolon, der Klausel, die typischerweise Kommentare des Matrix-Äußerungsrahmens enthält und hier den Text wiederum in der Kommunikationsebene des Herausgebers fest verankert. Der Herausgeber ist syntaktisch und rhetorisch bemüht, dem Leser die Übergänge von einem Äußerungsrahmen zum anderen zu Beginn der jeweiligen Textexemplare ‚Korrespondenz' zu verhüllen und ihn glauben zu lassen, dass er sich stets im Matrix-Rahmen befindet.

(2) Ob man gleich mit jüngster Post von
Hannover
etwas wegen der Leich-Procession der seel. Herrschafft gemeldet / so hat man dennoch nachgehnds den gantzen solennen Actum erhalten / welchen in folgenden dem <u>geneigten Leser</u> communicire: […] (AM 1698 04 01 S. 3)

Eine weitere Form der Überbrückung des Bruchs in der Äußerungsstruktur besteht darin, ein neues Textexemplar mit dem neuen Äußerungsrahmen, in dem der Korrespondent als aktueller Sprecher fungiert, durch eine Präpositionalgruppe mit „laut" einzuleiten, wie in (3), welches einer Modalisierung gleichkommt, in der der Sprecher des Matrixäußerungsrahmens, d.h. der Herausgeber, seine subjektive Einschätzung zum Wahrheitsgehalt der wiedergegebenen Korrespondenz preisgibt und sich gewissermaßen vom Inhalt dieser Korrespondenz distanziert. Die subjektive Einstellung der modalisierenden Instanz, d.i. des Herausgebers, tritt somit anstelle des Korrespondenten in den Vordergrund. Beim Leser wird dadurch der Eindruck erweckt, dass die modalisierende Instanz mit dem aktuellen Sprecher in der Korrespondenz gleichzusetzen ist, dass man also den Matrixäußerungsrahmen nicht verlässt.

Diese Art von Initiatoren in den Textexemplaren ‚Korrespondenz' ist in unserem Korpus nur in dieser einen Zeitung (*AM*) festzustellen und ist das bemerkenswerteste Beispiel für die Versuche, die Äußerungsstruktur der Zeitungen zu modernisieren oder zumindest expliziter zu gestalten.

3.1.1.1.3 Mehrdeutigkeit des indefiniten Pronomens *„man"*

Diese Neugestaltung der Äußerungsstruktur geht in *AM* allerdings nicht über die formale bzw. scheinbare Übernahme der Sprecherrolle durch den Herausgeber in den Korrespondenzen durch Vertuschung der Übergänge von einem Äußerungsrahmen zum anderen in den Initiatoren der Korrespondenzen hinaus. Nach diesen besonderen Initiatoren besteht in den weiteren Textteilen innerhalb der Korrespondenzen die Polyphonie nach wie vor. Die Äußerungsstruktur wird dadurch eher noch einen Grad komplexer, da man innerhalb der Korrespondenzen offenkundig mit der Stimme des Herausgebers neben jener des Korrespondenten und des Informanten rechnen muss. Diese dreifache Besetzung der Sprecherrolle lässt sich anhand des indefiniten Pronomens „man" veranschaulichen.

Der Leser stößt oft auf dieses Pronomen an Stellen, an denen ein Wechsel des Äußerungsrahmens wie oben beschrieben überbrückt wird, an denen der Sprecher des Matrixäußerungsrahmens (der Herausgeber) das Wort an den Sprecher eines neuen Textexemplars im Textkörper (einen Korrespondenten) weiterleiten sollte, diesen Bruch in der Äußerungsstruktur aber überbrückt und das Wort behält. Der Herausgeber bedient sich an solchen Stellen des indefiniten Pronomens zur Selbstbezeichnung. Das indefinite Pronomen erscheint somit in *AM* in Konkurrenz zu den Formen der 1. Person, die weitaus eindeutiger sind, und gehört in den anderen Zeitungen (in denen Pronomen der 1. Person äußerst selten sind) zu den üblichen verhüllenden Verweisen auf den Herausgeber.

Dass das Pronomen „man" in der Tat auf den Herausgeber (den Sprecher des Matrixäußerungsrahmens) verweisen kann, wird in Korrespondenzen mit der Ortsangabe „Niederelbe", (etwa „Man hat aus dem Nieder-Elbischen…" (AM 1673 04 05 S.2)), eindeutig, denn bei einer Korrespondenz aus der Umgebung Hamburgs muss es sich, in einem Altonaischen Blatt, um eine fiktive Korrespondenz handeln, wie sie auch in

NM vorkommen,[135] in denen der Herausgeber selbst als fiktiver Korrespondent fungiert. „Man“ wird in diesem Fall vom Herausgeber reflexiv verwendet, er bezeichnet sich mittels dieses Pronomens selbst als Koreferent der (niederelbischen) Äußerungssituation und somit als Sprecher zugleich des Matrixäußerungsrahmens und jenes der Korrespondenz, die in diesen Fällen identisch sind. Durch diese zweideutige Selbstbezeichnung des Herausgebers bleibt dennoch eine Distanz zwischen ihm und den geschilderten Ereignissen beibehalten, die mit Einsatz eines Pronomens in der 1. Person verschwinden würde.

Hingegen dürfte das Pronomen „man“ in (3), in den jeweiligen Initiatoren der Teiltexte, nicht auf den Sprecher des Matrixäußerungsrahmens hinweisen. Man muss in „hat man zwar gemeinet“ und „man vernimmet“ das indefinite Pronomen eher als eine Bezeichnung des Sprechers des wiedergegebenen Äußerungsrahmens des Korrespondenten interpretieren. Da in *AM* der Leser, wie oben geschildert, den Matrixäußerungsrahmen anscheinend nicht verlässt, bezieht sich das Pronomen „man“ in diesen Fällen nicht auf den aktuellen Sprecher (d.i. den Herausgeber), es ist also nicht als Äquivalent von Pronomen der 1. Person anzusehen. Es handelt sich diesmal um eine tatsächliche 3. Person, sie und deren Äußerung (d.i. die Korrespondenz) werden in Koreferenz vom Sprecher des Matrixäußerungsrahmens in Form einer indirekten Rede herangezogen. „Man“ ist in (3) die Antwort auf die Frage: „von wem wird gesprochen?“, und nicht, wie oben, auf die Frage: „wer spricht?“.

In diesem Beispiel (3) beobachtet man für die drei Vorkommen des Pronomens „man“ in den Initiatoren der Teiltexte (in „hat man zwar gemeinet“ , „man vernimmet“ und auch beim Übergang zum Teiltext aus Wien „ungachtet man [...] zu Wien redet“) eine Zweideutigkeit in der Bezeichnung, die zu einer dreifachen Interpretation der Äußerungsstruktur bzw. zu einer Entwicklung dieser Struktur in drei Phasen führt: Man geht allmählich von einer Selbstbezeichnung des Herausgebers im Matrixäußerungsrahmen zu einer Bezeichnung (durch den Herausgeber) des Korrespondenten in der 3. Person und schließlich zu einer Selbstbezeichnung des Sprechers im Äußerungsrahmen des Korrespondenten über. Es erweist sich nämlich, dass das vorgetäuschte Beibehalten des Matrixäußerungsrahmens doch nicht konsequent durchgehalten wird. Unmerklich gleitet der Leser, wegen des Fehlens weiterer Distanzierungssignale bzw. Markierungen der indirekten Rede, wegen der Häufung der Aussagesätze im Indikativ, zudem auch noch im Präsens ohne Modalisierung, in den

135 S. unten, 3.1.1.3.2.

Äußerungsrahmen des Korrespondenten hinüber. Der Herausgeber hat seine Sprecherrolle entgleiten lassen, nun ist der Korrespondent am Zuge, er ist nun der aktuelle Sprecher, der sich selbst mit „man“ bezeichnet und zur Äußerungssituation der herangezogenen Berichte gehört.

Neben diesen Vorkommen des Pronomens „man“ in den Initiatoren der jeweiligen Textexemplare bzw. Teiltexte stößt man auch in deren Textkörper auf etliche Vorkommen des Pronomens „man“, und zwar mit einer dritten Funktion, die man zunächst anhand der Position in der Textstruktur erkennen kann. In den zentralen Textteilen der Korrespondenzen dient das Pronomen dazu, in Koreferenz mit den geschilderten Ereignissen auf Personen Bezug zu nehmen, die dem Kontext der Nachricht selbst angehören. Bei Vorkommen des Pronomens „man“ wie in „daß man also […] wird senden“, „man sich rüstet“ und „Man machet Anstalt“ wird nicht verhüllend auf den Sprecher des aktuellen Äußerungsrahmens verwiesen, es handelt sich um ein richtig eingesetztes Pronomen der 3. Person, mit dem Personen bezeichnet werden, die sich meist außerhalb der Äußerungssituation befinden.

(3) Laut
Dantziger
Briefen / hat man zwar gemeinet / I. K; m. von Pohlen würden die Ankunfft Ih. Churfürstl. Durchl. von Brandenburg abgewartet haben / allein man vernimmet / daß sich beyde hohe Potentaten nicht abouchiren [... werden]. Ihro Käyserl. Maj. lassen einige Regimenter Cavallerie an die Pohlnische Gräntzen rücken / […] weil allem Ansehen nach es so geruhig nicht bleiben dürffte / als es eine Zeithero geschienen. In Littauen will der Groß-Feldherr den von den Oginsky erlittenen Schaden nicht ferner erdulden / […] und weil er auf dem March wider ihm begriffen / dürffte man ehesten von einer blutigen Rencontre vernehmen. → Die Sache dieser Stadt wegen des Printzen Conty ist noch nicht in Franckreich abgethan / daß man also die freye Fahrt zu erhalten und wol Deputirte / die Submißion zu machen / nach Paris wird senden müssen. Ungeachtet man starck von den Frieden mit den Türcken zu Wien
redet / so erhellet doch aus den Präparatorien sowol am Käyserl. als Türckischen Hofe gantz das Contrarium / indem zu beyden Theilen man sich rüstet / dieses Jahr gar frühezeitig ins Feld zu erscheinen. Man machet Anstalt / die von dem Reiche übernommene Milice dieses Jahr alle in Wasser nach Ungarn zu führen (AM 1698 04 01 S. 6)

Das ursprüngliche Bemühen des Herausgebers von *AM*, die Äußerungsstruktur dieser Zeitung neu und zentripetal um den Sprecher des Matrixäußerungsrahmens zu gestalten, artet letztlich in eine noch konfusere Situation für den Leser aus, als in anderen Zeitungen, wo man explizit mittels formal eindeutig erkennbarer Korrespondenzköpfe das Weiterleiten der Sprecherrolle von einem Äußerungsrahmen zum nächsten mit wahren oder fiktiven Übergangskennzeichnungen markiert.

Die Konfusion ist umso größer, als die herkömmlichen Markierungen der Polyphonie, insbesondere das Spatium, beibehalten werden: Der Herausgeber hat anscheinend nicht den gesamten Text der Korrespondenzen umgearbeitet, er hat sich auf die Überbrückung der Brüche zwischen den Korrespondenzen konzentriert. So wird das Pronomen „man" so vieldeutig, dass man nie wissen kann, wer spricht oder von wem man spricht.

Diese Mehrdeutigkeit betrifft freilich noch weitere Einheiten, z.B. das Modalverb „dürfte", das zum Ausdruck der Modalisation eingesetzt wird. Eine Modalisation drückt stets ein subjektives Urteil des Sprechers zum Grad der Wirklichkeit, Möglichkeit oder Wahrscheinlichkeit des von ihm geäußerten propositionalen Gehalts aus: Doch wessen Urteil drückt sich in „es so geruhig nicht bleiben dürffte" und „dürffte man ehesten [...] vernehmen" aus? Es könnte sich um den Sprecher des Äußerungsrahmens des Berichterstatters, um den Informanten, handeln, da es sich bei (3) offensichtlich um ein Konglomerat mehrerer Textexemplare und in jedem Textexemplar mehrerer Teiltexte mit jeweils unterschiedlichem Äußerungsrahmen handelt: Bei solchen Collagen aus mehreren Quellen kommen die Nachrichten aus geographisch weit auseinanderliegenden Gegenden, die Teiltexte werden zumindest teilweise mit Spatium getrennt. Jeder dieser Teiltexte stellt eine Äußerungseinheit (ein Kommunikat) dar, die formal jeweils einer Periode entspricht, in der das zweite Kolon einen Kommentar des berichtenden Sprechers, des Informanten, über die in der Protasis von ihm geschilderten Fakten enthält.

Allerdings könnte dieses wichtige formale Argument auch darauf schließen lassen, dass die mit „dürfte" ausgedrückte Modalisierung auf den Sprecher eines hierarchisch übergeordneten Äußerungsrahmens zurückzuführen ist. Es gehört zu den Eigenschaften der Periode, dass innerhalb dieser rhetorischen Einheit der Übergang von einem Kolon zum anderen zugleich auch einem Bruch in der Äußerungsstruktur entsprechen kann: Der Äußerungsrahmen in der Protasis muss nicht identisch mit jenem der Apodosis oder Klausel sein, der Kommentar in der Apodosis bzw. Klausel kann somit durchaus auch vom Korrespondenten oder Herausgeber stammen, der in einem Kolon die Nachricht des Informanten wiedergibt und im anderen einen subjektiven Kommentar abgibt. Diese Hypothese dürfte sich besonders für den zweiten Beleg des Modalverbs („dürffte man ehesten [...] vernehmen") bestätigen, da dort das

Verb „vernehmen“ darauf hindeutet, dass die Information nicht unmittelbar vom Zeugen des Geschehens, sondern mittelbar mittels Briefen und Korrespondenzen in Erfahrung gebracht wird.

Würde sich diese Hypothese bestätigen, dass im zweiten Beleg mit „dürfte“ der Sprecher eines übergeordneten Äußerungsrahmens seinen Kommentar abgibt, besteht durchaus die Möglichkeit, dass es sich nicht um den Korrespondenten, sondern gleich um den Herausgeber (Matrixäußerungsrahmen) handelt, wegen der besonderen Äußerungsstruktur in *AM*, in der der Herausgeber stets darauf erpicht ist, das Wort zu behalten und die Korrespondenzen zentripetal, als indirekte Rede in seine eigene Äußerung zu integrieren. In diesem Fall würde das Pronomen „man“ in „dûrffte man [...] vernehmen“ wiederum einer Selbstbezeichnung des Herausgebers entsprechen.

Die Gestaltung der Äußerungsstruktur in *AM* dürfte dem damaligen Leser, der es nicht gewohnt war, den Herausgeber einer Zeitung sich derart enthüllen zu sehen, bestimmt gewagt vorgekommen sein. Aber da sich die Konfusion innerhalb der Äußerungsstruktur vergrößert, wird die Polyphonie zur Kakophonie. Vielleicht wollten die Zeitungstheoretiker des 17. Jahrhunderts eine größere Klarheit innerhalb dieser Äußerungsstruktur schaffen und vermeiden, dass sich die Stimmen der unterschiedlichen Sprecher im Zeitungstext vermengen, wenn sie verlangten, dass der Herausgeber sich jeden Kommentars enthalten und die Nachrichten unverarbeitet wiedergeben solle:

> aus Zeitungsschreibern [werden] vielmals Zeitungs-Verfälscher / Luftspeiser und Larfen-bäcker gemacht / welche sich mit Oratorischen Grillen und unzeitigen Beurteilungen behelfen / und also den lüstern Leuten Nebel und Rauch verkaufen.[136]

3.1.1.2 Die kommunikative Struktur in TKC

3.1.1.2.1 Makrostrukturelle Zeichen

In der anderen Zeitung unseres Korpus, in der der Adressat, der Leser, explizit bezeichnet wird, nämlich in *TKC*, findet man die klassische Aufgliederung des Textkörpers in Korrespondenzen, ohne dass die Übergänge von einem Äußerungsrahmen zum anderen bei den jeweiligen Textexemplaren vertuscht werden. Aber sie hebt sich dennoch von den meisten Zeitungen ab, weil die erste Korrespondenz auf Seite 2 jeder Ausgabe keinen eigenständigen Kopf besitzt und somit angedeutet wird, dass der auf der völlig dem Titel gewidmeten Seite 1 als Sprecher fungierende

136 Kaspar Stieler, Zeitungs Lust und Nutz, S. 46.

Herausgeber auch Sprecher in der Korrespondenz auf Seite 2 ist. Diese makrostrukturelle Gestaltung mit Überbrückung von der Seite 1 zur Seite 2 ist jedoch das einzige Indiz dafür, dass sich der Matrixäußerungsrahmen mit dem Herausgeber als Sprecher auf die Korrespondenzen ausdehnt. Es kommen sonst keine expliziten Hinweise auf die externen Variablen der Kommunikationssituation im Matrixäußerungsrahmen vor (wie Orts- und Zeitangabe oder Initialen des Herausgebers). Zudem findet man in diesen Textexemplaren auch keine ausdrücklichen Selbstbezeichnungen des Sprechers mit Pronomen in der 1. Person: Der Text ist unpersönlich, es begegnen lediglich das indefinite Pronomen „man“ wie in „Man hat aus den Oesterreichischen Landen“[137] oder unpersönliche Wendungen wie „es haben die Frantzosen keinen Schaden gethan“.[138]

Eine weitere Besonderheit in *TKC*, die z.T. an die Textstruktur in *AM* erinnert, ist, dass die Korrespondenzköpfe (mit der Ortsangabe und dem Datum) in Klammern gesetzt sind, was als eine Abtönung des Übergangs von einem Äußerungsrahmen zum anderen gedeutet werden könnte. Vor allem aber fällt auf, dass die Zahl der Korrespondenzen und somit der Brüche in der Äußerungsstruktur verhältnismäßig gering ist; die erste Korrespondenz, die keinen Kopf aufweist, erstreckt sich manchmal bis zur sechsten der acht Seiten. Jedoch wird die Polyphonie stets mit Spatium oder Absatz markiert, dies auch innerhalb der ersten, dem Anschein nach einzig dem Sprecher des Matrixäußerungsrahmens gewidmeten Korrespondenz,[139] die Äußerungsstruktur ist also auch hier widersprüchlich: Der Sprecher des Matrixäußerungsrahmens behauptet sich als Sprecher über weite Textteile hinweg, zwar nicht so explizit wie in *AM*, aber doch in einer überlangen ersten Korrespondenz, andererseits aber erscheint überall deutlich die Polyphonie.

3.1.1.2.2 Sprachliche Zeichen zur Bezeichnung des ‚Du‘

Und inmitten dieses so unpersönlich gehaltenen Textes schaltet sich in (4) plötzlich der Herausgeber ein, das ‚Ich‘ des Sprechers erscheint nämlich, indem er sich explizit an das ‚Du‘ wendet, mit der Wendung „dem günstigen Leser“, und dies zudem noch im Initiator einer Korrespondenz, im Kopf nebst Datum und Ortsangabe, d.h. an der Stelle, an der man eigentlich meint, dass der Herausgeber das Wort an den Korrespondenten weiterreicht.

---

137 TKC 1673 12 15 S. 6.
138 TKC 1673 11 24 S. 6.
139 Vgl. TKC 1673 11 24 S. 4.

(4) (Wien / den 26. Octobr.) [1]Ihro Kaiserl. Majestät wird nun wieder allhier erwartet / [2] und ist das Beylager alles glücklich und sehr wol abgangen / [3] wie auch mit nechsten der Kaiserl. Einzug so zu Grätz geschehen / wird dem günstigen Leser in Kupfer überreicht werden (TKC 1673 11 06 S. 7)

Dieses Einschalten des Herausgebers ist insofern überraschend, als diese Korrespondenz äußerungssituativ deutlich markiert ist: Neben dem Korrespondenzkopf, aus dem hervorgeht, dass der aktuelle Sprecher sich nun in Wien befindet, stößt man auf Zeitadverbien wie „nun“ und lokative Adverbien wie „allhier“, alles explizite Hinweise auf die externen Variablen der Kommunikationsebene des Korrespondenten, die also auf den Korrespondenten als aktuellen Sprecher weisen. Im selben Satz aber wird direkt auf den Leser verwiesen, der aber nicht zu dieser Kommunikationssituation gehört, sondern zur Kommunikationssituation Herausgeber-Leser, also zum Matrixäußerungsrahmen, so dass dadurch der Nürnberger Herausgeber anstatt des Wiener Korrespondenten zum aktuellen Sprecher wird.

Man kann sich freilich fragen, ob die Bezeichnung „Leser“ sich nicht auf den Adressaten des Wiener Korrespondenten beziehen könnte. Dieser wäre entweder ein anderer „Leser“ als die Leser der Nürnberger Zeitung, da er sich in einem anderen Äußerungsrahmen befindet: Dann würde es sich um einen unbekannten Adressaten der Kommunikationssituation des Wiener Korrespondenten handeln, der zweckentfremdet in den Matrixäußerungsrahmen Eingang findet, wo die Bezeichnung „dem geneigten Leser“ vom Herausgeber in seiner eigenen Äußerung ohne Neuperspektivierung wiederaufgegriffen wird. Oder es ist der Leser der Nürnberger Zeitung, d.h. des Matrixäußerungsrahmens, gemeint, falls der Wiener Korrespondent gezielt für die Nürnberger Zeitung schrieb, wodurch eine neue Kommunikationssituation entstünde mit dem Wiener Korrespondenten als Sprecher und dem Nürnberger Leser als Adressaten.

Doch sprechen viele Argumente gegen diese beiden letzten Annahmen, sondern dafür, dass sich hier tatsächlich der Nürnberger Herausgeber in den Text einschaltet. Zunächst ist der Äußerungsrahmen für die beiden anderen Belege direkten Adressierens an den Leser in *TKC*[140] eindeutig: Es schaltet sich dort jedes Mal der Herausgeber selbst ein. Dann ist wenig wahrscheinlich, dass ein Korrespondent gezielt die Leserschaft einer einzigen Stadt mit Informationen versorgte, diese Korrespondenzen wurden an zahlreiche, geographisch weit verstreute Kontakt-

140 TKC 1673 11 24 S. 8; TKC 1673 12 01 S. 8.

personen verschickt. Auch entsprach die Ansprache des Adressaten eines Korrespondenten mit „Leser“ nicht den Gepflogenheiten, wie andere direkte Hinweise auf die Kommunikationssituation im Matrixäußerungsrahmen zeigen: Sie eignet sich eigentlich nur zur Bezeichnung des Adressaten dieses Matrixäußerungsrahmens. Schließlich entdeckt man bei genauerem Hinsehen, dass der Abschnitt in (4) polyphon ist, der Informationsgehalt des Satzes mit der Bezeichnung „Leser“ unterscheidet sich vom Gehalt der voranstehenden Sätze: Der Wiener Korrespondent schildert in [1] die Fakten aus der Wiener Perspektive, er kündigt die baldige Rückkehr des frisch vermählten Kaisers in seine Hauptstadt an, der letzte Satz [3] schildert den feierlichen Einzug des Kaisers in jene Stadt, in die seine zukünftige Gemahlin, die Prinzessin von Innsbruck, dem Kaiser entgegengereist war[141] und in der die Hochzeit am 16. Oktober 1673 stattgefunden hat.[142] Die Ereignisse in [2] werden aus der Perspektive jener Stadt, nämlich Graz, geschildert: Der Sprecher ist ein anderer als der Wiener Korrespondent. Daher ist völlig plausibel, dass in [3] ein weiterer Sprecherwechsel das Einschalten des Herausgebers ermöglicht, der dem Leser einen Kupferstich von dieser Hochzeit verspricht: Drei Sprecher äußern sich daher zu einem gemeinsamen Thema, der Hochzeit des Kaisers. Dass der Sprecherwechsel inmitten einer Periode geschieht, ist auch völlig geläufig; das dritte Kolon [3] dieser Periode, die Klausel, eignet sich ganz besonders zu einem Bruch in der Äußerungsstruktur und zu einer Rückkehr zum Matrixäußerungsrahmen. Diese Polyphonie innerhalb einer einzigen Periode entspricht ganz und gar den Schreibgepflogenheiten in den damaligen Zeitungen. *TKC* hebt sich lediglich durch die explizite Nennung des Adressaten des Matrixrahmens von den meisten anderen Zeitungen ab.

Die weiteren Vorkommen des Wortes „Leser“ in *TKC* bestätigen, dass der Herausgeber explizit in den Vordergrund tritt, um das Wort direkt an seinen Adressaten zu richten. Bei einem der Belege wird im Terminator der Zeitung in Form eines Werbeinserats an den Leser appelliert,[143] bei einem anderen Beleg (5) werden dem Leser heftig und eindringlich die politischen und kriegerischen Ereignisse des Augenblicks auseinandergesetzt: Der Herausgeber veröffentlicht auf den zwei letzten Seiten seiner Zeitung einen rückblickenden historischen Bericht über Ereignisse, die sich in den Jahren 1473 bis 1475 zwischen dem Herzog von

141 Vgl. MRZ 1673 43 S. 3.
142 Vgl. MRZ 1673 44 S. 3.
143 TKC 1673 12 01 S. 8.

Burgund und dem Kaiser zugetragen haben, bei welchem Händel der Kaiser schließlich die Oberhand gewann; dieser Bericht mit dem Titel „Anmerckung von jezigen Kriegs-Läuffen." dient dem Zweck, eine Parallele zur gegenwärtigen Lage herzustellen und den Leser davon zu überzeugen, dass auch diesmal der Sieg des Kaisers überwältigend sein wird. Dieser eher propagandistische als informative Bericht schließt mit den Worten:

(5) Wann der geneigte Leser diese Geschicht gegen heutigen Kriegsläuffen hält / und die Umstände der Oerter und Personen wol erwäget / wird er befinden / daß vor 200 Jahren dieses heutige Waffen-Schauspiel auch gespielet worden. GOtt verfüge / das es / wie damals / zu unsers allernädigsten Kaysers *LEOPOLDI* als Kayser Friderichs UrEnkels-UrEnkels-Enkels / herzlichen *Victoriae* und höchster *Gloriae* hinaus laufen möge. (TKC 1673 11 24 S. 8)

Man kann hier freilich keineswegs von objektiver und parteiloser Berichterstattung sprechen, welches ohnehin nicht das Anliegen von *TKC* ist. Dennoch ist auch hier das direkte Erscheinen des Sprechers zweideutig, denn es wird innerhalb eines exakt zwei Seiten langen Textexemplars vom Typ ‚Dokument' an den Leser appelliert. Durch einen Teiltext mit besonderem Titel und Initiale wird dem Leser nahegelegt, dass es sich um einen zitierten, exakt wiedergegebenen Text handeln soll. In der Tat hat der Herausgeber vermutlich ein Flugblatt abgedruckt, mit einer vom Matrixäußerungsrahmen seiner Zeitung völlig unabhängigen Kommunikationssituation, so dass der abschließende Absatz mit der konativen Wendung vom unbekannten Verfasser der Flugschrift und nicht vom Herausgeber des *TKC* zu stammen scheint. Andererseits aber hebt sich dieser Abschluss inhaltlich und formal vom Beginn des Textexemplars ab, da dort die Lehre aus dem Geschilderten in einem besonderen Absatz geschlossen wird, so dass es gut vorstellbar wäre, dass es beim Übergang zum letzten Absatz zu einem Sprecherwechsel kommt, dass der Leser vom Äußerungsrahmen des unbekannten Verfassers der Flugschrift in den Matrixäußerungsrahmen der Zeitung versetzt wird. Dieser Bruch in der Äußerungsstruktur innerhalb desselben Textexemplars entspräche durchaus den Gepflogenheiten der damaligen Zeit. Diese Zweideutigkeit wird wohl absichtlich nicht aufgehoben, denn sie erlaubt es dem Herausgeber von *TKC* sich hinter den Äußerungen eines (fiktiven oder realen) Dritten zu verbergen, auch wenn er diesen Äußerungen durch die Hervorhebung als Dokument in seiner Zeitung eindeutig zustimmt.

Tatsächlich hält sich der Herausgeber trotz weniger direkter Erscheinungen eher vorsichtig verdeckt hinter unpersönlichen Wendungen und tritt lediglich mittels indirekter Zeichen in den Vordergrund, wie es in den meisten Zeitungen üblich ist. So findet man etwa in *TKC* indirekt geäußerte subjektive Urteile und Bewertungen mittels bestimmter Adjektive und Adverbien, vgl. (6).

(6) Nachdencklich ist Hergegen Seiner Königlichen Majestät in Engeland an das Unter-Haus geschehene Erklärung. (TKC 1673 11 24 S. 4)

Das Adverb „nachdenklich" gehört nicht zum propositionalen Gehalt der wiedergegebenen Nachricht, es handelt sich um einen vom aktuellen Sprecher (hier handelt es sich um den Herausgeber selbst, denn wir befinden uns in der ersten Korrespondenz ohne Kopf und daher ohne Wechsel des Äußerungsrahmens) geäußerten subjektiven Kommentar. Dabei handelt es sich sowohl um eine pessimistische Bewertung des im Folgenden wiedergegebenen propositionalen Gehalts, der von England handelt, das mit Frankreich verbündet ist, und mittels der Partikel „hergegen" um eine nachträgliche, implizit optimistische Bewertung des vorangehenden propositionalen Gehalts, der Schweden betrifft, das zwischen den Kriegsparteien vermittelt, um Frieden bemüht ist, aber die Geduld zu verlieren droht und Frankreich den Krieg erklären könnte, was eine Entlastung für die von Frankreich bedrohten deutschen Lande wäre. Die Partikel „hergegen", die anscheinend lediglich zur Kohäsion des Textes beiträgt und als Verknüpfungsmittel zwischen zwei Textteilen eingesetzt wird, die zwei unterschiedlichen Quellen entstammten, erlaubt es nicht nur dem Herausgeber, indirekt eine subjektive Bewertung und Parteiergreifung zu äußern, sondern auch sich als aktueller Sprecher in diesem Textteil zu behaupten und indirekt durch die Strukturierung des Textes zum Vorschein zu kommen, indem er anscheinend zusammenhangslose Nachrichten sinnstiftend miteinander verknüpft. Zwischen zwei Teiltexten, die völlig unterschiedlichen Kommunikationssituationen entstammen und in denen der Leser Sachgehalte über Schweden und dann über England erfährt, genügen zwei vom Sprecher des Matrixäußerungsrahmens eingesetzte Einheiten, nämlich „nachdenklich" und „hergegen", um dessen subjektive Einstellung und Bewertung dem Leser zu vermitteln und somit als aktueller Sprecher, der den Leser zu beeinflussen sucht, in den Vordergrund zu treten.

3.1.1.3 Die kommunikative Struktur in NM

Neben *AM* und *TKC* scheinen noch weitere Zeitungen des 17. Jahrhunderts von Zeit zu Zeit konative Einheiten, Anreden in der 2. Person zur Bezeichnung des Adressaten, des Lesers enthalten zu haben, es kommen aber davon keine in unserem Korpus vor. Manche Herausgeber verfassen Vorreden für ihre Zeitungen, entsprechend der Gepflogenheit bei Büchern, die gewissermaßen als „Leitartikel“ in diesen Zeitungen fungieren. Solche Vorreden begegnen insbesondere in *NM*[144] oder beim Erscheinen der ersten Ausgabe einer neuen Zeitung[145] oder der ersten Ausgabe eines neuen Jahres. Dennoch lassen sich nur in einer sehr geringen Zahl von Zeitungen Texte finden, in denen es zu einer direkten Kommunikation vom Herausgeber zum Leser kommt.[146] Unser Korpus enthält die erste Ausgabe zweier Titel, nämlich *NAC* und *TKC*, und in der Tat befindet sich dort keine Vorrede, sie beginnen beide unmittelbar mit dem Nachrichtenteil wie in allen folgenden Ausgaben. Die Zeitung, die sich laut Carsten Prange von den meisten anderen durch ihre direkte Kommunikation vom Herausgeber zum Leser deutlich hervorhebt, ist *NM*.

3.1.1.3.1 Sprachliche Zeichen zur Bezeichnung des ‚Du‘

In unserem Korpus begegnen Stellen, in denen der Leser in der 2. Person des Plurals direkt angesprochen wird, meist im Terminator der Zeitung, in Textteilen, die formal nicht immer deutlich von der letzten Korrespondenz abgegrenzt sind, in denen sich aber der Herausgeber zu Wort meldet, um eine Fortsetzung der Nachricht oder einen anderen Inhalt in der kommenden Ausgabe seiner anderen Zeitung anzukündigen. Es handelt sich daher meist um Textteile, die Werbung in eigener Sache enthalten, z.B. „Sehet in der 4. extr. Relation ein mehrers“.[147] Somit hat das direkte Erscheinen des Herausgebers im Terminator des Textkörpers auch die Funktion, die aktuelle Ausgabe umrahmend abzuschließen, da der Leser so, symmetrisch zum Initiator der Zeitung, wieder in den Matrixäußerungsrahmen versetzt wird. Dort gestaltet sich die Kommunikation eindeutig auf der Ebene Herausgeber-Leser, da es um Eigenwerbung geht, zugleich aber wird deutlich, wie sehr der Herausgeber in die Organisation, Darstellung und Gestaltung der Nachrichten, d.i. der Korrespondenzen, eingreift. Er sucht, beim Leser auch eine gewisse Neugier bzw. Spannung zu schaffen, indem er Inhalte unterbricht und Fortsetzungen in späteren Ausgaben ankündigt, wie etwa in „Den Rest sehet in der 50. ex-

144 Vgl. Carsten Prange, Die Zeitungen und Zeitschriften des 17. Jahrhunderts in Hamburg, S. 208.
145 Vgl. Carsten Prange, Die Zeitungen und Zeitschriften des 17. Jahrhunderts in Hamburg, S. 161; 203.
146 Vgl. Carsten Prange, Die Zeitungen und Zeitschriften des 17. Jahrhunderts in Hamburg, S. 8, Anmerkung 7.
147 NM 1673 01 4 S. 8.

traord. Relation".[148] Dies dient nicht immer nur dem Zweck der Eigenwerbung, der Herausgeber versucht auch, seiner Leserschaft auseinanderzusetzen, wie sehr er bemüht ist, die Nachrichten unparteiisch und ausgeglichen zu gestalten, indem er für die kommende Ausgabe eine Korrespondenz mit entgegengesetztem Standpunkt verspricht, wie bei der schon erwähnten Schilderung der Seeschlacht von Schooneveldt, vgl. (7):

(7) Sehet hirauff in der 48. Extr. Relation / was wegen beyder Actionen von Englischer Seiten eingekommen sey / wie es auß den rechten Originalen / mit des Printzen Robert Pitschafft / ist extra- hiret worden. Was heute auß Antwerpen eingekommen / und auß Holland wegen diser Actionen noch zu erwarten ist / folgt mit nechstem. (NM 1673 06 4 S. 8)

Diese direkte Kommunikation mit dem Leser dient hauptsächlich dem Zweck, diesem vor Auge zu führen, wie sorgfältig und gewissenhaft der Herausgeber arbeitet. Es geht nicht so sehr um eine Einflussnahme auf die politische Meinung des Lesers als darum, die Zeitung zu fördern, den Leser durch Qualität und ausgewogene Nachrichtengestaltung zum Kauf zu motivieren bzw. ihn an die Zeitung zu binden. Somit tritt der Herausgeber hauptsächlich als Garant für den Inhalt seiner Zeitung in den Vordergrund.

Und dies nicht nur am Rand des Textkörpers, im Terminator der Zeitung. Auch zwischen Korrespondenzen wird der Leser gelegentlich vom Herausgeber direkt angesprochen und ermutigt, die nachstehende Korrespondenz oder das von ihm dadurch besonders hervorgehobene Dokument zu lesen. Die konativen Wendungen dienen als Übergang von einem Textexemplar zum anderen, wobei der Leser jedes Mal in den Matrixäußerungsrahmen versetzt wird, um direkt vom Herausgeber Ansporn zum Weiterlesen zu erhalten, vgl. (8) und (9). Wie in *AM* wird die Trennung zwischen dem Äußerungsrahmen des Herausgebers und jenem des Korrespondenten teilweise aufgehoben, der Herausgeber tendiert dazu, als Sprecher in allen Teiltexten die Oberhand zu gewinnen.

(8) Sehet ein sonderbahres Warnungs-Schreiben
von dem Türckischen Hofe nach Pohlen
an den Herrn Castellan Czernio-
zensem. (NM 1673 02 6 S. 3)

(9) Nider-Elbe vom 8. Ap[?]il. Wie schlecht es in Westfahlen hergehe <u>sehet ihr</u> aus folgendem:

Bilefeldt vom 13. April. Den 8. dises kamen die Cölln- und Münsterische Armeen in 12. tausen Mann starck mit mächtigen Canonen

148 NM 1673 06 5 S. 7.

und Feuer-Mörsern vor dise Stadt / da wir uns dann in eine gute Positur setzten […] (NM 1673 04 3 S. 7)

3.1.1.3.2 Der Trick mit den fiktiven Korrespondenzen

In (9) hat es der Leser mit einer Korrespondenz zu tun, deren Kopf darauf hindeutet, dass sie aus der Gegend des Herausgebers selbst stammt („Niederelbe"), und tatsächlich wird er gleich vom Herausgeber selbst direkt angesprochen. Dadurch wird eindeutig, dass Korrespondenzen mit der Ortsangabe „Niederelbe" rein fiktive Korrespondenzen sind, in denen sich der Herausgeber selbst äußert, ohne sich jedoch den Anschein geben zu wollen, aus dem Matrixäußerungsrahmen heraus zu sprechen. Interessant in (9) ist auch, dass der Herausgeber in dieser Weise ein Dokument wiedergibt, in dem sich ein Zeuge der geschilderten Ereignisse direkt in der 1. Person äußert, der Äußerungsrahmen des Korrespondenten wird hier also völlig übersprungen, die Nachricht gelangt ohne diesen Vermittler direkt an den Leser.

In *NM* kommt es auch zu einem ziemlich bemerkenswerten Ausbruch des Herausgebers, der sich heftig darüber ärgert, dass ihm die Zensur damit drohte, ein Verbot über seine Zeitung zu verhängen, nur weil er versucht hat, ausgeglichene Nachrichtenquellen zu einem Thema heranzuziehen und zu veröffentlichen. Mitten in einer Korrespondenz mit der Ortsangabe „Niederelbe" setzt er dem Leser seine Auffassung eines journalistischen Berufsethos auseinander mit heftigen Seitenhieben auf die Zensurbehörde. Spätestens dann weiß der Leser, dass in Korrespondenzen mit der Ortsangabe „Niederelbe" der Herausgeber selbst als aktueller Sprecher fungiert, teils wie in (10) in der für die meisten Korrespondenzen üblichen unpersönlichen Weise, ohne direkte Bezeichnung der Teilnehmer an dieser Kommunikationsebene Herausgeber/Leser und mit zweideutiger Verwendung von unpersönlichen Einheiten wie dem Pronomen „man", teils wie in (11) mit unverhüllter Selbstbezeichnung und mit direktem Anreden des Lesers in Teiltexten, in denen die Emotionen des Herausgebers ohne Hemmungen hervorquellen und er den Leser in Streitgespräche involviert. Diese Diskussionen beziehen sich in unserem Korpus stets auf die Unparteilichkeit seiner Journalistentätigkeit. Es begegnen aber an anderer Stelle in Grefflingers Zeitung auch offenkundige Parteinahmen zu den geschilderten politischen und kriegerischen Ereignissen, wie in *TKC*.[149]

149 Vgl. Carsten Prange, Die Zeitungen und Zeitschriften des 17. Jahrhunderts in Hamburg, S. 150.

(10) Nider-Elbe vom 3. Januar.

Man hat vom Weser-Strohme / daß daselbst in 7000. Mann Braunschweig-Lüneb. Völcker sich verlegten [...] (NM 1673 01 1 S. 8)

(11) Nider-Elbe vom 13. Junii.

Es ist in der 45. Extr. Relation zum Ende versprochen worden / daß ein jeder nach sener Paßion von so hochwichtigen Sachen / nähmlich von den See Actionen / etwas haben möchte / so sollte von einer jeden Parthey Schreiben ein Extract mitgetheilet werden / um den Verfaßer diser Novellen nicht einseitig zu halten / solches wurde auch von vilen verständigen Männern vor gut geachtet / und schrib bald auch einer auß der Nachbarschafft zu: Daß es den Juristen zwar wol anstündte / einseitig und der Parthey getreu zu seyn / den Novellisten aber gebührte es nicht ein / sondern wol zwey / und wol gar 3. Seitig zu seyn / um den vilen Humeuren und jedem nach seiner Paßion ein Genügen zu thun. Disem allen bin ich getreu nachgekommen / was ich aber vor Danck verdint habe / ist nähmlich / eine Bedrohung meine Feder und auch gar meine Füße mit Eisen zu beschrencken / eben als wann ich einer Parthey etwas zu wider fingirt hätte / und solches mit Schreiben nicht belegen könnte. (NM 1673 06 4 S. 5)

In diesem berühmten Ausbruch hält sich der Herausgeber zunächst verdeckt und verwendet die üblichen unpersönlichen Wendungen, z.B. ein unpersönliches Passiv „es ist [...] versprochen worden“ (wobei es sich um ein Versprechen des Herausgebers selbst handelt) oder das Modalverb *soll* „sollte mitgetheilet werden“; der Herausgeber bezeichnet sich selbst durch eine Nominalgruppe der 3. Person als „Verfaßer diser Novellen“. Dann plötzlich kommt der Sprecher dieses Teiltextes direkt zum Vorschein, wohl in Folge der aufsteigenden Wut, so dass eine ganze Reihe von Pronomen der 1. Person, „ich“ und „mein“, hier vorkommt, etwas höchst Seltenes in den damaligen Zeitungen. Diese expliziten und direkten Einheiten der Selbstbezeichnung dürften als besonders expressive Mittel zum Ausdruck der Gemütsaufwallungen des Sprechers gelten.

Der Adressat in dieser Kommunikationssituation, d.i. der Leser, bleibt hinter indirekten Bezeichnungen verhüllt. Auf ihn verweisen teils Nominalgruppen mit unbestimmtem Plural „vielen verständigen Männern“ oder mit unbestimmtem Singular in dem ein Individuum stellvertretend für alle anderen bezeichnet wird „einer auß der Nachbarschafft“ oder der Leser fungiert als implizites Subjekt des Infinitivs „zu halten“. Zunächst kommt der Herausgeber in diesem Äußerungsrahmen nicht zum Vorschein, wie es normalerweise innerhalb einer Korrespondenz auch zu erwarten ist, doch dann tritt er offen in den Vordergrund, obwohl die Struktur des Textes in keiner Weise auf einen Wechsel in den Matrixrahmen hindeutet.

Diese fiktive Korrespondenz zeugt auch von der Art und Weise, wie es zu einem gegenseitigen Austausch zwischen Herausgeber und Leser kommen kann, denn es werden Briefe an die Redaktion erwähnt, und Teile dieses Ausbruchs sind wohl als Antwort auf einige dieser Schreiben zu deuten, wodurch gezielt, quasi von der übrigen Leserschaft abgesondert, Personen angesprochen werden, für die diese Reden gelten. Es könnte allerdings auch sein, dass es sich bei dem von Grefflinger zitierten ominösen Brief mit immerhin für damalige Verhältnisse gewagtem Inhalt („Daß es den Juristen zwar wol anstündte / einseitig und der Parthey getreu zu seyn") um eine Erfindung des Herausgebers handelt, um ein fiktives Schreiben, wie das gesamte Textexemplar ja auch eine fiktive Korrespondenz ist. Auch dieser Trick dient als Schutz und Vorsichtsmaßnahme, die der Herausgeber anwendet, um seine Meinung in etwas indirekter Weise der Obrigkeit mitzuteilen.[150]

3.1.1.3.3 Direkte Kommunikation in Teiltexten mit besonderer Funktion: Neujahrswünsche

NM hebt sich auch durch lyrische Einschübe des Herausgebers und Dichters Georg Grefflinger bei bestimmten Anlässen hervor. So beginnt die erste Ausgabe des Jahres 1673 mit mehreren Seiten langen Neujahrswünschen in Versen (12), in denen er sich nacheinander an alle sozialen Schichten seiner Leserschaft wendet. Diese Kommunikation erfolgt z.T. in sehr direkter Weise, der Herausgeber bezeichnet seinen Leser mittels Pronomen der 2. Person „sey auch selbst euer Stand / Rein..." und sich selbst in der 1. Person „Ich wünsch' ihm einen Sinn Voll Güte".

Grefflinger nutzt dieses besondere Textexemplar mit direkter Kommunikation zum Leser, um zu den politischen bzw. kriegerischen Geschehnissen Stellung zu nehmen, wenn nicht gegen den Angreifer in diesem Krieg, nämlich Frankreich, so doch zu Gunsten des Friedens: Er wünscht fürs neue Jahr, dass Gott die Niederlande in seinen Schutz nehme: „wie jetzt das kleine Niderland / [...] Sey sein Bedecken".

Diese direkte Kommunikation vom Herausgeber zum Leser wird lediglich durch die lyrische Kunstform etwas verhüllt oder wirkt durch die Form eines Gebets an Gott leicht indirekt. Dieses einzigartige Textexemplar befindet sich auch am Rande jener Textexemplare, welche die Zeitung eigentlich ausmachen, nämlich der Korrespondenzen, und es dient nachträglich, bei Erscheinen der gebundenen Jahresausgabe der

150 Vgl. Carsten Prange, Die Zeitungen und Zeitschriften des 17. Jahrhunderts in Hamburg, S. 110; 145 Anmerkung 87.

Zeitung, als Vorrede zum gebundenen Band, so dass durch die zeitliche Distanz der Inhalt an Schärfe und Brisanz verliert. Schließlich alternieren in diesem Text die direkten Anreden in der 2. Person mit indirekten Anreden in der 3. Person. Trotz dieser abtönenden Feststellungen bleibt dieser Text unstreitbar besonders stark konativ geprägt.

(12) Den Christen-Potentaten /
Und allen Magistraten,
Wünsch ich göldne Sonnen-Kronen / [...]
Dem Geistlichen Stande.
Wünsch' ich ein Gold-Stück mit dem Sterne / [...]
Also sey eure Stimm' in wilder Menschen Sinnen /
Daß sie zum neuen Jahr ein Christlichers Beginnen /
Durch eure Stimm' allzeit zu ihrem Heyl erweckt. [...]
Denen Hauß Vätern und Hauß-
Müttern.
Wünsch' ich ein Gold-Stück aus Braband / [...]
Also sey auch selbst euer Stand /
Rein in der Lib' als wie das Gold /
So sind Euch GOtt und Menschen hold. [...]
Meinen großen Gönnern.
Wünsch ich zum Neuen-Jahr' ein Stück von
den Dupplonen.
Verdopple GOtt / was sie bey mir aus Gunst ge-
than / [...]
Meinem Mißgönner [...]
Ich wünsch' ihm einen
Sinn
Voll Güte gegen mir / als ich ihm selber bin. (NM 1673 01 1 S. 4)

Neujahrswünsche bieten per se dem Herausgeber eine Gelegenheit, direkt das Wort an den Leser zu richten; insofern unterscheidet sich die Kommunikation in diesen einmaligen Textteilen von jener in den Korrespondenzen, in denen sich der Herausgeber meist hinter dem Äußerungsrahmen eines Dritten, d.i. eines echten oder vermeintlichen Korrespondenten verbirgt. Dennoch bleibt die Korrespondenz indirekt, da die Kommunikationsintention, nämlich das Glückwünschen zum neuen Jahr, dazu dient, eine andere, wohl die eigentliche Intention des Herausgebers, nämlich die Meinungsbildung des Lesers, zu verbergen. In unserem Korpus kommt neben *NM* noch in einer weiteren Zeitung ein solches Textexemplar vor, vgl. (13).

(13) Nach dem nun mehr durch die Gnade deß Allerhöchsten auch dieses 1668. Jahr zuruck geleget worden / als haben wir billich Ursach nicht al-

> lein denselben vor so vielfältige und unaussprechliche uns Unwürdigen erwiesene Gut- und Wolthaten hertzinniglichen zu dancken / zu loben und zu preisen / sondern auch demüthig und eiffrigst anzustehen und zu bitten / daß er nach seinen H. Willen und unergründlichen Gute und Barmhertzigkeit auch in diesen und viel folgenden Jahren seine gnädige Vattershand über uns ferner halten / uns vor Krieg / Pest / Hungersnoth / und dergleichen verderblichen Zufällen / auch Leibes und Seelen Gefährlichkeiten bewahren / und insgemein einem jeden / was er verlanget und ihme ersprießlich / reichlich und überflüssig geben und verleihen wolle / massen hiemit inbrünstig angewünschet wird. (OPZa 1668 12 26 S. 1)

Dieses Textexemplar des unbekannten Herausgebers von *OPZa* gehört ebenso zur Textsorte „Neujahrswünsche“ wie zu jener des Gebets, wodurch die Kommunikation an den Leser wiederum indirekter wird, da im Äußerungsrahmen eines Gebets der Leser nicht als Adressat gelten dürfte. Es scheint, als wollte es der Herausgeber auch in diesem Textexemplar vermeiden, das Wort direkt an den Leser zu richten. Dennoch werden hier das ‚Ich‘ und das ‚Du‘ der Kommunikation explizit erwähnt, der Adressat gehört zu all jenen, die ins Gebet mit aufgenommen werden und in der 3. Person mit dem allgemeinen „einem jeden“ bezeichnet werden. Auf den Sprecher wird ebenfalls verallgemeinernd mittels eines Pronomens im Plural „wir“ hingewiesen. Ein derart direkter Bezug auf die Teilnehmer an der Kommunikation im Matrixrahmen kommt an anderer Stelle in *OPZa* nicht mehr vor.

In *NM* bleiben nun jene Textteile zu erörtern, in denen der Herausgeber sich in konativen Wendungen in der 2. Person direkt an den Leser richtet, die aber zugleich mit deutlicher Ironie behaftet sind, denn in diesen Textteilen drückt der Herausgeber explizit einen missbilligenden Kommentar oder ein abwertendes Urteil zu den wiedergegebenen Nachrichten aus. So etwa in jenem Bericht über den in einen Hund verwandelten Menschen, in den konative Ausrufe wie „erschräcket über der Rache Gottes!“ eingeflochten sind.[151] Diese direkte Einmischung des Herausgebers in den Bericht fällt durch zwei Markierungen auf, die kennzeichnend für solche Einschübe sind, die Parenthese[152] einerseits, den exklamativen Äußerungstyp andererseits.

3.1.2 Präsenz des Herausgebers in markierten Äußerungstypen

In Ausrufe- und Fragesätzen sowie in Befehlen enthüllt sich der Herausgeber in seiner Sprechhandlung weit offensichtlicher als in den Assertio-

151 NM 1673 01 5 S. 2.

152 Zur kommunikativen Funktion von Parenthesen, vgl. Albrecht Greule, Die Parenthese.

nen, die meist als unmarkierte Sprechhandlungen gelten. Dies gilt auch, wenn ansonsten keine deiktischen Einheiten auf die externen Variablen der Sprechsituation, d.h. den Sprecher, den Äußerungsort und die Äußerungszeit, hinweisen. In den Zeitungen unseres Korpus sind einige Äußerungstypen durch die heute üblichen, modernen Interpunktionszeichen ‚?' und ‚!' markiert, wodurch sich die Zeitungen von anderen Texten hervorheben, in denen insbesondere das Ausrufezeichen sich erst später durchsetzt.[153]

3.1.2.1 Hervortreten des Herausgebers in Ausrufesätzen

Belegt sind Ausrufesätze mit Ausrufezeichen „!" in folgenden Zeitungen unseres Korpus: *EZ, EPZ, MRZ, NAC, NM, OPZa, OPZb* und *TKC*. Aber nur *NM* und *TKC* weisen Ausrufesätze auf, durch die eindeutig die Expressivität des Herausgebers zum Vorschein kommt, denn die meisten Belege dieses Äußerungstyps, auch in diesen beiden Zeitungen, befinden sich in Textteilen, die dem Äußerungsrahmen des Korrespondenten entsprechen dürften. Es kommen keine Initiatoren bzw. Überschriften von Textteilen vor, die mit Ausrufezeichen markiert wären, im Gegensatz zu modernen Zeitungen. *NM* hebt sich auch dadurch hervor, dass dort die eindeutig durch Interpunktion markierten Ausrufesätze bei weitem am häufigsten vorkommen und mit den vielfältigsten Funktionen eingesetzt werden.

Georg Grefflinger setzt Ausrufesätze zunächst in den lyrischen Textteilen ein, insbesondere in den Neujahrswünschen zum Jahre 1673, in denen diese exklamativen Äußerungen in Gebetsform gekleidete Bitten und Wünsche zum Ausdruck bringen, desgleichen auch die Entrüstung über den in Europa herrschenden Kriegszustand; (14) ist ein Auszug aus diesem Textteil, in dem sich der Herausgeber ziemlich direkt in den Ausrufesätzen gegen den Krieg, nicht aber gegen eine der Kriegsparteien im Besonderen äußert:

(14) Der Stadt Hamburg / und Dem Rahe /
Auch was es hat /
Das schützen deine Gnaden-Hände /
Biß an das Ende!
[...]
GAntz Europa führt nun Waffen /
Ach es sind Europae Strassen! (NM 1673 01 1 S. 3)

153 Vgl. Franz Simmler, Textsortengebundene syntaktische und interpungierende Entwicklungsetappen, S. 64.

Neben diesem besonderen Textexemplar sind in unserem Korpus insgesamt 4 Ausrufesätze in Korrespondenzen mit der Ortsangabe „Niederelbe“ im Kopf belegt, d.h., es handelt sich um Textexemplare, in denen der Herausgeber selbst als Korrespondent, d.i. als Sprecher, fungiert.[154] Einer dieser Sätze mit optativischem Konjunktiv I drückt einen Wunsch aus (15), bei den weiteren Belegen handelt es sich um Bewertungen[155] in Form von exklamativischen Parenthesen, in denen der Sprecher mittels einer Bewertungspartikel wie „leider“ (16) oder einer bewertenden Fügung wie „Gott Lob“ (17) eine subjektive Bewertung zu dem von ihm wiedergegebenen propositionalen Gehalt zum Ausdruck bringt.

(15) Nider-Elbe vom 30. May.
Es haben die Pohlnischen Brife etliche Wochen lang wegen der Türcken sehr groß veränderliche Zeitungen gehabt. Bald war die Sorge sehr klein / bald wider groß / nunmehr aber wird der Türcken Anmarch wider solches Königreich aus vilen angrentzenden Orten fast verneuert / welchen GOtt gnädig abwenden wolle! (NM 1673 05 9 S. 7)

(16) Nider-Elbe vom 17. Junii.
Weilen einige curiose Historien-Freinde jüngsthin begehret haben / von allen vorher gesetzten Relationen / wegen der ersten und andern See-Batallien / die am meisten / einer jeden Parthey Meynung nach / gewißeste auffzusetzen / und dem Buche einzuverleiben / so habe ich es hiemit wagen / und einer jeden Parthey wolgefaßte Relationes / aus ihren Sprachen treulichst verdeutscht / nach einander setzen wollen / damit man von keiner Parthey könne beschuldigt werden / als thäte man zu wenig oder zu vil / wie leyder! genug geschicht / die Zeit sey aber Zeige von allem. (NM 1673 06 5 S. 3)

(17) Nider-Elbe vom 28. Januar.
[…] Hierum ist / GOtt Lob! alles in Ruhe. (NM 1673 01 8 S. 7)

Wie stets in damaligen Zeitungen verhält sich der Herausgeber selbst in diesen Ausrufesätzen weitestgehend verdeckt. So kann man sich in (15) die Frage stellen, ob der Ausrufesatz tatsächlich als Äußerung des Sprechers gelten soll. Es werden Nachrichten aus Polen wiedergegeben, und man kann dieses rührende Stossgebet („welchen GOtt gnädig abwenden wolle!“) seitens eines Polen, dessen Land unmittelbar von den Türken

154 S. oben 3.1.1.3.2, und vgl. Carsten Prange, Die Zeitungen und Zeitschriften des 17. Jahrhunderts in Hamburg, S. 207.

155 Bewertung im Sinne von „appréciation“, vgl. René Métrich et al., Dictionnaire des invariables difficiles, Bd. I, S. 13; Marcel Pérennec, Présentation des mots du discours, S. 288. Unter Bewertung versteht man einen subjektiven Kommentar des Sprechers, des Typs *leider* oder *glücklicherweise*, zu dem von ihm assertierten propositionalen Gehalt, dessen Wahrheit aber dadurch nicht in Frage gestellt wird.

bedroht wird, verstehen, weit weniger ist dieser subjektiv-affektive Ausbruch seitens des um objektive Berichterstattung bemühten, vom Geschehen weit entfernten Herausgebers verständlich. Wir haben bereits darauf hingewiesen, dass innerhalb eines Textexemplars ein allmählicher, unmerklicher Übergang von einem Äußerungsrahmen (hier dem Matrixäußerungsrahmen) zu einem anderen (hier jenem des Informanten) stattfinden kann; es wäre daher vorstellbar, dass man innerhalb dieser fiktiven Korrespondenz in der zu Beginn der Herausgeber als Sprecher fungiert, zu einem Teiltext übergeht, in dem ein Informant inmitten seiner eigenen Äußerungssituation zu Wort kommt, der seine Emotionen zu den Ereignissen um ihn herum preisgibt. Andererseits aber befinden sich in dieser Korrespondenz, außer der Tatsache, dass sie die Ortsangabe „Niederelbe" im Kopf führt, noch weitere Indizien, die darauf schließen lassen, dass sich der Hamburger Herausgeber hier äußert. Zunächst ist der Inhalt spürbar gerafft, es werden widersprüchliche Nachrichten von unterschiedlichen Informanten lediglich mit summierenden Sätzen erwähnt, jedoch nicht ausführlich wiedergegeben, sei es in der direkten oder indirekten Rede. Raffungen wie „Bald war die Sorge sehr klein / bald wider groß" können nur vom Herausgeber stammen. In dieser Korrespondenz kommt an keiner Stelle die sonst übliche hypotaktische Markierung durch verbum dicendi + *dass* vor, wodurch zumindest teilweise das Vorhandensein von mehreren Äußerungsrahmen innerhalb eines Textexemplars signalisiert wird. Formal also verlässt der Leser den Matrixäußerungsrahmen nicht, jenen des Herausgebers, der in der Lage ist, die Nachrichten, über die er verfügt, zu raffen, auszuwählen und der hier die wiedergegebenen Berichte mit dem Ausdruck einer subjektiven Meinung schließt. Wenn diese subjektive Meinung in der wiedergegebenen Quelle stand, so wird sie hier vom Sprecher des Matrixäußerungsrahmens distanzlos übernommen, der Herausgeber eignet sich die Bewertung an. Dies erlaubt es zu behaupten, dass dieses Textexemplar einem einheitlichen Äußerungsrahmen entspricht, in dem der Herausgeber als Sprecher seine subjektive Meinung direkt dem Leser vermittelt. Auch in (17) behandelt der Sprecher zunächst die unterschiedlichen Quellen aus entfernteren Gegenden (Polen, Russland), bevor er dann auf Geschehnisse in seiner eigenen Gegend zurückkommt. Diese Rückkehr in die eigene Äußerungssituation wird durch eine deiktische Einheit, „hierum", deutlich markiert, welche zugleich einen direkten Verweis auf den Zeigenden, d.i. auf den Sprecher, den Herausgeber, darstellt. Vervollständigt wird dieses unverhüllte Erscheinen des Sprechers dann noch durch die subjektive Bewertung „GOtt Lob".

In (16) geht es wieder um die Unparteilichkeit der Nachrichtengebung, hier wird dieselbe Polemik wie in (11) weitergeführt. Aus Anlass der Seeschlacht bei Schooneveldt verlässt der Herausgeber von *NM* seine Rolle eines einfachen Nachrichtenvermittlers und mausert sich zum Zeitungstheoretiker und zum Verteidiger eines bestimmten Journalistenethos. Diesmal schmückt er seine Rede, in der er wiederum das Wort unverhüllt und direkt an den Leser richtet, mit der Bewertungspartikel ‚leider" in einer Parenthese mit Ausrufesatz. Diese Bewertung in Form eines Aufseufzens gilt den Herausgebern anderer Zeitungen, die seiner Vorstellung eines unparteilichen Journalismus nicht entsprechen. Grefflinger verurteilt damit einen großen Teil der Presse seiner Zeit. Diesem in einer Parenthese eingeschobenen Ausrufesatz kommt somit eine außerordentliche Bedeutung zu. Er trägt zum Ausdruck subjektiver Meinungen bei, die über den Rahmen einfacher Nachrichtenübermittlung weit hinausgehen.

Außer in *NM* kommen nur in *TKC* 2 Belege von Ausrufesätzen vor, die sich innerhalb von Textexemplaren befinden, die formal als Korrespondenzen gestaltet sind, in denen aber der Herausgeber als Sprecher fungiert. In (18) wird der Leser mit einem Beispiel damals noch häufigen Aberglaubens konfrontiert. Am Ende dieser langen, wegen des Fehlens von Ortsangabe und Titel im Kopf dem Herausgeber der Zeitung zuzuschreibenden Korrespondenz wird berichtet, dass vom Sprecher für „glaubwürdig" gehaltene Zeugen ein „blutiges Schwert" gesichtet haben wollen, was als unfehlbares Vorzeichen für Krieg zu gelten habe. In diesem Auszug kommt es zu einem dreifachen Einmischen des Sprechers, d.i. in diesem Fall des Herausgebers, in seine Berichterstattung. Zunächst wegen des Attributs „glaubwürdigen", einer subjektiven Qualifikation; dann wegen der Modalisierungspartikel[156] „zweiffelsohn", durch die der Sprecher seine subjektive Meinung zur Wahrscheinlichkeit des von ihm wiedergegebenen propositionalen Gehalts zum Ausdruck bringt; schließlich wegen des Ausrufesatzes mit optativem Konjunktiv I, durch den der Herausgeber seinen innigen Wunsch äußert, bald ein neues Vorzeichen zu sichten, das ebenso zweifelsfrei als Friedenszeichen gewertet werden kann, nämlich einen Ölzweig. So lassen sich anhand der beiden Beispiele (18) und (18b) vier Typen von äußerungsbezogenen Einheiten unterscheiden, die es dem Sprecher, hier dem Herausgeber, erlauben, im Bericht zum Vorschein zu kommen: Die Einheiten zum Aus-

---

156 Vgl. René Métrich et al., Dictionnaire des invariables difficiles, Bd. I, S. 11; Marcel Pérennec, Présentation des mots du discours, S. 288f.

druck der subjektiven Qualifikation, jene der Modalisierung, jene der Bewertung und jene zum Ausdruck eines Wunsches.

(18) Das auff der Düdenhöfer und Landauer-Wart / von glaubwürdigen Leuten / Abends / etlichmal über Philippsburg gesehene blutige Schwerd / wird / zweiffelsohn / weder solchem / noch andern Orten etwas bessers / als Blut drohen; GOtt lasse uns dafür bald einen leiblich-blühenden Oelzweig sehen! (TKC 1673 10 30 S. 4)

(18b) Nach dem nun Mayn / Tauber und Necker / und dadurch gantz Franckenland sich von Franzen franck und frey / (Gott gebe lang!) befindet / als werden dessen geworbene Kreiß-Völcker in diesen Tagen wieder ihre vorgehabte Quartier eines jeden Landes / von welchen sie geworben worden / beziehen. (TKC 1673 11 13 S. 2)

Es lässt sich eindeutig ein Zusammenhang zwischen der Verwendung des Äußerungstyps Ausrufesatz und der Sprecherpräsenz feststellen, da die Zeitungen, die die häufigsten Ausrufesätze aufweisen, nämlich *NM* und *TKC*, auch jene mit den meisten direkten Kommunikationsformen vom Herausgeber zum Leser sind. Ausnahme in unserem Korpus wäre nur *AM*, mit viel direkter Kommunikation, aber ohne formal durch Ausrufezeichen markierte Ausrufesätze. Im Folgenden sollen nun die Fragesätze untersucht werden, ein Äußerungstyp, durch den sowohl der Sprecher als auch der Adressat deutlich zum Vorschein treten, da dieser perlokutive Typ hörerbezogen ist.

3.1.2.2 Hervortreten des Herausgebers in Fragesätzen

In unserem Korpus kommen nur sehr wenige mit Fragezeichen markierte Fragesätze vor, insgesamt sind es nur sieben Belege, und zwar in *KOP, OPZa, OPZb* und *TKC*. Bei fünf dieser Fragesätze handelt es sich in Wirklichkeit, trotz Fragezeichen, um indirekte Fragen, die mit „ob" bzw. „warumb" eingeleitet werden und zudem offensichtlich zum Äußerungsrahmen des Korrespondenten oder des Informanten gehören. Nur bei zwei Belegen handelt es sich um direkte Fragesätze, allerdings auch um rhetorische Fragen, die deshalb wenig perlokutiv sind, da keine Reaktion seitens des Adressaten erwartet wird. Dafür scheinen diese Fragen vom jeweiligen Herausgeber im Matrixäußerungsrahmen gestellt zu werden, obwohl die Belege sich in einem Textexemplar des Textkörpers der Zeitung befinden. Beim ersten Beleg (19) in *OPZa* handelt es sich um einen Fragesatz mitten in einem Textexemplar, das formal wie ein Dokument gestaltet ist, zwar mit Datum, aber ohne Ortsangabe, und mit der merkwürdigen Überschrift: „Extract eines Schreibens von einem guten Freund". Dies deutet auf ein fiktives Dokument hin, in dem sich der Herausgeber formal hinter dem vorgeschobenen Äußerungsrahmen eines nicht näher präzisierten, offensichtlich fiktiven Dritten verbirgt, um seine persönliche Meinung preiszugeben, in der Hoffnung, auf diese Weise von der Zensur nicht tangiert zu werden. In diesem Fall offenbart der Herausgeber seine subjektive Meinung in einer heftigen Kritik gegen den Angreifer (Frankreich) im Krieg gegen die Niederlande, der sich nun auf die gesamten deutschen Lande auszubreiten beginnt, da der Kaiser auf den Plan tritt, um seinen deutschen Bündnispartnern zu Hilfe zu kommen. Die kaiserliche Strategie bestand darin, Frankreich über das Elsass anzugreifen, um den französischen König zu zwingen, von Flandern abzulassen. Daraufhin erhält der französische Marschall Turenne im Frühjahr 1773 Befehl, in Richtung Franken zu marschieren, um die kaiserlichen Truppen abzufangen. Dadurch wurden unweigerlich alle deutschen Gebiete zwischen den Niederlanden und Würzburg in Mitleidenschaft gezogen, obwohl seitens Frankreichs immer wieder betont wurde, dass man keinen Krieg gegen den Kaiser führen wolle. Dieser Widerspruch zwischen den Behauptungen Turennes, den deutschen Kaiser nicht bekriegen zu wollen, und dem gewaltsamen Durchmarsch seiner Truppen quer durch Deutschland, wird in diesem Textexemplar heftig angeprangert. Der Herausgeber enthüllt sich als Sprecher insbesondere durch den rhetorischen Fragesatz sowie durch mehrere affektive und parteiliche Äußerungen, bevor er wieder zu einer objektiveren Schilderung der Ereignisse übergeht.

In (20) gilt der subjektive Ausbruch des Herausgebers, diesmal von *TKC*, dem anderen großen Feind jener Zeit, dem Osmanischen Reich. Der Fragesatz „Aber kan man auch Trauben von den Dornen lösen?“ ist auch hier an keinen bestimmten Adressaten gerichtet und es wird keine Antwort erwartet, vielmehr ist die Antwort implizit in der Frage enthalten, die somit einer indirekten Assertion entspricht. Durch dieses Mittel äußert der Herausgeber indirekt seine subjektive und parteiliche Meinung, allerdings wiederum, indem er seinen Äußerungsakt hinter jenem eines fiktiven Dritten verbirgt, um sich vor Angriffen der Zensur zu wappnen. In diesem Fall verbirgt sich der Sprecher nicht hinter einem fiktiv aufgebauten formalen Äußerungsrahmen, sondern hinter einem Phraseologismus. Wenn ein Sprecher eine Redewendung verwendet, von der man implizit annehmen kann, dass sie von einem Dritten in einer ursprünglichen Äußerungssituation erfunden und geäußert wurde, die von anderen Sprachteilnehmern ritualisiert und festgefügt wurde, dann entsteht der Eindruck, dass der aktuelle Sprecher nicht selbst die Verantwortung für den Inhalt der implizit polyphonen Wendung übernimmt, sondern dass er diesen Inhalt vielmehr distanziert wiedergibt. Beide äußerungstechnischen Vorsichtsmaßnahmen des Herausgebers in (19) und (20) sind Varianten der als rhetorische Figur bekannten Prosopopoeia.

(19) *Extract* eines Schreibens von einem guten Freund / den 11. May Will man dann noch trauen und glauben / daß die Frantzosen nichts wider das Reich vorhaben? könnte etwa wol seyn / biß sie mit Holland (wormit es vielleicht / allem Anschein nach / nicht lang anstehen dörffte) völlig fertig / unterdessen *avanc*irn die Frantzös. Troppen (denen / wie man berichtet / der Touraine mit seiner völligen Armee / die wieder in einem sehr guten Stand / bald folgen solle) gegen Lohnberg ins Greiffensteinische / [...] (OPZa 1673 05 7 S. 2)

(20) Aus Türckey hat man nunmehr von deß Großverziers Tod sichere Nachricht. Man meinet zwar / daß seine Nachfolger / deren einer entweder der Mufftan Bassa / oder der Bassa zu Jerusalem seyn soll / Christen-Freunde wären. Aber kan man auch Trauben von den Dornen lösen? (TKC 1673 11 20 S. 5)

3.1.3 Direkte Kommunikation in mit Klammern oder Koordination markierten Parenthesen

3.1.3.1 Erklärende Funktion der mit Klammern markierten polyphonen Einheiten

Die Redakteure quasi aller Zeitungen machen einen relativ häufigen Gebrauch der mit Klammern markierten Parenthesen, so dass dieses Interpunktionszeichen als sichere Markierung für einen Übergang von einem Äußerungsrahmen zum anderen gelten darf. Der Sprecher der in Klammern gesetzten Texteinheit äußert sich meist im Matrixäußerungsrahmen bzw. in einem Äußerungsrahmen, der jenem des Kotextes der Parenthese übergeordnet ist. In der Tat sind die Parenthesen, die meist einem Relativsatz entsprechen, syntaktisch und semantisch völlig in den Kotext integriert, das Satzzeichen Klammer kann daher nur der Markierung eines Bruchs in der Äußerungsstruktur dienen, es signalisiert, dass die Teiltexte innerhalb und im Umfeld der Parenthese polyphon sind.

(21) [Als] alles en Ordre wahr / ist die gnädigste Herrschafft nebst dero 2. Herrn Brüder Hertzog Christian und Ernst Augustus von Herrn-Hausen Abends um 5. herein gekommen / worauf das gantz Cortege / (welches bestund in den Geheimen-Räthen und der gantzen Hofstatt / so in der Kirchen nicht emploiret) auf den mitelsten Schloß-Platz vor der großen Treppen wartete. (AM 1698 04 01 S. 3)

(22) Auß der Moßkau hat man / [1] daß sich der Czar zur Leistung deß Juraments und Bekräfftigung der Pacten wohl endlich würde leiten lassen / [2]

aber mit dem Beding / daß die zwen Puncten (worin der rechte Kern deß Andrieszowischen Vertrags bestehet) nehmlich die Conjungirung der Wapffen und Einrahmung Koyw / biß zum ewigen Friedenschluß sollen außgesetzt bleiben / [3] worauß klärlich zu sehen / daß die Moßkowitter keinen auffrichtigen Frieden mit der Cron Pohlen gedencken u halten. (OWP 1672 11 S. 3)

In (21) und (22) liefern die in Klammern stehenden Relativsätze dem Leser Erklärungen zum voranstehenden Kotext, damit der Leser auch alle Implikationen der wiedergegebenen Nachricht erfassen kann und sie ihm nicht fälschlicherweise als widersprüchlich zu anderen Informationen erscheint. In der Schilderung des Begräbnisses des Churfürsten von Hannover wurden im Vortext die Namen jener Personen genannt, die in der Kirche waren; nun werden jene genannt, die sich im Schloss befinden. Die Parenthese erklärt nicht nur, sie stellt auch einen Verweis auf eine andere Textstelle dar. Dadurch wird ausdrücklich eine starke Kohärenz zwischen Teiltexten oder Textexemplaren hergestellt, die konglomeriert und polyphon sein können. Dieser ausdrückliche Verweis auf eine Isotopie im Text ist auf den Architekten des Gesamttextes zurückzuführen, der somit in der textexemplarübergreifenden Gestaltung zum Vorschein kommt. In drei weiteren Parenthesen unseres Korpus, die sich in drei unterschiedlichen Zeitungen befinden, wird sogar explizit eine Kohärenz nicht nur innerhalb eines Teiltextes, sondern zwischen zwei zeitlich auseinanderliegenden Textexemplaren hergestellt, die nicht in derselben Ausgabe der Zeitung stehen, d.h. zwischen zwei Korrespondenzen, die vom selben Ort mit unterschiedlichen Daten stammen.

In (22) liefert die Parenthese den Schlüssel zum Verständnis des Gedankenganges, der zur Schlussfolgerung „worauß klärlich zu sehen“ führt. Hier besteht die Polyphonie aus drei unterschiedlichen Stimmen, jener im Vortext, jener in der Parenthese (die eine subjektive Einschätzung, eine Qualifikation zum Vortext liefert) und jener in der Klausel, d.i. im dritten Kolon der Periode, die es einem dritten Sprecher erlaubt, einen Kommentar oder eine Schlussfolgerung zum Gehalt der Protasis oder Apodosis abzugeben (eine derartige Polyphonie innerhalb derselben Periode mit implizitem Wechsel des Äußerungsrahmens ist bei dieser rhetorischen Einheit üblich).

Es bleibt aber noch zu ermitteln, welchem Äußerungsrahmen der Sprecher in der Parenthese angehört: Handelt es sich um den Sprecher des Matrixäußerungsrahmens, d.i. um den Herausgeber, oder um einen Äußerungsrahmen, der hierarchisch zwischen dem Matrixäußerungsrahmen und jenem des Vortextes der Parenthese einzustufen ist? Nicht bei allen Parenthesen lässt sich dies mit Sicherheit bestimmen, wie z.B. in (21), jedoch beinhalten diese Parenthesen zuweilen deiktische Hinweise auf die externen Variablen der Äußerungssituation (Zeitadverb „hier", Personalpronomen „ich") oder semantische oder strukturelle Informationen, mit Hilfe derer sich der Äußerungsrahmen manchmal ermitteln lässt. In (22) kommt es, wie gesagt, gleich zu zwei kommentierenden Einschüben, die syntaktisch zudem noch dieselbe Form aufweisen (beides sind Relativsätze mit w-Pronomen), aber nur einer der beiden ist mit Klammern markiert. Dies lässt darauf schließen, dass die Einschübe unterschiedlichen Äußerungsgrades sind. In der Klausel äußert sich der Sprecher eines Äußerungsrahmens, der hierarchisch über jenem der Apodosis steht. In der Klammer wird die Klausel kommentiert, deren Sprecher befindet sich daher in einem noch übergeordneteren Rahmen, womöglich im Matrixäußerungsrahmen. Zwar kann man sich fragen, ob der Herausgeber der Zeitung selbst ausreichende Kenntnis des erwähnten Vertrages hat, um selbst die Bedeutung der unterschiedlichen Vertragspunkte erkennen zu können. Aber man kann auch vermuten, dass er diese Kenntnis aus anderen, ihm zur Verfügung stehenden Quellen bzw. Teilen der Korrespondenz gewonnen hat, die er nicht wiederzugeben gewillt ist.

Wenn mit Klammern markierte Parenthesen in fast jeder Zeitung unseres Korpus vorkommen, sind sie doch in einigen weit zahlreicher als in den anderen, so etwa in *NAC, NM, TKC* und vor allem *OPZa*, wo sie bei weitem am häufigsten sind, mit z.T. bis zu vier Belegen pro Ausgabe. Die mit Klammern markierte Parenthese gehört somit zu den variablen Stilmitteln einer Zeitung, die vom Herausgeber bestimmt und gewählt werden. Daher ist es dem Herausgeber zuzuschreiben, wenn er einen häufigeren Gebrauch von Klammern in seinem Text macht bzw. wenn er mit Klammern markierte Parenthesen aus seinen Quellen zitiert oder in die von ihm wiedergegebenen Korrespondenzen einfügt.

Inhaltlich hebt sich eine Vielzahl der Parenthesen von ihrem Kotext durch die Kommunikationsintention hervor, sie enthalten einen Kommentar, durch den direkt Einfluss auf den Leser gewonnen werden soll, der zum Matrixäußerungsrahmen gehört. So kann der Herausgeber diejenigen von ihm wiedergegebenen Nachrichten unterstreichen, die ihm subjektiv besonders wichtig erscheinen, wie es der zugegebenermaßen polemisierende Herausgeber von *GER* (23) tut, der mit einem „NB" in Klammern den Leser auf einen besonderen Punkt lenkt und somit das *Notabene* im eigentlichen, wortwörtlichen Sinne verwendet:

(23) Die gemeldte Gesandten haben vorgeschlagen (*NB.*) daß / so Holland Mastricht an Spanien / und Spanien *Cambroy* an Franckreich geben wolle / der Friede in 3. Wochen gemacht werden könne (GER 1673 01 S. 3)

Das Streben nach Klarheit und Verständlichkeit des Inhalts, das Bemühen, dem Leser die Erklärungen und Angaben mitzuliefern, damit er die fachsprachlichen Texte aus dem militärischen, juristischen und diplomatischen Bereich auch verstehen kann, fehlte wohl in den periodischen Zeitungen aus dem 1. Jahrhundert ihres Bestehens. Daher rühren auch einige Kritiken an den Zeitungen im 17. Jahrhundert, deshalb kam es zu Versuchen wie jenem Stielers, der 1695 seinem Werk über die Zeitungen eine Art Glossar für Zeitungsleser hinzufügte.[157] Auch Georg Grefflinger glossiert zuweilen seine Texte mit Hilfe von in Klammern gesetzten Kontext-Synonymglossen.

Somit sind diese mit Klammern markierten Parenthesen eindeutig auf den Sprecher des Matrixäußerungsrahmens zurückzuführen. Dies wird in (24) umso eindeutiger, als der Herausgeber angibt, selbst die Übersetzung der Korrespondenz angefertigt zu haben. Auch in jenem merkwürdigen Bericht über einen in einen Hund verwandelten Menschen[158] entspricht die Erklärung in Klammern „sein todtes Vih meinende“, in diesem Fall schon mehr ein Kommentar als eine Glosse, einer Äußerung des Herausgebers selbst. Zuweilen betreffen die in Klammern stehenden Erläuterungen auch Maßangaben, eine unumgängliche Notwendigkeit zu einer Zeit, in der Währungen, Gewichte, Längenmaße usw. mehr als vielfältig und für den Leser äußerst verwirrend und unverständlich waren. In (25) etwa dürfte die Umrechnung des Geldwertes „so 25. Lübisch Schillinge austragen“ nicht vom Korrespondenten stammen, da dieser ja aus Stockholm schrieb, und seine Korrespondenz womöglich an unterschiedliche Adressaten in unterschiedliche Regionen mit unterschiedlichen Währungen versandt wurde. Die Umrechnung ist somit auf den Herausgeber der Zeitung zurückzuführen, der die Angabe an seine geographisch eng begrenzte Leserschaft in und um Königsberg anpasst.

(24) [...] Haben wir also über dieselbige Dicke (Dämme) worüber der Feind seinen March genommen hatte/ auch den unsern genommen (NM 1673 02 2 S. 5)

(25) Verwichener Tagen sind wieder einige mit Korn belästigte Schiffe arriviret / und kan man itzo den Scheffel Rocken vor 36. weisse Rond-Stück/ (so 25. Lübisch Schillinge austragen) kauffen (KOP 1699 65 S. 8)

---

157 Kaspar Stieler, Zeitungs Lust und Nutz.

158 NM 1673 01 5 S.1, s. oben, 2.3.2.1, Beispiel (43).

3.1.3.2 Erklärende Funktion der mit „und“ bzw. „oder“ koordinierten Parenthesen

Hier müssen auch jene nicht mit Klammern markierten Parenthesen erwähnt werden, die an den Vortext mit der Koordination „oder“ geknüpft sind, und deren Inhalt einer Kontext-Synonymglosse oder einem Kommentar sehr nahe kommt. Die koordinierten Einheiten können Varianten für Maß- und Währungseinheiten sein (26, 31) und eine mit der Klammer in (25) völlig identische Funktion haben. Diese Redundanz kann sowohl einem didaktischen als auch stilistischen Zweck dienen, da deutsche Sprecher auch im 17. Jahrhundert eine gewisse Vorliebe für Epanalepsen hatten.[159] Dies könnte die durch Koordination entstehende Wortgemination in (31-35) erklären, wo der Ausdruck im linken Teil der Koordination („paß“ oder „canonen“) eigentlich keiner Erläuterung zu bedürfen scheint, da er sehr geläufig war, oder wo einem Leser, der den Begriff „Tax“ nicht kannte, wohl mit „contribution“ auch nicht weitergeholfen war. Bei vielen dieser koordinierten Glossen handelt es sich um Übersetzungen von niederdeutschen, niederländischen, vor allem von französischen Wörtern (36-44). Die aus jenen Sprachen entlehnten Lexeme, zu denen man noch wegen der zahlreichen Korrespondenzen aus den östlichen Kriegsschauplätzen gegen das Osmanische Reich polnische, russische und türkische Wörter zählen muss, bezeichneten oft für jene Länder spezifische Institutionen und Behörden sowie diplomatische Gepflogenheiten (45-55). Schließlich handelt es sich bei den glossierten Wörtern um fachsprachliche Ausdrücke aus den Bereichen Religion (56, 57), Wirtschaft und Militär (58-61), für die der Herausgeber seinem Leser hilfreich mit einem Synonym beisprang:

(26) 80000. Raziers oder Maas Korn (KOP 1699 65 S. 4)

(27) 300. Pallen oder Säck (NM 1673 04 3 S. 3)

(28) 45. Stüver oder Einen Reichsthaler (OPZa 1668 10 20 S. 3)

(29) 8. Pabarn oder Hubengelter (OPZa 1668 11 07 S. 3)

(30) 400000; Scheffel oder Malter Früchte (OPZb 1698 41a S. 5)

(31) 1000. Lasten oder Fuhren Korn (OPZb 1698 47a S. 1)

(32) unter Lösung der Canonen oder Stucken (NAC 1698 04 12 S. 4)

(33) der Paß oder freye Fahrt (GER 1673 01 S. 2)

(34) die geringste Tax oder *Contribution* (OWP 1672 21 S. 1)

---

159 Vgl. Michel Lefèvre, Einflüsse des Französischen.

(35) nen guten Bohten oder Vorläuffer (RN 1699 15 S. 1)

(36) das Dänische Liw oder Gesetz-Buch (AM 1698 04 01 S. 8)

(37) einem Dick oder Damme (NM 1673 05 8 S. 6)

(38) einen Bogen zum Indice oder Anzeiger (NM 1673 04 1 S. 2)

(39) eines Oragans oder erschröcklichen Ungewitters und Windstürmens (OPZa 1668 11 29 S. 2)

(40) arrangirter oder in Ordnung stehender Schweitzer (OPZb 1698 37a S. 2)

(41) das Königliche Schiff / L'Intrepide / oder Unerschrockene / genandt (OPZb 1698 39b S. 3)

(42) von der Taxa oder Schatzung (OPZb 1698 41a S. 4)

(43) einem marschall de Logis / oder Futter-Marschall (OPZb 1698 41a S. 4)

(44) einen bedingten Zweykampff oder Duell (TKC 1673 11 17 S. 2)

(45) einige Landes-*Senatores,* oder Bojaren (EPZ 1698 09 10 S. 4)

(46) Reichs-Tages / oder Versamlung (NM 1673 01 5 S. 5)

(47) die absonderliche Seimicken oder Greyßtäge (OWP 1672 18 S. 2)

(48) als Banno oder Stathalter (NM 1673 02 7 S. 1)

(49) was *deliberirt* oder geschlossen seye (OWP 1671 14 S. 4)

(50) die nöhtige Paßporten oder Permißion (RN 1699 13 S. 4)

(51) vor erhaltenen sichern Geleit / oder *salvo conductu* (NAC 1672 01 31 S. 4)

(52) einem Residenten oder Gubernatorn (NM 1673 05 5 S. 4)

(53) in der Policen oder Militie (NM 1685 05 26 S. 4)

(54) der Tractat oder Handlung (NM 1673 06 3 S. 6)

(55) eine starcke *Legation* oder Bottschafft (OPZa 1673 06 28 S. 2)

(56) denen Angeklagten oder Inquisiten (KOP 1698 43 S. 4)

(57) die Päpstl. Interceßion oder Interposition (NM 1673 04 2 S. 5)

(58) die Fonds oder Stifftungen (NAC 1698 01 08 S. 4)

(59) ein bekandter Jüdischer Meckler / oder Zwischen-Holländer (NM 1673 04 3 S. 3)

(60) das newlich auffgerichte und *publicir*te *Vectigal* oder Mauth-Ordnung (OWP 1672 31 S. 3)

(61) einen Ofen oder Mine (OPZb 1698 52a S. 2)

Diese koordinierten Glossen dürften wohl kaum auf den jeweiligen Korrespondenten zurückzuführen sein, da dieser sich in seinem Äußerungsrahmen nicht an den Leser der Zeitung, sondern einen Amtskollegen oder einen Adressaten mit gleicher Bildung, Funktion oder fachbereichlicher Spezialisierung wendet. Es ist daher kaum denkbar, dass ein polnischer Kanzleischreiber erläuternde Parenthesen bzw. Übersetzungen in seine Korrespondenzen einfügte, vielmehr muss es der Herausgeber gewesen sein, der diese Korrespondenzen ergänzte, um sie dem Adressaten in seinem Matrixäußerungsrahmen anzupassen und zugänglich zu machen. Die mit „oder" koordinierten Parenthesen stellen somit direkte Eingriffe des Herausgebers in den jeweiligen Textteilen dar. Wie bei den mit Klammern markierten Parenthesen zeichnen sich einige Zeitungen mit einem weit größeren didaktischen Bemühen aus als andere. So greift der Herausgeber von *OPZb* z.B. besonders oft auf diese Art der koordinierten Glosse zurück, er geht sogar so weit, die Namen der Schiffe zu übersetzen (41), was sonst in unserem Korpus bei der Schilderung von Seeschlachten nicht vorkommt, obwohl holländische, englische und französische Namen dort vorherrschen.

3.1.3.3 Subjektive Kommentare und Leserbeeinflussung in mit Klammern markierten Parenthesen

Mit Klammern markierte Parenthesen können syntaktisch sehr vielfältig gestaltet sein: Neben den oben geschilderten koordinierten Kontextglossen findet man auch parenthetische (appositive) Relativsätze, Nebensätze mit der Subordination „massen"[160] oder „daß"[161] sowie Genitiverweiterungen.[162] All diesen Formen entspricht eine relativ einheitliche semantische Funktion, es geht darum, Ergänzungen und Erläuterungen zum Kotext zu liefern; sie stellen auch alle einen durch Klammern markierten Bruch in der Äußerungsstruktur dar. Es handelt sich innerhalb von Textexemplaren des Typs ‚Korrespondenz' um Einschübe des Sprechers des Matrixäußerungsrahmens, mit konativer Funktion, die somit direkt an den Leser gerichtet sind. Die Kommunikationsintention ist dabei nicht nur didaktisch erklärend. Der Herausgeber versucht oft, darüber hinaus noch größeren Einfluss auf seinen Leser zu gewinnen.

Das Beispiel (62) befindet sich in einer einleitenden Korrespondenz (ohne Datum und Ortsangabe) von *TKC*, man kann daher diese Angabe in Klammern „war Donnerstag" dem Herausgeber zusprechen. Wenn es sich dabei lediglich um eine ergänzende Information handelt, kann sie

160 Z.B. in AM 1698 02 25 S. 2.
161 Z.B. in NAC 1672 05 25 S. 2.
162 Z.B. in NAC 1672 05 25 S. 2.

angesichts der sonst in dieser und in allen anderen Zeitungen herrschenden Ungenauigkeit, was den Zeitpunkt, insbesondere die Tagesangabe der Nachrichten betrifft, merkwürdig pedantisch vorkommen. Es liegt die Vermutung nahe, dass ein anderer Zweck hinter dieser Parenthese steckt: Dieser Tag wird vom Herausgeber besonders hervorgehoben, damit sich der Leser ihn merkt, es ist nämlich ein Freudentag, an dem die französischen Truppen eine Niederlage erlitten und die Stadt Utrecht verlassen mussten. Hinter der vermeintlich objektiven Datumsergänzung steckt eine indirekte subjektive Parteinahme des Herausgebers. In (63) wird die Befreiung der Stadt Bonn durch die kaiserlichen Truppen geschildert, und bei der Angabe der Verluste auf deutscher Seite wirkt die mit Klammern markierte Ergänzung beschwichtigend, auch hier wird ein für die eigene Partei günstiger Umstand besonders herausgestrichen. Diese Parenthesen tragen damit zu einer indirekten anti-französischen Propaganda in der Zeitung bei. Ähnlich ist der Relativsatz in Klammern in (64) zu verstehen, in der der Berichterstatter anscheinend objektiv erklärt, warum die Schiffe der holländischen Flotte an Land versorgt werden müssen; es wird dabei dem Leser vor allem vermittelt, dass sich die holländische Flotte dermaßen tapfer geschlagen hat, dass ihr die Munition ausgegangen ist. Wenn in diesem letzten Beispiel auch nicht eindeutig behauptet werden kann, dass sich in der Parenthese der Herausgeber äußert, bleibt die Kommunikationsintention dennoch dieselbe: Durch diese subjektive Parteinahme soll der Leser in seiner Furcht vor dem Angreifer Frankreich beruhigt werden, er soll Vertrauen in die Stärke der deutschen Truppen schöpfen, er soll seine patriotische Kampfmoral wiedergewinnen.

(62) So erfreulich ist jedoch am 13 /23. dieses (war Donnerstag) der gäntzliche Abzug solcher Völcker geschehen (TKC 1673 12 08 S. 3)

(63) Währender Belagerung ist kleiner Schaden geschehen: wenig Kaiserl. etwas mehr Holländische / so in allem / (die Verwundten mitgerechnet /) auf drithalbhundert sich belauffen / sind geblieben. (TKC 1673 11 27 S. 3)

(64) unsere Flotte anckert 3. Meillen von Seelandt / allda sie mit den Schiffen auß dem Norder-Quartier verstärckt / auch mit Kraut und Lot (so ihnen sehr abgangen / massen der *Admiral de* Reuter allein im Gefecht mehr alß 3000. Schüß gethan) auffs neu versehen worden (OWP 1672 26 S. 2)

Eine Parenthese erlaubt es dem Herausgeber, mitten in einer Korrespondenz zum Vorschein zu treten und relativ unverhüllt seine subjektive, ja parteiische Meinung abzugeben. Es überrascht daher nicht, dass noch weitere Zeichen der Subjektivität des Herausgebers in diesen Parenthesen enthalten sein können: Modalisierungen, Bewertungen sowie Wünsche. In Beispiel (65) ist die Rede von Anforderungen, die von einem Offizier der kaiserlichen Armee an die Obrigkeit der Stadt Bergen, des zeitweiligen Generalquartiers der deutschen Truppen gestellt werden. Alle Punkte werden objektiv wiedergegeben, insbesondere was die Lieferung von Proviant und Munition betrifft; da kommt der kommentierende Sprecher des Matrixäußerungsrahmens in einer mit Klammern markierten Parenthese zum Vorschein, um dem Leser eine ergänzende Information zu liefern, nämlich dass die Munition gegen Bezahlung geliefert werden soll, wobei diese Ergänzung aber mit der Modalpartikel „doch" modalisiert wird und implizit auf nicht bezahlte Lieferungen bzw. auf Zwangsrequirierungen kritisch hingedeutet wird. Die Kritik bleibt abgetönt, sie befindet sich in Klammern in einer Abtönungspartikel, denn diesmal prangert der Herausgeber keinen Feind wie Frankreich oder die Türken an, über die in Deutschland ein missbilligender Konsens herrschte und über die man sich in Zeitungen offener äußern konnte, sondern die deutschen Truppen unter Kommando des Kaisers selbst, man musste daher äußerst gemessen in den subjektiven Kommentaren sein.

(65) Die Käiserlichen zwar haben an erstgedachter Reichs-Stadt / durch Herrn Marquis de Grana / folgende 3. Anforderungen gethan: daß erstlich man Ihnen mit Proviant / fürs ander / mit Munition / (dieses doch um ihre Bezahlung) an die Hand gehen / und drittens für etlich tausend Mann den Paß über ihre Brucken gestatten wolte (TKC 1673 10 18 S. 3)

(66) Nach dem nun Mayn / Tauber und Necker / und dadurch gantz Francken-land sich von Franzen franck und frey / (Gott gebe lang!) befindet (TKC 1673 11 13 S. 2)

Es sei hier noch die Parenthese in (67) erwähnt, in einer Wiener Korrespondenz der Wiener Zeitung *NAC*, von der man also vermuten kann, dass sie vom Herausgeber selbst stammt. Der Leser erfährt so, dass er die gedruckte Fassung der im Kotext geschilderten Predigt kaufen kann, es handelt sich also um eine Werbung in eigener Sache mitten in einem Bericht über ein königliches Begräbnis, dessen rührender Ton wohl auch den Leser zum Kauf motivieren sollte.

(67) Auß Wienn / vom 1. Februarij.
AM vergangenen Montag haben die *Funeral-Exequien* vor Ihro Mayest. die [...] Königin Eleonora / [...] allwo auch die / durch Ihro Wohl-Ehrwürden / Herrn S. Kriechbaum / *è Soc. JESU,* Kayserl. Ordinari-Hoff-Predigern / gehaltenen überauß Sinn- und Trostreiche Leich-*Sermon,* (so in

> Druck zu finden ist) mit sambt einer Kunstreichen Trauer-Music / zu hören gewesen / ihren Anfang genommen (NAC 1698 02 01 S. 1)

Die oben geschilderten Kommunikationsstrategien zeigen, dass die Herausgeber offensichtlich davor zurückscheuten, offen ans Licht zu treten und sich innerhalb des Matrixäußerungsrahmens in einer direkten Kommunikation an den Leser zu wenden. Nur in zwei Zeitungen unseres Korpus bezeichnet sich der Herausgeber selbst mittels eines deiktischen Pronomens der 1. Person, im Singular in *NM*, im Plural in *AM*, in einer dritten Zeitung ist ein solches Pronomen nur ein Mal in unserem Korpus belegt, nämlich in *OPZa*. Zudem erscheint der Herausgeber nicht in Textexemplaren, die der formalen Gestaltung der Zeitung zufolge dem Matrixäußerungsrahmen entsprechen würden. Er erscheint mitten in Textexemplaren, in denen Korrespondenten als Sprecher fungieren sollten. So hält er sich mittels Prosopopoeien halbwegs verdeckt, hinter fiktiven Korrespondenten oder impliziten Sprechern von Phrasemen oder in Parenthesen. Man ahnt, dass der Herausgeber auch indirekte Mittel der Kommunikation mit dem Leser verwendet, auf die wir im Folgenden das Augenmerk richten wollen.

3.1.4 Spuren indirekter Kommunikation zwischen Herausgeber und Leser

Die Texte der Zeitungen, seien es die Teiltexte, die die Initiatoren oder Terminatoren bilden, die also dem Matrixäußerungsrahmen entsprechen sollten, oder seien es die Textexemplare des Typs ‚Dokument' oder ‚Korrespondenz', enthalten in der überwiegenden Mehrheit keine direkten Angaben zum aktuellen Sprecher, keinen Verweis auf ein identifiziertes ‚Ich' der Äußerung. Da es jedoch keine Äußerung ohne Sprecher und dessen Äußerungsrahmen geben kann, müssen Letztere bei Fehlen expliziter Verweise auf sie implizit vorausgesetzt werden. Diesem impliziten Vorhandensein von Elementen der Kommunikationssituation kann man durch linguistische Einheiten, die zunächst als neutral hinsichtlich der Äußerungssituation erscheinen können oder die nur sehr indirekt auf sie verweisen, auf die Spur kommen. Auch ohne explizite Selbstbezeichnung kann die implizite Präsenz eines Sprechers durch Modalisierungen, Qualifizierungen, Prozessualität mit implizitem Agens wahrgenommen werden. Auch die Herstellung von Kohärenz und Kohäsion im Text, die Anordnung der Teiltexte zu einem textwertigen Ganzen, die Argumentation und Organisation sind auf den Sprecher zurückzuführen.

3.1.4.1 Der Sprecher des Matrixäußerungsrahmens als implizites Agens von Substantiven auf -ung

Der vollständige Titel von *TKC* ab der 2. Ausgabe lautet „Deß [...]ten Teutschen Kriegs Curriers. Ab- und Ausfertigung / Vom [...]", und enthält somit zwei Substantive mit dem Suffix *-ung*, die von den Verben „abfertigen" und „ausfertigen" abgeleitet sind.[163] Beide Verben setzen ein Agens voraus, das als Subjekt oder agentivisches Objekt im Passiv zumindest morphologisch explizit zum Ausdruck kommt. Bei abgeleiteten Formen, Partizipien, Infinitiven, Substantiven ist das Agens implizit in der prozessuellen Bedeutung der Derivate vorhanden, deshalb schwingt im Titel von *TKC* die Stimme des Herausgebers, da wir uns im Initiator der Zeitung befinden, mittels der Substantive auf *-ung* mit.

Die Häufung der Substantive auf *-ung* in der Barockzeit wurde mehrfach von Sprachforschern hervorgehoben[164] und unterschiedlich untersucht, insbesondere was Struktur und Funktion von Nominalgruppen betrifft, deren Basis ein Substantiv auf *-ung* ist. Die semantischen und äußerungsrelevanten Implikationen ihrer deverbalen Ableitung wurden hingegen in der Forschung kaum berücksichtigt. Die besondere Äußerungssituation bei der Produktion damaliger Zeitungen könnte einige Erklärungen für die steigende Zahl der Substantive auf -ung in diesen Texten und für die bemerkenswerte Produktivität dieses Ableitungsmodells liefern. Wie bei der Passiv-Diathese erlaubt es ein deverbales Substantiv auf *-ung*, von den Aktanten, insbesondere vom Agens abzusehen und den Fokus ausschließlich auf den Prozess zu richten. Eine solche deverbale Ableitung verwandelt eine Prädikation, in der notwendig die Dimension des prädizierenden Sprechers mit seiner Subjektivität und seiner Äußerungsintention vorauszusetzen ist, in eine Tatsache, in ein Objekt, eine Begebenheit, die als wirklich existierend vorauszusetzen ist. Von Beginn an hat man in Zeitungstexten versucht, das Wiedergeben von Fakten, Tatsachen, dem subjektiven Kommentieren, das in der Prädikation mitschwingt, vorzuziehen. Die Verwandlung eines Prozesses in ein Substantiv erlaubt es dem Redakteur, eine Agensreduktion durchzuführen, so dass die Aktanten des Prozesses nun mehr implizit vorauszusetzen sind.

---

163 Vgl. Ulrike Demske, Merkmale und Relationen, S. 44; 207.

164 Vgl. z.B. Gerd Fritz et al., Die Sprache der ersten deutschen Wochenzeitungen, S. 126.

3.1.4.2 Weitere implizite Verweise auf den Sprecher

Durch die beiden erwähnten Substantive mit dem Suffix *-ung* ist *TKC* die einzige Zeitung unseres Korpus, in der trotz Agensreduzierung im Initiator auf die Herausgebertätigkeit des Sprechers des Matrixäußerungsrahmens hingewiesen wird. In den übrigen Zeitungen stellt nur noch das Vorhandensein eines Datums oder eines Orts einen Verweis auf die externen Variablen der Äußerungssituation des Herausgebers hin.

Auch außerhalb des Initiators, dem Titel der Zeitung, ist der Herausgeber als Sprecher stets um Agensreduzierung und unpersönliche Äußerung unter Vermeidung jeglichen Verweises auf die Äußerungssituation bemüht, was insbesondere im Falle von Werbeinseraten eigentlich erstaunlich ist, da dies der Werbekommunikation abträglich sein könnte, und auch, weil diese sich in *AM* befinden, einer Zeitung, in der ansonsten der Herausgeber sich direkt an seinen Leser wendet: Während in der Ausgabe von *AM*, in der sich der Auszug (68) befindet, der Herausgeber sich im ersten Satz des Textkörpers mit einem Pronomen der 1. Person selbst bezeichnet, nennt er sich selbst im Terminator dieser Ausgabe bei seinem Namen, Christian Reymers, in der 3. Person also; der Adressat, d.i. der Leser, wird zum impliziten Agens der passivischen Wendung „ist zu bekommen" reduziert; dennoch wird Bezug auf die Äußerungssituation genommen, in der sich Herausgeber und Leser befinden, nämlich mittels der Nominalgruppe mit deiktischem Pronomen „diese Relation", die den Kommunikationskanal bezeichnet, der beide Kommunikationsteilnehmer miteinander verbindet.

In (69) kommen neben den deiktischen Einheiten „hiermit" und „dieser", die voraussetzen, dass die nicht explizit genannten Kommunikationsteilnehmer (Herausgeber und Leser) beide in der Lage sind, das so Gezeigte auch zu sehen, neben den Passivformen, von denen die erste „wird... angedeutet" den Herausgeber und die zweite „kan gebraucht werden" den Leser als implizites Agens voraussetzt, noch drei weitere Einheiten mit impliziter Präsenz des Herausgebers in diesem Werbeinserat vor: Zunächst sind die Qualifikationen des in dieser Werbung gepriesenen Mittels „exellent" und „herrlich" auf den Herausgeber und seine Subjektivität bzw. seine Sprechintention zurückzuführen, ebenso das vom Herausgeber an den Leser erteilte grüne Licht, quasi Erlaubnis zum Kauf dieses Mittels, die dem Leser durch das Modalverb „kann" erteilt wird; dann setzt das Substantiv „Nachricht", d.i. eigentlich das frühere Substantiv „Nachrichtung" mit Apokopierung des Suffixes *-ung*, den Herausgeber als implizites Agens voraus; schließlich verweist das Adverb „abermahl“ implizit auf eine frühere Kommunikationssituation hin, in der Herausgeber und Leser schon einmal präsent waren. Trotz der strikt unpersönlich gehaltenen Syntax sind sowohl der Herausgeber als auch der Leser dermaßen implizit in dieser Äußerungssituation präsent, dass gegen Ende des Textteils plötzlich explizit mittels des anaphorischen Pronomens „sie“ auf den Adressaten verwiesen wird: Es handelt sich natürlich um eine implizite Anapher, da der Leser bislang noch nicht genannt wurde.

Das Werbeinserat (70) schließlich stellt eine Art Extrem in der Agensreduzierung in der Äußerung dar, denn jede Art von Hinweis auf die Kommunikationssituation bzw. -intention, sei sie explizit oder implizit (wie in Wendungen vom Typ „Hiemit wird zur Nachricht angedeutet“, vgl. (69)), ist in diesem Beispiel völlig getilgt. Der Textteil beginnt mit der Subordination „daß“, welche zeigt, dass die Kommunikationsstruktur der Zeitung dermaßen ritualisiert und bekannt ist, dass der Herausgeber sich den Hauptsatz, in dem Informationen über die Äußerungssituation enthalten sind, ersparen kann, und nur den äußerungssituationsneutralen Nebensatz wiedergibt.

(68) Diese Relation ist zu bekommen bey Christian Reymers / Königl. *privilegir*ten Buchdrucker in Altona. (AM 1698 02 22 S. 8)

(69) Hiemit wird abermahl männiglich zur Nachricht angedeutet / weil nun wiederum bey dieser Jahr-Zeit der excellente Spiritus Cochleaxis wider den Scharbock und andere Kranckheiten vorzukommen / kan gebraucht werden / daß sie solches nebenst das herrliche Elixir Solutio / wider alle Haupt-Seuchen dienlich: Bey Richard Maynde nun wohnhaft in der Mitten der Mühlen Strasse / alwo zwey Thüren auf einer Treppen / bekommen können. (AM 1698 04 05 S. 8)

(70) Daß numehro das Dänische Liw oder Gesetz-Buch in Lateinischer Sprache übersetzet worden von (Titul) dem Herrn Cantzeler-Raht D. Weghorst / und seyn darvon die Exemplaria bereits zu bekommen bey Hn. Hans Albert Haseckern in Corenhagen in der Hochbrüg-Strassen. (AM 1698 04 01 S. 8)

Am häufigsten tritt der Herausgeber in jenen Textexemplaren zum Vorschein, in denen laut Struktur der Zeitung eigentlich der Korrespondent als Sprecher zu vermuten ist, z.B. in fiktiven Korrespondenzen. In solchen Fällen verwendet der Herausgeber dieselben sprachlichen und redaktionellen Techniken, wie der Korrespondent, die wir in einem späteren Kapitel[165] genauer untersuchen werden. Die Präsenz des Herausgebers

165 S. unten, 3.2.

wird allerdings durch die allgemeine Gestaltung der Zeitung, durch die Präsentation der Beiträge, durch die Harmonisierung des Textes entsprechend seiner redaktionellen Linie innerhalb dieser Textexemplare spürbar.

3.1.4.3 Der Herausgeber als impliziter Textgestalter

3.1.4.3.1 Herstellung einer ausgabenübergreifende Kohärenz durch den Herausgeber: Weiterverfolgung von Nachrichten.

Die formale Gestaltung der Zeitungen und die Zurückhaltung des Sprechers des Matrixäußerungsrahmens, als solcher offen ans Licht zu treten, sollen dem Leser den Anschein vermitteln, dass die Herausgebertätigkeit sich auf ein einfaches Wiedergeben von Nachrichten, die Dritte verfasst haben, beschränkt. Bei der Gestaltung der Zeitung muss dennoch berücksichtigt werden, dass der Herausgeber die Nachrichten auswählt, anordnet und eine gewisse Kohärenz innerhalb einer Ausgabe sowie von einer Ausgabe zur anderen herstellt. Diese Form der Intervention des Herausgebers im Text ist allerdings oft schwer nachzuvollziehen, denn sie fällt dem Leser meist kaum auf, und zudem ist bei der Herstellung von Kohärenz insbesondere mittels anaphorischer Sprachzeichen nicht immer eindeutig, ob sie vom Herausgeber stammt oder vom Sprecher eines der untergeordneten Äußerungsrahmen. In der Tat entsteht innerhalb der Zeitungen nur sehr selten Kohärenz bzw. Kohäsion zwischen den einzelnen Textexemplaren derselben Ausgabe; hingegen lassen sich von Zeit zu Zeit anaphorische Verweise auf andere Textexemplare (womöglich desselben Sprechers) in anderen Ausgaben der Zeitung feststellen. Da liegt die Vermutung nahe, dass ein Korrespondent Bezug auf eine seiner eigenen, früheren Korrespondenzen nimmt. Es kommen dergleichen anaphorische Verweise gleich zu Beginn von Korrespondenzen vor wie etwa „jüngstgedacht" (71) und „vormahls gedacht" (72), die offensichtlich vom Korrespondenten selbst stammen. In (71) steht die Anapher zu Beginn dieser Ausgabe von *OPZb* und kann somit nur Bezug auf ein Antezedens nehmen, das außerhalb dieser Ausgabe steht, über die wir in unserem Korpus aber nicht verfügen. In (72) ist „vormahls gedacht" ein Attribut für „Kett", es ist dies der Name einer Person, die bereits in einer einen Monat früher erschienenen Ausgabe von *NM* erwähnt wurde, und zwar mit einem Wortspiel: Dort wurde nämlich von diesem „Kett" gesagt, er „ligt in Ketten und Banden" (72b). Schon dieser frühere Bericht nimmt mit der Anapher „jüngst berichtet" Bezug auf eine noch frühere Korrespondenz (72c), die eine Woche davor erschien.

Man kann vermuten, dass der Korrespondent auch selbst die Kohärenz innerhalb seiner eigenen Korrespondenz herstellt. Innerhalb der einzelnen Textexemplare kommen vor allem sprachliche Zeichen wie „gesagt“ (72), „gedacht“, „bedacht“, „gemeldt“ usw. zum Einsatz, eventuell in Kombination mit Präfixen wie „hoch-“ oder „ob-“.[166]

(71) Venedig, vom 24. Decembr.
Mit denen jüngstgedachten von Smirna gekommenen Schiffen / sind auch einige Armenier von Spaham angelangt (OPZb 1696 1 S. 1)

(72) Wahrendorff vom 28. April. Des Herrn
Zu Münster ist nun widerum eine große Execution vor / und sind an der über besagte Stadt obhanden gewesener Verrähterey in gleicher Verdamniß / wie der vormahls gedachte Kett gewesen ist (NM 1673 04 7 S. 7)

(72b) Münster vom 10. Martij.
Ich habe jüngst berichtet / wie wir in 48. Stunden lang nicht von unsern Pferden haben steigen dörffen / weil ein großer Verraht obhanden gewesen war / hieran sind mehr / als man gedachte / schuldig / [...] GOtt aber hat alles bey Zeiten geoffenbahret. [...] Ein anderer / Namens Kette / hat auch ein schlecht Logir / und ligt in Ketten und Banden. (NM 1673 03 2 S. 4)

(72c) Münster vom 25. februar.
Allhier werden Wunder-Dinge gehört und gesehen / dann es ist durch aufgefangene Baqvete eine grosse Verrähterey wider dise Stadt entdeckt / [...] Es musten deßwegen alle Krigs-Völcker 48. Stunden lang zu Roß und Fuße in den Waffen stehen / und hatten wir 2. sorgliche Nächte. Nun aber schlaffen wir widerum etwas geruhiger (NM 1673 02 7 S. 2)

Allerdings ist Korrespondenz nicht immer gleichzusetzen mit Textexemplar. Die Auszüge (72, 72b) und (72c) scheinen zwar in der Tat von demselben Korrespondenten zu stammen, der selbst auf seine früheren Berichte Bezug nimmt und somit einige Ereignisse in Fortsetzungen schildert, was durchaus gebräuchlich war; man stellt aber fest, dass diese Auszüge in Korrespondenzen mit zwei unterschiedlichen Köpfen stehen: (72) stammt aus „Wahrendorff“, (72b) und (72c) aus „Münster“. Dies könnte bedeuten, dass es sich um verschiedene Sprecher handelt, es sei denn, der Korrespondent schreibt aus unterschiedlichen Orten, z.B. im Falle eines Offiziers, der mit seiner Truppe das Quartier gewechselt hat. Hinzu kommen aber noch weitere Elemente, die gegen die Annahme sprechen, dass sich in allen drei Auszügen derselbe Korrespondent äußert. Zunächst muss berücksichtigt werden, dass die Textexemplare, in

166 Vgl. Michel Lefèvre, Anaphorika in der deutschen Sprache des 17. Jahrhunderts

denen sich diese Textteile befinden, offensichtlich polyphon sind, es handelt sich um Korrespondenzen, die aus einem Konglomerat unterschiedlicher Teiltexte mit unterschiedlichen Äußerungsrahmen bestehen. Es kommen Ende Januar und Anfang Februar in jeder Ausgabe von *NM* eine oder mehrere Korrespondenzen aus Münster vor, wegen der kriegerischen Ereignisse, die sich in jenem Zeitraum zwischen den Truppen des Bischofs von Münster, einem Verbündeten der Franzosen, und jenen des Churfürsten von Brandenburg, einem Verbündeten der benachbarten Holländer, in dieser Gegend abspielten; der Herausgeber Georg Grefflinger erwähnt selbst, dass es mehrere Informanten in Münster gibt: „Die aus Münster schreiben vom 12. 22. Februar. einhellig…“.[167] Dass die Korrespondenzen aus solchen untergeordneten Teiltexten bestehen, lässt sich auch an den Spatien feststellen; in (72c) etwa wird der Teiltext „es muste deßwegen…“ vom voranstehenden Kotext durch Spatium getrennt. Dadurch wird angedeutet, dass man von einem Äußerungsrahmen zu einem anderen übergeht, und in der Tat geht man von einem Bericht mit implizitem Sprecher zu einem Bericht mit expliziter Selbstbezeichnung des Sprechers mittels Pronomen der 1. Person über. Der Teiltext weist somit eine ähnliche Gestaltung der Äußerungsstruktur mit ähnlicher Konstellation der externen Variablen auf, wie jene im erwähnten Teiltext (72b), aber auch wie jene eines Teiltextes innerhalb einer Korrespondenz aus Münster vom 15. Januar:[168] Diese drei Teiltexte könnten somit von demselben Informanten stammen, die übrigen Teiltexte aber in den jeweiligen Korrespondenzen und auch der Auszug aus „Wahrendorff“ (72) entsprechen nicht diesem kommunikativen Muster. Die anaphorischen Bezugnahmen „vormahls gedachter“ in (72) und „jüngst berichtet“ in (72b) stammen deshalb wohl nicht von demselben Sprecher, es handelt sich nicht um denselben Korrespondenten bzw. Informanten. Es bleibt aber offen, ob diese Kohärenzstiftung auf den Herausgeber zurückzuführen ist.

Der Leser bemerkt diese Polyphonie auf den ersten Blick nicht, er glaubt, einen einheitlichen, kohärenten Bericht in mehreren Folgen über die in Münster entlarvten Verräter, die die Stadt an die Holländer ausliefern wollten, zu lesen. Hier wird das Eingreifen des Herausgebers spürbar: Er bestimmt, welche Quellen in welcher Reihenfolge wiedergegeben werden, um eine Nachricht zu vermitteln, um sie zu bekräftigen, zu widerlegen, zu vervollständigen oder weiterzuführen. Erstaunlich dabei

167 NM 1673 02 6 S. 6.
168 NM 1673 01 3 S. 6.

ist, dass alles meist einzig durch die Anordnung der Korrespondenzen erfolgt, ohne ausdrücklichen anaphorischen bzw. deiktischen Bezug wie in den Beispielen (72)-(72c) und ohne Kommentar. Die Korrespondenzen innerhalb einer Ausgabe bleiben stets voneinander abgeschottete Textexemplare.

3.1.4.3.2 Herstellung einer Kohärenz zwischen den Korrespondenzen einer Ausgabe durch den Herausgeber zur Bekräftigung einer Nachricht.

Um eine Nachricht zu vervollständigen oder weiterzuführen, pflegen die Herausgeber Korrespondenzen zu veröffentlichen, die ein früher schon erwähntes Thema wieder aufnehmen, ohne dass jedoch explizit eine Verknüpfung zwischen den themenverwandten Korrespondenzen hergestellt wird. Nur im Äußerungsrahmen des Korrespondenten entstehen, wie oben beschrieben, zuweilen anaphorische Bezugnahmen auf Textexemplare oder Textteile in früheren Ausgaben.

Die oben geschilderte Nachricht des Verrats in Münster wird zum ersten Mal in der letzten Februarausgabe des Jahres 1673 von *NM* dokumentiert, vgl. (72c), in einer Korrespondenz aus Münster. Unmittelbar danach folgt eine weitere Korrespondenz, diesmal aus Bremen, die von der vorhergehenden formal durch den üblichen Initiator (Leerzeile, Korrespondenzkopf mit Datum und Ortsangabe) völlig getrennt ist und doch genau dieselbe Nachricht (betreffend den Verrat in Münster) beinhaltet, vgl. (72d).

(72d) Bremen vom 21. Februar.

> Es ist in Münster ein großer Verraht obhanden gewesen / und werden viel Vornehme in selbiger Stadt damit beschuldiget / deßwegen sie von den Soldaten übele Tractamenten haben / einige der verdächtigen sollen entwichen seyn / einige aber groß bewachet werden. Sie sollen mit den Holländern und andern correspondiret haben / und der Meynung gewesen seyn ihnen die Stadt zu überlifern / die Feindliche aber sollen zu lange außen gebliben und immitelst der Anschlag entdecket worden seyn (NM 1673 02 7 S. 3)

Es kommt kein einziges anaphorisches Zeichen vor, mit dem in irgendeiner Weise eine Kohärenz mit der voranstehenden Korrespondenz hergestellt wird, obwohl beide Korrespondenzen offenkundig eng miteinander verbunden sind: Der Text aus Bremen wiederholt weitgehend den schon bekannten Sachverhalt und fügt einige Details hinzu, doch diese allein auf Isotopie beruhende implizite Kohärenz muss vom Leser nachvollzogen werden. Weitgehend implizit sind dann auch die Fortsetzungen dieser Nachricht, zunächst Anfang März durch den Bericht über die Verhaftung der Schuldigen (72b) und schließlich durch jenen über ihre Hinrichtung Anfang April (72). Diese Art der impliziten Bezugnahme, die höchstens durch eine besondere Reihenfolge der Korrespondenzen angedeutet wird, ist eine Gepflogenheit, die sich in quasi allen damaligen Zeitungen beobachten lässt.

In der Ausgabe Nr. 41 des Jahres 1672 von *OWP* wird in einer Korrespondenz aus „Dantzig" von der dramatischen Einnahme der ukrainischen Stadt „Caminiec" durch die Türken und Tartaren berichtet (73), darauf folgt eine Korrespondenz aus „Lippstatt", denn in *OWP* sind die Korrespondenzen strikt chronologisch angeordnet, darauf dann eine Korrespondenz aus „Wien", in der unter verschiedenen anderen Nachrichten auch jene der Einnahme von Caminiec durch die Türken wiederholt wird (73b). Zwar ist die erste Schilderung in der Danziger Korrespondenz weit ausführlicher, denn dort wird das Geschehen vom ersten Angriff bis zur Kapitulation und den Szenen der brutalen Inbesitznahme genau beschrieben, während die Korrespondenz aus Wien nur eine knappe und geraffte Nachricht dazu bringt: Es handelt sich lediglich um eine Bestätigung der Nachricht aus Danzig. Hätte der Herausgeber diese beiden Korrespondenzen in umgekehrter Reihenfolge gebracht, wäre die Schilderung aus Danzig als eine logische Vervollständigung der knappen Nachricht aus Wien erschienen. Da dies aber durch die chronologische Anordnung der Korrespondenzen nicht erfolgen konnte, muss sich der Leser die logische Reihenfolge, knapper Bericht und dann Erweiterung der Nachricht, selbst zurechtlegen.

(73) Dantzig den 26. Dito.

Von Janowiec wird berichtet / daß das newe Schloß zu Caminiec den 28. Augusti Morgends durch untersetzte Minen auffgeflogen / nachdeme sich die besatzung in die alte Vestung begeben [...] daselbst sie dann eben so wohl durch die Canonen dermassen beängstiget worden / daß kein Widerstand mehr geschehen können / deßwegen man umb Accord hinauß gesandt / worzu der Janitscharen Aga vom Sultan *deputirt* worden / der Feind hat aber den gemachten Accord nicht gehalten / sondern 10000. Janitscharen in die Vestung *commandirt,* und die darin gewesene FußKnecht unterstechen lassen [...] (OWP 1672 41 S. 3)

(73b) Wien den 28. Dito.

[...] Verschienen Sonntag ist auß Pohlen ein Currier allhier angelangt mit Bericht / daß nunmehr Caminiec Podolsky an die Türcken mit Accord übergangen / und vorhero gebrand und Kriegs-Völckern bey 20000. Mann niedergemacht [...] (OWP 1672 41 S. 4)

Mit *NM* und *OWP* konnten wir bestimmt zwei Extreme in der Handhabung durch den Herausgeber der Reihenfolge der Korrespondenzen miteinander vergleichen. In *OWP* hält sich der Herausgeber vollkommen verdeckt und erscheint nicht einmal indirekt durch die Anordnung der Teiltexte in seiner Zeitung, da ihm auch diese Freiheit durch Festsetzung der Reihenfolge nach chronologischen Kriterien genommen wird; lediglich durch die Auswahl der wiedergegebenen Korrespondenzen erscheint der Herausgeber noch als aktiver Gestalter seiner Zeitung, indem er solche Nachrichten auswählt, die andere bestätigen. Aber es bleibt allein dem Leser überlassen, die Nachrichten zu analysieren, miteinander zu vergleichen und Schlüsse daraus zu ziehen. In *NM* hingegen behält der Herausgeber die Oberhand über die Reihenfolge der Korrespondenzen in seiner Zeitung, so dass er die Bestätigungen hervorheben kann, und er behält es sich auch vor, selbst in die Korrespondenzen einzugreifen, um Nachrichten einzuleiten, Quellen zu diskutieren und Inhalte zu kommentieren.

3.1.4.3.3 Beeinflussung des Lesers durch Anordnung der Korrespondenzen: Häufung und Aufmachung

In sehr auffälliger Weise versucht der Herausgeber von *OPZa*, durch die alleinige Anordnung der Korrespondenzen und ohne direkt und explizit zum Vorschein zu treten, seine Leser zu beeinflussen; der Anlass ist die Seeschlacht bei Schooneveldt: Sie fand am 7. Juni 1673 statt, wobei es wiederholt zu weiteren kleineren Kampfhandlungen kam, z.B. am 14. und 21. Juni. Diese Seeschlacht spielt rückblickend so gut wie keine militärische Rolle in jenem holländischen Krieg; doch wurde sie von der holländischen Obrigkeit dazu benutzt, die Kampfesmoral der Niederländer wieder soweit zu stärken, dass sie nicht mehr versucht waren, die Waffen zu strecken. Georg Grefflinger, wie wir es bereits geschildert haben, versuchte, eine ausgeglichene Berichterstattung von diesem Ereignis zu liefern, was ihm heftig vorgeworfen wurde. Der Tenor in den Zeitungen war, dass diese Seeschlacht als ein großer holländischer Sieg zu gelten hat, und *OPZa* stimmte in diese allgemeine Propaganda ein. In einer Korrespondenz aus Amsterdam vom 2. Juni[169] wird das Ereignis zum ersten Mal erwähnt, als die Flotten sich gerade in Schlachtordnung aufstellten, die Schlacht schien damals unvermeidbar zu sein: „sind also alle kriegende Theil nunmehro in der See / und aller seits zu einem See-Treffen beordert / davon nächstens zu vernehmen seyn möchte“. In einer

169 OPZa 1673 06 08 S. 2.

weiteren Korrespondenz derselben Ausgabe wird dieselbe Nachricht erneut erwähnt, eine implizite Bestätigung also: „Zwischen den Flotten ist noch nichts passirt".[170] Eine Woche später erfolgt in der darauf folgenden Ausgabe auf Seite 2 ein ausführlicher Bericht der Seeschlacht in Form eines Dokuments mit Initiale und einschlägigem Titel: „Extract-Schreiben vom Hn. *Admiral de Ruyter,* an S. Hoheit den Printz von Uranien / vom 8. Junii". Dieser Bericht nimmt die gesamte Seite der Zeitung ein. Es handelt sich sehr wahrscheinlich um dieselbe, wenn auch etwas geraffte[171] Quelle, die in *NM* wiedergegeben wurde.[172] Damit nicht genug: Diesem immerhin durch Kennzeichnung als Dokument deutlich hervorgehobenen Bericht folgt eine Flut von Korrespondenzen verschiedenster Herkunft, die dieselbe Nachricht sehr gerafft und z.T. mit Widersprüchen wiederholen (74):

(74) Gliddelburg / vom 9. Junii.

Man meynet gewiß / daß von den Feinden 8. biß 10. Hauptschiff / und meist. Frantzösische / *ruinirt* seyn / und wol 18. biß 20. Brander / sampt kleinen Fahrzeug.

Haag / vom 12. Junii.

Heut sind wieder Brieffe vom 9. aus der Lands-Flotte kommen / welche *continui*ren / was Tages zuvor des Morgens vorgefallen / da dann biß an den mittag wiederumb ein hefftiges Gefechte vorgefallen seyn soll / biß solches der Wind geschieden. Damals hat man befunden / daß 11. biß 12. feindliche Kriegsschiffe drauf gegangen / und 3. in Noth gewesen umb noch zu sincken. Der Herr Tromp soll den *Secunde* des Graven *d'Estrée* in Grund geschossen haben / darauf der Grave selbst abgewichen. Der König in Franckreich soll mit 4000. Mann wieder- umb zurück nach Pariß gegangen seyn.

Roterdam / vom 8. Junii.

Den 7. biß umb Mittag ist die Schlacht angegangen: und hat gedauret biß des Nachts umb 9. biß 10. Uhr. Den Mittag hat man 3. Schiff hören springen / unwissend von welcher Seiten: 4. biß 5. sind gestrandet / so Frantzösisch und Englische. Diesen Morgen umb 5. Uhr ist die Schlacht wieder angegangen / und man hält für ein gut Zeichen / daß weder hie noch in Seeland / noch keine von unsern Schiffen angekommen.

Ein anders vom 9. Junii.

Diese Nacht ist ein Expresser aus der Flott kommen / mit Bericht / daß etliche Englische und Frantzösische Schiffe *ruinirt*, und noch mehr besetzt seyn sollen.

---

170 OPZa 1673 06 08 S. 4.

171 Vgl. Michel Lefèvre, Le récit d'actes de guerre.

172 S. oben 2.2.2, Beispiel (20k), und 2.3.3, Beispiel (65).

> Graven-Haag / vom 9. Junii.
>
> Unsere See-Häupter sollen noch alle gesund / und der Feind im Abweichen seyn / gegen den Canal zu. Zwantzig Schiffe des Feindes sind gegen die Flandrische Küste zu von den Unserigen abgeschnitten. Printz Roberts Schiff soll gesuncken seyn / nachdem er selbst vorhero schon todt gewesen. Capitain Hahn ist gesprungen mit 2. Feinds-Schiffen / und das Schiff / der Printz zu Pferde Redeloß nach Seeland geschleppet.
>
> Leyden / vom 13. Junii.
>
> Den 8. Junii seynd die Engl. und Frantzös. Flotten zusam̃en etlich und 90. Capital Kriegsschiff starck / mit der Holländ. Flotta 65. Capital-Schiff / starck in Action kommen / und ist bederseits hart gefochten worden biß in die Nacht umb 9. Uhr / die Victori ist / GOtt Lob / mercklich auf unserer Seiten / und der Feind *continuir*lich gewichen.. Briefe vom 9. Dito aus der Flotta berichten / daß sicherlich 12. der Capital- Schiff von dem Feind sind *totaliter ruinirt* und wol 19. Schiffe mit über 6000. Mann und vielen Schubkarn / und mannigfaltige Bereitschafft zum anlenden / gesuncken / und berichten die mit dem Paquet-Boot übergekommene Passagieri / daß sie wol 2. Stunden lang durch die todte Cörper gefahren wären / und finde man am Strand viel Schubkarn und anders treiben / ein Vice-Admiral und 2-3. Capitain seynd von uns geblieben / 3. beschädigte Schiff waren in Seeland ankommen / davon eines auf den Grund geschossen / doch das Volck *salvirt* worden / der Admiral Tromp ist auf das vierdte Schiff kommen / hat über 100. todt darauf gehabt / alles stehet in der Flott wol / und ist durch GOttes wunderliche Gnade wenig Schaden an Volck / der Feind ist auf der Flucht / und wird mit grosser Gourage verfolget / so daß dieses eine grosse Victori ist. (OPZa 1673 06 15 S. 2)

Die sechs Korrespondenzen, die dem Hauptbericht folgen, sind alle redundant, und es werden kaum zusätzliche Informationen in dieser Häufung erbracht. Bei einigen der Zusätze handelt es sich um Falschmeldungen: die vermeintliche Schlacht vom 8. Juni, der Tod des Prinzen Robert sowie die Rückkehr des Königs Ludwig XIV. nach Versailles: Er führte höchst persönlich den Sturm auf Maastricht wenige Tage danach (die Stadt fiel am 29. Juni). Die Korrespondenten überbieten sich auch gegenseitig in der Angabe der Verluste auf der französisch-englischen Seite: Während die Historiker schätzen, dass höchstens drei oder vier Schiffe auf jeder Seite versenkt wurden,[173] meldet eine erste Korrespondenz 8-10, eine zweite 11-12, eine dritte 12-19 versenkte Schiffe, eine letzte schildert Berge von Trümmern und Leichen. Aber trotz dieser Häufung und Aufmachung bestehen offensichtlich noch Zweifel über den wirklichen Sieger, denn zwei Korrespondenten sehen sich gezwungen, ohne

173 Vgl. Roger Hainsworth/Christine Churchers, The Anglo-Dutch Naval Wars.

Beweise und Argumente zu bekräftigen, dass es ein holländischer Sieg war. Dies musste dann noch wiederholt in den folgenden Wochen bekräftigt werden, in zwei Korrespondenzen der Ausgabe vom 21. Juni (74b) und in zwei weiteren der Ausgabe vom 28. Juni (74c); es mussten gar die eingeschobenen Wettgewinne derjenigen, die auf den holländischen Sieg gesetzt haben, als Argument für die Niederlage Frankreichs herhalten.

(74b) Franckfurt / vom 27. Junii.

Heutige allhier angelangte Cölln. Brieff bringen / daß die Holländer die Victori zur See erhalten. [...]

Ein anders aus Hamburg / vom 7. dito.

daß die Victoria zur See denen Holländern geblieben / ist gewiß / dahero auch die / so auf diese Parthey viel allhier gewettet / schon das Geld gezogen (OPZa 1673 06 21 S. 3)

(74c) Francken / vom 3. Julii.

Die Frantzosen mögen gleich von ihrer gehaltenen See-Victori hin und wieder *spargiren* / und sich darüber erfreuen wie sie wollen / so findet sich doch in der That nichts anders / als daß sie so wol als die Engel. sich dessen gantz nicht zu rühmen / zumahlen sie den Kürtzern gezogen haben. [...]

Cöllen vom 29. Junii.

[...] Uber unsere verschiedene See-Victorien haben wir Ursach über Ursachen GOtt zu dancken / und zu frohlocken (OPZa 1673 06 28 S. 2)

In unserem Korpus kam es in keiner anderen Zeitung zu keinem anderen Anlass zu einer solchen Aufmachung: Man sieht, dass die Seeschlacht von Schooneveldt vor allem in den Zeitungen von den Holländern und Deutschen gewonnen wurde. Bemerkenswert dabei ist, dass der Herausgeber von *OPZa* sich keineswegs direkt in diese Debatte einmischt, aber die Art und Weise, wie die Nachricht redundant wiedergegeben wird, diese unerhörte Häufung von bestätigenden Korrespondenzen entspricht einem sehr auffälligen indirekten Eingreifen des Herausgebers, der seine Leser beeinflussen, überzeugen will. Anhand all dieses Materials, das zur Bestätigung einer bestimmten Meinung angehäuft wird, kann man nicht umhin zu denken, dass sich der Herausgeber besonders parteiisch zeigt und dem Leser seine Meinung quasi aufzwingt.

Ein Problem für damalige Herausgeber war es, unter der steigenden Zahl von Korrespondenzen, die ihnen zur Verfügung standen, jene herauszulesen, die Falschmeldungen verbreiteten, sei es zur Propaganda für eine der Kriegsparteien oder sei es nur zum Spaß.[174] Die einleuchtendste Methode, um zu entscheiden, ob eine Nachricht wahr oder falsch ist, besteht darin, sie durch eine möglichst große Zahl von anderen Korrespondenzen bestätigt und bekräftigt zu sehen. Dennoch sind Falschmeldungen in den damaligen Zeitungen gang und gäbe, sie werden entweder absichtlich wiedergegeben oder weil der Herausgeber ihre Wahrhaftigkeit falsch eingeschätzt hat. Wie konnte dann der damalige Leser (wie kann der heutige Leser) feststellen, ob eine Nachricht echt ist? Auch für Dementis vermeidet es der Herausgeber, direkt in den Text einzugreifen. So werden Falschmeldungen oft nie berichtigt, etwa jene Information über die Rückkehr Ludwigs XIV. nach Versailles in (74): Der Leser muss sich selber einen Reim aus dieser Nachricht und jener, dass Ludwig XIV. bei der Belagerung von Maastricht persönlich das Kommando führt, machen.

Eine andere Methode wird in *NAC* vorgeführt, wobei es ebenso dem Leser überlassen bleibt, sich seine Meinung zu bilden: Der Herausgeber führt zu einer Nachricht abwechselnd bestätigende und widerlegende Korrespondenzen an. Nachdem die Stadt Caminiec an die Türken gefallen war, beabsichtigte der König von Polen 1673 eine Zeit lang, die Stadt zurückzuerobern. Dazu werden Korrespondenzen gehäuft, vgl. (75-75c), die diese Meinung teils widerlegen, teils bestätigen. Dem Leser kommt kein Kommentar des Herausgebers zur Hilfe, er muss selbst daraus schließen, dass der König von Polen seine Absicht geheim halten will, der Sultan aber seine Absicht durchschaut hat.

(75) Auß Moldau wird geschrieben / daß die Tartarn in grossen Sorgen stunden / als ob Caminieck in künfftigem Feld-Zug von Ihro Königl. Mayest. in Pohlen möchte belägert werden (NAC 1698 04 12 S. 2)

(75b) Die Königliche Teutsche Militz / ungeachtet die meiste Polacken solche auß dem Land haben wollen / werde künfftige Campagne in 36000. Mann bestehen / doch werde man / allem Ansehen nach / die Vestung Caminieck nicht belägeren / sondern mit aller Macht gegen Budziack marschiren / zumahlen selbige Tartarn sich schon offerirt haben sollen / der Königl. Pohlnischen *Submission* sich zu unterwerffen (NAC 1698 04 19 S. 2)

(75c) die Pohlnische Brieff [setzen] anbey / als ob die Türcken / auß Besorg einer Belagrung / die beste Sachen / und so gar auch einige Canonen von Caminieck abführen lassen (NAC 1698 05 07 S. 2)

174 Vgl. Carsten Prange, Die Zeitungen und Zeitschriften des 17. Jahrhunderts in Hamburg, S. 12.

Auch der Herausgeber von *NAC* vermeidet das direkte Eingreifen und die direkte Stellungnahme. Er begnügt sich damit, die Nachricht weiterzuführen, bis die Fakten der einen oder anderen Ansicht recht geben. Viele Falschmeldungen werden aber nicht weitergeführt und stehen somit unwiderlegt im Raum.

Auch hier bildet *NM* eine bemerkenswerte Ausnahme: Georg Grefflinger begnügt sich nicht damit, allein durch die Anordnung der Korrespondenzen seinen Leser zu beeinflussen, er überlässt es auch nicht dem Korrespondenten, die Quellen zu diskutieren; er schlägt neue Wege in der Kommunikation mit dem Leser ein, und zwar nicht nur mittels fiktiver Korrespondenzen aus „Niederelbe", die die direkte Kommunikation des Herausgebers kaum verhüllen, sondern auch durch einen monatlichen Rückblick auf vergangene Nachrichten in dafür vorgesehenen, besonderen Teiltexten im Initiatorbereich der Zeitung mit dem Titel: „Correctio Nicht erfolgender Sachen im vergangenen Monat". Somit ist *NM* die einzige Zeitung in unserem Korpus, in der der Herausgeber explizit Nachrichten berichtigend, wenn nötig dementierend weiterführt.

Hierzu ein Beispiel: Als davon die Rede ist, dass die Stadt Münster durch Verrat an die holländischen Truppen geliefert werden soll, bricht plötzlich die Nachricht herein, dass die Stadt von den mit Lüneburg verbündeten brandenburgischen Truppen eingenommen wurde. Diese Information wird vom Herausgeber mit größter Vorsicht aufgenommen, da er sie nicht wiedergibt und lediglich in fiktiven Korrespondenzen, in denen er als Sprecher fungiert (76, 76b) sowie in einer „Correctio" Anfang März (76c) auf sie anspielt. Er bedauert in diesen Textteilen direkt und offen, dass die Korrespondenzen, die ihm zukommen, dermaßen widersprüchlich sind, dass er sich keine Meinung daraus zu bilden vermag. In der Tat kam es zu heftigen militärischen Auseinandersetzungen in der Gegend um Münster in jenem Winter, und man kann vermuten, dass es zu einer massiven Desinformation seitens beider Kriegsparteien kam. Schließlich wird dem Leser diese Nachricht durch einen Korrespondenten aus Amsterdam wiedergegeben, der sie zugleich dementiert (76d): Es ist eine sonderbare Einwirkung des Herausgebers, der Falschmeldungen zunächst zurückhält, dann als widerlegt wiedergibt, um zu zeigen, welche Lügen im Umlauf sind, und mit welcher Vorsicht der Herausgeber dieser Zeitung vorgeht, um dem Leser diese „erdichteten Zeitungen", die andere Herausgeber veröffentlicht haben, zu ersparen: Wenn dies kein Beweis für die herausragende Qualität von *NM* ist!

(76) Man hat fast eine Abscheu künfftig alles / was so wol schrifftlich als mündlich referiret wird / nach zu melden / weil alles so confus / ja fast ertichtet einkommt. Dann ob schon etliche Tage lang von so vilen Haupt-Actionen / da der Verlust bald diser bald der andern Seiten von den Haupt Armeen in Westfahlen zugeschriben wurde / alle Brife und Avisen hirvon berichteten / so findet man doch in der Warheit noch nichts anders / als die Eroberung von der Stadt Unna / und wird auch diser halber in den Circumstantien noch varyrt. (NM 1673 02 3 S. 8)

(76b) Es ist in disen Tagen widerum übel Advisen zu schreiben / weil so große Partialitäten einkommen. (NM 1673 02 6 S. 6)

(76c) *Correctio* /
Nicht erfolgender Sachen im vergangenen Monat *Februario.*
[...] Von den vilen falschen Gerüchten von grossen Battalien / und Verlusten corrigirt eine Post die andere. (NM 1673 03 1 S. 1)

(76d) Amsterdam vom 7. Martij.
Die ertichtete Zeitung / die sich von Cölln vom 2. Martij. in vile Oerter außgebreitet hat / nähmlich / als sollte Münster erobert / die Chur-Cölln- und Münsterische Armee auffgeschlagen / vile Große gefangen und auch wären verwundet worden / wobey man auch eine große Bagage / vil Geldt / Silber-Werck und Canonen bekommen hätte / worauff auch hie und anderswo große Werten geschehen sind / verschwindet nun gantz und gar / und schreibt man hirauff aus Cöllen / daß solches eine große Persohn durch ein Schreiben also außgestreuet hätte / um eine Parthey / die solches gerne hörete / auff einige Stunden lang darmit zu belustigen. (NM 1673 03 1 S. 5)

Obwohl Georg Grefflinger nicht davor zurückschreckt, offen zum Vorschein zu treten und direkt einzugreifen, bleibt in dieser Äußerungssituation doch so manches implizit, welches der gebildete Leser aber mühelos inferieren konnte: die Kritik an unvorsichtigen, ja parteiischen Herausgebern (die an anderer Stelle, insbesondere aber bei Zeitungstheoretikern wie Stieler in der damaligen Zeitungsdiskussion sehr explizit ausgedrückt wurde), das Hervorheben der eigenen journalistischen Leistung, die Kritik an der Obrigkeit, die bewusst Falschmeldungen unter die Bevölkerung streute.

3.1.4.4 Einwirken des Herausgebers durch die redaktionelle Linie der Zeitung

3.1.4.4.1 Normalisierung der deutschen Schriftsprache

Die Zeitungen unseres Korpus stammen aus weit auseinander gelegenen Gegenden: aus Königsberg oder Wien, aus Frankfurt oder Hamburg. Zudem bestehen die Textkörper der Zeitungen aus Textexemplaren von Sprechern mit den unterschiedlichsten geographischen und soziologischen Herkünften. Trotzdem sind die Variationen in der Rechtschreibung, der Morphologie und der Lexik sehr gering, sowohl von einer Zeitung zur anderen als auch innerhalb derselben Ausgabe einer Zeitung. Die Drucker haben nicht unerheblich zur Entstehung einer einheitlichen deutschen Schriftsprache seit dem 15. Jahrhundert beigetragen.[175] Auch im 17. Jahrhundert dürften die Zeitungsherausgeber, die oft auch Drucker waren, eine Rolle in der Verbreitung und Verallgemeinerung der Schriftsprache gespielt haben. In den Zeitungen ist die Präsenz des Herausgebers nicht allein durch seine Rolle als Gestalter und Ordner des Textes spürbar, sondern auch durch seinen Beitrag zur Normalisierung der Sprache.[176]

Durch leichte orthographische und lexikalische Variationen kann sich eine Zeitung von den anderen Blättern abheben, so dass eine Art redaktionelle Linie entsteht, die typisch für eine bestimmte Zeitung und somit für einen bestimmten Herausgeber ist. Man kann solche Variationen auch für eine bestimmte Zeitung von einem Zeitraum zum anderen feststellen, was auf einen zweiten bzw. neuen Herausgeber für diese Zeitung hindeutet. Die Variationen, die auf unterschiedliche Urheber (d.h. auf Polyphonie) in den Korrespondenzen zurückzuführen sind, werden nicht immer vom Herausgeber getilgt, sei es aus Nachlässigkeit oder aus Zeitmangel.

Was die Rechtschreibung betrifft, so haben sich die meisten Herausgeber auf die moderne Distribution der Grapheme „u“, „v“ und „w“ (in den Diphthongen) festgelegt. In *NAC* kann man sogar zwischen den Ausgaben von 1672 („New ankommender Currier“) und jenen von 1696 („Neu-ankommender Currier“) eine Modernisierung der Schreibweise

175 Vgl. Klaus-Peter Wegera (Hg.), Zur Entstehung der neuhochdeutschen Schriftsprache; Klaus Jürgen Mattheier, Wege und Umwege zur neuhochdeutschen Schriftsprache.

176 Man geht allgemein davon aus, dass in der Barockzeit vor allem Grammatiker und Sprachtheoretiker zur Entstehung der Norm beigetragen haben, vgl. hierzu etwa Hiroyuki Takada, Orthographische Vorschrift und Praxis im Barock. In der Tat sind viele größere und kleinere Regelwerke im 17. Jahrhundert erschienen, exemplarisch sei hier nur die kleine Schrift von Johann Rudolph Sattler, Teutsche Orthographey und Phraseologey, genannt, die in einer wahren Tradition von Regelwerken steht. Dennoch ist die einheitliche Schriftsprache, wie sie konkret in den Zeitungen zu finden ist, erstaunlich, da die Redakteure nur selten Poeten oder Sprachtheoretiker wie Georg Grefflinger (der Redakteur des *NM*) waren, dafür wohl öfter der Druckerzunft angehörten. Man kann daher vermuten, dass die Drucker auch im 17. Jahrhundert stark zur Vereinheitlichung der Sprache beigetragen haben.

feststellen. In unserem Korpus haben nur *MRZ* und *EPZ* die ältere Orthographie beibehalten.

3.1.4.4.2 Position des Herausgebers in der Debatte um den sprachlichen Patriotismus

Viel spürbarer ist die redaktionelle Linie bei der Aufnahme oder Tilgung von Fremdwörtern im Text. Die patriotischen Sprachtheoretiker haben während des gesamten 17. Jahrhunderts Dichter, Zeitungsherausgeber, sowie Vertreter bestimmter Berufsgruppen, insbesondere Soldaten, Höflinge, Kanzleischreiber für ihren unmäßigen Gebrauch von Fremdwörtern insbesondere aus dem Französischen und zunehmend auch aus dem Englischen angeprangert. Z.T. werden auch Wissenschaftler und Akademiker für den Gebrauch griechischer und lateinischer Wörter kritisiert:

> Denn ob es zwar bräuchlich werden will / ein solches Gemenge zu machen / sonderlich bey den Höfen und denen Soldaten / da immer viel Eitelkeit vorzugehen pflegt / und jeder groß und gesehen seyn will / als were er vieler Sprachen kündig [...] So ist doch solches gantz ungegründet und tadelhaftig / gereichet auch nicht zur geringen Verkleinerung unserer Muttersprache / als wäre dieselbe so arm und unvermögen / daß sie von andern borgen müste / oder so grob und ungeschlacht / daß man nicht etwas so höfflich und nett / als in den andern vorbringen könnte / da sie doch in den beyden keiner Nation was sonderlichs zuvor zugeben hat / in Fall man sie recht braucht und übt; An Majestät aber und Ansehen denen meisten überlegen ist.[177]

> Von Schreibung der Zeitungen oder deren Stylo / so man die Schreib-Art nennet / wäre viel zu sagen. Es ist leider! dahin kommen / daß unsere Zeitungen lauter Bettlers-Mäntel seyn / also / daß wann man die bunte Französische / Spanische / Italiänische und Lateinische Flicklappen davon abschneiden solte / weder Verstand noch Bestand darvon übrig bleiben würde.[178]

Die Zeitungen unseres Korpus weisen unterschiedliche Positionen im Umgang mit Fremdwörtern auf und entsprechen somit nicht allesamt der Beschreibung, die Stieler vom Zeitungsstil skizziert. Es ist zwar richtig, dass die Mehrzahl der Zeitungen einen relativ großen Anteil von Fremdwörtern im Text aufweist, die zudem mit veränderter Schriftart (lateinischen Kursiven) markiert sind.[179] Dabei entstehen Varianten auch innerhalb derselben Zeitung, die zeigen, dass die Herausgeber nicht immer eindeutig zu entscheiden wussten, was als Fremdwort und was als in den deutschen Wortschatz integriert zu gelten hat: In *OWP* z.B. findet man

177 August Buchner, Anleitung zur Deutschen Poeterey, S. 33.
178 Kaspar Stieler, Zeitungs Lust und Nutz, S. 35.
179 S. oben 2.1.1, zur Funktion lateinischer Kursiven.

sowohl „Regiment" als auch „*Regiment*". Außerdem sind in jenen Zeitungen, die Fremdwörter kursiv drucken, bei weitem nicht alle Fremdwörter markiert, etwa die Substantive „Gouvernement", „Armée" oder „Ambassadeur" in *OPZa*, die der Herausgeber offensichtlich nicht spontan als Fremdwort empfand oder erscheinen lassen wollte. So werden Fremdwörter in *TKC, OPZa, OPZb* und *MRZ* ziemlich unvollständig, in *RN, NM, AM* und *KOP* nur in sehr geringem Maße markiert. In letzteren Zeitungen werden fast ausschließlich lateinische Wörter kursiv gedruckt.

Solche Herausgeber vertreten mit einigen Sprachtheoretikern den Standpunkt, dass man alle Fremdwörter unmarkiert lassen soll, um so ihren Fremdwortstatus aufzuheben und sie völlig in der deutschen Sprache aufgehen zu lassen, anstatt partout gegen ihre Verbreitung anzukämpfen.

Eine radikale Tilgung der Fremdwortmarkierung wird z.B. vom Sprachtheoretiker Michael Bellin in der Mitte des 17. Jahrhunderts gefordert, und es scheint, dass die beiden Hamburger Blätter, *NM* und *AM*, sowie *RN* und *KOP* diesen Standpunkt in ihrer redaktionellen Linie vertreten:

> Fremde wörter / sie mögen eigene oder gemeine / nän- oder zeitwörter sein / oder zu welchem haubteile der wörter sie auch gehören / sollen weder halb noch ganz mit Lateinischen / sondern ganz mit Deutschen lettern geschriben wärden / wan sie entweder das Deutsche bürgerrecht haben erhalten / oder sonst in Kanzeleien / und in gemein üblich sind.[180]

Augustus Buchner vertritt eine moderate Kompromissposition in dieser Debatte um den Sprachpurismus, die von *OPZa, OPZb* und *MRZ* fast buchstäblich eingehalten wird:

> [...] Ausgenommen die jenigen Wörter / die wir nicht wol / wie oben angedeutet / entbehren können / und gleich als bey uns das Bürgerrecht erlanget / und eingesessen seyn / darümb man sie auch mit deutschen Buchstaben schreiben soll. Ebener massen soll es mit denen nominibus propriis der Länder / Völcker / Städte und dergleichen gehalten werden / so wol mit denselben / die eine Profession anzeigen [...].[181]

TKC hebt sich durch seine redaktionelle Linie hervor, da dort ganz offensichtlich die Lehnwörter aus dem Französischen absichtlich vermieden werden. Die Zahl der fremden, insbesondere französischen Wörter ist dort spürbar geringer als der Durchschnitt in den anderen Zeitungen. Zudem kann man in *TKC* wie auch in *OPZa* beobachten, dass sonst als

---

180 Michael Bellin, Hochdeutsche Rechtschreibung, Lübeck 1657. Zitiert nach: William Jervis Jones, Sprachhelden und Sprachverderber, S. 445.

181 August Buchner, Anleitung zur Deutschen Poeterey, S. 39.

französische Lehnwörter übliche Lexeme durch italienisch oder spanisch klingende Formen ersetzt werden. Es befinden sich innerhalb derselben Ausgabe Varianten zweier romanischer Sprachen, etwa „ambassadeur/ambassador",[182] Officieri/Officierer",[183] „Officiers"[184] „Cavallerie/Cavalleria",[185] „Gouverneur/G(o)ubernator".[186] Insbesondere Termini der Militärsprache wurden während der Renaissance aus dem Italienischen ins Französische entlehnt, so dass in der Tat für solche Lexeme nicht eindeutig zu entscheiden ist, aus welcher romanischen Sprache sie dann ins Deutsche übernommen wurden. Trotzdem kann man sich bei den Ende des 17. Jahrhunderts herrschenden kriegerischen Auseinandersetzungen fragen, ob einige Herausgeber, besonders jener von *TKC*, nicht aus Patriotismus darauf bedacht waren, französische Lehnwörter in ihren Zeitungstexten zu vermeiden.

3.1.4.4.3 Interferenz aus den Dialekten

Es kommen erstaunlich wenig dialektale Interferenzen in den Zeitungstexten des 17. Jahrhunderts vor. Dabei war die Standardisierung der Schriftsprache zu jener Zeit noch nicht abgeschlossen, man stellt noch abweichende Entwicklungen im mitteldeutschen und oberdeutschen Raum fest. Zu einer einheitlichen Schriftsprache mit einheitlicher Rechtschreibung, Lexik und grammatischer Normierung ist es erst um 1730 gekommen.[187] In der Tat befinden sich in den Zeitungstexten einige regionale Varianten, wobei vor allem Korrespondenzen innerhalb einer Zeitung, nicht so sehr ganze Zeitungen miteinander kontrastieren.

Zwar schreckt ein Herausgeber wie Georg Grefflinger nicht davor zurück, einige niederdeutsche Wörter in seinen Text einzustreuen bzw. zu belassen, z.B. Begriffe aus der Seemannssprache, „Flacke", eine Seegegend, die nicht sehr tief ist, „redeloß" für *rettungslos*, *hilflos*,[188] außerdem begegnen in unserem Korpus drei Belege von monophthongiertem „beede" statt *beide*, einige wenige Palatisierungen wie „geschicht" statt *geschieht* sowie auf *-e* abgeleitete Adverbien wie „zurücke". Man stellt auch gelegentlich Variationen zwischen Korrespondenzen aus dem südlichen (standardisiertes, entrundetes „Hilff") und dem nördlichen Sprach-

182 OPZa 1668 04 28 S. 1 und S. 2.
183 OPZa 1669 02 13 S. 2 und S. 3.
184 OPZa 1673 07 02 S. 2 und S. 3.
185 OPZa 1673 06 28 S. 2 und OPZa 1673 07 02 S. 2.
186 OPZa 1668 09 19 S. 2 und S. 3.
187 Vgl. Peter Wiesinger, Die Diagliederung des Neuhochdeutschen.
188 Vgl. Michel Lefèvre, Le récit d'actes de guerre.

raum („gerundetes Hülff") fest. Aber man findet im Hamburger *NM* ebenso viel Interferenzen mit oberdeutschen Dialekten, z.B. die ausgedehnte Form „denen" des Artikels *den*, und zwar in Korrespondenzen aus „Niederelbe".[189] Die niederdeutschen Einflüsse sind verständlich, da der Leserkreis in und um Hamburg sicher solche dialektalen Formen, zumal aus der Seemannssprache, gut kennt und wohl auch gebraucht. Die oberdeutschen Interferenzen sind vermutlich auf die bayerische Herkunft Georg Grefflingers zurückzuführen. Insgesamt ist somit *NM* beispielhaft für alle Zeitungstexte, in denen Schreiber unterschiedlichster Herkunft sich auf einen gemeinsamen Standard einigen müssen, um sich verständigen zu können.

Als Fazit für die Kommunikationssituation im Matrixäußerungsrahmen kann man festhalten, dass der Herausgeber der Zeitungen in unterschiedlicher Weise in unterschiedlichen Textteilen zum Vorschein kommt. Am wenigsten allerdings in jenen peripheren Textteilen, die laut Makrostruktur dem Matrixäußerungsrahmen zu entsprechen scheinen. Somit entsteht in den Zeitungen meist keine direkte Kommunikation zwischen Herausgeber und Leser, mit Ausnahme einiger Zeitungen wie *AM* und *NM*, die in dieser Hinsicht eine besondere Stellung einnehmen. Viel häufiger äußert sich der Herausgeber in den Textexemplaren des Textkörpers, wo sich seine Stimme mit jenen der Korrespondenten vermengt, was zur Polyphonie beiträgt. Der Herausgeber äußert sich dort jedoch meist indirekt oder ist nur implizit präsent. Diese verdeckte Haltung, sei es aus Vorsicht, sei es wegen einer gewissen Auffassung des journalistischen Ethos, ist kennzeichnend für den Sprecher des Matrixäußerungsrahmens, der Meinungen, Kommentare und subjektive Äußerungen bevorzugt dem Korrespondenten überlässt.

3.2 Sprachliche Kennzeichnung des Äußerungsrahmens des Korrespondenten

Die Rolle des Korrespondenten wird in den Zeitungen durch die formale Gestaltung deutlich hervorgehoben. Die Korrespondenzen stellen in Umfang und Inhalt die wesentlichsten Textexemplare innerhalb einer Zeitungsausgabe dar, ihre Reihenfolge und Anordnung bedingen die Strukturierung des Gesamttextes. Auch in der Kommunikationsstruktur der Zeitung spielen die Korrespondenzen eine wesentliche Rolle. Da der Herausgeber der Zeitung sich meist verdeckt hält, erscheint der Korres-

189 Vgl. etwa NM 1673 04 6 S. 7.

pondent mit den Angaben zu den externen Variablen seiner Äußerungssituation (Datum und Ort im Kopf der Korrespondenz), mit den häufig vorkommenden Selbstbezeichnungen und direkten Adressen an seinen Leser, aber auch mit einer überall spürbaren impliziten Präsenz als der für den Leser der Zeitung stets wahrnehmbare, aktuelle und wichtigste Sprecher.

Dabei entsteht eine grundsätzliche Ambiguität in den jeweiligen Äußerungssituationen. Korrespondenzen zeichnen sich durch Makrostrukturen (insbesondere durch den Kopf mit Angabe von Datum und Absendeort) aus, die an Briefe erinnern: Es wird mit deren Hilfe ein Äußerungsrahmen geschaffen, in dem sich ein anscheinend in Zeit und Raum identifizierbarer Schreiber an einen Adressaten richtet, der sich mit seltenen Ausnahmen anhand keinerlei Anhaltspunkte identifizieren lässt. Man kann jedoch mit Sicherheit davon ausgehen, dass der Zeitungsleser diesem Äußerungsrahmen nicht angehört. In diesem Äußerungsrahmen kann der Herausgeber der Zeitung gegebenenfalls als Adressat, der Zeitungsleser dann höchstens als Referent, als Gegenstand der Kommunikation in der 3. Person, fungieren. Der Leser wird nur durch eine Umfunktionierung der ursprünglichen Kommunikation zum indirekten Adressaten der Korrespondenzen, und zwar innerhalb des Matrixäußerungsrahmens, in dem der Herausgeber als Sprecher fungiert. Wenn nun der Eindruck einer direkten Kommunikation zwischen Korrespondent und Leser entsteht, so werden fälschlicherweise zwei deutlich getrennte Äußerungsrahmen miteinander verschmolzen. Dabei bleiben Elemente der ursprünglichen Äußerungssituation vom Korrespondenten zu seinem unbekannten Adressaten im Text bestehen und stören z.T. die Kommunikation im Matrixäußerungsrahmen.

Zudem hat der Korrespondent, ähnlich wie der Herausgeber, oft nur eine Vermittlerfunktion, er wählt Nachrichten aus dritter Hand aus, verarbeitet sie mehr oder weniger und leitet sie an seinen Adressaten weiter. Es vermengen sich innerhalb der Korrespondenzen sowohl die Rollen des Korrespondenten und des Herausgebers als auch jene des Korrespondenten und des Informanten. Die Vermittlerfunktion bestimmt die spezifische syntaktische und modale Struktur der Korrespondenzen.

3.2.1 Die Äußerungsstruktur in den Korrespondenzen

Im Kopf der Textexemplare des Typs ‚Korrespondenz' wird durch Angabe des Äußerungsortes und des Datums für jedes Textexemplar ein neuer Äußerungsrahmen geschaffen, in dem jeweils ein neuer Sprecher am Zuge ist. Dieser begnügt sich meist damit, Nachrichten weiterzuleiten, deren Urheber er nicht selbst ist. Dies erfolgt meist, indem er seine Sprecherrolle beibehält und die Nachrichten Dritter mit unterschiedlichen syntaktischen und modalen Markierungen in Form wiedergegebener Reden in seinen eigenen Äußerungsrahmen integriert. In der Tat wird ein Großteil der Korrespondenzen gleich nach dem Initiator (dem Kopf) mit Verbum dicendi + *dass* eingeleitet, so dass die Nachrichten aus den externen Äußerungssituationen in Form einer Reihe von Nebensätzen wiedergegeben werden. Dabei kommt es vor, dass der Korrespondent die syntaktische ‚Kontrolle' über seine Redewiedergabe verliert, man gleitet unmerklich in eine freie indirekte Rede bzw. in die direkte Rede eines dritten Sprechers, d.i. in den Äußerungsrahmen des Informanten. Die *dass*-Nebensätze erscheinen somit als eine deutliche Markierung von Polyphonie.

3.2.1.1 Syntaktische Markierung der Redewiedergabe.

Typischerweise steht zu Beginn einer Korrespondenz ein komplexer Satz mit Angabe einer Quelle im Hauptsatz und der Wiedergabe der Nachricht im Nebensatz, so etwa in (77). Darüber hinaus ist der Hauptsatz (etwa: „Die jüngsten Brieff von Asack melden") tatsächlich im Äußerungsrahmen des Korrespondenten verankert, dessen Situation durch die externen Variablen Orts- und Zeitangabe im Initiator der Korrespondenz bestimmt wird, während die Nachrichten im Nebensatz schon einem anderen, externen Äußerungsrahmen entstammen, dessen externe Variablen meist durch Angaben im Hauptsatz bestimmt werden, (etwa: „Asack" in (77)). Dennoch werden die Nachrichten durch Markierung der indirekten Rede, aber auch durch deiktische Einheiten (vgl. „anhero" und „kommt") durch Vermittlung des Korrespondenten in dessen Äußerungsrahmen wiedergegeben. Die Nachricht wird also vom Standpunkt des Korrespondenten aus betrachtet und übermittelt. Die *dass*-Nebensätze bilden innerhalb des Gesamtsatzes eine polyphone Sequenz, in der man aber den Äußerungsrahmen des Korrespondenten nie völlig verlässt. Zudem schließt dieser Textteil mit einer Klausel, in der man völlig in diesen Rahmen zurückgeführt wird. Makrostrukturell bildet diese Nachrichtensequenz eine Periode mit drei Kola: In den beiden ersten wird die Nachricht in Form von zwei symmetrisch angelegten *dass*-Nebensätzen wiedergegeben, in der dritten wird der Leser zum Standpunkt des Korrespondenten zurückgeführt, zwar auch in Form eines (diesmal konsekutiven) Nebensatzes, der äußerungsstrukturell aber nicht mit den beiden *dass*-Sätzen gleichgestellt werden darf: Dieser letzte Nebensatz kann in dasselbe Paradigma wie andere Formen von ‚weiterführenden'

Nebensätzen gestellt werden, etwa jenen relativsatzähnlichen Sätzen, die durch eine *w*-Einheit eingeleitet werden. Sie erlauben es, eine Periode äußerungsstrukturell zyklisch zu gestalten. Die Periode beginnt im Äußerungsrahmen des Korrespondenten, gleitet dann in jenen des Informanten über und kommt schließlich in der Klausel zu jenem des Korrespondenten zurück. Mit einer klassischen, syntaktischen Analyse als ‚abperlendes Satzgefüge'[190] würde man diesem zyklischen, umrahmenden Aufbau der Äußerung nicht Rechnung tragen, ja sogar völlig widersprechen. Eine lineare Analyse eines solchen Satzes würde bedeuten, dass man Teilsätze mit völlig unterschiedlichen Äußerungsfunktionen und -graden, die auch rhetorisch nicht gleichwertig sind, völlig undifferenziert betrachtet, welches mit erheblichen Verlusten in der Interpretation solcher Sätze einherginge.

In (78) erfolgt die Integrierung der Nachricht des Informanten in den Äußerungsrahmen des Korrespondenten zusätzlich durch eine Modusmarkierung. Nachdem der Leser zunächst durch einen *dass*-Nebensatz in die Äußerungsebene des externen Informanten übergeführt wird, dienen Konjunktiv II-Markierungen als Signal dafür, dass diese unter Kontrolle des Korrespondenten erfolgende Wiedergabe der Nachricht sich noch über mehrere Sätze hinwegstreckt. Die Variation der Markierung (*dass*-Satz, Konjunktiv II) ist hier wohl zunächst stilistisch bedingt, es soll die Syntax nicht allzu schwerfällig erscheinen. Allerdings lässt sich auch feststellen, dass die Polyphonie weit größer ist, als es eine binäre syntaktische Markierung erscheinen ließe: Es wird hier sowohl die Stimme des Informanten aus „Constantinopel" (der Verfasser der „Briefe") wiedergegeben, als auch die vom Informanten wiedergegebene Stimme des „Groß-Sultans" und „Tartar-Chans", sowie die Stimme der von Letzteren erwähnten „Christen". Die Variation in der Modusmarkierung (Konjunktiv II) sowie jene durch das Modalverb „möchte" entspricht durchaus einer Variation in den wiedergegebenen Stimmen, einer sich über mehrere Grade bzw. Ebenen erstreckenden Hierarchie der Äußerungsrahmen.

(77) Auß Moscau / vom 4. Octob.

[1] Die jüngsten Brieff von Asack melden / daß das Groß der Armee den 16. *passato* auß denen Quartiren anhero solte auffbrechen / [2] und / daß Seiner Czarische Mayest. Leib-Guarde vorauß kombt / [3] so / daß höchstgedachte Seine Czarische Mayest. über wenig Wochen hier wieder erwartet werden. (NAC 1696 10 27 S. 3)

190 Vgl. Gerd Fritz et al., Die Sprache der ersten deutschen Wochenzeitungen, S. 80.

(78) Auß Venedig / vom 12. April.

Von Constantinopel hat ein allhier eingelauffenes Kauffardey-Schiff einige Brieffe mitgebracht / in welchen berichtet wird / daß / nach den öfften zu Adrianopel gehaltenen Kriegs-Conferenzien geschlossen worden / den Krieg noch dieses Jahr fortzusetzen / und sich mit den Christen in Keine Friedens-Tractaten einzulassen; der Groß-Sultan hätte auch resolviret / in Persohn gegen Hungarn wieder zu Felde zu gehen / welches ihm zwar von seiner Mutter und dem Groß-Vezier widerrathen worden / er bliebe aber bey seiner Meynung / und gabe vor / es möchten ihm solches die Christen / nachdem er in verwichener Campagne den Kürtzern gezogen / vor eine Kleinmütigkeit außlegen / welcher Meynung auch der Tartar-Cham beygepflichtet hätte. Inzwischen wäre der Feind [...] (NAC 1698 05 03 S. 2)

3.2.1.2 Redewiedergabe ohne Markierung: Freie indirekte Rede oder Übergang in den Äußerungsrahmen des Informanten?

Neben den Korrespondenzen mit kohärenter Markierung der Redewiedergabe kommen andere Textexemplare vor, in denen der Korrespondent die Kontrolle über die wiedergegebenen Reden entgleiten lässt. In (79) vermittelt der Korrespondent aus Brüssel zwei unterschiedliche Nachrichten: Die erste durch Markierung der indirekten Rede mit *dass*-Satz, die symmetrisch auf zwei Nebensätze verteilt ist; eine weitere Nachricht aber im folgenden Satz wird ohne jede Markierung der indirekten Rede wiedergegeben, sei es durch Verbum dicendi + d*ass* oder durch Konjunktiv, es handelt sich um eine assertive Äußerung im Indikativ. Da dieser Satz von der vorherigen Nachricht durch ein Spatium getrennt ist, geht der Leser davon aus, dass hier der Inhalt einer anderen Quelle mit einem anderen Informanten als Sprecher wiedergegeben wird; wegen der geographischen Entfernung kann es sich kaum um den Korrespondenten selbst handeln. Nach dem Spatium verlässt man also den Äußerungsrahmen des Korrespondenten und befindet sich unvermittelt in jenem eines nicht genauer bestimmten Informanten. Der Bericht erfolgt nunmehr nicht mehr aus der Perspektive des Korrespondenten.

Es wäre freilich möglich, wie Thomas Schröder diesen Satz im Indikativ als ‚freie indirekte Rede' zu betrachten: „[...] Unter syntaktischen Gesichtspunkten handelt es sich um eine freie indirekte Rede. Diese Form wird in der frühen Presse häufig gewählt, wenn längere Texte in indirekter Rede wiedergegeben werden sollen".[191] Dies obwohl hier so-

191 Thomas Schröder, Die ersten Zeitungen, S. 172. Vgl. auch ders., in Gerd Fritz et al., Die Sprache der ersten deutschen Zeitungen, S. 57: „die freie indirekte Rede wird in der frühen Presse häufig gewählt, wenn längere Texte in indirekter Rede wiedergegeben wer-

wohl die Korrespondenz insgesamt als auch die Nachricht in diesem Satz sehr kurz sind, so dass die freie indirekte Rede nicht ausschließlich langen Berichten vorbehalten wäre.

Man kann aber sehr wohl auch annehmen, dass es sich um eine nicht markierte direkte Rede handelt, durch die ein Informant in seinem eigenen Äußerungsrahmen unmittelbar in den formal dem Korrespondenten vorbehaltenen Teiltext einbricht: Der Sprecherwechsel wäre lediglich durch das Spatium gekennzeichnet. Für letztere Hypothese spricht auch, dass einige solcher Teiltexte mit Selbstbezeichnung des Informanten mittels Pronomen in der 1. Person vorkommen, wie etwa in (80).

Dieser Auszug aus einer Korrespondenz aus Münster (80) besteht aus drei Unterabsätzen, die jeweils durch Spatium getrennt sind, welche als Polyphoniemarker zugleich anzeigen, dass es sich um drei unterschiedliche Informanten handeln dürfte. Der erste Unterabsatz entspricht eindeutig dem Äußerungsrahmen des Korrespondenten, da die Nachrichten als indirekt wiedergegebene Berichte gekennzeichnet sind, zwar nicht mittels Konjunktiv oder *dass*-Nebensatz, sondern mittels der Präpositionalgruppe „allem Berichte nach" (häufig kommt auch die Präposition „laut" vor). Der zweite Unterabsatz enthält überhaupt keine Markierung der Redewiedergabe, es besteht keine Klarheit über den Äußerungsrahmen, in dem man sich hier befindet. Es kann sich um jenen des Korrespondenten handeln, der selbst als Informant fungiert bzw. Informationen Dritter unmodalisiert (in einer Art freien indirekten Rede) übernimmt, oder um jenen des Informanten, der sich in einer direkten Rede ohne Vermittlung des Korrespondenten äußert. Es gibt einige Anhaltspunkte, die für letztere Hypothese sprechen. Zunächst das Vorhandensein eines Spatiums, das einen Sprecherwechsel, einen Wechsel des Äußerungsrahmens signalisiert. Bei der Untersuchung des Inhalts stellt man fest, dass auch die Ortsangaben „im Cöllnischen", „die Stadt Werle", „Wahrendoff" die Äußerungssituation eines dritten Sprechers bestimmen, die weit entfernt von jener des Korrespondenten gelegen ist, der also nicht selbst der Informant für diese Nachrichten sein kann. Einen dritten Anhaltspunkt liefert der dritte Unterabsatz, in dem ein Sprecher sich selbst mit „ich" bezeichnet, der zugleich Zeuge des berichteten Geschehens sein will: Es kann sich hier definitiv nicht um den Korrespondenten aus Münster handeln; da es sich aber um dieselben Ereignisse wie im zweiten Unterab-

den sollen". Zur Problematik der syntaktischen Markierung der indirekten Rede zu Beginn des Neuhochdeutschen, vgl. Larissa Neborskaja, Besonderheiten der syntaktischen Struktur der direkten und indirekten Rede.

satz handelt, liegt die Vermutung nahe, dass der zweite und dritte Unterabsatz eine ähnliche Äußerungsstruktur aufweisen: Ein Informant äußert sich in seinem eigenen Äußerungsrahmen in direkter Rede.

(79) Brüssel vom 21. May.

Die aus den Frantzösischen Conquesten übergekommene Officierer berichten / daß die Frantzosen ihre Läger wegen des rauhen Wetters eine Zeitlang ausstellen / und daß / falls der König von Spanien bey dem Leben bleibet / nicht so leichtlich eine Stöhrung der Ruhe und des Friedens in Europa zu vermuhten. → Die Frantzosen halten auf den Gräntzen starcke Wache / umb das Entflüchten der Religionarien zu verhindern. (KOP 1698 43 S. 2)

(80) Münster vom 15. Januar.

Ihre Chur-Fürstl. Durchl. von Brandenburg sind / allem Berichte nach / anjetzt auff dem Sparenberg / woselbst die Chur-Fürstl. Gemahlin einen jungen Printzen gebohren hat. → Dero Völcker haben im Cöllnischen Lande die Stadt Werle […] belagert. […]Am vergangenen Mittwochen frü haben sich auch einige Chur-Brandenb. Trouppen nächst Wahrendoff / […] sehen laßen. […] → Wie solches der Herr General Major Nagel erfahren / hat Er sich alsobald darauff mit einigen Völckern aus Wahrendorff begeben / und mit den Chur-Brandenburgischen gescharmitzirt / da dann 46. Gefangene nebenst 83. montirten Pferden und 6. Verwundeten sind in Wahrendorff gebracht worden. 40. bliben auff dem Platze / anderthalb Stunden von Wahrendorff. Die Gefangene habe ich selbst alle mit meinen Augen gesehen. (NM 1673 01 3 S. 6)

Es stellt sich dann die Frage, ob dieses direkte Hervortreten eines Informanten in seinem eigenen Äußerungsrahmen einem vom Korrespondenten beabsichtigten Einschub, quasi einem Zitat, entspricht, welches aber trotz noch nicht normierter Interpunktion in irgendeiner Weise signalisiert wäre, oder ob hier nicht etwa der Herausgeber in der von ihm vermittelten Korrespondenz Textteile aus unterschiedlichen Textexemplaren mit unterschiedlicher Äußerungssituation konglomeriert. Diese durchaus plausible Hypothese würde die Polyphonie noch um diese implizite redaktionelle Handlung des Herausgebers steigern.

Innerhalb der Korrespondenzen vermischen sich die Äußerungsrahmen des Korrespondenten und des Informanten hauptsächlich auch deshalb, weil der Korrespondent abwechselnd als Vermittler von Nachrichten Dritter und als Berichterstatter von eigenen Nachrichten fungiert. Die geschilderten Ereignisse gehören teils zur Äußerungssituation der Korrespondenten, teils zu Kontexten, die sehr weit entfernt vom Absendeort der Korrespondenz liegen. Somit lässt sich die aktuelle Funktion des Korrespondenten als Informant oder Vermittler hauptsächlich anhand der geographischen Nähe bzw. Distanz der geschilderten Ereignisse ermitteln, denn die übrigen Markierungen sind nicht eindeutig. Wenn etwa in einer Korrespondenz das undefinite Pronomen „man" als Quelle für eine Nachricht angegeben wird, kann es sich sowohl um einen entfernten Informanten handeln, dessen Bericht in der indirekten Rede wiedergegeben wird, oder um eine unbestimmte Quelle, um ein Gerücht, das zum Kontext des Korrespondenten gehört und somit Teil von dessen eigener Berichterstattung wird. Die genaue Funktion des Korrespondenten, ob passiver Vermittler oder aktiver Nachrichtengestalter, lässt sich in solchen Fällen umso weniger ermitteln, als das Pronomen „man" auch zur Selbstbezeichnung des Korrespondenten dienen kann.

In (81) scheint sich „vermuhtet man" auf eine externe Äußerung zu beziehen, d.h. auf einen dritten Informanten, dessen Bericht als indirekte Rede im Äußerungsrahmen des Korrespondenten wiedergegeben wird, denn der Status einer wiedergegebenen externen Äußerung wird hier durch die Modalverben „dürfte" und „mag" bestätigt: Es wird durch diese Modalisierung die Wahrscheinlichkeit des nur als Vermutung dargestellten propositionalen Gehalts, d.i. der Nachricht, von einem dritten anhand von Kontextelementen berechnet, die nur der entfernte Informant in seiner eigenen Äußerungssituation inferieren kann. Zudem wird die Polyphonie in diesem Beispiel explizit, da der Korrespondent sich direkt mittels eines Pronomen in der ersten Person bezeichnet („unserer ältesten Crohnprinceßin"), so dass die Stimme des Korrespondenten explizit als komplementär zu jener des unbestimmten „man" erscheint. In (82) hingegen stammt die Nachricht direkt vom Korrespondenten, der zugleich als Informant fungiert. Deiktische Einheiten wie „hiervmbey" verankern die berichteten Geschehnisse in der Äußerungssituation des Korrespondenten, in der Nähe des Ortes, der im Kopf der Korrespondenz angegeben wird. Die Berichterstattung erfolgt in Form von assertiven Äußerungen im Indikativ, die teilweise durch eine unbestimmte Quellenangabe „dem Verlaut nach" modalisiert wird, denn sie dient dem Korrespondenten dazu, die Wahrscheinlichkeit eines Teils des Gehalts zu berechnen; der dritte, koordinierte Teilsatz erlaubt es ihm, eine mittels Verwendung des Pronomens „man" verallgemeinernde Schlussfolgerung zu ziehen, er bildet dementsprechend auch die Klausel der gesamten Periode: In einem typischen zyklischen Aufbau schließt die Periode in demselben Äußerungsrahmen wie zu Beginn die Protasis, nämlich in jenem des Korrespondenten, der hier als Informant fungiert. Wenn das Pronomen „man" in (82) in der Klausel eine Verallgemeinerung bewirkt, so findet man in (83) dieses Pronomen gleich zu Beginn zur Selbstbezeichnung des Korrespondenten, bevor dieser mit indirekter Wiedergabe von Nachrichten Dritter in Form von *dass*-Nebensätzen seine Vermittlerrolle aufnimmt. Ein weiterer Beleg für die Polyfunktionalität des unbestimmten Pronomens, der sich sowohl auf Sprecher unterschiedlicher Äußerungsrahmen als auf Referenten innerhalb dieser Äußerungsrahmen bezieht.

(81) Stockholm / vom 11. May st. v.

So wohl aus dem Abmarsch der Königlichen Guarde nach Königsöhr / als andern Präparatorien vermuhtet man / daß die vorseyende Mariage des Durchleuchtigsten Hertzogs von Holstein Gottorst / etc. mit unserer ältesten Crohn Princeßin / binnen kurtzen / wiewohlen in aller stille / vollzogen werden dörffte. Höchstbesagter Printz divertiret sich inzwischen / nebenst andern Durchläuchtigsten frembden Gästen / mit unserm Monarchen auf der Jagt / und lässet dieser Hof nichts ermangeln / wodurch deroselben Divertissement vergrössert werden mag. (KOP 1698 43 S. 8)

(82) Ein anders auß Cöllen / vom 16. dito.

Gestern geschahe der Anfang deß Abmarsches der Armeen / von der eroberten Statt Bonn hierymbey / die Kayserliche gehet dem Verlaut nach jenseyt deß Rheins / nach dem Bergischen / die Holländer dißseyts nach dem Gülchischen / vnnd die Spanische etwas höcher nach der Maaß / vnd weiß man nicht welchem Orth es nun gelten wird. (MRZ 1673 47 S. 4)

(83) Venedig / vom 9. May.

[1] Aus Dalmatien vernimt man / daß der General-Mocenigo von Spalatro nach Narenta gereiset / alda mit der Campagne einen Anfang zu machen → [2] Am Dienstag wurde der Herr Battista Nani zum Ambassadeur nach Engelland erwehlet / welcher bereits alle Anstalten zu einer baldigen Abreise machen lässet; [3] weil zumahlen versichert wird / daß der König in Engelland / von der Ottomanischen Pforte / zum Mediator eines Friedens mit den Christlichen Potentaten vorgeschlagen worden; [4] es hätte auch zu dem Ende der Groß-Vezier an höchstgedachten König ein außführliches Schreiben / [...] abgehen lassen / [5] und gehet die Rede / ob wolte man von Türckischer Seite zu frieden seyn / daß bey den Tractaten die Uberlassung aller derjenigen Plätze / welche so wol der Käyser als unsere Republique anietzo besitzen / zum Fundament stehe; [6] hingegen solte Caminiec demolirt / und der Cron Polen hernach eingeräumet werden [...]. → [7] Ob nun von allerseits Alliirten nunmehr zu den würcklichen Tractaten werde geschritten werden / stehet zu erwarten (KOP 1698 43 S. 3)

Das Beispiel (83) zeigt auch, dass die Länge der wiedergegebenen Nachrichten nicht unweigerlich zu einer Art freier indirekter Rede führt, indem der Sprecher nach einigen Teilsätzen auf die syntaktische Markierung durch *dass* bzw. auf die Modusmarkierung durch Konjunktiv verzichtet, sei es aus stilistischen Gründen oder aus Nachlässigkeit. Ganz im Gegenteil: In dieser Korrespondenz wird peinlich genau zwischen wiedergegebener Nachricht und eigener Äußerung des Korrespondenten, der dann selbst als Informant fungiert, differenziert, und zwar mit allen formalen sprachlichen Mitteln, die dem Sprecher zur Verfügung stehen. Nur Satz $_{[2]}$ enthält keine Markierung der indirekten Rede, es handelt sich um eine unabhängige Äußerung, in Form einer völlig in sich abgeschlossenen, zweikoligen, symmetrisch um das Pronomen „welcher" aufgebauten Periode. Zwar scheint der folgende Satz $_{[3]}$ von diesem abzuhängen, da er durch „weil" eingeleitet wird, doch enthält dieser Satz die Markierungen der indirekten Rede. In $_{[2]}$ übernimmt der Korrespondent distanzlos die ihm offensichtlich schon bekannte Nachricht der Berufung und bevorstehenden Abreise des „Battista Nani" und äußert sie als eigene Assertion; die Sätze $_{[3]}$ bis $_{[6]}$ enthalten aber die eigentliche Nachricht, nämlich die Gründe für diese Ernennung und Abreise, und zwar markiert als indirekte Rede. Somit äußert sich in $_{[2]}$ der Sprecher ebenso direkt wie im einleitenden Satz $_{[1]}$. Alle weiteren Sätze enthalten Nachrichten Dritter, die aber völlig in den Äußerungsrahmen des Korrespondenten integriert werden, der den weiteren Verlauf der Berichterstattung durchgehend kontrolliert. Neben der Markierung durch „daß" wie in $_{[1]}$ und $_{[3]}$ kommen Varianten vor, wie der Konjunktiv II in $_{[4]}$ und $_{[5]}$ sowie das Modalverb „sollte" in $_{[6]}$. Schließlich wird das Vermitteln von Nachrichten aus dritter Hand auch durch Fügungen wie „wie versichert wird" oder „gehet die Rede" signalisiert. Dann, plötzlich, inmitten eines Textteils, der als in eine wiedergegebene Rede eingebettete wiedergegebene Rede markiert ist, in dem man also den aktuellen Äußerungsrahmen aus dem Blick zu verlieren droht, taucht der Korrespondent mit den Worten „unsere Republique" direkt und unverhüllt mittels Pronomen in der 1. Person, auf.

3.2.1.3 Modusmarkierung der Redewiedergabe

Die Markierung durch Modus trägt in nicht geringem Maße zur Gestaltung der Äußerungsstruktur bei und erscheint als Variante für die Markierung durch *dass*-Nebensätze und durch Präpositionalgefüge mit „laut…". Die Belege zeigen, dass sowohl Konjunktiv I als auch II verwendet werden, nicht nur komplementär, sondern auch in Konkurrenz zueinander. Daher muss die Wahl des einen oder anderen Konjunktivs genauer untersucht werden.

In unserem Korpus kommt bei indirekter Redewiedergabe zumeist der Konjunktiv I vor, doch gibt es von einer Zeitung zur anderen Unterschiede in der Distribution beider Konjunktive, denn auch der Konjunktiv II, wie die Beispiele (78) und (83) zeigen, wird sehr häufig gebraucht, und zwar nicht nur als Konkurrenzvariante zu den anderen Formen der Markierung indirekter Redewiedergabe. So erscheint der Konjunktiv II z.T. ergänzend zu äquivalenten Fügungen mit Verbum dicendi, etwa „[es] gehet die Rede, ob + *Konj. II*" (83). Es stellt sich auch die Frage, ob die Modusmarkierung nicht teilweise grammatisch bedingt ist, etwa durch eine Regel der Zeitenfolge, oder ob eine funktionale Opposition zwischen den Markierungen besteht, etwa eine Graduierung der Distanzmarkierung.

3.2.1.3.1 Distribution der Konjunktivformen zur Markierung indirekter Redewiedergabe

Beim Versuch einer Bestandsaufnahme für Frequenz und Distribution beider Konjunktive stößt man zunächst auf die Schwierigkeit, dass die Ellipse des Hilfsverbs im 17. Jahrhundert ein weit verbreiteter Brauch war, dass also ganze Textteile ohne Indices für Tempus oder Modus vorkommen. Dennoch fehlt das flektierte Verb nur dann, wenn der Nebensatz eindeutig durch die Konjunktion „daß" identifizierbar ist, so dass die indirekte Redewiedergabe durch diese syntaktische Markierung zu erkennen ist. In (83) etwa fehlt das Hilfsverb nur dann, wenn der Äußerungsrahmen eindeutig nachzuvollziehen ist.

Eine weitere Schwierigkeit bei der Untersuchung der Distribution der Konjunktive sind die Fälle komplementärer Markierung mit *dass*-Sätzen und deren Äquivalenten, wobei die Markierungen teilweise überlappend, teilweise einander ausschließend komplementär, teilweise einander ergänzend komplementär distribuiert sind. Der Konjunktiv I bzw. II kann ergänzend zur Markierung durch *dass*-Nebensatz stehen, etwa „geduldet hätten" in (85) oder „anzufallen gedencke" in (86). In (84) kommt ein Konjunktiv I vor, der eine indirekte Rede signalisiert, nicht aber innerhalb des Textteils, der diese Rede an sich darstellt, der durch „daß" markiert ist, sondern innerhalb der Klausel, d.h. in jenem Teil des Satzes, in dem man wieder in den Äußerungsrahmen des Korrespondenten zurückkehrt. Eigentlich handelt es sich um eine indirekte Frage, in der das Fragewort „was" als Proform für eine gewünschte Nachricht, d.i. indirekte Rede des Informanten, steht. Sie vertritt eine erhoffte Äußerung des Informanten, die innerhalb einer späteren Äußerung des Korrespondenten wiedergegeben werden soll, es handelt sich quasi um eine potentielle indirekte Redewiedergabe. Diese Markierung wird innerhalb der Klausel oft gebraucht, sei es in Form indirekter Fragestellung mit *w*-Wort, z.B.

„Was diser Todesfall disem gantzen Käyserl. Hofe für eine Traurigkeit errege / können alle Christliche Hertzen leichtlich gedencken“[192] oder mit der Konjunktion „ob“, z.B. in Satz [7] in (83), wo zudem noch der Konjunktiv I auf „werde“ steht. Auch Verbalgruppen, die man allgemein als „weiterführende Relativsätze“[193] bezeichnet, sind untergeordnete Nebensätze, die äußerungsstrukturell dieselbe Funktion wie *dass*-Nebensätze haben, nämlich den Wechsel des Äußerungsrahmens, eine Polyphonie zu signalisieren. Rückwirkend lässt der Konjunktiv I „bedeute“ in der Klausel in (84) darauf schließen, dass der gesamte Vortext ohne Indices (wegen Auslassung des Hilfsverbs) implizit modal ähnlich markiert ist; man hätte es dann mit einer überlappenden Distribuierung der Markierungen zu tun.

(84) Auß Elbingen wird berichtet / daß der König anselbigen *Magistrat* geschrie-ben ø / ihre Bürgerschafft zu untersuchen / ob sie auch bereit ø im Fall der Noth sich selbsten zu *defendiren,* ihre verfallene Werck zuverbessern / auch keinen Handwercks-Gesellen / ohne deß Raths Wissen weg ziehen zulassen / wie ingleichen sich mit aller Notturfft zu versehen; Was es bedeute / verlanget man zu vernehmen. (OWP 1671 05 S. 3)

Betrachtet man das Korpus in seiner Gesamtheit, stellt man fest, dass der Konjunktiv I mit 60 % am meisten zur modalen Markierung der indirekten Redewiedergabe verwendet wird, zu 40 % der Konjunktiv II. Jedoch ist dieses Verhältnis je nach Zeitung unterschiedlich, wohl in Folge der jeweiligen redaktionellen Richtlinien. Eine vereinfachte Zählung anhand des Vorhandenseins der Formen „habe“ bzw. „hätte“ zeigt, dass der Konjunktiv I in *AM, GER, OPZb, TKC* und vor allem in *OWP* signifikant häufiger vorkommt, mit einem Verhältnis von 85 % zu 15 % für den Konjunktiv II. In einer größeren Anzahl von Zeitungen unseres Korpus aber ist das Verhältnis umgekehrt, in *KOP, NAC, OPZa, ORZ* überwiegt die Markierung durch Konjunktiv II leicht, etwas signifikanter in *EZ, EPZ, NM* und *R*, in *MRZ* schließlich ist das Verhältnis ausgeglichen.

3.2.1.3.2 Komplementäre Markierung der indirekten Redewiedergabe

Bleibt die Frage, was die Wahl des einen oder anderen Konjunktivs motiviert. Die Beispiele zeigen sehr schnell, dass es sich nicht um die Zeitenfolge handeln kann, die doch kennzeichnend für diese Sprachperiode bis 1700 sein soll.[194] Die heute gültige Regel der Formenkomplementari-

192 NM 1673 03 5 S. 2.

193 Vgl. Anke Holler-Feldhaus, Zur Grammatik der weiterführenden w-Relativsätze.

194 Vgl. Robert Peter Ebert, Historische Syntax, S. 135.

tät wird ebenso wenig berücksichtigt, auch wenn vereinzelt der Usus, in *OWP* etwa, dieser Regel sehr nahe kommt. Es bleibt die Vermutung, dass alle drei Markierungen, jene mit *dass*-Nebensatz, jene mit Konjunktiv I und jene mit Konjunktiv II, als freie Varianten gelten, auf die der Sprecher zur stilistischen Variation abwechselnd zurückgreifen kann. Dies scheint sich auf den ersten Blick in Beispielen wie (85) und (86) zu bestätigen, in denen alle drei Markierungen vorkommen und anscheinend willkürlich von einer zur anderen übergegangen wird:

(85) [1] Man vernimt [von Herrn Mumisky] /

[2] daß gedachter Vezier / wie auch die Baßen von Erlau und Waradein / sich wegen des beschuldigten Unterschleiffs der Rebellen sehr excusirt / und negiert /

[3] daß sie bißhero […] die Rebellen in ihren Territoriis geduldet hätten / sondern solches vil mehrers von dem Abassy geschehen wäre /

[4] und habe gedachter Vezier sein hievoriges Versprächen gegen I. K. M. nochmal Höchstens contestiren laßen:

[5] Demnach aber / ungeachtet diser Sinceration / man gewiß weiß / daß obgedachte Rebellen nicht allein von den Türcken in ihren Gebieten geduldet / sondern auch bewaffnet worden / und in neulicher Action die Türcken auff Seiten der Rebellen selbsten darbey gewesen… (NM 1673 01 2 S. 2)

(86) Venedig den 30. *Januarij.*

[1] Der *Patron* eines Schiffs / so vorige Woche von *Smirne* hier eingelauffen / […] berichtet

[2] daß er Candia und andere Ort berührt und erfahren

[3] wie durch gantz Türckey ein newer Rueff enstanden /

[4] daß der Groß-Vezier mit einer starcken Armata von Galeren und Kriegß-Schiffen die Insul Malta anzufallen gedencke / auch 100000. Mann in selbiger ans Land setzen wolle / […]

[5] es wehren aber doch auch andere / welche solchem Rueff kein Glauben zustelleten / der Meynung

[6] es werde ehender auff die Uckraina und Ungarn angesehen seyn / dann der Türck grössern Nutzen der Orthen haben würde /

[7] so wehre auch der Groß-Cham […] bereits im Anzug;

[8] Uber dieses bringt er / zu *Argentera* vernohmen zu haben /

[9] daß ein Schiff von *Candia* nach Constantinopel fahrend in den Felsen *Antimillo* gescheitert und alles ausser des Volcks verlohren / welche außgesagt /

[10] es wehre ietzo aller Uberfluß in ged. Reich / und von dem *Bassa* bey hoher Straf verbotten /

[11] daß sich bey nächtlicher Weyl kein Christ in der Statt solle betretten lassen / so dann daß kein Türck ausserhalb derselben übernachten solle / über dieses thue er allen müglichen Fleiß umb die eingeborne Griegen in gutem Willen zuhalten [...];

[12] die Venetianische Orth wehren wohl versehen und trieben mit den Türcken ihre Handlung in aller Freyheit von angebrochenem Tag biß zwey Stund vor Nacht;

[13] Vier Tripolinische Corsaren hätten bey *Sapienza* ein Engländisch Schiff gebeudet [...] / darnach hätten die Engländer die Türcken ins Wasser geworffen / und sich mit der Flucht *salvirt*;

[14] Der *Procurator Bernardo* halte sich zu *Zante,* nehme das gemeine Beste mit aller Wachtsamkeit in acht / und habe 36. Türcken nach *Morea* geschickt / gegen so viel Christen außzuwechßlen / habe auch an alle Venetianische Galeren Befelch geben die aufhabende Türcken nach *Zante* zuschicken / umb die vorhabende General Außwechßlung zu *Castel Tornese* vorzunehmen /

[15] die Gemeinde in *Zante* hätte unterdessen zwen auß ihren benennt / dem in *Morea* mit grossem Pracht ankommenen newen Bassa die gewöhnliche Präsenten über zubringen (OWP 1671 07 S. 1)

Untersucht man die abwechselnde Folge der Markierungen genauer, stellt man jedoch fest, dass der Wechsel von einer Markierung zur anderen, insbesondere von einem Konjunktiv zum anderen, sich beinahe systematisch mit einem Sprecherwechsel, mit dem Übergang von einem wiedergegebenen Äußerungsrahmen zum anderen deckt. Tatsächlich lassen sich die Korrespondenzen nicht immer auf eine Polyphonie reduzieren, in der nur zwei Stimmen, jene des Korrespondenten und jene des Informanten, am Zuge sind. Die berichteten Nachrichten gelangen oft über mehrere Vermittler zum Informanten, auf die z.T. explizit hingewiesen wird. So in (84), wo der Korrespondent sich auf einen Brief aus Elbingen bezieht, der seinerseits einen Brief vom König an den Magistrat der Stadt zitiert, und der Inhalt aus diesem dritten Äußerungsrahmen wird nun wiedergegeben. Auch in (85) befänden sich die wiedergegebenen Nachrichten, wenn man sie in der direkten Rede zitierte, in drei Äußerungsrahmen auf drei hierarchisch gestuften Äußerungsebenen: auf der Ebene mit dem Äußerungsrahmen des Korrespondenten, der in [1] und [5] mit dem als Selbstbezeichnung des Korrespondenten zu interpretierenden Pronomen „man" gekennzeichnet ist; auf der Ebene mit dem Äußerungsrahmen des Informanten „Herr Mumisky", dessen Äußerungen durch *dass*-Nebensatz in [2], durch Konjunktiv I in [4] als indirekte Rede wiedergegeben werden; schließlich auf der Ebene mit dem Äußerungsrahmen des „Vizirs", dessen Äußerung in [3] zugleich durch *dass*-Nebensatz und durch Konjunktiv II markiert ist. Jeder Wechsel von einer Ebene zur anderen ist durch einen Wechsel der Markierung gekennzeichnet. Dies würde auch bedeuten, dass der Tiefengrad der Redewiedergabe, d.h. die hierarchische Ebene der Äußerungsrahmen wiedergegebener Reden die Wahl oder den Wechsel der Markierung der indirekten Rede bestimmt. Dies kann man in der Tat anhand von Beispiel (86) veranschaulichen, wo die Äußerungsstruktur noch komplexer ist. Würde man die ursprünglichen direkten Reden wiederherstellen, ergäben sich mindestens vier hierarchisch gestufte Äußerungsebenen: jene des Korrespondenten in $_{[1]}$, jene des Kapitäns des Schiffes aus Smyrna in $_{[2]}$, dann jene des unbestimmten Informanten von Letzterem in $_{[3]}$, schließlich das von diesem wiedergegebene Gerücht in $_{[4]}$. Dann kommt man auf die dritte Stufe des unbestimmten Informanten in $_{[5]}$ zurück, der ein zweites Gerücht auf der vierten Ebene in $_{[6]}$ zum Besten gibt. In $_{[7]}$ kommt man auf die dritte Ebene des Informanten zurück, in $_{[8]}$ auf die erste des Korrespondenten, der eine weitere Nachricht desselben Kapitäns auf Ebene 2 in $_{[9]}$ wiedergibt, der sie selbst aber von Seebrüchigen eines anderen Schiffes auf Ebene 3 in $_{[10]}$ bezog, welche wiederum den Inhalt unterschiedlicher Erlasse der türkischen Regierung auf der vierten Ebene in $_{[11]}$ wiedergeben. Der Tiefengrad, d.h. die Einstufung der Äußerungsebene der Informanten in $_{[12]}$ und $_{[13]}$, ist schwieriger zu bestimmen. Jedenfalls kann man deutlich feststellen, dass jeder Wechsel von einer Äußerungsebene zur anderen innerhalb dieser Hierarchie durch einen Wechsel der Markierung der indirekten Rede gekennzeichnet ist. Insbesondere von $_{[1]}$ bis $_{[11]}$, wo sich die vier Ebenen eindeutig nachvollziehen lassen, ist deutlich erkennbar, dass jeder Ebene eine bestimmte Markierung entspricht. Der Ebene 2 des Kapitäns in $_{[2]}$ und $_{[9]}$ entspricht die Markierung durch *dass*-Nebensatz, der Ebene 3 der ungenannten Informanten in $_{[3]}$, $_{[5]}$ und $_{[7]}$ und der Schiffbrüchigen in $_{[10]}$ entspricht der Konjunktiv II (allerdings mit fehlenden Indices wegen Auslassung des Hilfsverbs im *wie*-Nebensatz in $_{[3]}$), der Ebene 4 der wiedergegebenen Gerüchte in $_{[4]}$ und $_{[6]}$, der Erlasse in $_{[11]}$ entspricht der Konjunktiv I, wobei $_{[11]}$ noch zusätzlich mit *dass*-Nebensatz markiert ist.

Offensichtlich ist der Wechsel der Markierungsform motiviert, und zwar zur Kennzeichnung sowohl des Übergangs zu einem anderen Äußerungsrahmen (mit neuem Sprecher) der indirekt wiedergegebenen Rede als auch des Übergangs zu einem neuen Tiefengrad, d.h. zu einer neuen Ebene der Kommunikation, wobei sich jede Ebene in Abhängigkeit des Äußerungsrahmens des Korrespondenten befindet. Dies dient zur Hilfe für den Leser, der innerhalb solch komplexer Äußerungsstrukturen die Orientierung verlieren könnte. In (86) lässt sich nur eine einzige Abweichung feststellen, wohl ein Fehler des Schreibers, der selbst den Faden verloren hat: Der Satz auf der Äußerungsebene 4 mit Konjunktiv I „über dieses thue er…“ in $_{[11]}$ gehört eigentlich zur Ebene 3 und sollte mit Konjunktiv II markiert sein.

In den letzten Äußerungen von $_{[12]}$ bis$_{[15]}$ lässt sich die Hierarchie der Ebenen nicht eindeutig bestimmen. Es handelt sich um verschiedene Nachrichten unterschiedlicher Herkunft, der Wechsel der Markierung weist hier lediglich auf den Wechsel des Äußerungsrahmens und dessen Sprechers hin.

3.2.1.3.3 Graduierung der Distanzierung durch Wahl des Konjunktivs zur Markierung der indirekten Redewiedergabe

Beide Konjunktivformen können zwar zur Kennzeichnung eines Wechsels in der Äußerungsebene oder des Sprechers als komplementäre Varianten fungieren, man stellt in einigen Zeitungstexten aber auch fest, dass die Wahl des einen oder anderen Konjunktivs durch den Grad der auszudrückenden Distanzierung seitens des aktuellen Sprechers (des Korrespondenten) zu den wiedergegebenen Nachrichten Dritter motiviert sein kann. In diesem Fall gelten beide Konjunktive nicht mehr als äquivalente Markierungen. Die Wahl des Modus zur Kennzeichnung der Redewiedergabe dient dann der Modalisierung, d.h. der subjektiven Einschätzung des Wahrheitsgehalts vermittelter Nachrichten durch den aktuellen Sprecher, was indirekt zu einer Art Quellendiskussion führt.

Innerhalb der Zeitungen kann dann eine Abstufung von nicht modalisierten, vorbehaltlos als der Wahrheit entsprechend vorausgesetzten Nachrichten bis zu stark angezweifelten Informationen erfolgen. Nicht markierte indirekte Redewiedergaben, die z.T. als freie indirekte Reden interpretiert werden können, bei denen nicht immer eindeutig zu bestimmen ist, ob deren Äußerungsrahmen jener des Informanten oder jener des Korrespondenten ist, gelten in dieser Abstufung als nicht modalisierte Reden. Der Korrespondent gibt sie distanzlos wieder, er steht dermaßen für den Informanten ein, dass der Leser meinen könnte, die Information stammt von Ersterem selber. Hingegen deutet die Markierung durch Konjunktiv II als komplementäre Kennzeichnung zum Konjunktiv I besonders in Fällen mit zusätzlicher Markierung durch *dass*-Nebensatz oder mit Irrealis-Fügungen des Typs „*(als) ob + Konj. II*“ auf eine Distanzierung des Korrespondenten zur wiedergegebenen Nachricht hin. Der Gebrauch des Konjunktivs II zur Modalisierung wiedergegebener Nachrichtengehalte kann im Kotext mit dem Einsatz von weiteren modalisierenden Fügungen einhergehen, die zugleich die modalisierende Funktion des Konjunktivs II bestätigen.

In den Beispielen (87, 88) und (89) werden Nachrichten Dritter distanziert im Konjunktiv II wiedergegeben: „gesetzt hätten“ in Verbindung mit *dass*-Nebensatz in (87), in Verbindung mit Irrealis-Vergleich „ob solten“ in (88) und „als ob… wäre“ in (89). Zudem äußert sich der Korrespondent in der Klausel gegen Ende des zyklischen Aufbaus der Äußerungen zur Glaubhaftigkeit der von ihm wiedergegebenen Nachrichten Dritter; er schätzt sie als überprüfungsbedürftig ein, welches einer Modalisierung gleichkommt, mit Gebrauch von Einheiten wie „ein gewißes“, „Gewißheit“ und „sicher“, die sich im heutigen Sprachgebrauch zu den Modalisierungspartikeln *sicher* und *gewiss* weiterentwickelt haben.[195] Diese subjektive Einschätzung in der Klausel bestätigt die modalisierende Funktion des Konjunktivs II bei der voranstehenden indirekten Redewiedergabe:

(87) Uber Antwerpen kam gestern eine flügende Zeitung / daß die Frantzosen sich auch der Gouer-Schlyß bemeistert und also einen festen Fuß nach Gouda und Leyden zu partiren gesetzt hätten / wovon man mit denen noch zu erwartenden Holl. Brifen ein gewißes erwartet. (NM 1673 01 1 S. 8)

(88) Bey allhiesigem Käys. Hof will verlauten / ob solten Ihro Käys. Majest. bald nach annahenden Oesterlichen Feyertagen Sich nebenst Dero Gemahlin nach Ungarn / auf den Sommer aber nach Prag / die Crönung deroselben vorzunehmen / und dann nacher Regenspurg begeben / die Gewißheit dessen aber stehet noch zu erwarten. (OPZa 1669 03 20 S. 2)

(89) Es gehet allhier die Rede / als ob der Cardinal von Fürstenberg in Ungnaden wäre / die Ursach dessen aber ist noch unbekannt / doch ist sicher / daß er sich zum wenigsten biß auff 50. Meilen von dieser Stadt entfernet hat (EPZ 1696 10 17 S. 2)

Mit dieser Abstufung in der Einschätzung der wiedergegebenen Nachrichten greift der Korrespondent indirekt in die Nachrichtengestaltung ein. Er gibt subjektive Einschätzungen und Kommentare zu den Berichten seiner Informanten zum Besten. Dieses Einmischen ist nur Teil einer ganzen Reihe von Mitteln, durch die der Korrespondent auch innerhalb von Textteilen zum Vorschein kommt, deren Äußerungsrahmen vermeintlich jener des Informanten ist.

195 Vgl. Michel Lefèvre, Qualifikation und subjektive Bewertung.

3.2.2 Sprachliche Zeichen, die auf den Korrespondenten als Sprecher hindeuten

Korrespondenten haben in den Zeitungen weit vielfältigere redaktionelle Funktionen als der Herausgeber, sie sind unterschiedlichster geographischer und sozialer Herkunft und haben vielerlei Berufe, daher können ihre Äußerungen in Form und Intention von einer Korrespondenz zur anderen erheblich variieren. Einige, die wohl im Verlagswesen tätig oder selbst Herausgeber einer Zeitung sein dürften, halten sich genauso verdeckt wie der Herausgeber im Matrixäußerungsrahmen und kommen nur selten mittels direkter Bezeichnungen zum Vorschein. Andere wiederum wenden sich direkt an ihre Adressaten und bezeichnen sich selber mit Pronomen in der 1. Person. Die sprachlichen Zeichen, die auf die Äußerungssituation hindeuten, können somit in drei Kategorien eingestuft werden: Zunächst jene, die dem Zweck der Entpersönlichung, der Verwischung direkter Verweise auf die Äußerungssituation und besonders auf den Sprecher und dessen Adressaten dienen; dann jene, die im Gegensatz dazu eine relativ direkte Kommunikation herstellen; schließlich jene, die implizit auf diese Äußerungssituation verweisen.

3.2.2.1 Zeichen der Entpersönlichung

Wir konnten bereits feststellen, dass die meisten Sprecher des Matrixäußerungsrahmens, d.i. die Herausgeber, davor zurückschreckten, mittels Pronomen der 1. bzw. 2. Person direkt sich selbst oder ihren Adressaten zu bezeichnen, sowohl im Textkörper der Zeitung als auch in den Teiltexten, die ihrem eigenen Äußerungsrahmen entsprechen, d.h. in den peripheren Teiltexten. Dabei wählen die Herausgeber, in Titeltexten etwa, mit Vorliebe Nominalableitungen auf *-ung*, bei denen man ein Agens inferieren muss, ebenso das unpersönliche Pronomen „man“, das zur Bezeichnung fast aller beteiligten Sprecher dienen kann. All diese sprachlichen Mittel werden auch von den Korrespondenten eingesetzt. Hinzu kommen noch etliche Passiv- und Mittelkonstruktionen bzw. unpersönliche Wendungen, durch die der Korrespondent sowohl in seiner Sprecherfunktion (an den Herausgeber bzw. an den Leser) als auch in seiner Adressatenfunktion (der Briefe seiner Informanten) verhüllt wird. Diese unpersönlichen Wendungen sollen suggerieren, dass der Korrespondent nur als verdeckter Vermittler tätig ist, dass er Nachrichten lediglich weiterreicht, ohne die Informationen bzw. den Informanten zu beurteilen. Daher sind Passiv und Medium (Mittelkonstruktionen) als Zeichen der Polyphonie zu interpretieren, da sowohl der Informant als auch dessen

Adressat, d.h. die Sprecher von zwei unterschiedlichen Äußerungsrahmen durch diese Entpersönlichung verhüllt werden.

3.2.2.1.1 Passivkonstruktionen

Dieses Genus erlaubt eine vollständige Entpersönlichung, es können sowohl Agens als auch Patiens ausgeblendet werden, der Fokus ist dann ausschließlich auf den Prozess gerichtet. In den Zeitungen handelt es sich dabei meist um ein Verbum dicendi. Solche Verben können in vielfältiger Art den Prozess des Wiedergebens bzw. Weiterreichens von Informationen schildern, wobei der Fokus ganz besonders auf die Vermittlerrolle des Korrespondenten gerichtet ist: „wird gesagt“, „wird berichtet“, „wird gemeldet“, „wird versichert“, „wird confirmiert“, „wird geschrieben“ gehören zu den häufigsten Passivverben in unserem Korpus, vgl. (90-96). Die Entpersönlichung wird in diesen Passivkonstruktionen z.T. dadurch wieder aufgehoben, dass sie Formen der Modalisierung enthalten, in denen (implizit, durch den aktuellen Sprecher, d.i. den Korrespondenten) eine Einschätzung der Glaubhaftigkeit der Informationsquelle erfolgt: durch „gewiße Hand“ in (97), oder durch das Passiv des Verbs „glauben“ mit dem modalisierend wirkendenden Adverb „fest“ in (98). In dieser Berechnung der Glaubhaftigkeit der wiedergegebenen Quelle erscheint der Korrespondent indirekt als kritischer Leser der ihm zugetragenen Berichte, insofern geht er weit über die zur Schau gestellte Rolle des unpersönlichen Vermittlers hinaus. Dadurch büßen die Passivkonstruktionen ihren Hauptzweck ein, sie werden dann zu sinnentleerten ritualisierten Wendungen des Zeitungsstils.

Es kommen auch Passivkonstruktionen vor, in denen lediglich das Agens verhüllt, aber explizit auf das Patiens, den Adressaten, hingewiesen wird, so etwa in (100), wo das Passiv sich zudem noch mit einer Mittelkonstruktion vermengt: „zu wissen tun“. Auf den Adressaten wird hier in einer sehr konativen Wendung gewiesen, denn es handelt sich immerhin um den Beginn einer Werbeanzeige.

Schließlich findet man Passivkonstruktionen nicht nur beim Übergang von der Äußerungsebene des Korrespondenten zu jener des Informanten, sie kommen auch gegen Ende der zyklischen Perioden in der Klausel vor, wenn man zum Äußerungsrahmen des Korrespondenten zurückkehrt, der seine Schlussfolgerungen zieht, vgl. (99):

(90) Es wird versichert / daß (AM 1698 04 01 S. 2)

(91) Es wird berichtet / daß (MRZ 1673 13 S. 2)

(92) Auß Eperies wird confirmirt / daß (MRZ 1673 19 S. 3)

(93) Es wird so wohl auß Siebenbürgen als pohlen geschrieben / daß (NAC 1698 05 07 S. 1)

(94) Es wird starck geredet / daß (NM 1673 01 8 S. 5)

(95) Es wird gesagt / daß (NM 1673 01 9 S. 7)

(96) es wird dabey gemeldet / daß (NM 1673 02 1 S. 6)

(97) ES wird durch gewiße Hand aus Ungarn berichtet / daß (NM 1673 02 2 S. 1)

(98) Es wird nun fest geglaubt / daß (NM 1673 04 7 S. 3)

(99) Es wird auch solches mehr mit Expreßen / als mit Posten erwartet (NM 1673 02 1 S. 7)

(100) Allen curieusen Liebhabern wird hiemit zu wissen gefüget / wie (AM 1698 02 25 S. 8)

3.2.2.1.2 Mittelkonstruktionen (Medium)

Um den Prozess der Nachrichtenvermittlung zu entpersonalisieren, um die Teilnehmer an der Kommunikation Informant-Korrespondent zu verhüllen, stehen dem Korrespondenten auch etliche Mittelkonstruktionen zur Verfügung. In den Zeitungen wird mit Vorliebe auf Wendungen mit dem Pronomen „es“ in dessen expletiven bzw. Platzhalterfunktion zurückgegriffen. So erscheint dieses Pronomen als Subjekt von Verben wie „es scheint“ (101), wobei derselbe Effekt wie beim Gebrauch des unpersönlichen „man“ erzielt wird, der Leser muss den bestimmten oder unbestimmten (im Falle eines Gerüchts) Bezug anhand des Kontextes inferieren. Wenn andere syntaktische Einheiten im Vorfeld stehen, bedarf es keines ‚Platzhalters‘ (105, 106), jedoch sind die Sätze meistens so gebaut, dass das expletive „es“ im Vorfeld steht. In solchen Fällen sollte man dieses Pronomen nicht als funktional und semantisch „leer“ betrachten, da es sich ja um ein vollwertiges sprachliches Zeichen mit ‚Signifié‘ und Referenten handelt, der in solchen Sätzen noch nicht bestimmt ist: Dessen Bestimmung erfolgt durch einen nachfolgenden *dass*-Nebensatz oder muss vom Leser inferiert werden.[196] Das „es“-Pronomen kann sich oft implizit auf die Nachricht, auf die geschilderten Ereignisse beziehen und ist somit stellvertretend für den kognitiven Aspekt der Kommunikation. So etwa in allen unpersönlichen Funktionsverbgefügen in (102-106). Dort werden die aktiven Teilnehmer (Sprecher, Hörer, d.i. Korrespondent, Informant und Herausgeber) an der Kommunikation verschwiegen, der Fokus ist allein auf drei Bestandteile der Kommunikati-

196 Vgl. Michel Lefèvre, Was darf *es* sein?

onssituation gerichtet: auf den kognitiven Aspekt, d.i. die Nachricht, auf die das Pronomen „es“ verweist, auf den Kommunikationskanal, auf den der nominale Teil des Gefüges „Rede“, „Bericht“, „Brief“ hindeutet, der somit eine phatische Funktion hat, und schließlich auf die Sendung, auf den Übergang vom impliziten Sprecher zum impliziten Adressaten, auf die Weiterbeförderung der Nachricht, die durch das verbale Element des Gefüges ausgedrückt wird. Diese Beförderung wird entweder kursiv (als im Gange befindlich: „es gehet die Rede“) oder als terminativ-resultativ, als abgeschlossen markiert („es sind Briefe eingekommen“). In Fällen wie (102) deutet das Verb „ist“ darauf hin, dass dieser Nachrichtentransfer unbestimmt ist, ohne genauen Ursprung und ohne Richtung, wie es eben bei Gerüchten der Fall ist.

Eine häufig vorkommende Variante dieser Funktionsverbgefüge bilden Wendungen mit dem Modalverb „will“ des Typs: *es will + V(Inf.) + daß* (107-112). Dieses Modalverb impliziert, wie auch das Verb „soll“, eine Polyphonie. Während „soll“ darauf hinweist, dass ein Dritter dem Sprecher etwas gesagt hat, bedeutet „will“, dass ein Dritter verlangt, dass ein Sachgehalt für wahr angesehen wird. Für diesen Dritten ist das Pronomen „es“ stellvertretend. Die Äußerung wirkt nicht allein deshalb entpersönlicht, weil der aktuelle Sprecher, der Korrespondent, verhüllt wird; das Pronomen „es“ deutet auch darauf hin, dass die geschilderte Nachricht sich selbst dem Leser, dem Korrespondenten, dem Herausgeber als wahr behaupten will. Diese Wendungen sind extreme Beispiele dafür, wie man in Zeitungen den Anschein geben will, dass sich die Nachricht selbst ohne Mithilfe eines Agens darstellt. Die anderen Einheiten dieser Wendungen, der Infinitiv oder die Nominalgruppe wie „das bißhero außgesprengte Gerücht“ (108) oder auch das passive Verb „gesagt werden“ deuten lediglich auf den Kommunikationskanal hin, sind also phatisch, so dass in Fügungen mit „will“ nur zwei der sechs Bestandteile einer Kommunikation[197] explizit vorhanden sind: der Kommunikationskanal und der kognitive Aspekt, d.i. die Nachricht, wobei der Eindruck erweckt wird, dass Letztere, mit Merkurflügeln beschwingt, von selbst über diesen Kanal zum impliziten Adressaten gelangt:

(101) Es scheint / daß (MRZ 1672 44 S. 4) (MRZ 1673 32 S. 3)

(102) [Es] ist die Rede / daß (NM 1673 01 3 S. 5)

(103) Es ist Bericht einkommen / daß (MRZ 1673 14 S. 4)

197 Roman Jakobson, Essais de linguistique, S. 215.

(104) Es seynd von einigen Orthen Brieff einkommen / welche melden / daß (MRZ 1673 15 S. 2)

(105) [Es geht] der Rueff / ob (NAC 1698 04 09 S. 4)

(106) [Es ist] Bericht eingelangt / ob (TKC 1673 09 29 S. 4)

(107) Es will sonsten verlauten / daß (MRZ 1673 20 S. 3)

(108) es will aber anbey das bißhero außgesprengte Gerücht / als ob (NAC 1698 11 15 S. 2)

(109) es will auch verlauten / ob solte (OWP 1673 49 S. 2)

(110) Es will nunmehr für gewiß verlauten / daß (OPZa 1668 04 07 S. 2)

(111) Es will fast aus allem erscheinen / ob wäre (OPZa 1673 05 25 S. 3)

(112) Es will anjetzo gesagt werden / daß (OPZa 1673 07 09 S. 2)

Wenn das expletive „es“-Pronomen im Vorfeld wegfällt, weil ein anderes Satzglied diese Stellung einnimmt, so verschwindet damit auch der Bezug auf die Nachricht. Dann reduziert sich der Fokus allein auf den Kommunikationskanal (113). Die Einheit im Vorfeld hat in solchen Fällen oft eine diskursive Funktion, verweist indirekt auf Agens oder Patiens, d.h. auf die Teilnehmer an der Kommunikation. Die konnektive Partikel[198] „Sonsten“ (113) etwa ist ein Hinweis auf den argumentierenden Sprecher, der seine Äußerungen in einer logischen und intentionierten Reihenfolge gestaltet. Die deiktischen Einheiten „von dannen“ (114) und „allhier“ ((115, 116) sind Verweise auf die externen Variablen der Kommunikationssituation und somit schon weitaus direktere Hinweise auf den zeigenden Sprecher. Zudem erlauben es diese Einheiten, den Fluss der Nachrichten im Kommunikationskanal zu orientieren. Jedoch entspricht der Kommunikationskanal oft einem unbestimmten und nicht orientierten Gerücht mit einer großen Variabilität der Bezeichnungen für diese Art von Kanal, wie etwa „Gerücht“, „Rueff“, „Geschrey“, „Rede“. Dabei werden zwar die Origo (das Agens in der Kommunikation) und dessen Verantwortung verwischt, aber es verringert sich auch die Glaubwürdigkeit der Nachricht:

(113) Sonsten kombt Bericht / daß (MRZ 1672 30 S. 4)

(114) Von dannen ist biß hieher nichts veränderliches eingeloffen / und will allein dieses verlauten / daß (NAC 1698 01 11 S. 2)

198 Zu Form und Funktion der konnektiven Partikeln Vgl. René Métrich et al., Dictionnaire des invariables difficiles, Bd. I, S. 21 („les adverbes connecteurs“) und 22 („les particules connectives“); Marcel Pérennec, Présentation des mots du discours, S. 296 (Teil 2.3. „les connecteurs“).

(115) Allhier läufft ein Gerüchte / als wenn (OPZb 1698 41b S. 2)

(116) Alhier laufft ein Geschrey daß (OWP 1673 49 S. 3)

Weitere Mittelkonstruktionen, die Funktionsverbgefüge mit *lassen*, haben denselben entpersönlichenden Effekt, sie befinden sich aber nicht am Übergang von der Äußerungsebene des Korrespondenten zu jener des Informanten, sie stellen vielmehr eine Form von Modalisierung dar, durch die der Sprecher den Wirklichkeitsgrad der wiedergegebenen Informationen berechnet. Diese Fügungen befinden sich in (117) und (118) innerhalb der Klausel gegen Ende der zyklischen Periode, wo man sich wieder im Äußerungsrahmen des Korrespondenten befindet:

(117) sonsten läßt sichs in gantz Holland zu einer ernstlichen Fortsetzung deß Kriegs zu Land starck ansehen. (MRZ 1673 42 S. 4)

(118) Es läßt sich der Türcken Vorhaben mehr zu Waßer / als zu Lande nach Polen / ansehen (NM 1673 05 8 S. 2)

Die Entpersönlichung ergibt sich auch aus aktiven Prozessen, in denen metonymisch der Kommunikationskanal als Agens dargestellt wird, (119-123), welches eine weitere Form von Mittelkonstruktion ist.

Schließlich gehören zu den häufigen Mitteln der Entpersönlichung auch der schon für den Herausgeber im Matrixäußerungsrahmen erwähnte Gebrauch von Infinitiven mit implizitem Agens-Subjekt sowie des unpersönlichen Pronomens „man". Letzteres begegnet besonders häufig und dessen Bezüge sind mannigfaltig (119-133). Der Gebrauch von Infinitiven lässt sich insbesondere an der von den Redakteuren offensichtlich beliebten Wendung mit „zu wissen..." veranschaulichen, die meist in Klauseln, d.i. im Bereich, in dem der Korrespondent als aktueller Sprecher fungiert, begegnet: Der Korrespondent muss als implizites Subjekt dieses Infinitivs inferiert werden. Es stellt auch eine weitere Form der Modalisation dar, es ist ein impliziter Hinweis auf das mehr oder minder begrenzte Wissen bzw. die Allwissenheit des Sprechers, an der die Wahrscheinlichkeit von Nachrichten gemessen werden kann, so dass die Präsenz dieses ermessenden Sprechers enthüllt wird, vgl. (134, 135):

(119) Es sind heute Brife von unserer Flote eingekommen / was sie aber mitgebracht haben / weiß man noch nicht (NM 1673 05 4 S. 6)

(120) Pariser Brife vom 21. April bringen mit / daß (NM 1673 04 7 S. 4)

(121) Letztere Spanische Brieffe berichten / daß (OWP 1671 13 S. 3)

(122) Die gestern eingelauffene Pohlnische Brieffe bringen / daß (OWP 1671 13 S. 3)

(123) Berliner Brieffe vom 18. dieses melden / daß (EZ 1698 26b S. 1)

(124) Von den Churländischen Gräntzen hat man / daß (AM 1698 02 22 S. 4)

(125) Man hat aus Bremen vom 24. Febr. folgendes: Daß (AM 1698 02 25 S. 8)

(126) man hat zwar spargiert / daß (MRZ 1672 30 S. 4)

(127) Man hat zwar gesaget / daß (AM 1698 04 05 S. 3)

(128) Man hat Brieffe vom 20ten passato von Madrid erhalten / meldende daß (ER 1698 04 05 S. 8)

(129) man hat bereits so viel zuverläßige Nachricht daß (KOP 1698 43 S. 7)

(130) Man hat sichern Bericht / daß (MRZ 1672 29 S. 4)

(131) Man hat in gewisse Erfahrung gebracht / daß (NAC 1698 02 01 S. 2)

(132) Man hat zwar über Siebenbürgen einige Nachricht gehabt / als ob (NAC 1698 02 15 S. 1)

(133) Man hat allhier mit einem expreßen an unsern Gouverneur / daß (NM 1673 01 3 S. 2)

(134) Der Ruff gehet von unterschiedenen Orten so ungleich / daß nicht zu wissen / was glaublich daraus zu klauben (TKC 1673 09 29 S. 4)

(135) auf welcher Seiten aber der Gewinn oder Verlust sich befinden / ist noch nicht zu wissen (TKC 1673 10 06 S. 2)

All diese Wendungen sind in einem gewissen Maße doppeldeutig: Einerseits sollen durch deren Gebrauch die Teilnehmer an der Kommunikation ausgeblendet werden, wodurch die expressive und konative Funktion dieser Kommunikation deutlich geschwächt wird; zugleich aber enthalten diese Wendungen Formen der Deixis und der Modalisation, mit denen indirekt auf den Sprecher, sei es der Korrespondent oder der Informant, hingewiesen wird. Neben den Korrespondenten, die versuchen, sich möglichst verdeckt zu halten, kommen aber auch solche vor, die nicht davor zurückschrecken, direkt und unverhüllt mit eindeutigen sprachlichen Zeichen zum Vorschein zu kommen.

3.2.2.2 Sprachliche Zeichen, die auf den Korrespondenten hindeuten

Es bleibt also eine gewisse Vielfältigkeit innerhalb der Korrespondenzen bestehen. Trotz der Bemühungen der Herausgeber, ihre Zeitung redaktionell einheitlich zu gestalten, bleiben Variationen auf einigen sprachlichen Ebenen spürbar. Durch die symptomatische Funktion der Sprache sind dann auch Rückschlüsse auf die geographische und soziale Herkunft einiger Korrespondenten möglich. Solche Variationen betreffen z.B. die Lexik: Korrespondenten, die offensichtlich eine Stellung in den

Kanzleien bekleiden, verwenden mit Vorliebe juristische Fachbegriffe, die meist dem Lateinischen entlehnt sind. Teilweise kommen ganze Sätze oder Teiltexte in lateinischer Sprache vor. Häufig kann man dies für Korrespondenzen aus Warschau feststellen, in einem geringeren Maße für Korrespondenzen aus Wien. In *NM* sind einige Korrespondenzen aus London augenscheinlich von einem Mitglied des Parlaments verfasst, da mit Einsatz vieler fachsprachlicher Ausdrücke die Parlamentsdebatten wiedergegeben und kommentiert werden. Man kann anhand solcher Teiltexte allgemein feststellen, dass die periodischen Zeitungen zu wichtigen Vermittlern von Fachsprachen geworden sind, die Zeitungen zeugen vom Rückgang des Lateinischen zu Gunsten des Deutschen auch in akademischen und wissenschaftlichen Bereichen, sie verbreiten solche Fachsprachen noch vor dem Erscheinen deutscher Fachwörterbücher, die erst zu Beginn des 18. Jahrhunderts erscheinen.[199]

Neben den Fachtermini kommen noch weitere sprachliche Hinweise auf den Sprecher vor, insbesondere mittels diskursiver Einheiten. Dies lässt sich am Beispiel (136) veranschaulichen, einer Korrespondenz aus Wien in *NAC*, die äußerungssituativ kaum markiert zu sein scheint, in der der Sprecher sich selbst oder seinen Adressaten nicht explizit bezeichnet und in der daher keine Rückschlüsse auf die Teilnehmer an der Kommunikation gezogen werden können:

(136) Auß Wienn / vom 31. Januario.

DEr <u>allhier</u> anwesende Päpstl: *Nuntius Pignarelli* hat Ihro Kays: Mayest: gehorsambst *Parte* geben / wie daß Ihro Päpstl. Heiligkeit ihne von <u>dieser</u> *Nuntiatur* nacher Rom abgefordert / [...]. Ob <u>aber</u> dieser Hoff die an den Herrn *Alberizzi* zu Betrettung der *Nuntiatur* beschehene *Denomination* gerne siehet / vnd einwilligen <u>werde</u> / <u>stehet noch dahin</u>. Der ältere Hertzog von Hollstein hat mit Einwilligung Ihro May. das Commando seines Regiments zu Pferd seinem Sohn übergeben. Wegen der von Ihro Mayest. von dem <u>hiesigen</u> Land begehrten Tag-Geldtern / Gült vnd Contribution / seynd die Löbl. Ständ <u>allerdings</u> dahin beflissen diß Werck bester Massen zu überlegen. DieCommission zu Preßpurg gewinnet / <u>so viel die Gevollmächtigte *Plenipotentiarij* anhero berichten</u> / einen <u>glücklichen</u> Fortgang [...] (NAC 1672 01 31 S. 2)

Bei genauerem Hinsehen stellt man zunächst fest, dass sich in diesem Teiltext linguistische Einheiten auf die Äußerungssituation des Sprechers beziehen. Es handelt sich um Raumdeiktika wie „allhier" und „anhero"; ebenso findet man das anaphorische Demonstrativum „dieser",

199 Vgl. Gerd Fritz et al., Die Sprache der ersten deutschen Wochenzeitungen, S. 157.

das koreferent zu „allhier“ ist, da der Korrespondent damit auf die Nunziatur seiner eigenen Stadt Wien weist und das somit als Variante zu dem ebenfalls vorhandenen Deiktikum „hiesiger“ zu interpretieren ist. Damit wird die Äußerungssituation durch nicht weniger als vier Einheiten erwähnt.

Die Präsenz des Sprechers lässt sich auch in äußerungssituativ am wenigsten markierten Texten zumindest anhand der illokutiven Wirkung der Äußerungstypen ermitteln. Die meisten Äußerungen sind Assertionen, durch die der Sprecher seinem Adressaten den Gehalt seiner Propositionen als wahr unterbreitet. Diese Assertionen erscheinen im Kontrast zu anderen Typen wie der Interrogation, etwa „ob... stehet noch dahin“, einer indirekten Frage zwar, bei der der Sprecher keine gezielte Reaktion seitens des Adressaten erwartet. In solchen Fragesätzen ist die Präsenz des Sprechers durch seine Sprechhandlung noch deutlicher wahrnehmbar, umso mehr, als die Grenzen seines Wissens zum Ausdruck gebracht werden. In Texttypen wie den modernen Erzählromanen gehört es zu den unausgesprochenen Regeln, dass sich der Erzähler assertiv und allwissend über die Handlung und Figuren seiner Erzählung äußert; man nimmt in solchen Äußerungssituationen den Erzähler meist kaum mehr wahr, er rückt erst dann wieder in das Bewusstsein des Lesers, wenn diese Regel durchbrochen wird, wenn er seine Allwissenheit einschränkt. Mit den Grenzen seines Wissens werden die Konturen des Sprechers unmittelbar wahrnehmbar. Derselbe Effekt lässt hier den berichtenden Korrespondenten zum Vorschein kommen, der die Reaktion auf die Ernennung des neuen päpstlichen Nuntius mit der Fügung „stehet noch dahin“ noch nicht zu kennen angibt. Dies kommt einer Modalisierung gleich, in der der Sprecher die Glaubhaftigkeit, die Möglichkeit bzw. Wahrscheinlichkeit der von ihm geäußerten propositionalen Gehalte berechnet und durch diese Berechnung gleichfalls für den Leser wahrnehmbar wird. Modalisierend wirkt auch der Konjunktiv I „werde“, durch den der Sprecher die Verwirklichung des propositionalen Gehalts anzweifelt. Eine letzte Form der Modalisierung in diesem Auszug ist die Wendung „so viel die Gevollmächtigte Plenipotentiarij anhero berichten“, durch die der Sprecher sich von dem wiedergegebenen Bericht ebenfalls distanziert.

In diesem Auszug kommen zudem auch Einheiten vor, die in der modernen Sprachwissenschaft als „Modalpartikeln“[200] bezeichnet werden:

200 Der Begriff Modalpartikel wird in der deutschen Sprachwissenschaft oft als Oberbegriff für alle diskursiven Einheiten gebraucht, die etwa René Pérennec, Présentation des mots du discours, als „mots du discours“ bezeichnet. Diese Gesamtklasse lässt sich, laut Mar-

„aber“ und „nämlich“. Sie erlauben es dem Sprecher, im modernen Sprachgebrauch explizite Informationen des Kotextes mit solchen, die vom Sprecher in seiner Äußerungssituation implizit vorausgesetzt werden bzw. mit illokutiven Effekten seiner Kommunikation in Verbindung zu bringen. Diese Partikeln, die im 17. Jahrhundert ebenfalls schon zum Sprachgebrauch gehörten, verweisen unmittelbar auf den Sprecher, seine Äußerungssituation und seine Subjektivität, denn sie bringen in den Zeitungen seine Reaktion auf das Berichtete, auf ein Ereignis zum Ausdruck. Mit der Partikel „aber“ in (136) wird das Hervortreten des Sprechers in der indirekten interrogativen Äußerung unterstrichen und darauf hingedeutet, dass im Gegensatz zu dem, was das Berichtete nahelegt (nämlich die Abreise des Nuntius, die bereits erfolgte Ernennung eines Nachfolgers), der Korrespondent nicht der Meinung ist, dass der Leser vor vollendeten Tatsachen steht. Es kann noch alles rückgängig gemacht werden, wenn der Kaiser die Wahl des Vatikans nicht akzeptiert. Das Implizite im Kontext, in der Äußerungssituation, auf das die Partikel „aber“ verweist, ist dieser geschichtliche und politische Hintergrund des Heiligen Römischen Reichs Deutscher Nation mit den komplexen Beziehungen zwischen Kaiser und Papst, der erklärt, dass Letzterer nicht irgendwen als Botschafter nach Wien schicken kann. Die Partikel „allerdings“, wenn man sie als diskursive Partikel interpretiert,[201] würde auf eine implizite Interaktion zwischen dem Korrespondenten und seinen Informanten deuten, wobei Letzterer Bedenken oder Fragen zu dem von ihm vermittelten Gehalt geäußert hätte. „Allerdings“ wäre dann eine Antwort auf diese implizite Fragestellung, eine Bekräftigung dieser Bedenken, die noch über das ursprünglich Geäußerte hinausgeht. Hier geht es um Steuern, deren Erhebung, so die impliziten Bedenken, bei den Vertretern der Landstände Zögern und Überlegen hervorrufen muss; die durch „allerdings“ bekräftigte explizite Antwort ist, dass dies in der Tat der Fall ist.

Schließlich kommt in diesem Auszug ein qualifizierendes Adjektiv „glücklich“ vor, eine subjektive Einschätzung, die einer Bewertungspartikel des Typs *glücklicherweise* im modernen Sprachgebrauch gleichkommt, durch die der Sprecher einen von ihm nicht in Frage gestellten propositionalen Gehalt als gut oder schlecht einschätzt. Der Gebrauch

---

cel Pérennec, in 4 funktionale Klassen unterteilen. Der hier verwendete Begriff „Modalpartikel“ entspricht der letzten von Marcel Pérennec beschriebenen funktionalen Klasse, „les régulateurs de l’interaction“, Teil 2.4., S. 298. Vgl auch René Métrich et al., Dictionnaire des invariables difficiles, Bd. I, S. 24 „les particules modales“.

201 S. unten, 3.2.2.2.3.

solcher Bewertungspartikeln[202] stellt eine weitere Form der Einmischung des Sprechers in seiner Äußerung dar.

Wie schon der Herausgeber im Matrixäußerungsrahmen nutzt der Korrespondent in seinem eigenen Äußerungsrahmen alle indirekten Möglichkeiten der Sprache aus, um zwar nicht offen zum Vorschein zu treten, aber doch selbst als aktueller Sprecher und handelndes Agens in seinem Äußerungsrahmen wahrgenommen zu werden: mittels sprachlicher Einheiten, die ein implizites Agens voraussetzen, mittels Modalisierungs- und Bewertungspartikeln, die von der subjektiven Meinung des Sprechers über den von ihm wiedergegebenen propositionalen Gehalt zeugen, mittels verschiedentlich markierter Äußerungstypen. Dadurch werden innerhalb der Textexemplare des Typs ‚Korrespondenz' die wiedergegebenen Informationen polyphon, sie enthalten verschleierte subjektive Kommentare in verborgenen Einbrüchen des Korrespondenten. Die Nachrichtenwiedergaben in Form scheinbar objektiver Berichte entpuppen sich als vielschichtige Kommunikationsverflechtungen.

Im folgenden Abschnitt sollen einige der sprachlichen Mittel eingehender untersucht werden, die es dem Korrespondenten erlauben, seine Stimme in die Berichterstattung zu mengen: die Modalisierungs- und Bewertungspartikeln, sowie die konnektiven und Modalpartikeln.

3.2.2.2.1 Bewertungspartikeln

In oben bereits zitierten Teiltexten begegneten einerseits die prototypische Bewertungspartikel[203] „leider", andererseits Fügungen mit Bewertungsfunktion wie „Gottlob". Diese beiden prototypischen Einheiten sind jeweils etwa 30-mal in unserem Korpus belegt. Hingegen kommen die im heutigen Sprachgebrauch häufigen Ableitungen mit dem Suffix *-weise*, die heute eine produktive Klasse von Bewertungspartikeln bilden (z.B. *glücklicherweise*, *bedauerlicherweise*, *erfreulicherweise*), in unserem Korpus fast nie vor. Nur zwei Einheiten dieser Ableitungsklasse sind belegt, nämlich „*interims*Weise"[204] und „Stückweise".[205] Beides sind keine diskursiven Partikeln, sondern reine Adverbien in modaler Funktion; sie zeigen aber, dass das Ableitungsprinzip auf *-weise* im damaligen System vorhanden ist, auch wenn diese Belege aus ein und derselben Zeitung,

202 Z.B. *leider*, *erfreulicherweise* usw. s. unten, 3.2.2.2.1.

203 Der Terminus Bewertungspartikel wird als Entsprechung für das frz. „appréciatif" verwendet, vgl. Marcel Pérennec, Présentation des mots du discours, Teil 2.1., S. 288f.; vgl. René Métrich, Dictionnaire des invariables difficiles, Bd. I, S. 13.

204 NM 1673 01 6 S. 3.

205 NM 1673 06 3 S. 5.

NM, stammen. Die Formen zum Ausdruck der Bewertung waren verfügbar, jedoch scheint die Bewertung selbst, d.h. der Ausdruck einer subjektiven Meinung durch den aktuellen Sprecher zu einem als wahr akzeptierten propositionalen Gehalt, damals nicht so oft oder in anderer Form gebraucht worden zu sein. Es begegnen in der Tat Fügungen, die einer zumindest impliziten Bewertung sehr nahe kommen, bei denen es im Sprachgebrauch aber noch nicht zu einer funktionalen Trennung zwischen ‚Adverb' mit modaler Bedeutung, das zum propositionalen Gehalt beiträgt, und ‚Bewertungspartikel', die diesen Gehalt kommentiert, gekommen ist. Zu diesen Fügungen, die sowohl zur semantischen Gestaltung des propositionalen Gehalts als auch zur subjektiven Kommentierung seitens des Sprechers dieses propositionalen Gehalts beitragen, gehören Präpositionalgruppen wie „zum besten" oder „zum Vergnügen" sowie qualifizierende Adjektive wie das schon erwähnte „glücklich" in (136). In (137) trägt offensichtlich der gesamte Kotext zu einer gewissen Bewertung bei, da die Fügung „Gottlob" im voranstehenden Satz steht; der Quantifikator „aller" deutet darauf hin, dass der Sprecher zu jenen zählt, die in der wiedergegebenen Information einen „Trost" finden: Der propositionale Gehalt (es geht um eine bevorstehende Ernte, die besser ausfallen wird als vorausgesehen) führt zu einer allgemeinen Erleichterung, auch beim Korrespondenten, so dass die Präpositionalgruppe „zu aller Trost" als subjektive Bewertung seitens des Sprechers, d.i. des Korrespondenten, über diesen propositionalen Gehalt interpretiert werden kann. Deshalb kann man davon ausgehen, dass bei jeder den Sprecher einschließenden Gruppe, die ihre Zufriedenheit bzw. Enttäuschung zu wiedergegebenen Informationen äußert, eine implizite subjektive Bewertung seitens des Sprechers bzw. des Korrespondenten mitschwingt, da der Sprecher, wie schon erwähnt, sich z.T. hinter unbestimmten Personen oder Personengruppen verbirgt. So sind wohl allgemeine Bezeichnungen wie „Republique" (138), „Publico" (139), „Statt" (140), „Unterthanen" (141), „Estaat" (142) und „Volck" (143) als Selbstbezeichnungen des Sprechers zu interpretieren, der, eine allgemein vertretene Meinung vorgebend, seine subjektive Kommentierung des Typs Bewertung zum Besten gibt. Die attributiven Adjektive „freudig" und „traurig", die sich in (144) und (145) auf das Substantiv „Post" beziehen, sind wohl metonymisch als Bewertungen zu interpretieren, da hier die „Post" als Beförderungsmittel von propositionalen Gehalten mittels attributiver Adjektive vom Sprecher subjektiv bewertet wird:

(137) […] die Erndte / welche nunmehro ein besser Ansehen / Gottlob / als am Anfang dieser Versamblung gehabt: Die Furcht einer Theurung / hat sich in eine grosse Hoffnung / zu aller Trost verwandelt. (OPZb 1698 41b S. 4)

(138) also wolten Sie den Reichs-Tag ausschreiben / zu aller und der Respublique Zufriedenheit und Nutzen. (OPZb 1698 46b S. 2)

(139) und hoffet man / daß solches ehistens zu einen Schluß gedeyen / und / dem *Publico* zum besten / alles mögliches verwilliget werden dörffte. (NAC 1698 01 29 S. 2)

(140) Der Herr *Marquis de Grana* hat mit jüngstem Courier von Wien *commission* empfangen hiesiger statt zum besten ein Regiment zu Fueß auffzurichten (OWP 1671 33 S. 4)

(141) Man hat vorgehabt die Einkombsten vom Saltz etwas zu erhöhen / als solches aber biß ahn den Hoff nach Spanien gerathen / hat die Königin befohlen / den Unterthanen zum besten solche zu verringeren / wie dann beschehen. (OWP 1671 38 S. 2)

(142) daß man also noch schlechte Apparentz siehet / solches [die Wahl des polnischen Königs] zum Vergnügen dieses Estaats [Polen] zum Schluß zu bringen (AM 1698 04 05 S. 8)

(143) So balden Seine Mayestät abgestiegen waren / liessen Sie sich alsobalden oben in denen Fenstern sehen / zu grossem Vergnügen deß Volcks. (NAC 1698 04 12 S. 4)

(144) An selbigen Hof ist zwar die Traurigkeit über den unverhofften Königlichen Todes-Fall in Polen sehr groß / doch lindert selbige in etwas die Freudig-eingelangte Post von dem Polnischerseits erhaltenen fürtrefflichen Sieg wider die Türcken (TKC 1673 12 18 S. 2)

(145) Verwichenen Sontag Abends ist zu Warschau ein Expresser mit trauriger Post von Lümberg ankommen / daß nemblich die Medici deß Königs Genesung fast verlohren geben (MRZ 1673 47 S. 2)

Die ideale Stelle innerhalb einer zyklisch aufgebauten Periode für solche Bewertungen stellt das Ende des Zyklus dar, wenn man in den Äußerungsrahmen des Korrespondenten zurückkehrt, der nach der Wiedergabe von Informationen Dritter seinen eigenen Kommentar in Form eines weiterführenden Nebensatzes hinzufügt, der meist mit einem anaphorischen *w*-Pronomen eingeleitet wird (146-147), aber z.T. auch mit *d*-Pronomen wie „dadurch" in (148), mit *so*-Korrelativa zu Konditionalsätzen (149), mit Verb an erster Stelle in Sätzen, die eine konklusive Bedeutung haben (150), und schließlich mit der Koordination „und", die eine ebenso konklusive und weiterführende Bedeutung hat.

Auch in diesen Beispielen verbirgt sich der Sprecher hinter nicht weiter bestimmten Gruppen wie in (146) und (150) oder hinter Gruppenbezeichnungen wie „diesem Hoff" oder „der gantze Hoff " (wo die deiktische Einheit ziemlich eindeutig auf die Präsenz des Sprechers hinweist) oder auch hinter dem Pronomen der 1. Person Plural „wir" wie in (151). Sobald man den Sprecher unter solchen Gruppen vermuten kann, wird der Kommentar zu den wiedergegebenen Nachrichten subjektiv und bewertend. Manchmal ist allerdings nicht eindeutig zu entscheiden, ob der Sprecher zur bezeichneten Gruppe von Personen gehört oder nicht. So etwa in (152), was zu einer zweideutigen Interpretation des Satzes führt: Entweder war der Kardinal, von dem man hier erfährt, dass er im Sterben liegt, allgemein und somit auch beim Sprecher unbeliebt, so dass der koordinierte Satz als immerhin strenger Kommentar zu interpretieren ist, oder eine nur kleine Gruppe von Prälaten, zu denen der Sprecher nicht gehört, hat es auf die Stelle des Kardinals abgesehen, und dann wäre die Nominalgruppe „freudige Gedancken" als Bestandteil des propositionalen Gehalts zu interpretieren und nicht als Kommentar des Sprechers. Da es noch keine klar umrissene Funktionsklasse von Bewertungspartikeln gab, sind die Stimmen des Informanten, der berichtet, und jene des Korrespondenten, der die Information kommentiert, unentwirrbar vermengt, wodurch die Polyphonie umso prägnanter wird:

(146) Aus Spanien hat man Nachricht / daß zu Madritt aus unterschiedlichen Orten 9. Donnen Golds vor die Königin / und so viel für selbige Kauffleuth / angelangt / welches grosses Frolocken verursachet. (OPZa 1669 02 20 S. 2)

(147) Mit den frischen Brieffen auß Spannien vom 14. Augusti / thut man noch versichern / daß Ihro Königl. Majestät biß dahin in guter Gesundheit zu leben continuirten / welches an diesem Hoff grosse Freude verursachet. (EPZ 1698 09 17 S. 3)

(148) Die Pohlnische Brieffe bringen / daß die Königl. Frau Mutter am ersten Osterfeyertag umb 6. Uhr Abends diese Welt gesegnet / dardurch sowohl die Königl. Herrschafft / als auch der gantze Hoff in grosse Traurigkeit gesetzt worden (OWP 1672 20 S. 3)

(149) Wann nun obiger Vorschlag geschiehet / so wird solcher die Schweitzerischen Officierer gar nicht / und noch viel weniger die sämbtliche Cantons vergnügen. (ORZ 1698 11 15 S. 2)

(150) Ist also des Parlaments scheiden mit gutem Vergnügen geschehen (NM 1673 04 5 S. 6)

(151) Unser Zustand läst sich / Gott Lob / nach Wunsch an / und scheint es / daß GOtt unsere Traurigkeit in eine neue Freude verändern wolle. (NM 1673 03 2 S. 6)

(152) der General Cammer-*Tresorier Monsr. Gastaldi* befindet sich sehr unpäßlich und macht etlichen freudige Gedancken (OWP 1671 33 S. 1)

3.2.2.2.2 Modalisierung

Die Modalisierung wird im modernen Deutsch teilweise durch Einheiten[206] ausgedrückt, die sich ausschließlich auf diese Funktion spezialisiert haben, so etwa *sicher, vermutlich, möglicherweise*, deren funktionaler Gebrauch sich von nicht epistemischen Adverbien bzw. Adjektiven, die zum propositionalen Gehalt beitragen, zu diesen diskursiven, epistemischen Einheiten entwickelt haben. Der moderne Leser kann sie anhand ihrer Stellung identifizieren, sie stehen meist zwischen Thema und Rhema im Phema der Äußerung.[207] Die heute gebräuchlichen Modalisierungspartikeln wie *womöglich* werden im heutigen Sprachgebrauch fast nie als nicht epistemische, vollwertige, propositionale Adverbien verwendet. Im 17. Jahrhundert unterscheiden sich Distribution und semantische Funktion dieser Einheiten erheblich vom heutigen Sprachgebrauch, so dass sich ein moderner Leser von seiner intuitiven Interpretation von Einheiten wie „sicher“ als Adverb/Adjektiv oder epistemische Modalisierungspartikel ganz besonders in Acht nehmen muss.

In unserem Korpus fungiert „sicher“ unflektiert meist als vollwertiges, propositionales Adverb, z.T. auch als unflektiertes Attribut in Nominalgruppen, wobei die epistemische, modalisierende Funktion aus der Kombination mit Substantiven, die einen Kommunikationskanal bezeichnen, mit Verba dicendi oder Verben des Denkens („dafür halten“ (154, 157, 158), „trauet“ (156), „vorgeben“ (159), „berichtet“ (160)) oder mit dem Verb „ist“ (155) hervorgeht. Die Fügungen „sicher sein“ oder „sicher dafürhalten“ erscheinen somit als modalisierende Funktionsverbgefüge. Die abgeleitete Form „sicherlich“ kommt in unserem Korpus mit ähnlicher Distribution und mit ähnlichen Kotexten wie das einfache „sicher“ vor (161, 162), beide Formen können somit als freie Varianten gelten:

---

206 Für diese epistemischen Einheiten wird in vorliegender Untersuchung der Terminus ‚Modalisierungspartikeln‘ verwendet, als Entsprechung für frz. „modalisateur“. Vgl. Marcel Pérennec, Présentation des mots du discours, Teil 2.1. S. 288f.; vgl. René Métrich, Dictionnaire des invariables difficiles, Bd. I, S. 11 „modalisateurs“ und 12 „adverbes modaux“.

207 Die Termini ‚Thema‘, ‚Rhema‘ und ‚Phema‘ werden hier im Sinne von Jean-Marie Zemb verwendet, Structure logique.

(153) Die Engländische und Frantzösische Flotten seindt nacher Ost-Frießland geseglet / vermutlich Delffziel ahnzugreiffen (OWP 1672 31 S. 4)

(154) wird also sicher dafür gehalten / daß Ihre Majest. neben dem König in Engelland die Cron Spanien erster Tagen den Krieg ankünden lassen werden. (MRZ 1672 37 S. 1)

(155) sicher ist / daß man zu Malta noch immer mit Bevestigung der Insel beschäfftigt (OWP 1671 16 S. 1)

(156) daß man fast sicher trauet der Türck werde für dießmahl das Königreich nicht anfechten. (OWP 1672 33 S. 3)

(157) Man hält allhier für sicher daß die Engländer ihre gröste Schiffe aufflegen und einquartieren (OWP 1672 40 S. 3)

(158) also / daß man vor sicher darfür hält / daß Franckreich und Holland zum guten *Accord* kommen dörfften. (OPZa 1673 07 23 S. 3)

(159) und vorgeben / ein sicher Dessein am Rheyn / ehe die Teutschen es verhindern können / ins Werck zu richten / darvon doch die Zeit das sicherste geben wird. (OPZb 1696 05 S. 8)

(160) Anitzo wird sicher berichtet / daß (RN 1699 13 S. 2)

(161) M7an vernimbt sicherlich / daß (OWP 1672 46p. 1)

(162) Man verlanget an diesem Hofe sehr / wie es mit der Gesundheit des Königs von Spanien ablauffen werde / und glaubet man sicherlich / daß dero Todt eine Ursache eines blutigen Krieges seyn werde (AM 1698 02 25 S. 6)

Wie die Bewertung wird auch die Modalisierung indirekter und impliziter als im heutigen Sprachgebrauch zum Ausdruck gebracht. So etwa im Beispiel (159): Dort deutet zunächst das attributive Adjektiv in der Nominalgruppe „ein sicher Dessein“ auf die Modalisierung hin; dann die prospektive Bedeutung des Substantivs „Dessein“, das auf etwas noch nicht Verwirklichtes, noch nicht Reales und Wahres hindeutet, ebenso das distanzierende Verbum dicendi „vorgeben“; zudem folgt in einem weiterführenden, durch die Proform „darvon“ eingeleiteten Nebensatz ein Kommentar des Sprechers mit einem Wortspiel über die Modalisierung mit „sicher/sicherste“; schließlich kommt auch die Modalpartikel „doch“ vor, welche die modalisierende Funktion des Attributs unterstreicht.

In unserem Korpus kommt „sicher“ sehr oft als attributives Adjektiv vor, nach heutigem Sprachgebrauch also in einer Stellung, in der diese Einheit nicht epistemisch wirkt, zum propositionalen Gehalt beiträgt; modalisierend wirkt das Adjektiv nur dann, wenn es sich auf ein Substantiv bezieht, das eindeutig oder metonymisch eine Nachricht oder einen Kommunikationskanal bezeichnet. Durch die Kombination von „sicher“ mit einer Bezeichnung des Kommunikationskanals entsteht Modalisierung quasi als semantischer Bedeutungseffekt.

Neben der Einheit „sicher“ und deren Ableitungen begegnet auch die Gruppe der auf den Stamm *-wiss* gebildeten Lexeme. Es kann sich um adverbiale Formen handeln, wie im Zeitungstitel „Gewiß einlauffende Relation“, um Substantive, um Adjektive, um Partizipableitungen, sowohl des Partizip I wie in „wissend“ als auch des Partizip II wie in „bewußt“, oder um noch weitere festgefügte Formen. Auch beim Gebrauch solcher Einheiten tritt der Sprecher nur selten offen ans Licht, es begegnen meist modalisierende Wendungen mit dem undefiniten Pronomen „man“ (163, 164, 166, 170) oder völlig unpersönliche Wendungen (165, 167); einige Wendungen sind mit Infinitiven gebildet, deren implizites Subjekt der Sprecher ist (168, 169). Auch in den unpersönlichen Wendungen mit Partizip I „unwissend“ (171) und Partizip II „(un)bewußt“ (172-175) fungiert der Sprecher als implizites Subjekt; dort kommt zudem auch zum Ausdruck, dass der Sprecher nicht allwissend ist, welches eine besondere Art der Modalisierung darstellt:

(163) wovon man noch zur Zeit nicht gewiß sagen kan / ob er nach Engeland oder Pohlen sich wenden werde (AM 1698 02 25 S. 1)

(164) man weiß aber noch nicht gewiß / wann das Beylager solle vollnzogen werden (AM 1698 02 25 S. 6)

(165) daß aber Ih. Excell. wieder dahin gehen solten / wolten viele nicht glauben. Daß Ih. Durchl. des Hertzogen von Würtenbergs angesetzter Reis Termin numehro fast für der Thüre / ist gewiß (AM 1698 04 05 S. 1)

(166) wovon man mit denen noch zu erwartenden Holl. Brifen ein gewißes erwartet. (NM 1673 01 1 S. 8)

(167) ES wird durch gewiße Hand aus Ungarn berichtet / daß […] (NM 1673 02 2 S. 1)

(168) von welcher Audientz aber / weilen selbige gantz geheim / und nur in Gegenwart 2. hoher Ministers gehalten worden / noch nichts gewißes zu berichten ist (NM 1673 04 9 S. 1)

(169) Von der Käyserl. Regimenter March in das Reich ist noch keine Gewißheit zu vernehmen (NM 1673 06 5 S. 2)

(170) wovon man die Gewißheit was es bedeutet mit Verlangen erwartet. (NM 1685 05 26 S. 1)

(171) [1] VOr etlich Tagen seynd Ihro Fürstl. Gnaden / der Herr Bischoff von Paßau allhier per Posta angelangt / [2] welcher am Montag bereits bey Ih.

Kayserl. Mayest. Audientz gehabt / [3] jedoch unwissend / in was dessen Mitbringen bestehen möge. (NAC 1698 02 15 S. 1)

(172) [1] ES befindet sich schon etliche Tage hero von der Crone Schweden ein Abgeordneter incognito allhier / [2] aber noch unbewust in was Negotio. (NM 1673 01 2 S. 1)

(173) Von dises letztern mitbringen aber noch nichts eigentliches bewust ist (NM 1673 05 6 S. 2)

(174) [1] Gleich jetzt kommt mit einem Expreßen die Zeitung / daß 1. Uhr von Gent 6000. Mann von der Avantgarde über die Brüggische Fahrt gemarchirt seyen / [2] ohne Bewust / ob sie nach Ardenberg oder nach dem Saß von Gent wollten. (NM 1673 05 7 S. 7)

(175) So ist auch vorgestern an Ihre ChurFürstl. Durchl. von Brandenburg ein Currire / aber unbewust mit was Expedition / von hier abgeschickt worden (NM 1673 06 2 S. 2)

(176) daselbst [in Warschau] ist deß Herrn *Wiszocki Secretarius* von Constantinnopel ahngelangt / berichtet / daß der Türckische Krieg mit Pohlen warhafftig seinen Fortgang haben werde (OWP 1672 22 S. 2)

Distanzierung des Sprechers zu dem von ihm wiedergegebenen propositionalen Gehalt mittels einer subjektiven Einschätzung zu dessen Wahrscheinlichkeit oder Glaubhaftigkeit wird in unserem Korpus vor allem durch den Konjunktiv und durch Modalverben zum Ausdruck gebracht. Die Umfunktionierung bestimmter Adverbien und Adjektive zu den heute gebräuchlichen Modalisierungspartikeln ist im Ansatz zwar erkennbar, aber noch weitgehend von einer entsprechenden Kontextinterpretation abhängig. Dies betrifft fast ausschließlich Ableitungen der Adverbien „sicher“ und „gewiß“, daneben ist in unserem Korpus „warhafftig“ nur ein einziges Mal belegt (176), desgleichen „zweifelsohn“;[208] „ohne Zweifel“ ist zweimal belegt,[209] aber dafür kommen etliche unpersönliche Wendungen des Typs „man zweifelt nicht“ vor. Die heute prototypische Modalisierungspartikel „vermutlich“ ist immerhin zehnmal im Korpus belegt, davon einmal als Prädikativum der (ausgelassenen) Kopula „ist“ mit Genitiv-Rektion (in der Fügung *einer Sache vermutlich sein*), so dass auch hier die Modalisierung in einer unpersönlichen Wendung zum Ausdruck kommt (177). Hingegen hat der einzige Beleg des heute fast ausschließlich als Modalisierungspartikel fungierenden „womöglich“ eine rein adverbiale, nicht epistemische Funktion mit konditionaler Bedeutung (178):

208 OPZa 1673 06 08 S. 4.
209 OPZa 1673 05 25 S. 3 und TKC 1673 09 12 S. 8.

(177) Und weil man bey diesem Hof eines Venetianischen Pottschaffters vermutlich / sind Ihre Käys. Majest. dagegen einen andern auf dahin zu ernennen / bedacht (OPZa 1668 07 28 S. 1)

(178) nichts desto weniger vernimbt man / daß der Bischoff von Münster all seine Völcker zusammen gezogen / vmb womöglich / disen Orth zu behaupten. (MRZ 1673 33 S. 2)

Alle Lexeme, die im heutigen Sprachgebrauch meist als Modalisierungspartikeln eingesetzt werden, sind zwar in unserem Korpus vorhanden, aber fast immer in ihrer ursprünglichen, nicht epistemischen Funktion und Bedeutung. In unserem Korpus ist die heutige funktionale Klasse der Modalisierungspartikeln im Entstehen, sie wirken modalisierend in Verbindung mit dem Kotext, insbesondere in Nominalgruppen oder Funktionsverbgefügen, deren Basis das Gesagte bezeichnet und als Grundlage für die Wahrscheinlichkeitsberechnung dient. Der heutige Leser, der mit der heutigen funktionalen Distribution dieser Einheiten vertraut ist, wird kaum in der Lage sein, in diesen Zeitungstexten rein intuitiv die volle semantische Bedeutung solcher Einheiten, die zum semantischen, propositionalen Gehalt beitragen, von deren modalisierender Bedeutung zu unterscheiden. Auch die für den heutigen Sprachgebrauch etwa von Marcel Pérennec[210] entwickelten Kriterien zur Unterscheidung von vollwertigen Adverbien von epistemischen Partikeln dürften schwer anwendbar sein, einerseits weil sie auf eine klare funktionale Trennung dieser Einheiten im heutigen Sprachgebrauch fußen, andererseits weil man stets bei linguistischen Tests die eigene Sprachkompetenz hinterfragt, dies aber für historische Entwicklungsetappen der Sprache nicht tun kann; schließlich muss damals wie heute der Ko- und Kontext für solche Einheiten besonders berücksichtigt werden, welches bei historischen Texten nicht ohne Schwierigkeiten bewerkstelligt werden kann.

Hinzu kommt die besonders komplexe Äußerungsstruktur und Polyphonie in den Zeitungen, bei der es schwer zu entscheiden ist, für welche Äußerungsebene die jeweiligen Modalisierungen gelten sollen. So etwa in Beispiel (159), „und vorgeben / ein sicher Dessein…“, wo man einerseits den Äußerungsrahmen des Informanten erkennt, der seine eigene Information mit dem Substantiv „Dessein“ anaphorisiert und diese mit dem Attribut „sicher“ modalisiert, und andererseits den Äußerungsrahmen des Korrespondenten, der sich von dieser Information samt Modalisierung mit dem Verb „vorgeben“ distanziert. Schließlich führt die Entpersönlichung der Nachrichtenwiedergabe fast zwangsläufig dazu, in

210 Marcel Pérennec, Présentation des mots du discours, S. 286ff.

Abwesenheit expliziter Sprecher, die subjektive Modalisierungen äußern könnten, die Markierung der Modalisierung in Nominalgruppen zu verlegen, auf Attribute, die sich auf deren Basis beziehen, d.h. Substantive, die den propositionalen Gehalt bezeichnen.

Die obigen Beispiele bestätigen auch den beobachteten zyklischen Aufbau der Sätze bzw. Perioden. Im letzten Teilsatz der Periode, d.i. in der Apodosis oder in der Klausel, oder auch im abschließenden Textteil einer Korrespondenz wird der Leser, nachdem ihm die Nachrichten unterschiedlicher Informanten wiedergegeben wurden, in den Äußerungsrahmen des Korrespondenten zurückgeführt: Dort ist der Sprecher, d.i. der Korrespondent, mit seinen subjektiven Kommentaren am Zuge, hier kann er die Wahrscheinlichkeit des in voranstehenden Teiltexten wiedergegebenen Gehalts berechnen. Dieser abschließende Teilsatz hat in (163, 166, 168) und (170) die Form eines weiterführenden Relativsatzes, der mit der Proform „wovon" eingeleitet wird, in (173) steht eine Variante mit „von dieses letztem", einer Fügung, die ebenfalls den gesamten voranstehenden Teiltext mit den wiedergegebenen Nachrichten abschließt. Daneben findet man Modalisierungen auch zu Beginn dieses Zyklus, d.h. bevor man zu der Nachrichtenwiedergabe übergeht. So etwa in (167) wo das Attribut „sicher" sich auf das Substantiv „Hand" bezieht, ein Metonym für den Informanten, für die dritte Hand, deren Berichte wiedergegeben werden sollen. Die Beispiele (172) und (174) beinhalten zweikolige Perioden, in denen die Apodosis Kommentare auf einer anderen Äußerungsebene enthält als die wiedergegebenen Informationen der Protasis. Beispiel (171) besteht aus einer dreikoligen Periode, in der das letzte Kolon, die Klausel, die Modalisierung beinhaltet. Dies bedeutet, dass der allgemein übliche Aufbau der Sätze und Perioden nicht den heutigen Gepflogenheiten entspricht: Heute ist das Phema, zwischen Thema und Rhema, die bevorzugte Stelle der Modalisierung. In den Zeitungen des 17. Jahrhunderts befanden sich die Modalisierungen zu Beginn und am Ende der zyklisch aufgebauten Perioden, die zentralen Nachrichtenteile, welche den propositionalen Gehalt innerhalb dieser Perioden bilden, waren somit von subjektiven Kommentarteilen umrahmt.

Der unterschiedliche Aufbau der Äußerungen in der heutigen Sprache und der Perioden bzw. Textteile in den frühen Zeitungen könnte auch den Unterschied in der Form der verwendeten modalisierenden Einheiten teilweise erklären: Für die damaligen Texte waren komplexe Fügungen, ja ganze Nominalgruppen und Verbalgruppen zur Modalisierung und Bewertung in abschließenden Teilsätzen durchaus vertretbar, heute sind monolexikalische Einheiten für die Zwischenstellung im Phema besser geeignet. Doch auch in den frühen Zeitungen kommen zuweilen Satzkonstruktionen nach dem heutigen Muster vor, indem der subjektive Kommentar des Sprechers eingeschoben wird, so in (175) und (176); dies sind aber eher Ausnahmen zum damaligen, in den Zeitungen mehrheitlich gebrauchten Muster. In (176) könnte dies dadurch zu erklären sein, dass die Modalisierung nicht vom Korrespondenten geäußert wird, der zu Beginn oder gegen Ende der Periode am Zuge ist, sondern vom Informanten, dessen Nachrichten mitsamt Modalisierung im zentralen Teil der Periode wiedergegeben werden. Weitere Ausnahmen zu diesem Muster bilden modalisierende Einschübe in Form von passivischen oder unpersönlichen *wie*-Nebensätzen: „wie berichtet wird“,[211] „wie man argwohnet“,[212] „wie sie es nennen“,[213] „wie man aus deß Hrr. Bischoffen von Straßburg Discursen abnimmt“.[214]

3.2.2.2.3 Konnektive, Fokus- und Modalpartikeln

Es muss hier noch die Verwendung der anderen Klassen von diskursiven Partikeln untersucht werden, deren illokutiver bzw. impliziter Bedeutungsgehalt mit dem Ko- und Kontext mitsamt Sprecher in Verbindung zu setzen ist. Wie auch die Modalisierungs- und Bewertungspartikeln bilden die konnektiven, Fokus- und Modalpartikeln keine eigenständige Klasse von *Signifiants*, es handelt sich um Einheiten, die aus anderen Wortklassen mit propositionaler Bedeutungsfunktion[215] entnommen sind und für diesen besonderen diskursiven Gebrauch umfunktioniert werden.

Die funktionale Klasse der Modalpartikeln,[216] die Marcel Pérennec „régulateurs de l'interaction“ nennt, könnte man wie folgt definieren:

> Die Funktion dieser Einheiten besteht darin, die interaktive Verbindung zwischen den Teilnehmern an der sprachlichen Kommunikation herzustellen, zu modifizieren oder zu spezifizieren, sie können einen perlokutiven Effekt bezwecken, oder die Wirkung einer illokutiven Sprechhandlung verstärken, oder, allgemeiner, dem Adressaten Dekodierungsanweisungen vermitteln, um ihn zur richtigen Interpretation der Äußerung zu verhelfen. Schematisch könnte man ihr Funktionieren so beschreiben: Sie regen den Adressaten da-

211 MRZ 1673 22 S. 2.
212 OWP 1672 41 S. 4.
213 OPZa 1669 02 20 S. 3.
214 OPZa 1673 05 18 S. 4.
215 Vgl. Marcel Pérennec, Présentation des mots du discours, S. 301.
216 Es handelt sich hier um die vierte Unterklasse der diskursiven Partikeln, die Marcel Pérennec, Présentation des mots du discours, „régulateurs de l'interaction“ nennt. Der Begriff ‚Modalpartikel‘ sollte hier nicht als Hyperonym für sämtliche Klassen der diskursiven Partikeln verstanden werden.

zu an, die Äußerung bzw. den Äußerungsgehalt in Verbindung mit einem externen, meist impliziten Anhaltspunkt zu interpretieren.[217]

Neben Assertionen kommen in unserem Korpus kaum andere Äußerungstypen vor. Aufforderungssätze sind nicht belegt, direkte interrogative Äußerungen sind nur zweimal belegt, (19) und (20). In beiden Fragesätzen kommen Modalpartikeln vor, welche die illokutive Wirkung der Interrogation unterstützen: „Will man dann noch trauen, „könnte etwa wol seyn“, „Aber kan man auch Trauben von den Dornen lösen?“. Auch wenn die Partikeln hier noch weitere diskursive Funktionen haben können („dann“ kann auch als konnektive Partikel interpretiert werden, welche die Äußerung als argumentative Folge der voranstehenden markiert, „auch“ könnte ebenfalls als Fokuspartikel fungieren, die sich auf „Trauben“ bezieht), so lassen sie sich doch eindeutig mit der Illokution dieser Äußerungen in Verbindung bringen.

Obwohl in unserem Korpus nicht die gesamte Klasse der Modalpartikeln belegt sein dürfte, kommen doch die meisten im heutigen Sprachgebrauch üblichen Modalpartikeln in den meist assertiven Texten der Zeitungen des 17. Jahrhunderts vor: *aber, allerdings, auch, bloß, denn, doch, eben, einmal, erst, etwa, immer, ja, nämlich, noch, nun, nur, ruhig, schon, schließlich, wohl*. Deren Gebrauch entsprach im 17. Jahrhundert bereits weitgehend dem heutigen, so dass man für ihre Identifizierung und Interpretation durchaus die modernen Beschreibungen, etwa die Untersuchungen von Marcel Pérennec, heranziehen kann.

Ganz anders sieht es bei der Klasse der konnektiven Partikeln aus. In dieser Klasse findet man zweierlei Einheiten: Die erste Gruppe von Einheiten ist der grammatischen Klasse der Konnektoren entlehnt: Wenn sie zum propositionalen Gehalt beitragen, bezeichnet man sie als Koordinationskonjunktionen (*und, aber, jedoch*), beziehen sie sich aber auf den Sprecher und seine Argumentation, weisen sie auf implizite Gehalte, die zum Verständnis des Gedankengangs notwendig sind, so werden sie zu konnektiven Partikeln umfunktioniert.[218] Hier dürfte der periodische Stil in den Zeitungen, die Verknüpfungsweise der Kola innerhalb der Periode zu einigen funktionalen Unterschieden im Vergleich zum heutigen Sprachgebrauch führen.[219] Bei der zweiten Gruppe von Einheiten handelt es sich um umfunktionierte Adverbien des Typs *eigentlich, über-*

217 Marcel Pérennec, Présentation des mots du discours, S. 299.

218 Vgl. Marcel Pérennec, Présentation des mots du discours, S. 296. Die zu diskursiven Partikeln umfunktionierten grammatischen Konnektoren werden auch „charnières de discours“ genannt.

219 S. unten, 4.2.

haupt, immerhin, jedenfalls, allenfalls.[220] Wie bei den Modalpartikeln muss der Leser implizite Informationen aus dem Ko- oder Kontext inferieren; bei den konnektiven Partikeln beziehen sich die Implikaturen auf die Argumentation und Kohärenz im Diskurs des Sprechers. Doch die Umfunktionierung der Adverbien zu den diskursiven Partikeln scheint im 17. Jahrhundert noch nicht eingesetzt zu haben, ebenso wie bei den Modalisierungspartikeln: Einige Einheiten, die im heutigen Sprachgebrauch mehrheitlich als diskursive, konnektive Partikeln gebraucht werden, fungierten damals noch fast ausschließlich als propositionale Einheiten, die zum semantischen Gehalt der Proposition beitragen. So etwa die Partikel „immerhin", die in unserem Korpus bei genauerem Hinsehen stets als vollwertiges temporales Adverb meist in Verbindung mit „noch" zu interpretieren ist (179). Diese Bedeutung ist heute unüblich, man verwendet stattdessen *immerfort*, während *immerhin* stets diskursiv gebraucht wird. Ebenso muss sich der heutige Leser vor der Interpretation von „allerdings" und „eigentlich" in Acht nehmen. Letztere Einheit kommt zwar als konnektive Partikel in indirekten Fragesätzen vor (180), wo sie die illokutive Wirkung dieser Äußerungen unterstützt, aber in assertiven Äußerungen fungiert sie als Adverb (181), welches man zuweilen an der Stellung weit rechts außerhalb des Phemas erkennen kann oder an der Form eines substantivierten Adjektivs nach „nichts" wie in (183) und möglicherweise auch in (182), wo man von einem apokopierten Flexiv ausgehen kann. In den Beispielen (181-183) befindet sich „eigentlich" im Fokus der Negation, könnte die Antwort auf eine Ergänzungsfrage bilden, könnte betont sein:[221] Es handelt sich offenkundig um eine Einheit mit der propositionalen Bedeutung ‚wesentlich'. Problematisch ist die Interpretation von „eigentlich" in (184): Es könnte sich um eine konnektive Partikel handeln, in Verbindung mit der interrogativen Illokution in Abhängigkeit des Verbs „versichert", und somit würde in Abwesenheit weiterer Markierungen wie etwa der Konjunktion *ob* für indirekte Fragesätze allein diese Partikel auf die interrogative Illokution hinweisen. Doch könnte es sich ebenso um ein vollwertiges Adverb wie in (183) handeln:

220 Vgl. Marcel Pérennec, Présentation des mots du discours, S. 296f.

221 Diese Charakteristika werden von Marcel Pérennec, Présentation des mots du discours, Teil 1.1, S. 286f. als kontrastive Eigenschaften vollwertiger (propositionaler) Einheiten (in Opposition zu den diskursiven Einheiten) aufgelistet.

(179) in England wird deßwegen noch keine Veränderung gespüret / und immerhin unter der Hand mit diesem Estat über eine nähere defensivealliantz tractirt. (OWP 1671 16 S. 4)

(180) Inzwischen ist noch ungewiß / wann Seine Majestät eigentlich nach Zell auffbrechen [werde] (EPZ 1698 09 17 S. 3)

(181) beeder Armeen Marsch vnd Vorhaben kan man nit eigentlich erfahren. (MRZ 1672 40 S. 3)

(182) von disen letzten Mitbringen / ist noch nichts eigentlich zu erfahren (MRZ 1673 22 S. 3)

(183) es seye aber biß *dato* mit ihnen nichts eigentliches *accordi*ret worden. (NAC 1698 01 11 S. 2)

(184) Die Herren Frantzosen seyn Willens nicht eher auß disen Orten auffzubrechen / biß sie versichert / wohin sich die Käyserl. vnd Brandenburgische Völcker eigentlich hinwenden werden (MRZ 1672 45 S. 3)

Was die Einheit „allerdings“ betrifft, so scheint sie in unserem Korpus ausschließlich als vollwertiges Adverb gebraucht zu werden. Sie befindet sich im Fokus der Negation (185), sie kann Gegenstand einer Ergänzungsfrage sein und betont werden; sie befindet sich z.T. weit rechts außerhalb des Phemas in einem Bereich des Satzes, der sich wenig für die Markierung illokutiver Wirkungen eignet (186). Auch wenn sich diese Einheit in einer dem Phema ähnlichen, zentralen Stellung befindet wie in (187), müsste man, wenn man sie als konnektive Partikel interpretieren will, einen impliziten Gehalt inferieren, der wohl auch für damalige Leser schwer nachzuvollziehen gewesen wäre, was das Verstehen des Zeitungstextes erheblich erschweren würde. Viel einleuchtender ist es hier, diese Einheit als vollwertiges, propositionales Adverb mit der Bedeutung ‚in allen Dingen‘, ‚stets‘ zu interpretieren:

(185) so lang dieses nicht geschehen / und man an Franckreich dem Inhalt deß Friedens-Instruments kein völliges Gnügen leistet / man dem Frieden nicht allerdings trauen darff. (KOP 1698 43 S. 7)

(186) ONerachtet Ihro Königliche Majest. dem Vnter-Hauß zu gefallen die Catholische Priester außgeschaffet / so ist doch dasselbe noch nicht allerdings content / sondern hat noch einige Proposition hinzu gethan (MRZ 1673 22 S. 1)

(187) Von des Sultans Abreise ist noch nichts zu hören / doch wil allerdings scheinen / daß selbiger anitzo mehr zum Frieden / als Continuirung des Krieges / incliniret sey. (OPZb 1698 33a S. 5)

Ebenso schwierig ist es, intuitiv zu entscheiden, ob jene Einheiten als konnektive Partikeln fungieren, die primär als Konnektoren gebraucht werden: *aber, allein, denn, doch*. Man kann dennoch festhalten, dass solche Einheiten wegen ihrer kohäsiven Funktion den textstrukturierenden und argumentierenden Sprecher mitsamt seiner subjektiven Dimension als Agens der Kommunikation erkennen lassen. Mit Einheiten wie „aber“ (188, 189), „doch“ (190) und „allein“ (191), die durchaus als konnektive Partikeln interpretiert werden können, setzt der Korrespondent Informationen anderen, voranstehenden entgegen, er unterstreicht mittels solcher Einheiten eine Argumentationslinie, in der Nachrichten eines Informanten jenen eines anderen entgegengestellt werden. Selbst bei der Koordination „und“ (192) schwingt eine subjektive diskursive Bedeutung mit, es wird eine logische Folge, eine Deduktion herausgestrichen, so dass der Leser solche Einheiten sowohl als Signale syntaktischer Verknüpfung als auch als Bedeutungsträger logischer Argumentation interpretieren muss. Anhaltspunkte für diese semantisch-logische Interpretation bietet zunächst die Stellung dieser Einheiten nicht im Vorfeld oder Vor-Vorfeld des Satzgliedes, sondern weiter rechts, nach dem Verb an zweiter Stelle, für „aber“ und „doch“, im Vorfeld (statt im Vor-Vorfeld bei rein syntaktischen Artikulatoren) für „und“ und „allein“. Diese konnektiven Partikeln erlauben es dem Korrespondenten, die von ihm wiedergegebenen Informationen nicht nur kohäsiv zu verketten, sondern auch mit einer logischen und argumentativen Kohärenz zu verknüpfen, wodurch verzettelte Informationen Dritter zu einem eigenständigen Text in der Äußerungsebene des Korrespondenten strukturiert werden. Dies ist ein wichtiger Hinweis für die Annahme, dass es sich bei den Korrespondenzen um Textexemplare einer eigenständigen Textsorte handelt.

Es sprechen noch weitere sprachliche Anhaltspunkte im Kotext, die auf den Sprecher und seine Äußerungssituation hinweisen, dafür, dass diese konnektiven Einheiten eine diskursive Funktion haben. Zunächst eine deutlich markierte Illokution in Frage- (188) und Ausrufesätzen (190), dann modalisierende Wendungen (188, 189), schließlich die Häufung von Partikeln (189), die nicht alle gleichzeitig eine syntaktisch-strukturierende Funktion haben können, so dass zumindest diejenigen, die rechts der ersten, als Konnektor fungierenden Einheit stehen, eine diskursive Funktion haben müssen:

(188) vnd gehet der völlige Marsch vnder Hanaw auff Bischum / vnd so dann allem Ansehen nach / ferner an Rheinstrom / ob es aber in Vorbeymarschierung Fridberg / worinn 200. Frantzosen ligen / gelten werde / stehet villeicht hiernächst zu vernehmen. (MRZ 1673 43 S. 4)

(189) es ist aber doch noch nichts Hauptsachliches / als mit Ruinirung ein und anderer Parthey geschehen. Mit nächsten Posten dörff- te doch villeichte etwas Hauptsachliches zuschreiben seyn. (NM 1673 01 8 S. 3)

(190) Es haben die Pohlnischen Brife etliche Wochen lang wegen der Türcken sehr groß veränderliche Zeitungen gehabt. [...] unmehr aber wird der Türcken Anmarch wider solches Königreich aus vilen angrentzenden Orten fast verneuert / welchen GOtt gnädig abwenden wolle! Es ist doch ohne dises allerley unglückliches genugsahm zubesorgen. (NM 1673 05 9 S. 7)

(191) So hat sich auch der Landmann in Pommern Hoffnung gemacht / daß die Teutschen Regimenter zu Pferd daselbst [...] sollen abgedancket werden / allein ist es darzu [...] noch schlechte *apparen*tz. (OPZa 1668 08 22 S. 4)

(192) Man ist unauffhörlich beschäfftigt / unsere Milice zu completiren / und ist man von dieser Seite intentionirt / den Feldzug früh anzufangen / ehe die Feinde das Gebiet können repassiren (OPZb 1696 07 S. 2)

Modalpartikeln wie „nämlich“ und „ja“ deuten ebenfalls auf den kohäsionstiftenden und argumentierenden Sprecher hin, müssen zugleich auch viel offensichtlicher in Verbindung mit der Illokution und der Äußerungssituation in Verbindung gebracht werden, fungieren daher als eindeutige diskursive Partikeln (193, 194):

(193) Am Sonntage Abends ist allhier wider ein großer Brand gewesen / nähmlich in des Käysers Hofe / da ein Qvartier verbrandte. (NM 1673 02 8 S. 8)

(194) Man hat fast eine Abscheu künfftig alles / was so wol schrifftlich als mündlich referiret wird / nach zu melden / weil alles so confus / ja fast ertichtet einkommt. (NM 1673 02 3 S. 7)

(195) Disem allen bin ich getreu nachgekommen / was ich aber vor Danck verdint habe / ist nähmlich / eine Bedrohung meine Feder und auch gar meine Füße mit Eisen zu beschrencken (NM 1673 06 4 S. 6)

Deshalb kann davon ausgegangen werden, dass in den Zeitungstexten des 17. Jahrhunderts die Modalpartikeln im Gegensatz zu den oben geschilderten konnektiven Partikeln deren Funktion als diskursive Einheiten nicht eindeutig zu identifizieren ist, stets dem heutigen Sprachgebrauch entsprechend als diskursive Partikeln interpretiert werden können, etwa „ja“ in (196), „auch immer“ in konzessiven Kontexten (197), „nur“ in Wunsch-Ausrufesätzen (198), „einmal“ in der negativen Fügung „nicht einmal“ (199), „erst“ in der Fügung „erst recht“ (200), „schon“ in Korrelation zu „ob“ in Konzessivsätzen (201), „nun“ und „etwa“ bei interrogativer Illokution in (202) und (203), „wohl“ bei einer Modalisierung und in Verbindung mit der Proform „da“ (204):

(196) Aus Pohlen hat man / daß Ih. Königl. Majest. den geheimen Raht Bosen nach Dännemarck gesandt habe / daselbst anzuhalten / damit bey annoch schwebenden Differentien in Pohlen keine Frantzös. Flotte den Sund paßiren möge / dafern ja der Printz Conty noch eimahl seyn Heil versuchen wolte. (AM 1698 04 05 S. 5)

(197) unter was Vorwand es auch immer geschehen möchte. (NM 1673 06 3 S. 7)

(198) Indessen ist dennoch Ordre ergangen / daß die König; Sächsische Trouppen den 24sten May auf dem Rendevous bey dem Dniester stehen / und alsdann nach Caminiec marchiren sollen / solchen Ort zu belagern / dafern nur nicht die Weitläufftigkeit in Litthauen eine Verhinderung darzwischen bringet (AM 1698 02 22 S. 2)

(199) es wird aber wegen allerhand Verwirrung an hisigem Hofe wider alle Gewohnheit [...] nicht einmal davon geredet (NM 1673 01 2 S. 4)

(200) also / daß dem ansehen nach der Krieg zwischen beeden Cronen Spania und Franckr. erst recht angehen dörffte. (OPZa 1668 01 28 S. 2)

(201) Der Herr Cron-Feldherr bleibt auff seinen Gütern in Preussen annoch besitzend / ob er schon wegen der Türcken und Tartarn Gefahr täglich verlangt / und vom Könige selbst durch Schreiben invitiret wird. (NM 1673 06 8 S. 2)

(202) ob es nun Hertzogenbusch oder Mastricht gelten werde / stehet bald zuvernehmen. (NM 1673 05 7 S. 4)

(203) Was etwa bey vorigen der in Pommern stehenden Regimt. Reuter wegen für erwehnung gethan worden / verhält sich nicht allein also / sondern es seynd auch auffm Reich Schweden für diselbe breits in 20000. Reichsthl. bermacht worden (OPZa 1668 02 04 S. 2)

(204) Wie man vermuhtet / werden Ihro Königl. Majest. von Engeland am Mittwochen oder Donnerstag nach Loo sich erheben / und von dannen wohl gar nach Zelle. (AM 1698 07 29 S. 8)

Auch Fokuspartikeln deuten auf den Sprecher hin, der mittels solcher Einheiten eine Satzkomponente nach subjektiven, argumentatorischen Kriterien hervorhebt, ein Glied unter allen anderen auswählt und dem Leser als besonders wichtig im Sinne seiner Kommunikationsintention darstellt, wobei es sich um eine andere Komponente handelt als jene, auf die der Leser anhand des Ko- und Kontextes intuitiv schließen würde.[222] Der Sprecher korrigiert die implizite, voraussehbare Schlussfolgerung des Lesers, er greift in den Denkprozess seines Adressaten ein, kommen-

222 Vgl. Marcel Pérennec, Présentation des mots du discours, Teil 2.2., S. 295. Vgl. auch René Métrich et al., Dictionnaire des invariables difficiles, Bd I, S. 15.

tiert somit implizit Wahl, Anordnung und Relevanz einer bestimmten Information. Insbesondere sind folgende Fokuspartikeln in unserem Korpus belegt: „nur bloß" (205), „eben" (206) und „so gar" (207):

(205) und meinet man / daß der Printz von Oranien nur bloß durch Antrib der Spanier / sich so widerlich bezeige (NM 1673 01 6 S. 1)

(206) ist ein schön wohl bewapffnetes / im übrigen aber rauhes Volck / so ihren Officirern nit eben grossen Respect tragen. (OWP 1672 24 S. 4)

(207) es wären dahero wegen grosser Consternation / die Häven zu Algiers / Tripoli und Salee gesperret / so gar für ihren eigenen Raub-Schiffen / als welche mit den Priesen nicht eingelassen würden. (EPZ 1698 09 17 S. 2)

Diese kurze Untersuchung des Gebrauchs von Modal-, Fokus- und konnektiven Partikeln zeigt, dass zwar alle Einheiten, die im heutigen Deutsch diese besondere diskursive Funktion haben, im sprachlichen System des 17. Jahrhunderts vorhanden waren, dass ihre funktionale Distribution sich aber vom heutigen Gebrauch unterscheidet. Insbesondere die Klasse der zu konnektiven Partikeln umfunktionierten Adverbien, wie es z.B. die Einheiten „immerhin" und „allerdings" veranschaulichen, wurden noch kaum diskursiv verwendet. Zudem gibt es auch Unterschiede in der positionellen Distribution innerhalb des Satzes, so dass die Identifizierung ihrer diskursiven Funktion für heutige Leser erschwert ist. Einige zwar eindeutig diskursive Einheiten lassen sich nicht eindeutig in die eine oder andere Klasse der diskursiven Partikeln einordnen, z.B. scheint sich die funktionale Trennung zwischen konnektiven Einheiten, die eine subjektive und argumentative Kohäsion im Text erstellen, und Modalpartikeln, die in Verbindung mit impliziten und illokutiven Dimensionen zu setzen sind, für „aber" und „doch" im damaligen Sprachgebrauch erst abzuzeichnen,

Man kann dennoch feststellen, dass Modalpartikeln in den Zeitungstexten des 17. Jahrhunderts nicht sehr häufig gebraucht werden, sie dienen hauptsächlich zur Unterstreichung nicht-assertiver Illokutionen und konzessiver Bedeutungen. Für die ohnehin in ihrer Äußerungsstruktur komplexen Korrespondenzen scheinen die Schreiber davor zurückzuschrecken, solche Partikeln einzusetzen, die den Leser zwingen, Implizites und Kontextuelles zu inferieren, sich ein „textliches Paradigma"[223] auszudenken, welches die Rezeption erheblich erschweren würde: Der Leser müsste anhand des Kotextes sich in Gedanken mehrere mögliche Anschlusstextteile ausmalen, von denen der Sprecher mittels der diskur-

223 Marcel Pérennec, Présentation des mots du discours, S. 295.

siven Partikel eine herausstreicht und deren Triftigkeit betont. Diese Art von Rezeption ist für Texte kaum geeignet, die per se unerwartete und neue Nachrichten über mehrere Äußerungsebenen hinweg übermitteln, die sich der Leser daher kaum auszudenken vermag. Die Äußerungssituation der Korrespondenten, die darauf bedacht waren, Nachrichten Dritter zu übermitteln, ohne selbst zum Vorschein zu kommen, erklärt zusätzlich den begrenzten Einsatz der diskursiven Partikeln. Zudem kann man feststellen, dass die Distribution dieser Partikeln erheblich von einer Zeitung zur anderen schwankt. In nur drei der Zeitungen kommen die meisten Belege des gesamten Korpus vor, in *NM* und *AM*, in einem geringeren Maße in *OPZa*, d.h. in eben jenen Zeitungen, in denen der Sprecher des Matrixäußerungsrahmens durch explizite und implizite sprachliche Mittel am meisten zum Vorschein kommt. In *NM* etwa stammen so manche Belege aus jenen fiktiven Korrespondenzen, die der Herausgeber der Zeitung selbst verfasst hat. Offensichtlich eignen sich diese Illokutionsmarker besser für Polemiken, die der Herausgeber anzettelt, als für das Zusammentragen, Bewerten und Wiedergeben von Nachrichten durch den Korrespondenten, der sich somit eher durch Verwendung von modalisierenden und bewertenden Partikeln als von Modal-, Fokus- und konnektiven Partikeln auszeichnet.

3.2.2.3 Zeichen der Kommunikation vom Korrespondenten zum Herausgeber

Wenn Modalpartikeln dazu dienen die Interaktion zwischen den Teilnehmern an der sprachlichen Kommunikation zu regulieren, zu modifizieren oder zu spezifizieren, sind sie für die Kommunikation zwischen dem Korrespondenten und dem Leser der Zeitungen wohl kaum geeignet, denn diese Kommunikation ist indirekt, meist gar überhaupt nicht vorhanden. In der Tat ist der Leser der Zeitungen nicht der eigentliche Adressat der Korrespondenten, die sich an andere Korrespondenten oder an Herausgeber von Zeitungen richten. Gewisse sprachliche Zeichen, die den Korrespondenten als aktuellen Sprecher in seinem Äußerungsrahmen zum Vorschein treten lassen, weisen auf diese Kommunikation vom Korrespondenten zum Herausgeber hin, die den Leser der Zeitung zunächst völlig ausschließt. Es sind Zeichen, die typisch für briefliche Korrespondenzen sind, einerseits makrostrukturelle und textsortentypische Zeichen, die den Brief kennzeichnen, andererseits aber auch anaphorische Einheiten, die isotopische Stränge über mehrere Briefe hinweg erstellen, Zeichen, die auf einen regelmäßigen Briefwechsel zwischen dem

Korrespondenten und seinem Adressaten hinweisen, von dem der Leser der Zeitung aber nur einzelne Bruchstücke zu lesen bekommt.

3.2.2.3.1 Absendedatum und -ort

Der offenkundigste Hinweis auf die Textsorte Brief ist der Initiator der Korrespondenzen, eine Makrostruktur die ganz ähnlich in Briefen gebräuchlich ist. Die frühen Formen der Zeitungen, wie etwa die ‚Neuen Zeitungen', wurden oft anhand von Textteilen aus Briefen zusammengestellt, die zwischen Diplomaten, Kaufleuten, Gelehrten usw. ausgetauscht wurden. Es handelt sich somit um zweckentfremdete Teiltexte, die aus ihrer eigentlichen Kommunikationssituation und -intention herausgenommen wurden, aber dennoch als Textexemplare derselben Textsorte traktiert und somit mit einem Absendeort und -datum versehen wurden. In den ursprünglichen Briefen, bei denen es sich oft um komplexe Textgebilde, ja Textkonglomerate handelte, waren die Nachrichtenteile vom eigentlichen geschäftlichen oder diplomatischen Brief durch spezifische Separatoren getrennt oder standen gar auf besonderen Blättern, so dass die frühen Zeitungen lediglich solche separate Teiltexte zusammentrugen, ohne den Briefinitiator mitzudrucken, d.h. ohne diesen Nachrichtenteil mit Absendeort und -datum zu versehen, denn diese Gepflogenheit kam erst im 16. Jahrhundert auf.

Die Absicht war es wohl, nicht vordergründig den Anschein eines Textes der Textsorte ‚Brief' zu bewahren, worauf nicht nur die späte, nachträgliche Angleichung des Kopfes hindeutet. Die Angabe von Ort und Datum wird auch den neuen Textexemplaren und deren Kommunikationsintentionen angepasst: Es gibt Varianten in Form und Stil des Korrespondenzkopfes je nach redaktionellen Vorgaben, es wird das Datum auch verändert, dem im Ausgabeort der Zeitung geltenden „Stilo novo" bzw. „Stilo vetere" angepasst. Ausschlaggebend für das Hinzufügen des Korrespondenzkopfes war also ein kommunikativer Bedarf; wie auch für Absender von Briefen war die Angabe von Ort und Datum zweckdienlich für Korrespondenten von Zeitungen, zumal in Zeitungen immer vielfältigere Quellen herangezogen wurden, die man durch den Kopf unterscheiden konnte. Erklären könnte man das Hinzufügen dieser Angaben zu den externen Variablen der Äußerungssituation des Korrespondenten auch durch die stets verdeckte Haltung des Herausgebers im Matrixäußerungsrahmen. Dadurch dass der Leser formal durch die makrostrukturelle Gestaltung des Textkörpers in den Äußerungsrahmen des Korrespondenten versetzt wird, entsteht der Eindruck, als richte der Korrespondent das Wort direkt an den Leser, wobei die indirekte, bruchstückhafte und parteiische Wiedergabe der Korrespondenzen durch den Herausgeber überspielt wird.

3.2.2.3.2 Weitere Initiatoren: einleitende Teiltexte der Textsorte Brief

Genauso wie Absendeort und -datum wurden die für Briefe typischen – phatischen und kontaktiven sowie situationsbestimmenden – einleitenden Einheiten von Briefen in den frühen Formen der Zeitungen nicht abgeschrieben bzw. gedruckt. Dies hat sich im Laufe des 16. Jahrhunderts kaum geändert, und es ist für Korrespondenzen noch im 17. Jahrhundert typisch, dass sie in medias res beginnen und Hinweise auf die Kommunikationssituation für den Zeitungsleser implizit bleiben. Das Fehlen von kontaktiven Begrüßungsformeln oder vokativen Adressen an den Rezipienten trotz Hinzufügens von Absendeort und -datum ist die paradoxe Aufmachung der Korrespondenzen in den Zeitungen des 17. Jahrhunderts. Dies ergibt sich offensichtlich aus der indirekten Kommunikationssituation, da der Zeitungsleser nicht der eigentliche Adressat der ursprünglichen Briefe ist. In einigen Ausnahmefällen lassen sich dennoch Spuren solcher kontaktiven Wendungen finden, z.B. in Korrespondenzen, die mit „berichte… daß“ beginnen (208-211):

(208) Extract-Schreiben aus Wien vom 26. Jan.

PS. Berichte denselben in Eyle / daß eben jetzo der Herr Obrist-Lieutenant vom Dünnewaldischen Regiment / Mons. de la Toße allhier per Posta angelangt sey (NM 1673 01 8 S. 2)

(209) Perpignan / vom 12. Jul.

Berichte hiemit / daß wir vermeint haben / von den Spanischen belägert zu werden / und dadurch Krieg zu haben (OPZa 1668 07 28 S. 2)

(210) Auß Dantzig / vom 15. Octobris.

Berichte mit wenigem / wie daß heute allhier Zeitung eingekommen / daß [...] (ORZ 1698 11 08 S. 2)

(211) *Extract* / Schreibens vom 14. Sept. st. n. aus dem Kayserl. Feld-Lager vor Ochsenfurth.

Berichte meinem Herrn / daß wir alhier zwischen Ochsenfurth und Kützingen am Mayn in einer schönen *Battaglia* mit unserer Armee stehen (TKC 1673 09 09 S. 7)

Zwar sind zwei dieser Beispiele Textexemplaren des Typs ‚Dokument‘ entnommen, in dem zumindest dem Anschein nach eine direktere Kommunikation vom Korrespondenten zum Zeitungsleser besteht (209, 211). Jedoch enthalten sie interessante Elemente brieflichen Schreibverkehrs, an dem der Leser nicht Teil hat: In (211) richtet der Absender das Wort an „meinem Herrn“, einem Vorgesetzten Militär oder Beamten; aber damit ist bestimmt nicht der Zeitungsleser gemeint, der als indirekter, fast indiskreter Adressat dieser Kommunikation erscheint.

3.2.2.3.3 Die Textmarker „P.S.“ und „Sonsten“

Die Angabe „P.S.“ in (209) gehört ebenfalls zu den Kennzeichen der Textsorte Brief. Briefschreiber markierten damit Teiltexte, die in letzter Minute einem schon abgeschlossenen, aber noch nicht der Post (die nicht unbedingt täglich fuhr) übergebenen Brief hinzugefügt wurden. Dies kann man auch im Korpus der Briefe der Lieselotte von der Pfalz beobachten, die auf diese Weise regelmäßig ihre Briefe mit letzten Neuigkeiten vervollständigte.[224]

Der Vergleich mit diesem Briefkorpus lässt noch zwei weitere Eigenschaften, die für diese Textsorte typisch sind, zum Vorschein kommen. Zunächst die konnektive Partikel „Sonsten“: Sie markiert in Briefen den Übergang vom eigentlichen, privaten, geschäftlichen, diplomatischen usw. Zweck des Briefes zu den allgemeinen Nachrichten, die in den Zeitungen zusammengetragen werden.[225] Innerhalb der Zeitungen fehlt dann der Bezug auf den ursprünglichen Vortext, so dass diese Partikel nicht mehr dieselbe Funktion ausfüllt.

Innerhalb eines Briefes nach damaligem Muster signalisiert „sonsten“ gleichzeitig einen Bruch in der thematischen Kontinuität und eine Ergänzung innerhalb desselben Textes. Es wird angezeigt, dass zwei Teiltexte kumuliert werden, sich beide jedoch thematisch nicht ergänzen, der Gehalt des einen schließt den Gehalt des zweiten aus. Durch diese konnektive Partikel wird angedeutet, dass das Folgende ein implizites Paradigma eröffnet, dem das Voranstehende nicht angehört; beide so verknüpfte Teile summieren sich aber zu einem übergeordneten Text, etwa einem Brief oder einer Rede.

Innerhalb der Zeitungen fehlt dann der Bezug auf das thematisch Unterschiedliche, das Voranstehende im ursprünglichen Brief. Es können aber neue Bezüge zu den thematisch unterschiedlichen Nachrichten im Kotext entstehen, so dass sich diese Teiltexte zu einem neuen übergeordneten Ganzen, der Korrespondenz, kumulieren. Aber oft kommt es vor, dass keine neue Verbindung mit voranstehenden Teiltexten hergestellt wird und es somit auch zu keinem kumulierenden Effekt kommen kann, da „Sonsten“ den Text, d.i. die Korrespondenz, einleitet (212). In anderen Fällen steht diese Partikel zu Beginn eines Abschnittes (213) oder

224 Vgl. Michel Lefèvre, Versuch einer textlichen Strukturanalyse, S. 427.

225 Vgl. Peter Wiesinger, Formen der Wiederaufnahme am Beispiel eines österreichischen Adeligenbriefes.

nach Spatium (214, 215), welches einen Sprecherwechsel signalisiert, so dass die implizite Kumulierung polyphon wirkt; es werden Teiltexte miteinander verknüpft, die unterschiedlichen Äußerungsrahmen entnommen sind:

(212) Antwerben vom 11. dito.
→ Sonsten seynd einige Tagen hier viel Völcker aus Holland nacher Flandern bey 20. oder 30. vor und nach geführet / deren dann 6000. schon gezählt worden / man hält dafür / es seye umb die *Quarnisonen* in Flandern zu verstärcken (OPZa 1668 10 10 S. 3)

(213) Wien vom 22. Januar.
DIe Werbungen der neuen Regimenter zu Roß und Fuß haben nunmehr [...]ihren Anfang genommen [...]
→ Sonsten ist diser Tagen von Ihrer Käyserl. Majest. ein Currirer zu dem Groß-Sultan abgeschickt worden (NM 1673 01 7 S. 1)

(214) Warschau vom 11. April. Bißhero ist die Materia wegen Defension der Republicq abgehandelt / über die Desideria aber der Cron Armee noch nichts geschloßen / ohn Betrachtung / das vile Privata sind mit untergemenget worden. → Sonsten sind der Deutschen Armee / welche auff die Kleinodien angewisen ist / vor dises mahl aus dem Cron-Schatze 1400-0. fl. gewilliget worden / da denn der (NM 1673 04 4 S. 8)

(215) da dann des Vormittages um 11. Uhr Feuer durch etliche Bomben hinein geworffen worden / das den halben Theil der Stadt in etlichen Stunden verbrandt und sie sich darauf auf Gnad und Ungnade ergeben hat / und hat man alsofort 1000. Mann darein gelegt / und eine kleine Visitation gethan.
→ Sonsten sind in der stadt 500. Dragoner und noch 200. commandirte Pferde gefangen genommen worden (NM 1673 02 1 S. 8)

Ganz offensichtlich mausert sich die konnektive Partikel „sonsten“ in diesen konglomerierten Textexemplaren des Typs ‚Korrespondenz‘ zu einem Signal der Polyphonie. Wie auch durch so manche Anapher in den Korrespondenzen wird ein Bezug zu Teiltexten hergestellt, die nicht zum Gesamttext der Zeitung gehören. Daran lässt sich erkennen, dass solche, durch „Sonsten“ eingeleiteten Teiltexte ursprünglich ganz anderen Textexemplaren mit anderer Kommunikationssituation und -intention entnommen wurden. Diese Hypothese eines Bezugs innerhalb eines ursprünglich unterschiedlichen Gesamttextes wird in (215) noch dadurch verstärkt, dass der voranstehende Teiltext dieselbe Thematik wie der von „Sonsten“ eingeleitete behandelt, wo doch Isotopien mit „Sonsten“ ausgeschlossen sind.

3.2.2.3.4 Spuren eines fortgesetzten Dialogs über mehrere Korrespondenzen hinweg

Der Vergleich mit Briefkorpora wie jenem der Lieselotte von der Pfalz zeigt andererseits auch, dass Isotopien nicht innerhalb der einzelnen Briefe, sondern von einem Brief zum anderen bzw. zum Antwortbrief des Adressaten innerhalb einer fortgesetzten Korrespondenz entstehen. So bestehen die Briefe der Lieselotte aus anscheinend zusammenhangslos aneinandergereihten Teiltexten, die syntaktisch oder makrostrukturell zudem kaum voneinander dissoziiert sind. Dies erklärt sich dadurch, dass die Verfasserin Punkt für Punkt auf die Briefe ihrer Adressaten, etwa ihrer Tante Sophie von Hannover, antwortet, ohne dies makrostrukturell oder sprachlich zu kennzeichnen.[226] Zusammenhänge und Isotopien kann man erst beim Lesen einer ganzen Reihe von Briefen ermitteln. Dadurch wird freilich der einzelne Brief als unabhängiger Text in Frage gestellt. Auch in den Zeitungen kommen Textteile vor, die sich nur durch ihren Zusammenhang mit externen Texten in einem fortgesetzten Briefwechsel mit einem in den Zeitungen nicht genauer bestimmten Adressaten erklären lassen. Solche Elemente wirken störend in der neuen Kommunikationssituation vom Korrespondenten zum Leser, auch wenn diese indirekt durch Zweckentfremdung von phatischen und konativen Einheiten externer Textexemplare zustande kommt.

Es kommen insbesondere negative Antworten auf bestimmte, vom Zeitungsleser zu inferierende Anfragen vor, die auch als merkwürdige Preteritionen missverstanden werden können (216-219):

(216) Wien vom 22. Juny. ES ist über das vorige von den Käyserlichen Völckern <u>nichts zu berichten</u> (NM 1673 06 7 S. 1)

(217) Hambur von 11. dito.
Die in Holland vor die Cron Schweden ausgezahlte 140000. Rthal. seyn zu Staade nun angelangt / und werden auch aus Franckr. und Engl. noch nicht Gelder vor die Cron Schweden erwartet. <u>In zwischen ist von Auffbruch der Völcker noch nichts zu hören</u>. (OPZa 1668 01 25 S. 3)

(218) Von Arrivement des Monsr. de Estree zu Toulon / ist <u>noch keine Zeitung</u>; (OPZb 1698 46b S. 5)

(219) […]ob nun die Frantzosen sich dardurch nit werden zu einiger Fridens-Handlung bringen lassen / stehet zu erfahren; <u>Auß der See hat man nichts</u>. (MRZ 1672 28 S. 3)

226 Vgl. Michel Lefèvre, Versuch einer textlichen Strukturanalyse, S. 429.

Die Textteile, in denen der Korrespondent angibt, keine weiteren Informationen zu besitzen, beziehen sich auf keine Stelle mit derselben Thematik im Kotext, denn sie stehen zu Beginn der Korrespondenz (216) oder stellen einen eindeutigen Bruch zur voranstehenden Thematik dar (219), es kommt kein Verweis durch eine konnektive Partikel oder Anapher auf frühere Textstellen vor, diese Äußerungen stehen isoliert und außerhalb jeglicher Isotopie (218, 219). In den Beispielen, in denen konnektive Einheiten bzw. Anaphern vorkommen, etwa „über das vorige" (216), „inzwischen" (217), wird nicht auf den aktuellen, unmittelbaren Kotext verwiesen, sondern höchstens auf Stellen in vorangegangenen Korrespondenzen. Dies erscheint explizit in (216), wo der Korrespondent seinem Adressaten mitteilt, dass er „über das vorige [hinaus], ..." nichts zu berichten hat. Diese Äußerung ließe sich zwar als vorausnehmende Antwort des Korrespondenten auf eine von ihm inferierte Erwartung des Zeitungslesers interpretieren, aber die Kommunikationssituation, in der sich der Korrespondent eigentlich befindet, von der der Zeitungsleser ausgeschlossen ist, deutet eher darauf hin, dass diese negative Äußerung als Antwort auf eine Anfrage seines (dem aktuellen Leser unbekannten) Adressaten zu interpretieren ist.

Hinter den Korrespondenzen verbergen sich z.T. ganze Interaktionen zwischen dem Korrespondenten und seinen ursprünglichen Adressaten. Da Letztere oft die Herausgeber von Zeitungen waren, stellt man fest, dass es zwischen Herausgeber und Korrespondent briefliche Fragen und Antworten gab, dass offensichtlich mit den damaligen Kommunikationsmitteln Interviews geführt wurden. Dies bedeutet auch, dass der Herausgeber durch gezieltes Fragen den Gehalt der übermittelten Informationen lenkt; die Korrespondenten ihrerseits begnügen sich nicht mehr nur damit, Nachrichten nach Gutdünken zusammenzutragen. Sie informieren gezielt, um präzisen Erwartungen zu genügen, sie dürften wohl auch mit Nachforschungen und Recherchen beauftragt worden sein. Dadurch steuert der Herausgeber teilweise die Arbeit der Korrespondenten; sie sind nicht mehr die passiven Empfänger und Weiterleiter zufällig eingelaufener Nachrichten, sie versuchen, schon Bekanntes durch gezielte Recherchen zu vervollständigen.

In fortgesetzten Briefwechseln, wie jenem der Lieselotte von der Pfalz mit ihrer Tante Sophie von Hannover, von dem die gesamte Serie der Briefe an Sophie erhalten, die Antwortbriefe von Sophie aber verloren sind, kann man den brieflichen Dialog anhand von regelmäßig wiederkehrenden Themen ermitteln. Die Isotopie erstreckt sich über genau den Zeitraum, den eine Post damals von Paris nach Hannover und zurück brauchte, bestenfalls also 20 Tage. Ähnliches lässt sich auch bei einigen Korrespondenzen in den Zeitungen erkennen, gewisse Themen werden in regelmäßigen Zeiträumen wieder aufgegriffen. Manchmal wird explizit auf dieses Wiederaufgreifen schon früher behandelter Themen verwiesen. Solche Verweise, die zudem in Klammern inmitten der Nachrichtenwiedergabe stehen, sind Teil einer direkten und fortgesetzten Kommunikation zwischen Korrespondent und Herausgeber. In *AM* z.B. erfährt der Leser in Fortsetzungen über mehrere Korrespondenzen und Ausgaben der Zeitung hinweg, wie es mit dem Einschiffen Schwedischer Truppen in Stralsund vorangeht (220). In *NM* wird die falsche Nachricht der Eroberung von Werle mehrmals explizit wieder aufgegriffen (221). In *OPZa* schließlich wird über die Eroberung der Burg Hoheneck in Fortsetzungen berichtet (222). Der Leser der Zeitung wird wie zufällig, jedenfalls weil der Herausgeber es so einrichtet, Zeuge dieser Kommunikation, an der er ursprünglich nicht Teil hat. Er wird quasi mittels dieser wie abseits gesprochenen Parenthesen zum indiskreten Lauscher einer Interaktion, die ihn nichts angeht:

(220) Noch den- selben Abend kame das von dem Schwedischen Transport überkommene General Major Strömbergische Regiment / (wie bereits in meinem Vorigen gedacht) allhier ein (KOP 1699 94 S. 8)

(221) Dero Völcker haben im Cöllnischen Lande die Stadt Werle / (wovon vormahls auch ist gedacht worden / daß sie solche schon eingenommen hätten / aber es erfolgte nicht) belagert (NM 1673 01 3 S. 6)

(222) Frenckfurt den 21. dito.
Allhier hat man gewisse Nachricht / daß die Chur-Pfältz. Völck. das Stättlein Landstull mit Gewalt / das Schloß aber durch Accordt einbekommen / und selbiger Lothring. Commendant biß nach Hamburg *convoirt* worden / worauf gedachte Pfältz. vor das Schloß Hoheneck (welches noch nicht in der Gewalt / wie schon berichtet) gerucket (OPZa 1668 08 29 S. 4)

Wenn die Kommunikation zwischen Korrespondent und Leser indirekt über den Herausgeber verläuft, oft aber als direkt dargestellt wird, wie gestaltet sich dann die Kommunikationssituation des Informanten? Hier steigert sich die Komplexität der Kommunikationsstruktur nicht nur um einen, sondern um potentiell unendlich viele Grade.

3.3 Sprachliche Kennzeichnung des Äußerungsrahmens des Informanten

Der Äußerungsrahmen des Informanten ist derjenige, aus dem die eigentlichen Nachrichten stammen, daher könnte man erwarten, dass er vom

Herausgeber besonders hervorgehoben wird. Aber der Informant bleibt mehr noch als die anderen Sprecher verborgen, er ist fast immer unbekannt, unbenannt, es werden noch nicht einmal die externen Variablen wie Ort und Datum der Äußerung, die minimalen Angaben zu seiner Äußerungssituation, angegeben. Zudem eignet sich der Korrespondent, wenn nicht gar der Herausgeber, die meisten Äußerungen des Informanten an, in mehr oder weniger als solche gekennzeichneten indirekten Redewiedergaben. Der Informant wird auch zum impliziten Agens von Passiv- oder Mittelkonstruktionen reduziert. Selbstständige Teiltexte, die dem Äußerungsrahmen des Informanten zuzuschreiben sind, sind die Minderheit. Es handelt sich entweder um Textexemplare des Typs ‚Korrespondenz', in denen der Korrespondent oder der Herausgeber selbst, wie schon erwähnt, als Informant fungieren, oder des Typs ‚Dokument', die sich von den Korrespondenzen und deren Äußerungsstruktur abheben. Die sprachliche Kennzeichnung dieses Äußerungsrahmens geht somit in den beiden anderen Äußerungsrahmen auf, man kann sie fast nur indirekt, etwa in den wiedergegebenen Redeteilen ermitteln.

3.3.1 Sprachliche Zeichen zur Bezeichnung des Informanten

Zunächst sollen die sprachlichen Zeichen zur Bestimmung der Äußerungssituation des Informanten ermittelt werden: Wer spricht zu wem in diesem Äußerungsrahmen? Wo und wann äußert sich der Informant?

Anhaltspunkte zur Äußerungssituation, insbesondere zu den externen Variablen, sind umso wichtiger, als es sich um Nachrichten handelt, und ohne Zeitangabe sind Nachrichten wertlos. Es braucht nur an Georg Grefflingers scherzhafte Wiedergabe einer Nachricht in *NM* über die angebliche Verwandlung eines Menschen in einen Hund erinnert zu werden: „Es hat ein N. N. vornehmen Geschlechts / (Ort und Name bleiben biß zu anderer Zeit / aus gewißen Ursachen verschwiegen)".[227] Der Herausgeber verschweigt explizit und absichtlich die Angaben zu den externen Variablen der Äußerungssituation des Informanten: Ort, Zeit, Name. Einige Wochen später kommt des Rätsels Lösung: Es handelt sich um eine 50 Jahre alte Geschichte, eine Falschmeldung also: „Die außgesprengte Zeitung vom verwandelten Menschen in einen Hund laufft auff die alte Historie von Anno 1632. aus".[228] Damit prangert er die zweifelhaften Methoden anderer Herausgeber an, die Nachrichten ohne Angaben zum Kontext in Umlauf bringen.

227 NM 1673 01 5 S. 1; s. oben, 2.3.2.1, Beispiel (43).
228 NM 1673 03 1 S. 2.

3.3.1.1 Identifizierung des Informanten

3.3.1.1.1 Selbstbezeichnung mit Pronomen der 1. Person

Außer den Dokumenten kommen in den Zeitungen wenig Teiltexte vor, in denen der Leser explizit in den Äußerungsrahmen des Informanten versetzt wird, etwa durch Verwendungen von Pronomen der 1. Person, die auf den Informanten als aktuellen Sprecher verweisen. Es kann vorkommen, dass der Korrespondent oder Herausgeber Teiltexte des Informanten in indirekter Rede wiedergibt und versehentlich vergisst, einige Pronomen neu zu perspektivieren, wie etwa im Auszug aus *AM* (223). In dieser Zeitung ist der Herausgeber im Matrixäußerungsrahmen stets bemüht, als aktueller Sprecher zu erscheinen. So beginnt der Teiltext mit einer Selbstbezeichnung des Herausgebers mittels Pronomen der 1. Person „bey uns", so dass man meinen könnte, dass der gesamte folgende Teiltext aus der Perspektive des Matrixäußerungsrahmens verfasst ist, dass die Berichte der Korrespondenten und Informanten von diesem Matrixäußerungsrahmen aus als indirekte Reden wiedergegeben werden. Einige Seiten weiter beginnt die Wiedergabe der Korrespondenz aus Paris in Form eines unpersönlichen Passivs „wie man mit Pariser Briefen vernimmet". Hier kann nicht eindeutig ermittelt werden, ob das stets ambige Pronomen „man" wiederum den Herausgeber bezeichnet, was zuweilen vorkommt, oder ob tatsächlich keine bestimmte Person, kein Teilnehmer an der Kommunikation damit bezeichnet wird. Der Korrespondent aus Paris reicht das Wort sofort an einen Informanten weiter, der sich in einer Hafenstadt am Ärmelkanal befindet. Hier bezeichnet ein weiteres Pronomen „man" implizit den Pariser Korrespondenten. Der nachstehende *dass*-Nebensatz (der durch „hat man Zeitung daß" eingeleitet wird) gibt den Bericht vom Norden, vom Ärmelkanal wieder, der explizit durch diese syntaktische Form als indirekte Redewiedergabe innerhalb des Äußerungsrahmens des Korrespondenten oder des Herausgebers markiert ist. Und in eben diesem Teiltext, der indirekt wiedergegeben wird, erscheint ein Pronomen der 1. Person „uns". Grammatisch müsste dieses Pronomen den Sprecher im Matrixäußerungsrahmen bezeichnen, den Altonaer Herausgeber, der versucht, den gesamten Zeitungstext von seinem Standpunkt aus zu perspektivieren. Eventuell könnte man auch diese Pariser Korrespondenz als vom Matrixäußerungsrahmen unabhängig betrachten. Der Herausgeber gibt das Wort an den Korrespondenten weiter, der Bericht wird aus dessen Perspektive geschildert, so dass zunächst ein Pronomen „man", dann ein Pronomen „uns" als Bezeichnung bzw. Selbstbezeichnung dieses Korrespondenten dient. Semantisch sind aber beide Hypothesen nicht vertretbar: Die Nominalgruppe „unsere Trouppen“ bezeichnet französische Truppen, die nur der Informant an Ort und Stelle als „unsere“ bezeichnen kann. Hier wurde eindeutig vergessen, dieses Pronomen „uns“ in der indirekten Rede neu zu perspektivieren, in ein Pronomen der 3. Person umzuwandeln. De Facto gehört dieser Teiltext dann zum Äußerungsrahmen des Informanten, der die Nachricht aus seiner eigenen Perspektive schildert:

(223) IN folgenden wollen wir dem geneigten Leser die merckwürdige Begebenheiten / so seit jüngster Post aus unterschiedlichen Königreichen und Landen bey uns eingeläuffen / kürtzlich vorstellen [...]
[S. 5] Wie man mit
Pariser
Briefen vernimmet / hat man aus allen See-Hafen / welche in Canal liegen / Zeitung / daß sehr viel Engelsche ankommen / wermüge einer gewissen Proclamation / ihr Vaterland verlassen müssen / um daß sie seither Anno 1688. einige Correspondentz mit dem gewesenen König Jacobus gehalten / und wider jetzigen König oder unsern Trouppen gedienet haben; (AM 1698 02 25 S. 1)

Der Informant lässt sich somit anhand von Selbstbezeichnungen identifizieren. Dabei wechseln sich direkte Selbstbezeichnungen mit Pronomen der 1. Person mit indirekten bzw. unpersönlichen Bezeichnungen wie mit dem Pronomen „man“ ab. Bei Pronomen der 1. Person Plural („uns“) werden sowohl das Agens der Kommunikation (d.i. der Informant) als auch das Patiens (der Korrespondent) in ein und derselben Bezeichnung zusammengefasst, so dass eine neue Ambiguität entsteht wie in (224). In weiteren Fällen wie dem schon zitierten Beispiel (225) kommt es bei einem impliziten Wechsel der Informationsquelle zum äußerungsstrukturellen Bruch, man gleitet unversehens vom Äußerungsrahmen des Korrespondenten in jenen des Informanten: Nach einem Spatium als Signal für Polyphonie folgt ein Teiltext, der offensichtlich zum Äußerungsrahmen des Informanten gehört mit Selbstbezeichnung des Informanten durch Pronomen der 1. Person. Vor dem Spatium befand man sich implizit im Äußerungsrahmen des Korrespondenten, ohne jegliche Selbstbezeichnung des Sprechers:

(224) Den 14. dito thäte man einen Außfall / in welchem einige von unsern Granadirern zu weit sich wagten / also / daß sie in dem feindlichen Retrenchement einen Moren die Musqueten nahmen (NAC 1698 02 12 S. 4)

(225) Der Frantz. Feld-Marschall Mons. de Turenne stehet jetzt mit großer Macht nicht weit von hier / und muß am nächsten Montage zu Wahren-

dorff vor 30000. Mann Proviant verschaffet werden. → Die unsrige in Coverden haben es liderlich versehen. (NM 1673 01 3 S. 7)

Bei Selbstbezeichnung durch Pronomen der 1. Person Plural werden zugleich der Sprecher (Informant) und der Adressat (Korrespondent) eingeschlossen, so dass sich der Leser auf Datum- und Ortsangabe im Kopf der Korrespondenz beziehen kann, denn diese Angaben zur Äußerungssituation gelten dann ebenfalls für den Informanten; der Plural zeigt an, dass sich beide Äußerungsrahmen teilweise decken. In (223) bezieht sich „unsere Truppen“ sowohl auf den Informanten am Ärmelkanal als auch auf den Korrespondenten in Paris. Da sind zumindest einige der externen Variablen der Äußerungssituation, nämlich Frankreich und die französische Kriegspartei, beiden Teilnehmern an dieser Kommunikationssituation gemein, auch wenn sie sich als Sprecher respektive in ihrem eigenen Äußerungsrahmen äußern. In (225) haben Informant und Korrespondent die Zugehörigkeit zum Münsterischen Lager gemein. Eine Nominalgruppe wie „unser König“ würde anzeigen, dass beide Teilnehmer an der Kommunikation einen Staat gemein haben, aber in Beispielen wie (226) muss der Leser durch geschichtliche Bildung inferieren können, dass „die Gesundheit unsers Königes“ in der Tat dem Korrespondenten in Brüssel und dem Informanten in Spanien ein gemeinsames Anliegen ist. Auch in (227) und (228) liegen Informant und Korrespondent geographisch weit auseinander, dennoch verweisen die Informanten in Mailand und Assow auf externe Variablen ihrer Äußerungssituation, die sie mit jener der Korrespondenten in Wien respektive Moskau teilen. Somit erscheint das Pronomen „uns“ als ein Signal für Polyphonie:

(226) Brüssell vom 9. Aprill.

Am Sontag geschahen hier [dn?] öffen[tl?]ichen Gebether unter Darstellung des Sacraments vor die Gesundheit unsers Königes; (ER 1698 04 05 S. 8)

(227) Auß Wienn / vom 24. October.

Daß die Neutralität in Italien mit Savoyen richtig / ist nun gewiß / womit sich dann dasiger Krieg geendiget. Vor geschlossener Neutralität aber hätten die Unserigen noch 2. feindliche Corpo geschlagen / darvon sehr viel niedergemacht / und etlich 100. gefangen bekommen / auch ein Savoysches Dragoner-Regiment fast völlig ruinirt / und darbey abermahlen unterschiedliche vornehme gefangen genommen / also / daß dieser Zug in Mayland die Feinde sehr viel Volck gekostet. (NAC 1696 10 24 S. 1)

(228) Auß Moscau / vom 4. Octob.

Die jüngsten Brieff von Asack melden / daß das Groß der Armee den 16. *passato* auß denen Quartiren anhero solte auffbrechen / [...] Die

Crimischen Tartarn / welche mit einer Armee von 60000. Mann im Feld seyn / umb denen Unserigen eine Diversion zu machen / seynd durch die Cosackischen Generale / Hermans / und Czeremer / mit einer Armee von 40000. Mann so genau eingeschlossen / daß sie sich nicht haben dörffen bewegen / noch auß ihrem Vortheil begeben. (NAC 1696 10 27 S. 3)

3.3.1.1.2 Fremdbezeichnung in der 3. Person

Zur Identifizierung der Informanten muss man sich meist auf Bezeichnungen in der 3. Person durch den Korrespondenten stützen. Wenn dieser den Informanten direkt erwähnt, so meist durch seinen Beruf oder Status (234, 237), selten wird er namentlich genannt (229, 233). Im letzten Fall handelt es sich meist um eine bedeutende Persönlichkeit, die eine hohe Stellung im Militär, in der Diplomatie bekleidet, um eine Adelsperson, deren Zeugnis freilich der Information Gewicht und Glaubhaftigkeit verleiht. Da Namen selten sind, stechen sie im Text umso mehr hervor:

(229) und Mr. Durant / als unsern Consul / daselbst gelassen; es hat derselbe anhero berichtet / daß (NAC 1698 05 07 S. 4)

(230) So hätte auch der Herr Graff von Herbexstein auß Caransebes nach Hermanstatt berichtet (NAC 1698 04 19 S. 2)

(231) DEr Cardinal von Bouillion ist verschinen Freytag außm Lütticher Land wider allhero kommen / berichtet / daß (MRZ 1672 43 S. 1)

(232) Der Graff von Oettingen / Groß-Bohtschaffter nach Türckey / hat durch einen Expressen berichtet / daß (KOP 1699 95 S. 7)

(233) Demnach auch Touraine berichtet / daß (MRZ 1673 44 S. 2)

(234) AUß Samose berichtet der Commendant daselbst / daß (MRZ 1672 47 S. 1)

(235) der Gubernator auß Weesel [hat] allhero berichtet / daß (MRZ 1673 11 S. 3)

(236) Ein Capitain von Königl. Garde / so auff der Post allhero kommen / berichtet / daß (MRZ 1673 42 S. 3)

(237) der Genuesische Resident am Königl. Frantzösischen Hoff hat allhero berichtet / daß (MRZ 1673 33 S. 2)

Weitere Quellen, die zwar nicht völlig unpersönlich bleiben, aber lediglich mit indefiniter Nominalgruppe als vage, gar zweifelhafte Gewährspersonen erwähnt werden, sind gelegentliche Zeugen bestimmter Ereignisse: vorbeiziehende Soldaten, Überläufer, Landstreicher und sonstiges fahrendes Volk (241-243). Wichtige Beförderer von Nachrichten sind Schiffe und deren Passagiere, die Neuigkeiten aus dem Mittelmeerbereich, aus dem Baltikum und auch aus Indien und Amerika mitbringen.

Als Informanten werden dann die Kapitäne (238), die Passagiere (239, 240) und metonymisch und anonymer die Schiffe (248, 249) genannt:

(238) Ein ander Schiff ist von *Euizza* mit Saltz ahngelangt / dessen *Padrone* berichtet / daß (OWP 1672 09 S. 1)

(239) Passagiers auß der Eiffel bringen / daß (EPZ 1698 09 10 S. 3)

(240) Passagieri auß Dalmatia vnd Bossina so dise Wochen mit einem Schiff aus Zara allhier arrivirert / berichten / daß (MRZ 1672 11 S. 4)

(241) vnd berichtet ein Particulier auß Lippstatt (MRZ 1673 11 S. 4)

(242) Reisende von Philipsburg melden / daß (EZ 1698 26a S. 4)

(243) Den 12. die-ses kahme ein Mohr in diese Stadt übergelauffen / so berichtet / daß (NAC 1698 02 12 S. 3)

3.3.1.1.3 Metonyme und entpersönlichte Bezeichnungen

Ebenso entpersönlichend wirkt das oft gebrauchte Metonym „Hand" zur Bezeichnung des Informanten (244-247). Noch unpersönlicher erscheint es, wenn statt des Informanten der Nachrichtenträger, meist der Brief, als Quelle genannt wird. Als Metonym für den unbekannt bleibenden Informanten müssen dann sowohl die Träger von Briefen, der „courrier" (250, 251), das Transportmittel „Expresser" (252) als auch der „Brief" selbst herhalten (253-255). Letzteres Metonym ist die bei weitem häufigste Bezeichnung für Nachrichtenquellen in den Zeitungen.

Schließlich müssen hier noch einige Varianten für das schon erwähnte unpersönliche Pronomen „man" genannt werden, so etwa der indefinite Plural „einige" (256):

(244) Man hat von guter Hand / daß (NM 1673 05 2 S. 2)

(245) und man von sicherer Hand berichtet worden / daß (AM 1698 04 05 S. 8)

(246) Auß Berlin wird von gewisser Hand berichtet / daß (MRZ 1672 36 S. 1)

(247) wie eine gute Hand berichtet (MRZ 1672 40 S. 4)

(248) eine Tartana von Malta bringt daß [...] ein ander Schiff so mit Wahren auß *Barbaria* eingelauffen berichtet / daß (OWP 1671 32 S. 1)

(249) Ein Schiff von *Provenza* berichtet / daß (OWP 1672 11 S. 1)

(250) wie ein Currier von dar berichtet (MRZ 1672 40 S. 3)

(251) Ein Currier so auß dem Pohlnischen Läger allherro kommen / berichtet / daß (MRZ 1672 45 S. 3)

(252) Vorgestern ist auß Polen ein Expresser allhero kommen / mitbringend daß (MRZ 1672 29 S. 4)

(253) alle Brife und Avisen hirvon berichteten / (NM 1673 02 3 S. 8)

(254) Die letzte Briefe von Wien melden / daß (NM 1685 05 29 S. 6)

(255) Schreiben auß Spanien melden / daß (OWP 1671 14 S. 2)

(256) und wie einige melden (OWP 1671 06 S. 3)

Man kann feststellen, dass der Informant nicht allein selten als unabhängiger Sprecher in seinem eigenen Äußerungsrahmen am Zuge ist, er wird auch von den anderen Sprechern, die seine Berichte in indirekter Form zitieren, meist verschwiegen oder entpersönlicht. Die Identität des Informanten scheint nur in wenigen Ausnahmen von Belang zu sein, etwa als Gewähr für die Glaubwürdigkeit der Information.

3.3.1.2 Das ‚Hier' des Informanten: Ort der Äußerungssituation

Bei Quellenangaben scheint es den Korrespondenten und Herausgebern vor allen Dingen um den Herkunftsort der Nachrichten zu gehen: Dadurch sollte dem Leser imponiert werden, die Vielfältigkeit und Entfernung der Quellen galten als Qualitätszeichen für die Zeitung. Ein Herausgeber musste im Stande sein, zwar exotische, aber in damaliger Zeit schon für Militär, Handel und Finanz wichtige Nachrichten aus Indien und anderen Kolonien sowie aus dem Osmanischen Reich herauszubringen. Neben der Ortsangabe kommen meist keine weiteren Präzisierungen zum Äußerungsrahmen des Informanten vor. Letzterer wird selten namentlich, meist nur mittels unpersönlicher Pronomen bzw. Passivstrukturen erwähnt. Wendungen wie „man hat von Peronne",[229] „Aus Ober-Ungarn wird berichtet",[230] „Schreiben auß Spanien melden"[231] fungieren als Quellenangabe, wobei jeweils lediglich der Herkunftsort präzise bezeichnet wird.

3.3.1.3 Das ‚Jetzt' des Informanten: Zeitpunkt der Äußerungssituation

Meist fehlen auch Angaben zum Zeitpunkt der Äußerung des Informanten. In den Zeitungen ist die zeitlich und geographisch am besten bestimmte Äußerungssituation jene des Korrespondenten. Alle von ihm wiedergegebenen Nachrichten werden relativ zu seinem eigenen Äußerungszeitpunkt datiert (257, 260). Auch die seltenen, anscheinend absoluten Angaben zum Zeitpunkt der Äußerung des Informanten betreffen nur den Tag. Für die Bestimmung des Monats oder des Jahres wird mit konventionellen deiktischen Hinweisen wie „dito", „dieses" oder „passato" wiederum ein relatives Verhältnis zum Datum der aktuellen Korres-

229 NM 1673 04 5 S. 4.
230 NM 1673 04 9 S. 2.
231 OWP 1671 14 S. 2.

pondenz bzw. der ersten Korrespondenz der Zeitungsausgabe oder gar der gesamten Zeitungsausgabe hergestellt. Zudem muss man bei den zeitlichen Bestimmungen der Äußerungssituation des Informanten noch zwischen dem Zeitpunkt der Äußerung (243-263) und jenem des geschilderten Geschehens (265) unterscheiden. Letztere Zeitangaben, bei denen das Geschehen selbst genau datiert wird, sind in den Zeitungen des 17. Jahrhunderts höchst selten. Dies ist für heutige Leser überraschend und erschwert heutigen Historikern das Datieren von Ereignissen anhand früherer Zeitungen erheblich: Man muss nicht nur den Zeitpunkt mit Hilfe des Datums im Kopf der Korrespondenz ermitteln, was einigen Aufwands bedarf, wenn etwa nur der Wochentag genannt wird, z.B. „AM vergangenen Montag",[232] man muss nicht nur auf den jeweiligen Stil des Datums, „stilo novo" oder „stilo vetere", achten, man muss zudem auch mit Fehlern bei der Zeitangabe durch Informanten, Korrespondenten oder Herausgeber rechnen. Bei der damaligen geringen Beförderungsgeschwindigkeit von Personen und Meldungen schien man um eine exakte Datierung der Geschehnisse nicht besonders besorgt gewesen zu sein. Lediglich für die Schilderung wichtiger militärischer Handlungen wie etwa der schon erwähnten Seeschlacht bei Schooneveldt, für wichtige diplomatische Handlungen oder für die Todesnachricht bedeutender Persönlichkeiten (266) wird zuweilen der Zeitpunkt auf die Stunde genau präzisiert:

(257) Verschienen Sonntag ist auß Pohlen ein Currier allhier angelangt mit Bericht / daß (OWP 1672 41 S. 4)

(258) Ein Schiff so zu End der vergangenen Wochen auß dalmatien kommen bringt Nachricht / daß (OWP 1672 22 S. 1)

(259) Verwichenen Montag hat eine Spanische Parthey von 50. Mann aus dieser arnison (OPZb 1696 07 S. 4)

(260) Verwichenen Jahrmarckt hat sich dieses Ortes folgender *Casus* zugetragen (OPZb 1698 33a S. 5)

(261) Berliner Brieffe vom 18. dieses melden / daß (EZ 1698 26b S. 1)

(262) Man hat Brieffe vom 20ten passato von Madrid erhalten / meldende daß (ER 1698 04 05 S. 8)

(263) Aus Frießland hat man sonsten von 18. dieses bey nechst voriger Post / daß (OPZa 1673 07 23 S. 2)

(264) Auß dem Breyßgau vernimbt man unterm 15. dieses / daß (EPZ 1698 09 03 S. 4)

232 NAC 1698 01 29 S. 4.

(265) Den 18. dieses hat der Obriste Mörner / zwey Cöllnische und Münsterische Regimenter im offenen Felde geschlagen (GER 1673 01 S. 4)

(266) Den 7. umb 2. Uhr in der Frühe ist der Fürst von Montecuculi / gewester Kayserl. Hartschirn-Haubtmann / deß zeitlichen Todts entblichen. (NAC 1698 01 11 S. 1)

Innerhalb der Korrespondenzen ist der Informant selten innerhalb seines eigenen Äußerungsrahmens am Zuge, er ist selten Sprecher einer unabhängigen Äußerung: Seine Informationen werden als indirekte Rede vom Korrespondenten in dessen Äußerungsrahmen wiedergegeben. Somit sind Angaben zu den externen Variablen der Äußerungssituation des Informanten unweigerlich mit jenen zur Äußerungssituation des Korrespondenten vermengt. Selbst sogenannte „absolute" Zeitangaben können nur relativ zur Äußerungszeit des Korrespondenten bestimmt werden.

3.3.2 Direkte Redewiedergabe und Textexemplare des Typs ‚Dokument'

Es kommen dennoch Teiltexte oder Textexemplare vor, in denen sich ein Informant in direkter Rede anscheinend unabhängig von den Äußerungsrahmen der anderen Sprecher äußert. Es handelt sich um Teiltexte, die als direkte Rede innerhalb von Korrespondenzen stehen, oder um Textexemplare, die anstelle von Korrespondenzen als ‚Dokumente' markiert sind. Im Folgenden soll abschließend zu diesem Kapitel über die Äußerungsstruktur in den frühen Zeitungen ein Inventar solcher Teiltexte zusammengestellt und ihre Form und Funktion, durch welche sie sich von den übrigen Teiltexten innerhalb der Zeitungen unterscheiden, untersucht werden.

Neben den Teiltexten, in denen der Korrespondent oder der Herausgeber als fiktiver Korrespondent mittels Selbstbezeichnungen wie dem Pronomen der 1. Person zum Vorschein tritt, können in einigen Fällen diese Pronomen auch zur Selbstbezeichnung des Informanten in seinem Äußerungsrahmen dienen. In unserem Korpus kommt der Informant nur in wenigen Zeitungen derart zum Vorschein. In *AM* ist, wie oben geschildert, der Herausgeber darauf erpicht, als aktueller Sprecher im gesamten Zeitungstext die Kontrolle über alle propositionalen Gehalte zu behalten, es besteht kein Raum für den Informanten, als unabhängiger Sprecher in dieser Zeitung zu erscheinen. Ebenso wenig ist der Informant in *EZ, ER, GER, OWP, ORZ* und *RN* direkt am Zuge, dort kommt das Pronomen der 1. Person in den Texten unseres Korpus überhaupt nicht vor. Wiederum zeichnet sich *NM* aus, dort begegnen die meisten

Selbstbezeichnungen der Informanten mittels Pronomen der 1. Person, sie sind aber auch in *MRZ, OPZa, OPZb* und *TKC* belegt.

Man kann zwei Typen von Teiltexten unterscheiden, in denen der Informant in seinem Äußerungsrahmen direkt als Sprecher fungiert. Einerseits handelt es sich um Berichte von Zeugen eines Geschehens, die nicht als indirekte Rede in den Äußerungsrahmen des Korrespondenten integriert werden. Dadurch werden sie innerhalb der Zeitungen besonders hervorgehoben. Andererseits handelt es sich um Reden oder Dialoge bedeutender Persönlichkeiten, die als solche zitiert werden, meist in entsprechend markierten Textexemplaren des Typs ‚Dokument', und somit im Kontrast zu den üblichen Korrespondenzen stehen.

3.3.2.1 Zeugnisse in direkter Redewiedergabe

Zu den seltenen Belegen, in denen ein Informant sich mittels Pronomen in der 1. Person selbst bezeichnet, zählen jene schon erwähnten Korrespondenzen zu Beginn des Jahres 1673 aus Münster in *NM.* Diese Korrespondenzen sind aus Teiltexten zusammengestellt, die unterschiedlichen Äußerungsrahmen entnommen wurden. Der Informant bezeichnet sich selbst innerhalb eines dieser Teiltexte, der seinem eigenen Äußerungsrahmen entstammt; die angrenzenden Teiltexte innerhalb derselben Korrespondenz entstammen eher dem Äußerungsrahmen des Korrespondenten, der Informant wird dort unpersönlich mit „man" u.ä. erwähnt, vgl. (267). Der Übergang von einem Teiltext zum anderen, d.h. von einem Äußerungsrahmen zum anderen, ist mit einem Spatium markiert:

(267) Münster vom 10. Martij.

Ich habe jüngst berichtet / wie wir in 48. Stunden lang nicht von unsern Pferden haben steigen dörffen / weil ein großer Verraht obhanden gewesen war / […] Der Commandant von Koßfeldt sitzt allhier nebenst einem Grafen / deßen Namen ich willig verschweige / auffder Citadella gefangen. […] → Der Vornehmste ist durchgegangen. Es sitzt auch ein Bürger unter der Erden fest verwahret. → Dise Verrähterey hat am 24. Februar an allen Orten / und meist mit Brandt / angehen sollen. (NM 1673 03 2 S. 4)

Es stellt sich nun die Frage, warum jene Teiltexte, die in Umfang und Inhalt keine herausragende Bedeutung zu haben scheinen, als direkte Rede, d.h. aus dem Äußerungsrahmen des Informanten heraus, wiedergegeben werden. Dafür könnte man drei Hypothesen aufstellen. Zunächst könnte es sich dabei um den Korrespondenten handeln, der in einem Teil der Korrespondenz als Informant fungiert und sich selbst bezeichnet und in weiteren Teiltexten Nachrichten Dritter einbringt. Die zweite Hypothese wäre, dass es sich bei diesem Informanten um eine Persönlichkeit mit besonderem sozialen oder militärischen Rang handelt, so dass seine Informationen, anders als für gewöhnliche Informanten, in direkter Rede wiedergegeben werden und seine Nachrichten als glaubwürdiger erscheinen. Die dritte Hypothese wäre, dass es sich um einen direkten Zeugen wichtiger Ereignisse, d.h. Kriegshandlungen, handelt. Solche Zeugnisse werden von Herausgeber und Leser offensichtlich besonders geschätzt und werden unverändert, als direkte Reden, als Berichte direkt aus dem Geschehen heraus, wiedergegeben.

3.3.2.1.1 Beibehaltung der direkten Rede wegen des sozialen Rangs des Informanten

Für Beispiel (267) scheint die Hypothese, dass der Korrespondent zugleich als Informant fungiert, dadurch widerlegt zu werden, dass in späteren Ausgaben der Zeitung, nachdem sich die hier geschilderten Kriegshandlungen von Münster entfernt haben, die Korrespondenzen aus Münster vollständig als indirekte Reden und unpersönlich, ohne jede Bezeichnung des Sprechers verfasst sind. Zudem berichtet der ‚Ich'-Informant in einer vorhergehenden Korrespondenz von Ereignissen außerhalb der Stadt Münster, obwohl der Kopf der Korrespondenz unverändert den Namen dieser Stadt als Absendeort aufweist. Schließlich sind Korrespondenzen, in denen der Sprecher sich selbst in der 1. Person bezeichnet und zugleich als Korrespondent und Informant zu fungieren scheint, höchst selten, auch in *NM*: Einige Korrespondenzen aus Warschau weisen diese Äußerungsstruktur auf (268), desgleichen eine aus dem Elsass (269) und eine aus Heidelberg (270):

(268) Aus Warschau hat man vom 17. dises: Daß der Reichs Tag den 12. dises / nach dem er 14. Wochen und 1. Tag gedauert / und hier zwischen offtmahls gewackelt hat / glücklich sey geschloßen worden / solches habe ich jüngst schon vermeldet. Das Volumen der Constitutionen erstrecket sich auff 32. Bogen. [...] Den 15. dises ist der Herr Primas Regni gestorben / wovon künfftig ein mehrers. (NM 1673 04 6p. 8)

(269) Aus dem Elsaß / vom 1. dito.
Wir haben hier wenig gutes / insonderheit von Straßburg / gantz Burgund ist verlohren / und der König in Franckreich praetendirt jetzo von Behrn 2. Land-Drosteyen / die eine ist neu Castel / die ander weiß ich noch nicht. (OPZa 1668 03 17 S. 3)

(270) Heydelberg vom 26. May.
Ob man zwar verhofft gehabt / es würde die bißher sehr variabel gewesene Unpäßlichkeit Ihrer Churf. Durchl. zu Pfaltz unsers gnädigsten Churfürsten und Herrn sich dermahleins in eine beständige Gesundheit / zu

höchstem Verlangen des gantzen Chur-Hauses / und sämptlicher getreuen Unterthanen / verwandelt haben / so hat es doch dem allerhöchsten GOtt gantz anderst gefallen / in dem derselbe höchst besagte Churfürstl. Durchl. heut zwischen 1 und 2 Uhr von dieser Zeitlichkeit zu sich in die ewige Freude und Seligkeit abgefordert; Wie standhafftig und gedultig aber sich derselbe zu dero Abschied bereit gemacht / kan ich mit dieser geringen Feder nicht gnugsahm beschreiben / [...] was nun dieser hohe Todesfall vor grosse Traurigkeit bey dero gantzen Chur-Hauß und allen getreuen Untenthanen verursachet / kan ein jeder viel leichter selbst ermessen / als ich mit einer Thränen-fliessenden Feder beschreiben. (NM 1685 05 26 S. 7)

Der Sprecher in Warschau verhält sich wie viele Korrespondenten, die regelmäßig Nachrichtentexte an Herausgeber senden: Er bezieht sich auf frühere Briefe („solches habe ich jüngst schon vermeldet") und kündigt spätere Sendungen an („wovon künfftig ein mehrers"). Dadurch entsteht eine Kohärenz nicht innerhalb der Zeitungsausgabe, sondern innerhalb des ursprünglichen Briefwechsels. Zugleich zeigt der Inhalt der Korrespondenz auch, dass dieser Korrespondent als Informant offensichtlich eine wichtige Stellung im polnischen Parlament bekleidet, wodurch er zu einem interessanten Zeugen der dortigen Geschehnisse wird. Offensichtlich verdanken wir dieser sozialen Stellung des Korrespondenten/Informanten, dass seine Berichte direkt aus seinem Äußerungsrahmen heraus, mit Selbstbezeichnung in der 1. Person innerhalb der Zeitung unverändert (vom Herausgeber) wiedergegeben werden. Die Korrespondenz beginnt allerdings mit einer üblichen unpersönlichen Wiedergabe von Berichten Dritter und unbekannter Informanten mit doppelter Markierung der indirekten Rede (*dass*-Satz und Konjunktiv I), die der Korrespondent/Informant hier heranzieht, um seine eigene, schon längst gelieferte Nachricht zu bestätigen. Dann kommt es zu einem Bruch in der Äußerungsstruktur, der hier mit ganz außergewöhnlichen makrostrukturellen Merkmalen hervorgehoben wird: Zwischen dem unpersönlichen Teiltext und jenem mit „Ich"-Selbstbezeichnung steht ein Doppelpunkt mit anschließender Großschreibung (eine Seltenheit, mitten in Korrespondenzen). Dies kommt einem besonderen Repräsentationstyp für Zitate wie im heutigen Sprachgebrauch gleich, es fehlen nur die Anführungsstriche. Dadurch wird der anschließende Teiltext mit der „Ich"-Selbstbezeichnung noch stärker hervorgehoben. Dies lässt sich am plausibelsten dadurch erklären, dass es sich bei diesem Korrespondenten/Informanten um eine außerordentlich bedeutende Persönlichkeit handeln muss, obwohl diese, paradoxerweise, nicht genannt wird. Dieser Teiltext wird somit innerhalb der Korrespondenz, die mit den für ein solches Textexemplar üblichen Initiatoren ausgestattet ist, als Dokument gekennzeichnet.

3.3.2.1.2 Beibehaltung der direkten Rede wegen der Bedeutung des Ereignisses oder der Persönlichkeit, die Gegenstand des Berichtes ist

In (269) und (270) haben nicht nur die Korrespondenten/Informanten einen bedeutenden sozialen Rang, sie sind auch Zeugen von Ereignissen, die wohl als außerordentlich wichtig eingestuft wurden: In (269) werden militärische Angriffe an der Grenze des Elsass' und der Franch-Comté gemeldet, und in (270) wird dem Leser fast ‚live' das Ableben des Pfälzischen Kurfürsten geschildert, eines überaus bedeutenden Fürsten im deutschen Reich, der zudem seine Tochter an den Bruder des französischen Königs vermählt hatte, woraus die schlimmen kriegerischen Folgen wegen des Erbschaftsstreites schon voraussehbar waren. Durch den Beibehalt der Berichte in direkter Redewiedergabe aus dem Äußerungsrahmen der Informanten heraus wird sowohl das Ereignis als auch die Persönlichkeit des Informanten ausgezeichnet. Dies wird auch dadurch bestätigt, dass in einer weiteren Ausgabe des *NM* eine weitere Meldung über das Ableben des Kurfürsten in Form eines Dokuments mit eigenständigem Titel und Majuskel (271) zu finden ist:

(271) Extract Schreibens aus Heydelberg vom 19 May:

Wie höchlich uns am verwichenen Sambstag Mittag der Allerhöchste durch Absterben Sr. Churfürstl. Durchl. zu Pfaltz unsers Gottseligsten und allerliebsten Lands-Vaters betrübet / solches werden sie von selbsten ermessen können; (NM 1685 05 29 S. 3)

3.3.2.1.3 Beibehaltung der direkten Rede für Kriegsreporte

Die Herausgeber einiger Zeitungen sind darauf erpicht, direkte Zeugnisse von Kriegsgeschehen in direkter Rede wiederzugeben. Solche Nachrichten werden ganz besonders dadurch hervorgehoben, dass als Äußerungsort nicht etwa der Name einer Stadt, sondern der eines Feldlagers im Kopf der Korrespondenz angegeben wird. Wenn man die Sensationslust heutiger Zeitungsleser kennt, kann man sich vorstellen, wie sehr damalige Leser fasziniert von lebhaften Schilderungen der Schlachten, der eingesetzten Strategien mit Einsatz militärischer Fachausdrücke gewesen sein mussten. Diese Faszination lässt sich dadurch steigern, dass sie unmittelbar von Zeugen am Kriegsgeschehen ohne Vermittlung des Korrespondenten und Herausgebers wiedergegeben werden. In unserem Korpus zeichnen sich so insbesondere die Kriegsgeschehen im Juni 1673 aus. Einerseits kommt die schon erwähnte Schilderung der Seeschlacht bei Schooneveldt vor, die in *OPZa* aus propagandistischen Gründen noch stärker (als ‚Dokument‘) hervorgehoben wird (272). *NM* zeichnet sich dadurch aus, dass die Belagerung von Maastricht (273) und von Charleroi (274) von einem Zeugen im französischen Kriegslager geschildert wird. Durch den Beibehalt der direkten Redewiedergabe befindet sich der Leser somit in eine direkte Kommunikation mit einem Soldaten aus dem feindlichen Lager, in die Äußerungssituation eines Gegners versetzt. Unversehens betrachtet er alles aus der Perspektive des Feindes. Mit Selbstbezeichnungen in der 1. Person Plural wie „unsere Völcker“ in (273) wird er in die Interessen der Gegner involviert. Dies ist eine bemerkenswerte Folge dieser absichtlichen Nicht-Bearbeitung der Briefe, die ursprünglich nicht für deutsche Zeitungsleser bestimmt waren, die in der direkten Rede beibehalten und nicht neu perspektiviert werden. Die deutschen Leser sehen sich mit ihren Gegnern in deren Äußerungsrahmen gleichgestellt, hingegen sind mit „die Feinde“ im Bericht sie selbst gemeint. Dies hat wohl so manchen Leser irritiert und geärgert, was auch die heftigen Angriffe erklären dürfte, denen Georg Grefflinger zu jener Zeit ausgesetzt war. In (274) war die Perspektive ganz ähnlich, da es sich laut Angabe des Herausgebers ursprünglich um einen Brief eines französischen Offiziers an seinen König handeln soll:

(272) Extract-Schreiben vom Hn. *Admiral de Ruyter,* an S. Hoheit
den Printz von Uranien / vom 8. Junii. (OPZa 1673 06 15 S. 2)

(273) Aus dem Frantzösischen Feld-Läger vor Mastricht vom 25. Junii. […] geschah auch von der Montalischen Batterie gestern Abends ein Zeichen / ohngefehr um halb 11. Uhr. So bald <u>unsere Völcker</u> solches gehört hatten / begab sich ein jeder nach seiner Post / und griffen sie also <u>die Feinde</u> an. Man hat niemahls eine grössere Hitze / (absonderlich von den Granaten) als allhier / auff beyden Seiten / gefühlet (NM 1673 06 7 S. 6)

(274) Sehet was man vor disem in wenigen Worten von
der Belägerung vor Charle-Roy außgegeben hat /
hernach vollkommen aber an I. Königl. Majest.
von Franckreich durch des besagten Orts Gouverneur M. Montald ist selbst geschriben worden.

IN meinem Vorigen aus Tongern habe ich berichtet / wie daß der Feind / […] (NM 1673 02 2 S. 4)

3.3.2.2 Funktion direkter Zeugnisse

Wenn ein Herausgeber bzw. ein Korrespondent beschließt, bestimmte Teiltexte von Informanten als direkte Rede wiederzugeben ohne Vermittlung und ohne Entpersönlichung, geschieht dies offensichtlich, um den Leser zu beeindrucken, ihn vielleicht zu erschrecken, um seine Sensationslust zu befriedigen. Dies gehört zu den journalistischen Gepflogenheiten, die auch heute noch üblich sind.

Diesem Zweck dient wohl auch jenes Schreiben in *NM*, das in der Aufmachung eines Dokuments abgedruckt ist, in dem ein Christ am Osmanischen Hof einem polnischen geistlichen Würdenträger die eindrucksvollen Kriegsvorbereitungen des Sultans schildert, der beabsichtigt, gegen Polen zu marschieren. In Polen aber weigert sich der Adel, dem König in seinem Bemühen, eine Verteidigung aufzubauen, beizustehen (275). Die Situation scheint dringend zu sein, die Angst vor den Türken ist in allen europäischen Ländern äußerst präsent, weit mehr noch in Polen, seit der ersten Belagerung von Wien 1529 (und wenige Jahre vor der zweiten, 1683). In einer solchen Situation musste dieses Dokument aus dem Äußerungsrahmen des Informanten an der Pforte mit „Ich"-Selbstbezeichnungen und eindringlichen konativen Wendungen die Leser in Furcht und Angst versetzen. Der beabsichtigte Zweck liegt auf der Hand: Die beängstigte Bevölkerung sollte Druck auf den polnischen Adel ausüben:

(275) Pohlen.
Sehet ein sonderbahres Warnungs-Schreiben
von dem Türckischen Hofe nach Pohlen
an den Herrn Castellan Czernio-
zensem.
Durchläuchtiger Herr Castellan
[…] Glaubt meinen unbetrüglichen Worten denn ich bin ein Christ / und libe den Römisch- und Grichischen Glauben / Werdet ihr mir nicht glauben so ist es mit euch gethan / und werdet ihr die gantze Christenheit in Ruin bringen. Sorget / ich bitte euch wegen deß gekreitzigsten Christi vor euer Reich / und achtet eueren Ruin nicht so schlecht. […] Erwartet dergleichen nicht / daß man euch anfalle / sondern kommt zuvor / und bemühet euch voraus der Ukreine wider mächtig zuwerden / damit selbiges schalckhaffte und ungetreues Volck euch mehr dine als schade / welches euch sehr nöhtig seyn wird. (NM 1673 02 6 S. 3)

In *TKC* hingegen werden solche Dokumente beschwichtigend eingesetzt. Der deutsche Leser sollte mit propagandistischen Berichten über große und kleine Siege über die französische Armee beruhigt und optimistisch gestimmt werden. Beispiel (276) ist ein Teiltext, der aus zwei Textteilen besteht, in denen sich ein Soldat der kaiserlichen Armeen in direkter Rede äußert. Der erste Textteil ist formal als gewöhnliche Korrespondenz gestaltet und schildert ohne Umschweife, wie ein gegnerischer Trupp vernichtet wurde. Der zweite Textteil ist als Dokument mit eigenständigem Titel gestaltet und schildert die Zurücknahme einer Festung durch deutsche Truppen. Direkte Rede, Gestaltung als Dokument, in dieser Ausgabe von *TKC* kommt es zu einer regelrechten Steigerung der kommunikativen Mittel zur propagandistischen Beeinflussung des Lesers. Desgleichen in (277), wo dem Leser eine sehr heftige und lebhafte Rede eines spanischen Würdenträgers in mimetischer Form wiedergegeben wird. Auch hier geht es dem deutschen Herausgeber darum, seine Leser zu beruhigen und zu zeigen, dass die französischen Armeen in Bedrängnis geraten sind. Dies erfolgt aber durch eine drastische Zweckentfremdung der ursprünglichen Kommunikationsintention dieses Teiltextes. In der ursprünglichen Kommunikation geht es um einen Zwist zwischen Spaniern und Niederländern: Spanische Truppen haben eine benachbarte niederländische Provinz ohne Erlaubnis betreten. Auf den Protest des niederländischen Fürsten erfolgt die hier abgedruckte Antwort, die als Rechtfertigung gelten soll. Für den niederländischen Fürsten war diese Antwort bestimmt besorgniserregend. Innerhalb von *TKC* nun wird diese Antwort der Spanier zu einem für die deutschen Leser beruhigenden Zeugnis zweckentfremdet. Wichtig für den deutschen Leser ist zu erfahren, dass sich der Krieg an die spanisch-niederländische Grenze verlagert, dass der in Franken so befürchtete Marschall Turenne sich gar nicht mehr in Deutschland befindet und dass es wohl nicht mehr lange Krieg auf deutschem Boden geben wird:

(276) Würtzburg den 16. Sept.

Von neuem den Herrn zu berichten / daß seithero der Ochsenfurtischen Berennung von den Frantzösischen das gemeldte Städtlein von den Kaiserl. neben darinn 800. ligenden geworbenen / und Ausschüssern / mit 1500. Kayserl. Musquetirern besetzt worden [...] zu Zell allwo ich heut selbst gewesen haben die Bauren 6. Frantzösische Rueter welche vor festigkeit nicht haben können todgeschossen werden / mit Holtzbeilen tod geschlagen.

Extract / Schreibens vom 14. Sept. st. n. aus dem
Kayserl. Feld-Lager vor Ochsenfurth.

Berichte meinem Herrn / daß wir alhier zwischen Ochsen- furth und Kützingen am Mayn in einer schönen *Battaglia* mit unserer Armee stehen (TKC 1673 09 09 S. 6)

(277) gemeldter Graf aber hat ihme mit wenigen Wörten zur Antwort gegeben: Ich weiß die Ursach wol / und euer Fürst auch / und dieses lasst euch hiemit gnung gesagt seyn.

Durch gantz Franckreich werden die Werbungen mit unglaublichen Eifer fortgesetzet. Turenne vermeint man / sey nicht allein in seiner Person / sondern mit allen seinen Völckern nach Franckreich gegangen / um selbiges Königreich wider die Spanier zu vertheidigen. In Engelland und Schweden dörffte sich bald etwas besonders entdecken. (TKC 1673 12 15 S. 8)

3.3.2.3 Funktion von Dokumenten, Reden und Dialogen

Einige Herausgeber wollten die Leser auch dadurch beeindrucken, dass ihnen direkt Einsicht in das politische, parlamentarische und diplomatische Leben unterschiedlicher Länder gewährt wurde. So hatten insbesondere die Leser von *NM*, *MRZ* und *OPZa* das Glück, zuweilen auf wahrhafte Dokumente während ihrer Zeitungslektüre zu stoßen: Es wurden dort Reden von Königen, von Parlamentariern aus Schottland (278), England (279, 280) und Polen (281) abgedruckt. Nicht zufällig wurden in deutschen Zeitungen Reden aus dem parlamentarischen Leben konstitutioneller Monarchien wiedergegeben. Es galt entweder zu zeigen, dass der Parlamentarismus nicht funktioniert und eine Gefahr darstellt (darauf gehen insbesondere die Schilderungen aus Polen hinaus) oder dass die konstitutive Monarchie eine interessante Alternative zum Absolutismus darstellen kann (dies insbesondere in *NM*, wo die Opposition der englischen Parlamentarier gegen den englischen König, gegen seine Allianz mit Frankreich, seinen Krieg gegen die Niederlande wiederholt dokumentiert wird). Solche Dokumente werden somit meist in Zusammenhang mit den großen kriegerischen Auseinandersetzungen in Europa abgedruckt: Auf der polnischen Seite wird das Zögern und Zaudern der Parlamentarier vor der türkischen Gefahr geschildert, welches die übrigen europäischen Länder beunruhigte, die sich ihrerseits bedroht fühlten; auf der englischen Seite erhoffte man sich offensichtlich, dass die parlamentarische Opposition den König zu einer anderen Außenpolitik zwingen würde, welche den Interessen der Niederlande und Deutschlands dienlich wäre. Auch diese provisorische Fassung eines getrennten Friedensschlusses zwischen Frankreich und Brandenburg (282) war für die deutschen Leser von höchster Bedeutung, stellte dies doch den Verlust eines wichtigen Alliierten gegen Frankreich in diesem Holländischen Krieg von 1673 dar:

(278) hernach hielt der Ober-Cmmissarius diese folgende Beredung:

Meine gnädige Herren;

ICh habe grosse Uhrsache zu glauben / daß ein jeder unter euch dem Volck / wegen der grossen Dinge so der König gethan / erinnern werde [...] (OPZb 1698 41b S. 3)

(279) [Die Antworte I. Königl. Maj.] lautet also:

Meine Herren vnd Edele /

Ihr habt mir gestern einen Vorschlag gethan / wie das bequembste Mittel zu treffen / daß die Gemüter meiner Vnterthanen befridigt wurden; Ich hab mir denselben promptlich gefallen lassen [...] (MRZ 1673 22 S. 1)

(280) Londen vom 5 Juny.

Das Unter-Hauß hat auff die Notitie S. M. wegen der Ankunfft des Grafen von Argyle in Schottlandt geresolvirt an S. Mayst. folgende Addresse zu präsentiren.

Der König hat die Gutheit gehabt diesem Hause zu hinterbringen / wie daß [...] (NM 1685 06 05 S. 3)

(281) Oderstrom vom 17. dito.

Dieweil I. Kön. Majest. in Pohlen wider den Punct wegen Abschaffung der fremden Gesandten / noch die von den H. Hn. Landbothen verfasste *confoederation* beliebet / auch den allgemeinen Landboth nicht bewilligen wollen / sondern sich wielmehr mit ungefehr diesen *formalien* vernehmen lassen: Ich sehe wol / das ihr Herren meine *Declaration* entweder nicht verstehet / oder nicht verstehen wollet. Ich will euch nicht die *Defensions*-mittel / welche auch die Natur selbst einen jeglichen zuläst / entnehmen; [...] (OPZa 1668 03 17 S. 4)

(282) Copien.

Zweyer Schreiben / als des Herrn von Turenne /
an den Herrn Bischoff zu Münster / und Herrn
d'Estrades unter dato Soest den 23. May 1673.
nebenst einem Memorial sub dato Soest den 29.
May / den getroffenen Fridenschluß mit I.
Chur-Fürstl. Durchl. zu Brandenb. etc.
betreffend.
Aus dem Frantzösischen in das Deutsche übergesetzt.

1.

Mein Herr

ES ist bey mir hier der Herr Meinders gewesen [...]

2.

Herr Meinders / welcher Hierdurch gereiset ist / hat mir eine Handlung vorgezeiget / so der König mit dem H. Chur-Fürsten von Brandenb. getroffen [...] (NM 1673 06 3 S. 5)

In (281) fallen die Worte auf, mit welchen der Korrespondent die dokumentwertige Rede des polnischen Königs einleitet: „ungefehr diesen *formalien*“. Es handelt sich demnach um keine direkte und mimetische Wiedergabe der königlichen Rede trotz der Makrostruktur, die darauf hindeutet: Ankündigung eines Zitats, Doppelpunkt, Beginn eines Teiltextes mit dem Pronomen der 1. Person „ich“ als Selbstbezeichnung des Sprechers in diesem neuen Äußerungsrahmen. Es handelt sich in Wirklichkeit um ein Imitat, der Korrespondent verfasst eine Nachempfindung oder gar eine völlig fiktive Rede. Dies zieht die Echtheit sämtlicher, in den Zeitungen wiedergegebener Teiltexte in direkter Rede in Zweifel. Handelt es sich etwa um falsche Reden und Dokumente, deren Form lediglich den Leser beeindrucken soll? Oder verkehren zwischen den Korrespondenten und Verlegern Fälschungen? In diesem Licht gesehen, kann es sich bei so unglaublichen Briefen wie jenem in (275), in dm die polnische Regierung aufgerufen wird, den Kampf gegen die Türken aufzunehmen, sehr wohl um falsche Kuriere handeln, deren Zweck es ist, die Haltung der polnischen Adeligen zu beeinflussen. Auch in *TKC* dürfte es sich bei den verschiedenen Reden um schiere propagandistische Erfindungen des Herausgebers handeln. Bei einem Teil der formal als Dokumente gestalteten Texte muss man damit rechnen, dass sie vom Herausgeber oder Korrespondenten verfasst wurden. Sie hofften, durch den kommunikativen Vorteil direkter Redewiedergabe bzw. durch das Vortäuschen solcher Redewiedergabe für bestimmte, ihnen wichtige Themen, die Gemüter der Leser zu erregen und deren Meinung zu beeinflussen.

Ebenso ist zu vermuten, dass die Herausgeber auch die dialogischen Teiltexte, die zuweilen inmitten von Berichten Dritter vorkommen, fälschten oder frei erfanden, denn es erscheint als wenig wahrscheinlich, dass es für bestimmte, immerhin äußerst heikle und geheime Dialoge Zeugen gegeben haben könnte. So etwa das vermeintliche Gespräch zwischen dem König Ludwig XIV. und dem Marschall de Turenne in (283), in dem man dem König wenig diplomatische Worte zuschreibt und ihn als einen jähzornigen Trotzkopf darstellt. Es wäre gewiss nicht gestattet gewesen, ein solches Porträt des französischen Königs innerhalb eines Teiltextes abzugeben, in dem der Korrespondent oder Herausgeber der Zeitung implizit als Sprecher fungiert. Aber innerhalb eines Textteils, der als Dokument aufgemacht ist, dessen Äußerungsrahmen unabhängig von jenem des Korrespondenten ist und in dem der König selbst als Sprecher fungiert, erscheint Letzterer selbst als Urheber dieses negativen Porträts. Die Verantwortung für dieses Bild trägt nicht mehr der Korrespondent, sondern der im Dialogteil mimetisch handelnde Sprecher:

(283) Pariß den 2. Febr.
Als der Marschall *de Thurene* zu dem König untern andern gesaget / das derselbe in dem vergangenen Jahr in dem Niederland stattliche Oerter erlanget hätte / und es wurde gut seyn / wann man sie die folgende Jahre könte erhalten / entweder durch die Waffen oder durch gütliche Beylegung. Hat der König geantwortet: Warumb? Aus Ursachen / sagte der Marschal / weil unsere Feinde sehr starck werden / und Ihre Verbündnusse billich zu fürchten. Wie so? sagte der König aufs neue und et- was zornig / versicherlich ich wil dieses Jahr die Niederlanden haben / oder ich und ihr müssen *crepir*en: dardurch dann gnugsam erhellet / wie wenig derselbe zum Frieden geneigt sey. (OPZa 1668 02 04 S. 2)

Solche Dialogteile erlauben es, auf indirekte Weise die innere Einstellung und Gedankengänge bedeutender Persönlichkeiten darzulegen, prägnanter und beeindruckender als langwierige Beschreibungen im erzählerischen Stil. Dies lässt sich anhand der drei weiteren dialogischen Textteile in unserem Korpus bestätigen. Die Äußerung „ich waiß nichts" in (284) veranschaulicht in knappen Worten, wie diszipliniert und unbeirrbar die schwedischen Soldaten das Geheimnis ihrer bevorstehenden Offensive behalten, welches die Leser umso mehr beunruhigen und verwirren musste. In (285) sind es die sarkastischen und ironischen Worte eines Kardinals der Kurie, die Gesinnung, Neid und Ehrgeiz am päpstlichen Hof offenbaren und die ihre Wirkung bei der protestantischen Leserschaft des *NM* wohl nicht verfehlt haben dürften. Schließlich wird in (286) die zynische Äußerung eines grausamen Mörders wiedergegeben, der sich mit dem Wort „schlachten" einen Scherz erlaubt, wo er doch eben eine ganze Familie abgeschlachtet hat: Bei diesen Worten muss es dem Leser eiskalt über den Rücken hinuntergelaufen sein:

(284) was jhr Absehen seye / in dem sie alle Fragen mit Ich waiß nichts beantwortet. (MRZ 1673 27 S. 1)

(285) als sich aber der Praelat entschuldigen wollen mit deme / daß er in bewuster Sachen nichts gethan / als was Borromeo welchen der Papst zum Oraculo gehabt / ihme befohlen / hat der Cardinal Altieri sich hefftig darüber erzörnet / und gesagt / ich bin das Oraculum / dann des Cardinals Borromei Name und Gedächtnuß ist disem Altieri als auch den Cardinälen Carpegna und Baglioni sehr verhafft / weilen er von dem Regi- ment hisigen Hofes und jedes subjecti Beschaffenheiten so wol gegen dem Papst als auch gegen an- dern allzufreymühtig herauß geredet / und niemal kein Blat vor den Mund genommen hat. (NM 1673 03 8 S. 5)

(286) weiln er nun seine Kleyder mit Bluht besudelt gehabt / und ihm des Morgens frühe der Bauer-Voigt / so von dieser Action nichts gewust / zu redet und sagt / wie siehestu so aus als wann du ein Schlachter-Knecht wehrest /

sagte der verzweiffelte Bösewicht / ja ich habe diese Nacht in meinem Hause geschlachtet / und dir Schelm bin ich auch noch was schuldig / nimt drauff in der [?] sein bey sich habenden Streithamer und schlägt den Beuer Voigt / daß er vor todt beliegen bleibet / lebete dennoch 2 Tage / da starb er auch (NM 1685 05 26 S. 8)

Die Teiltexte, die Nachrichten in direkter Rede aus dem Äußerungsrahmen des Informanten oder Dialogteile wiedergeben, wirken somit nicht nur stark konativ, sondern tragen auch zur expressiven Dimension der Kommunikation bei. Sie erlauben es, einen nicht unerheblichen kommunikativen Mangel derjenigen Teiltexte auszugleichen, die sachlich und unpersönlich Nachrichten in indirekter Rede wiedergeben, der sogenannten objektiv-analytischen indirekten Redeteile.[233] Dokumente, Zitate und Dialoge lassen einen anderen Aspekt der Kommunikation in die Korrespondenzen einfließen, die äußerungsanalytische indirekte Rede, die Informationen zu den Äußerungsbedingungen, zur Gesinnung oder Gemütslage des Sprechers mittels Stilvariationen und Gebrauch bestimmter Redensarten sowie expressiver Akzente liefert.

Durch die mimetischen Einbrüche von Sprechern, deren Reden und Dialoge in der direkten Rede wiedergegeben werden, steigert sich auch die Polyphonie in den Zeitungen. Zudem werden durch diese Textteile alle vermittelnden Instanzen ausgeblendet, die komplexe Syntax der indirekten Wiedergabe fällt weg. Der Leser hat bei solchen Textteilen den Eindruck, dass er unmittelbarer Rezipient der Kommunikation ist, dass sich Informanten direkt an ihn wenden, dass sie direkt an ihn appellieren, so dass durch diese konative und expressive Wirkung eine gesteigerte emotionale und geistige Beeinflussung des Lesers bewirkt wird. Diese Teiltexte geben auch den Anschein, weitaus authentischer und glaubwürdiger als vermittelte Nachrichten zu sein: Sie bestehen aus nicht modalisierten Assertionen, auch kommen dort Ausrufe- und Wunschsätze vor, sehr expressive und äußerst glaubhafte Äußerungen wie in (285), in denen wahre Meinungen zum Ausdruck kommen, die nicht durch den Filter der Diplomatie oder der Furcht vor der Zensur abgetönt oder verfälscht wurden (vgl. 283).

Doch auch diese scheinbar echte Stimme des Informanten, die sich im polyphonen Chor der Korrespondenzen zu behaupten sucht, ist ambig. Zunächst steht es dem Korrespondenten und vor allem dem Herausgeber völlig frei, Nachrichten in der indirekten Rede wiederzugeben oder Reden bzw. Dialoge in der direkten Rede anzuführen. Somit gestaltet

233 Mikhaïl Bakhtine, Le Marxisme et la philosophie du langage, S. 178.

letztlich der Herausgeber allein die konativen und expressiven Wirkungen innerhalb seiner Zeitung, er dirigiert den Chor und streicht jene Nuancen heraus, die es ihm erlauben, seine Leserschaft zu beeindrucken und zu beeinflussen. Es darf auch nicht vergessen werden, dass manche dieser Teiltexte fiktive Reden oder Dialoge sind, von denen man vermuten kann, dass sie vom Herausgeber nachempfunden bzw. erfunden wurden, um authentischer zu wirken. So übertönt wiederum der Herausgeber alle anderen Stimmen des Chors. Seine Stimme ist die einzige, die wirklich zum Zuhörer bzw. Leser dringt, er erscheint quasi als Solist.

Auf allen Ebenen der Kommunikation innerhalb der Zeitungen herrscht dieselbe Ambiguität zwischen der scheinbaren Polyphonie und der alles übertönenden Stimme des Herausgebers, der letztlich das Wort sämtlicher Sprecher in sämtlichen Äußerungsebenen an sich reißt. Zwar deutet die formale Gestaltung der Zeitungen, die Makrosyntax innerhalb der Korrespondenzen mit Absatzmarkierungen und Spatien, darauf hin, dass das Wort von einem Äußerungsrahmen in den anderen weitergereicht wird, so dass der Informant als Sprecher letzten Grades in seinem Äußerungsrahmen vermeintlich als derjenige erscheint, dem der Leser die Nachrichten verdankt, die er liest. In Wirklichkeit jedoch sind die Teiltexte, in denen der Informant mittels Selbstbezeichnung (Pronomen der 1. Person) sich als eigenständig handelnder Sprecher bezeichnen kann, sehr gering in Umfang und Anzahl, und einige davon sind fiktiv. Die meisten Nachrichten werden in der indirekten Rede von anderen Sprechern, dem Korrespondenten oder dem Herausgeber, die in Wirklichkeit das Wort nicht an die nächste Ebene der Kommunikation weitergereicht haben, wiedergegeben, umformuliert, zusammengefasst, modalisiert, bewertet und explizit oder implizit kommentiert. Der Korrespondent, dem die formale Gestaltung der Zeitungen nur einen geringen Umfang an Textteilen einzuräumen scheint, in denen er als aktiver Sprecher fungiert, d.h. in denen er vorgibt, lediglich die Informationen zusammenzutragen und weiterzureichen, entpuppt sich als derjenige Sprecher, dem die meisten Teiltexte in Zahl und Umfang zuzuschreiben sind. Zudem verbirgt sich oft unter der Maske des Korrespondenten das Gesicht des Herausgebers. Für die Zeitungen des 17. Jahrhunderts könnte man von einer Maskerade sprechen: In der Tat offenbart sich der Herausgeber fast überhaupt nicht, er hält sich, aus Vorsicht, verdeckt, er trägt die Maske eines Korrespondenten oder eines Informanten, er verbirgt sich hinter dem Text, den er gestaltet und moderiert, doch er ist überall präsent. Die Zeitungen erinnern nicht nur an die Chöre des Barocks mit perfekt ausgeklügelten Polyphonien, sondern auch an das Theater mit den komplexen Beziehungen zwischen dem Autor, dessen Sprachrohr (den Figuren) und dem Zuschauer. Die Zeitungen entsprechen somit genau dem Begriff der „absoluten Inszenierung“ von Bakhtine:

> Unter „absoluter Inszenierung“ verstehen wir nicht nur die Veränderungen in der expressiven Intonation, Veränderungen die im Rahmen einer einzelnen Stimme, eines einzelnen Bewusstseins möglich sind, wir verstehen darunter auch die Veränderung der Stimme (im Sinne der Gesamtheit aller sie kennzeichnenden Züge), die Veränderung des Gesichts, d.h. der Maske (im Sinne der Gesamtheit aller Züge, die Mimik und Ausdruck des Gesichts bilden), und schließlich das Verhüllen des eigenen Gesichts und der eigenen Stimme während der gesamten Zeit, in der die Rolle gespielt wird. Die Abgeschlossenheit von Stimme und Gesicht, mit denen man sich als ein anderer äußert, erlauben es nicht, allmählich von einem erzählerischen Kontext zu einer wiedergegebenen Rede überzugehen, und umgekehrt. So wirkt die wiedergegebene Rede wie im Theater, wo es keinen erzählerischen Kontext gibt, und wo die Rede der einen Figur der grammatisch dissoziierten Rede der anderen Figur entgegensteht. Zwischen der wiedergegebenen Rede und dem Erzählkontext entsteht durch die absolute Inszenierung ein ähnliches Verhältnis, wie zwischen Rede und Gegenrede im Dialog.[234]

Korrespondenten und Informanten erscheinen gewissermaßen wie inszenierte, maskierte Figuren, hinter denen sich der Herausgeber verbirgt, dessen Stimme durch jene der Figuren vermehrt wird. Um sich zu verbergen und zu schützen, vermehrt der Herausgeber die Ebenen der Kommunikation. In manchen Texten jedoch geht man von einer deutlichen Hierarchie von drei Ebenen der Kommunikation über zum alleinigen Matrixäußerungsrahmen des Herausgebers, der dann die Nachrichtenvermittlung selbst übernimmt. Diese Variation in der Inszenierung, die Kontrollübernahme durch den Herausgeber hat Auswirkungen auf die Sprache und Syntax. Die Hierarchie von mehreren Ebenen der Kommunikation geht einher mit einer Hypotaxe mit unterschiedlichen Markern der Modalisierung. So erscheinen die Sätze in den Teiltexten, die den Informanten zugeschrieben werden, selten als syntaktisch unabhängige Einzel- oder Gesamtsätze. Die Abhängigkeit von der Kommunikationsebene des Herausgebers wird meist durch eine syntaktische Abhängigkeit markiert, durch *dass*-Nebensätze, die den Übergang von einem Äußerungsrahmen zum anderen signalisieren und zugleich überbrücken. Diese Parallele zwischen Äußerungsstruktur und Syntax soll im folgenden Kapitel eingehender untersucht werden.

---

234 Mikhaïl Bakhtine, Le Marxisme et la philosophie du langage, S. 216.

4 Syntax

In eine syntaktische Analyse der Zeitungen des 17. Jahrhunderts müssen die Erkenntnisse der voranstehenden Kapitel einfließen. Es muss dabei die beobachtete Gliederung der Zeitungstexte in Teiltexte, Makrostrukturen, Verkettung von Perioden und schließlich Perioden berücksichtigt werden, denn jeder Hierarchiestufe von Teiltexten entsprechen bestimmte semantisch-kommunikative Funktionen. Desgleichen muss der Hierarchie der Kommunikationsebenen, der Verschachtelung von Äußerungsrahmen Rechnung getragen werden, denn diese geht einher mit hypotaktischen Markierungen. Eine syntaktische Untersuchung kann sich nicht damit begnügen, die kohäsiven Mittel zur Linearisierung der Einheiten und die Typologie der Sätze zu beschreiben, sie muss einhergehen mit einer funktionalen, semantischen und pragmatischen Kennzeichnung der ermittelten syntaktischen Gefüge.

Die jüngsten syntaktischen Untersuchungen, sei es mit diachronem Ansatz, d.h. mit besonderer Berücksichtigung der Entwicklung der Gefüge und Konnektoren, des Umfangs der Einheiten und der Grammatikalisierung von Strukturen, oder sei es mit synchronem Ansatz im Rahmen einer allgemeinen Erforschung der Sprache des Barocks, beruhen alle auf dem impliziten Postulat, dass die syntaktische Grundeinheit der Satz ist, in der modernen Auffassung einer Verbalgruppe mit finitem Verb. Nach intensiver Auseinandersetzung mit den Zeitungstexten jedoch erscheint es für angebracht, dieses Postulat in Frage zu stellen und im Folgenden zunächst Überlegungen zur anzusetzenden syntaktischen Grundeinheit anzustellen. Bei den Untersuchungen zur Textstruktur[235] fällt auf, dass zwischen syntaktischen Einheiten, die den heute üblichen Einzelsätzen sehr nahe kommen, und den Teiltexten eine Einheit anzusetzen ist, nämlich die ‚Periode‘. Diese lässt sich nicht einfach als komplexe Verbalgruppe oder als Gesamtsatz definieren, denn innerhalb einer Periode fügen sich Teilsätze oder z.T. auch Einzelsätze zu einer Gesamtstruktur zusammen, deren Organisation sich mit dem heute üblichen Instrumentarium, insbesondere mit der Satztypologie, nicht zur Genüge beschreiben lässt.

235 S. oben, 2.3.2.2.

4.1 Die Periode als syntaktische Grundeinheit

4.1.1 Zur Komplexität der Syntax im Barock

In Untersuchungen zur Sprache des Barocks stellt man einhellig fest, dass der Umfang der Syntagmen zunimmt, insbesondere Verbalgruppen, Nominalgruppen und attributive Gruppen bestehen aus mehr Einheiten als in früheren Sprachperioden.[236] Man stellt allgemein fest, dass Sätze komplexer werden, insbesondere durch vermehrten Gebrauch der Hypotaxe und Häufung untergeordneter Verbalgruppen. Repräsentativ für diese in der Forschung allgemein verbreitete Erkenntnis ist folgende, bei der Untersuchung von Zeitungstexten aus der ersten Hälfte des 17. Jahrhunderts gewonnene Bestätigung:

> Insgesamt ist also [zwischen 1609 und 1667] ein leichter Trend zu komplexeren Sätzen festzustellen. Größere Komplexität bedeutet in diesem Kontext, dass komplexe Sätze aus mehr Satzkonstituenten aufgebaut sind, die gleichzeitig länger sind. Außerdem sind die Satzkonstituenten im Durchschnitt 1667 tiefer eingebettet als noch in den ersten erhaltenen Wochenzeitungen von 1609.[237]

Es soll nicht Gegenstand dieser Untersuchung sein, diese diachrone Erkenntnis zu diskutieren, d.h. die Tatsache, dass es eine quantitative und qualitative Entwicklung von einer Sprachperiode zur anderen gegeben hat, bemisst man diese Quantität und Qualität an den heute in Grammatiken üblichen Einheiten wie Gesamtsatz und Nebensatz. Vom synchronen Standpunkt aus gesehen besteht die Schwierigkeit vor allem darin, dass man in den Texten syntaktische Strukturierungsregularitäten beobachten kann, die im Kontrast sowohl zu übergeordneten Teiltexten als zu untergeordneten Einzelsätzen stehen. Die moderne Satztypologie liefert keine Möglichkeit, diesen Kontrast herauszustreichen. Zudem stützt sich die moderne Analyse auf Konnektoren, makrostrukturelle Einheiten und Repräsentationstypen,[238] die in Form und Funktion im 17. Jahrhundert sich von den heutigen unterscheiden. In den Zeitungstexten des 17. Jahrhunderts deuten sowohl die Makrostruktur mit heute nicht mehr üblichen Signalen wie Spatium und Virgel und mit besonderen Kombinationen von Interpunktionszeichen als auch syntaktisch-kohäsive Mittel wie etwa die Korrelationen darauf hin, dass zwischen Einzelsatz und Teiltext

236 Vgl. z.B. Robert Peter Ebert, Historische Syntax, S. 86; 119; 171; Wladimir Admoni, Historische Syntax, S. 67; 171.

237 Gerd Fritz et al., Die Sprache der ersten deutschen Wochenzeitungen, S. 80.

238 Zur Berücksichtigung früherer Interpunktionsregularitäten, vgl. Gerd Fritz, Die Sprache der ersten deutschen Wochenzeitungen, S. 72.

eine Zwischengröße besteht, die wir, auch damaligen Gepflogenheiten entsprechend, als ‚Periode' bezeichnen. Sie besteht aus einer Verkettung mehrerer Verbalgruppen (oder Teilsätze), die sowohl als Parataxe (Nebenordnung mit oder ohne Koordinatoren, Kohärenzstiftung durch Anaphern oder weiterführende Nebensätze), als auch als Hypotaxe (Relativsätze, subordinierte Verbalgruppen) markiert sein kann. Die vielmals beobachteten, an Umfang zunehmenden syntaktischen Einheiten fügen sich somit zu komplexen Gefügen bzw. Verkettungen zusammen, denen der Begriff Satz eigentlich nicht mehr Rechnung trägt.

Die Schwierigkeit besteht zunächst darin, diese Einheit ‚Periode' dingfest zu machen, sie als Einheit umschreiben zu können. Die Polymorphie der Bestandteile und Verknüpfungsarten, die Polyfunktionalität der Verknüpfungsmittel lässt zunächst keine formale Strukturierungsregel, kein ‚Signifiant' erkennen. Vielleicht lässt sich da schon eher eine semantische Einheit zwischen Einzelsatz und Teiltext zumindest in Ansätzen erfassen. Es wurde z.B. in den bereits zitierten diachronen und synchronen Untersuchungen zur Sprache des Barocks eine Art satzübergreifende semantische Einheit, eine einzelsatzübergreifende Kohärenz erwähnt:

> Es ist wichtig, darauf hinzuweisen, dass der inhaltliche Zusammenhang zwischen den Sätzen eines Beitrags konstitutiv für diesen ist – so schwierig dieser Textzusammenhang zuweilen für den heutigen Leser auch nachzuvollziehen ist.[239]

Diese Verbalgruppe- und einzelsatzübergreifende Einheit, die anscheinend vor allem durch kohärenzstiftende Mittel entsteht, trägt wohl zum Eindruck der syntaktischen Komplexität bei. Eine syntaktische Untersuchung der Zeitungstexte muss sich mit jener Einheit auseinandersetzen, die Ulrike Demske[240] zwischen „Satz" und „Beitrag" ansiedelt. Aber keine der bisherigen Untersuchungen zur Syntax im Barock definiert oder beschreibt diese Einheit zwischen Mikro- und Makrostruktur,[241] man definiert stets die komplexen Sätzen mit Methoden und Begriffen, die sich lediglich für komplexe und erweiterte Verbalgruppen eignen, wie etwa mit der von Wladimir Admoni angesetzten Typologie von Sätzen.[242]

239 Gerd Fritz et al., Die Sprache der ersten deutschen Wochenzeitungen, S. 74.

240 Ulrike Demske, Bestandsaufnahme zum Untersuchungsbereich ‚Syntax', in: Gerd Fritz et al., Die Sprache der ersten deutschen Wochenzeitungen, S. 70ff.

241 Vgl. Michel Lefèvre, Die Periode als strukturierende Einheit; Michel Lefèvre, Syntaktische Weiterentwicklungen.

242 Auf Wladimir Admoni, Historische Syntax, beziehen sich die syntaktischen Untersuchungen bei Gerd Fritz et al., Die Sprache der ersten deutschen Wochenzeitungen, S. 78f.

Der Begriff Satz lässt sich nur schwer präzise umschreiben sowohl im heutigen Deutsch als auch in der Sprache des Barocks. Die Schwierigkeiten beim Segmentieren der damaligen Texte in Sätze rühren womöglich von der Schwierigkeit her, intuitiv eine semantische, pragmatische oder logische Funktion bei anscheinend abhängigen Verbalgruppen (Nebensätzen) zu erkennen. Wo die heutige Sprache dahin tendiert, Teiltexte aus parataktisch oder asyndetisch zusammengefügten Einzelsätzen herzustellen, wobei jeder Einzelsatz einer semantischen Einheit entspricht, strecken sich die semantischen Einheiten im Barock über mehrere Einzel- und Nebensätze hinweg, die mit kohärenz- und kohäsionstiftenden Mitteln zusammengefügt sind. Mit diesen komplexen Gefügen soll sich die hier anschließende Untersuchung befassen.

4.1.2 Die Periode als syntaktisch strukturierende Einheit

Ein wesentliches Problem besteht darin, dass die Periode, eine rhetorische Einheit, sich ebenso wenig linguistisch definieren lässt wie der Satz. Es wurden bereits prosodisch-rhythmische und semantisch-kommunikative Eigenschaften der Periode herausgestrichen,[243] es fehlt noch die syntaktische Dimension. Dabei ist die Periode nach Regeln gebildet, die gerade für die Syntax relevant sind. Nach den klassischen Beschreibungen der Periode, für die man sich im 16. und 17. Jahrhundert meist auf Julius Caesar Scaliger bezieht, besteht die Periode aus einer einleitenden Protasis, der eine Apodosis folgt: Dieser antithetisch aufgebauten zweikoligen Periode kann noch ein drittes Kolon hinzugefügt werden: eine Klausel, die eine Synthese, eine Schlussfolgerung aus den beiden ersten Kola enthält, so dass eine nach dem Muster des Syllogismus aufgebaute dreikolige Periode entsteht. Protasis und Apodosis können bei zweikoligen Perioden jeweils wie kleine Perioden aufgebaut sein, so dass eine vierkolige Periode aus einer Verknüpfung zweier solcher untergeordneter zweikoliger Perioden besteht.

Dieser an sich einfache und meist symmetrische Bauplan muss nun mit Syntagmen aus dem deutschen Sprachsystem gefüllt werden, d.h., es müssen die Strukturierungsregeln der Einheit Periode mit den Serialisierungsregeln, der Grammatik, der Syntax in Einklang gebracht werden. Dies geschieht nicht immer ohne Schwierigkeiten, ohne Konkurrenzsituationen zwischen der Grammatik und dem Bauplan der Periode. Wladimir Admoni[244] zitiert in seiner *Historischen Syntax* eine Periode, von

243 S. oben, 2.3.2.2.

244 Wladimir Admoni, Historische Syntax, S. 197.

der er nur feststellen kann, dass sie ausschließlich aus abhängigen Nebensätzen besteht, so dass sie mit dem üblichen Instrumentarium der Grammatik kaum zu analysieren ist.

> [1] Nachdeme zwischen dem Hochfürstl. Hauß Hessen-Cassel / und dem Hoch-gräfl. Hauß Hanau / von alten Zeiten her / eine gute Verständnuß / Harmonie und Verbindung gewesen / [2] welche eines theils die aus beyden Häußern in Vor-Jahren beschehene eheliche Verbündnuß / andern theils die in vorigen leidigen Kriegs-Zeiten treu-geleistete Hülffe / der darauf im Jahr 1643. erfolgte Erb-Vertrag und andere hinc inde erwiesene gute Dienste und Freundschafft / nicht allein gnugsam an den Tag legen / sondern auch die nahe Verwandschafft und sonstige Beschaffenheit der Sachen von selbsten erfordert / [3a] daß höchst- und hochgedachte Häußer bey dißmahliger Regierung Ihrer Hochgräfl. Gnaden zu Hanau-Müntzenberg und Lichtenberg / als aus dem uhralten Hoch-gräfl. Hanauischen Manns-Stamm / dermahlen noch allein übrigen Herrens / sich zusammen thun / und ein und anders / [4a] wie bey dem Abgang des Hochgräfl. Hanauischen Manns-Stamms / [5] welchen doch der grosse GOtt noch gar lange in vollkommenem Flor und Aufnehmen in Gnaden erhalten wolle / [4b] so wohl zu allerseitiger Interessenten Vergnügung / als der Graffschafft Hanau-Müntzenberg und deren Einwohner Beruhigung / zu halten / und insonderheit einiges in berührtem Pacto de Anno 1643. enthaltenes besser erläutert werden möchte / [3b] mit einander zu verabreden suchen. / [4] Daß man solchem nach / bey denen / zwischen beyderseits vertrauten Ministris deßhalben gehaltenen Conferenzien und gepflogener schrifftlichen Correspondenz, darüber endlich auf nachfolgende Art / durch Gottes Gnade und Beystand, einig und schlüßig worden.[245]

Admoni versucht, die Hierarchie der Verbalgruppen nachzuvollziehen, hält sich dabei an die modernen Signale der Hypotaxe und nummeriert den Grad der Unterordnung der unterschiedlichen Verbalgruppen. Jedoch kann eine solche Analyse kaum gelingen: „Die Nebensätze sind dabei strukturell aufeinander angewiesen, haben aber keinen wirklichen strukturellen Halt in der Redekette."[246] Der Interpretation als eine vermutlich fehlerhafte Produktion muss jedoch widersprochen werden. Die hier vorkommenden, formal subordinierten bzw. koordinierten Verbalgruppen fügen sich in das vorgezeichnete Schema einer dreikoligen Periode mit Protasis [P], Apodosis [A] und Klausel [C] ein. Da es sich um eine sehr komplexe Periode handelt, kann man davon ausgehen, das jedes Kolon sich jeweils wieder in eine kleinere Periode gliedert mit untergeordneter Protasis [p], Apodosis [a] und evtl. Klausel [c].

245 Zitiert nach Wladimir Admoni, Historische Syntax, S. 197.
246 Zitiert nach Wladimir Admoni, Historische Syntax, S. 196.

Die Schwierigkeit besteht nun darin, die Abgrenzungen dieses vorgezeichneten Musters zu bestimmen, wobei man sich vor allem an den antithetischen Aufbau der beiden ersten Kola und an eine gleichmäßige Gewichtung aller Kola halten muss, zweitrangig an die üblichen Konnektoren, ob Subjunktor oder Koordinator, als Abgrenzungssignal und in letzter Linie erst an die syntaktischen Verhältnisse, Hauptsatz oder Nebensatz, Koordination oder Subordination.

Man kann in der von Admoni zitierten Periode eine klassischerweise mit „nachdem"[247] eingeleitete Protasis erkennen, an die eine jeweils mit dem Subordinator „daß", auch dies in völlig üblicher Manier, eingeleitete Apodosis und Klausel anschließen (die Semantik beider Subordinatoren dürfte jeweils unterschiedlich zu interpretieren sein, vor der Klausel handelt es sich wohl um ein konsekutives „daß"). Protasis [P] und Apodosis [A] zerfallen jeweils in untergeordnete Kola [p] und [a]. Eine gewisse Schwierigkeit besteht darin, dass wegen einer Auflistung sowohl in [P, a] als auch in [A, p] sich Satzglieder häufen und eine gewisse Asymmetrie und ein leichtes Ungleichgewicht zwischen den Kola entsteht. Zwischen [A], [P] und [C] entsteht eine deutliche Kohärenz durch Wiederaufgreifen zahlreicher Elemente der Protasis in der Apodosis, die etliche anaphorische Pronomen enthält. Zentrales semantisches Element in dieser Periode ist der Vertrag von 1643, dessen beide Erwähnungen symmetrisch auf die jeweilige untergeordnete Apodosis verteilt sind. Auf die Neuverhandlung dieses Vertrags zielt die gesamte Periode hin, der Inhalt des neuen Vertrags wird in der ‚Conclusio' oder ‚Klausel' [C] nun angekündigt.

[P] [p] Nachdeme zwischen dem Hochfürstl. Hauß Hessen-Cassel / und dem Hoch-gräfl. Hauß Hanau / von alten Zeiten her / eine gute Verständnuß / Harmonie und Verbindung gewesen /

[P] [a] welche eines theils die aus beyden Häußern in Vor-Jahren beschehene eheliche Verbündnuß / andern theils die in vorigen leidigen Kriegs-Zeiten treu-geleistete Hülffe / der darauf im Jahr 1643. erfolgte Erb-Vertrag und andere hinc inde erwiesene gute Dienste und Freundschafft / nicht allein gnugsam an den Tag legen / sondern auch die nahe Verwandschafft und sonstige Beschaffenheit der Sachen von selbsten erfordert /

[A] [a] daß höchst- und hochgedachte Häußer bey dißmahliger Regierung Ihrer Hochgräfl. Gnaden zu Hanau-Müntzenberg und Lichtenberg / als aus dem uhralten Hoch-gräfl. Hanauischen Manns-Stamm / dermahlen noch allein übrigen Herrens / sich zusammen thun /

247 S. unten, 4.2.3.3.2.

[A] [p] und ein und anders / wie bey dem Abgang des Hochgräfl. Hanauischen Manns-Stamms / welchen doch der grosse GOtt noch gar lange in vollkommenem Flor und Aufnehmen in Gnaden erhalten wolle / so wohl zu allerseitiger Interessenten Vergnügung / als der Graffschafft Hanau-Müntzenberg und deren Einwohner Beruhigung / zu halten / und insonderheit einiges in berührtem Pacto de Anno 1643. enthaltenes besser erläutert werden möchte / mit einander zu verabreden suchen. /

[C] Daß man solchem nach / bey denen / zwischen beyderseits vertrauten Ministris deßhalben gehaltenen Conferenzien und gepflogener schrifftlichen Correspondenz, darüber endlich auf nachfolgende Art / durch Gottes Gnade und Beystand, einig und schlüßig worden.

Die Periode hat somit eindeutig eine strukturierende Funktion und muss somit als syntaktische Einheit betrachtet werden. Um diese Einheit anzugehen, bedarf es einer sowohl pragmatischen als auch rhetorischen Überlegung, um die semantisch-argumentative Funktion der einzelnen Verbalgruppen und die strukturierende Rolle der Konnektoren innerhalb der Kola zu ermitteln. Es gilt auch, die konkurrierenden Strukturierungsprinzipien auseinanderzuhalten, einerseits den periodischen Aufbau, andererseits die hypotaktische Hierarchie von Verbalgruppen, die beide z.T. mit Hilfe derselben kohäsiven Einheiten bzw. Konnektoren erstellt werden.

4.1.3 Asyndetische Reihung von Verbalgruppen vs. Integration der Verbalgruppen in Perioden

Nach August Lange[248] muss man den Stil des 17. Jahrhunderts als einen Übergang von einer „asyndetischen Häufung", ja „Ballung" zu einer für das 18. Jahrhundert typischen „rationalistischen Unterordnung" betrachten. Die Zwischenform, die das Ende des 17. Jahrhunderts präge, sei eine „hypotaktische Periode":

> Das humanistische Sprachprinzip des 17. Jahrhunderts: Bewältigung, Ordnung und Formung der Welt durch den Geist, zeigt sich vor allem im Bau des Prosasatzes. Nicht die einzige aber die typischste Form ist die größere, logisch ordnende, hypotaktische Periode, in der namentlich die Rolle der Konjunktionen bezeichnend ist.
> […] Dieser Satzbau hat sich in der vorhergehenden Zeit langsam vorbereitet. In dem verwickelten und vielschichtigen Bild der Syntax des 16. Jahrhunderts, das Gumbels Analyse vor uns ausbreitet, steht neben der primitiven parataktischen Reihung schon die deutliche Tendenz zur rationalen Durchformung und Unterordnung, die freilich vielfach in Ansätzen stecken bleibt und sich erst im Barockjahrhundert klar entfaltet. In der Prosadichtung zei-

248 In Wolfgang Stammler et al., Deutsche Philologie, S. 983.

gen frühe Volksbücher wie z.B. *Fortunatus* oder *Eulenspiegel* die assoziative Reihung, während bei späteren wie dem *Faustbuch* oder dem *Lalebuch* der Wille zur rationalen Durchgliederung deutlicher wird. In Wickrams Romanen stehen beide Satztypen nebeneinander, der erste herrscht in der eigentlichen Erzählung, der zweite in Brief oder Rede vor. Auch in der *Amadis*-Übersetzung wird das Streben zur weiträumigen Periode sichtbar.[249]

In den Zeitungen kommen sowohl Textteile mit asyndetischem Stil als auch solche mit periodischem Stil vor. Jedoch überwiegen bei weitem die Letzteren in allen Zeitungen, ob sie wie *NM* von Schriftstellern herausgegeben werden oder wie die unterschiedlichen *Postzeitungen* von Herausgebern, die oft als „Schreiberlinge“ herabgewürdigt wurden. Innerhalb der Zeitungen sind die Korrespondenzen aller geographischen Herkünfte zu einem überwiegenden Teil in periodischem Stil verfasst, auch die Korrespondenzen aus Frankreich, obwohl in der französischen Prosa eher der asyndetische Stil üblich ist.

Zudem erscheint bei aufmerksamer Lektüre, dass anscheinend unabhängige Einzelsätze sich in Wahrheit zu Perioden zusammenfügen, da kohärenzstiftende anaphorische Einheiten den Satz mit dem vorhergehenden Satz verknüpfen, genau so, wie eine Apodosis an eine Protasis anknüpft. In (1) artikuliert sich die Periode $_{[1]}$ um das anaphorische Gliederungssignal[250] an der Akme, „welche Freude aber“, daran schließen zwei anscheinend unabhängige Einzelsätze $_{[2]}$ und $_{[3]}$ ohne syntaktische Verknüpfung an, die asyndetisch wirken. Jedoch enthalten beide Sätze symmetrisch angelegte anaphorische Nominalgruppen, „gemelte Sonntag Nachts“ und „selbigen Abend“, durch welche diese Sätze zu einer Periode zusammengefügt werden.

(1) $_{[1]}$ [P] Vergangenen Sonntag zu Nachts hat die Fürstin von Palestrina einen Sohn zur Welt gebohren / zu grosser Freude deß Barbarinischen Hauses; [A] <u>welche Freude aber</u> nicht lang gewähret hat / in deme gedachter Sohn diesen Morgen gestorben ist. $_{[2]}$ [P] Gemelte Sonntag Nachts ist in

249 Wolfgang Stammler et al., Deutsche Philologie, S. 983.

250 Es soll hier der Begriff „Gliederungssignal“ statt „Konnektor“ oder „Konjunktion“ verwendet werden, da er dem Strukturierungsprinzip der Periode, das im Folgenden beschrieben wird, Rechnung trägt. Vgl. vgl. Elisabeth Gülich, Makrosyntax der Gliederungssignale, S. 9-10: „Wir wählen damit absichtlich eine Bezeichnung, die sich nur auf ein formales Kriterium, die Distribution der Elemente im Text, stützt und nicht an die traditionelle Einteilung in Wortarten erinnert. Wollte man die letztere anwenden, so käme man zu einer höchst uneinheitlichen, da verschiedenen Wortarten zugehörigen Gruppe von „Wörtern“: Konjunktionen, [...] Adverbien, [...] Interjektionen, [...] Verbformen, [...] Adjektive. Wir stellen dieser Einteilung die Hypothese entgegen, daß es sich um eine distributionell bestimmbare, einheitliche Klasse von textuellen Elementen mit einer gemeinsamen Grundfunktion handelt, der Funktion, gesprochene Texte zu gliedern.“

einer Scheuer zu Termini Feuer außkommen / so grossen Schaden gethan hat. [3] [A] Selbigen Abend hat auch ein Laquay vom Fürsten Chigi, einen Kutscher vom Kayserl. Abgesanden / in einem Gäßlein bey dem Spanischen Platz getödtet. (EZ 1698 26a S. 1)

Man kann eine Tendenz zu knapperen und asyndetisch aneinandergereihten Sätzen z.B. gegen Ende einiger Korrespondenzen feststellen, gewissermaßen für Kurzmeldungen, und wenn es gilt, Platz zu sparen, vgl. (2), wo die Perioden allmählich an Umfang verlieren: Die Periode [1] hat noch eine übliche Ausdehnung und Strukturierung, [2] ließe sich noch als eine knappe Periode analysieren, die sich um die Konjunktion „daß“ an der Akme artikuliert, bei [3] handelt es sich nur noch um einen alleinstehenden, asyndetischen Einzelsatz. In (3) hingegen wird die Periode [1] durch den folgenden Einzelsatz [2] ergänzt, so dass diese Periode über das satzabgrenzende Interpunktionszeichen hinaus eine Klausel [C] erhält, der Einzelsatz wird in die Periode mit eingebunden und darf daher nicht als asyndetisch gelten. Auch die deutlich knapper werdenden Satzgefüge [3] und [4] bleiben perfekt strukturierte, wenn auch kurze Perioden, sie schrumpfen nicht zu einfachen Verbalgruppen (Einzelsätzen) zusammen. Dies zeigt, dass der Begriff Periode nicht unbedingt mit weitläufigen Konstruktionen oder erweiterten logischen Propositionen einhergehen muss:

(2) [1] [P] Am vergangenen Sonntag ist aus Befehl hiesiges Patriarchen die Bulla des Jubillaei in allen hiesigen Kirchen publiciret / [A] auch sind die Processiones / so wohl von der Secular- als RegularClerisey gehalten worden. [2] Hiesiger Päbstl. Nuncius hat durch einen von Ferrara angekommenen Expressen Advis erhalten / daß der Pabst ihn zum Nuntio nacher Madrit erwehlet habe. [3] Es haben alle frem̃de allhier befindliche Ministri ihre Glück-Wünschung wegen dieser Weynacht-Ferien hiesigem Durchl. Collegio abgeleget. (OPZb 1696 1 S. 2)

(3) [1] [P] Verwichenen Sonnabend Vormittag wurde im Unter-Hause fürgetragen / [A] ob die Declaration des Grafen von Argyle durch des Büttels Hände nicht gehörte zu verbrennen. [2] [C] Es wurde aber beschlossen / solches nach Sr. Mayst. Wollgefallen anheim zu stellen. [3] [P] Selbigen Tags ward auch gedachtes Grafen Sohn in Verhafft genommen / [A] und Warrands gegeben / noch unterschiedliche andere gefangen zu nehmen. [4] [P] Des Major Mildmanns Hauß ist durchsuchet / [A] er aber nicht gefunden worden. (NM 1685 06 05 S. 4)

Auch Teiltexte, deren Verfasser vermeintlich keine Gelehrten waren wie bei folgendem direkten Zeugnis (4), das offensichtlich von einem Soldaten der Kaiserlichen Armee stammte, welcher als Augenzeuge des

Kriegsgeschehens einen stilistisch wohl eher dürftig ausgearbeiteten Bericht schrieb, bestehen größtenteils aus Perioden. Die scheinbar asyndetischen Einzelsätze [2] [C] und [3] [C] können durchaus als Klauseln der jeweils voranstehenden Periode interpretiert werden.

(4) *Extract* / Schreibens vom 14. Sept. st. n. aus dem
Kayserl. Feld-Lager vor Ochsenfurth.

[1] [P] Berichte meinem Herrn / daß wir alhier zwischen Ochsen-furth und Kützingen am Mayn in einer schönen *Battaglia* mit unserer Armee stehen / [A] die Frantzösische Armee stunde gestern und vorgestern eine halbe Meil von uns / [2] [P] unsere *Cavalleria* und *infanteria* haben derselben mit Stucken und *continuirl*ichen Scharmütziren so scharff zugesetzt / [A] das sie sich heunt nicht mehr sehen lassen / sondern sich *reterirt* / [C] man vermeint daß sie nach den Rhein sich begeben werde / [3] [P] sie haben Todte und Gefangene hinterlassen / fast alle Stund haben die Unsrige viel hohe *Cavalieri Officirer* eingebracht / [A] von unserer Seiten ist von *consideration* niemand anders / als jüngst gemelter Obrist Görtzky in einer scharffen *Recontra* todt geblieben / [C] die Frantzosen haben nunmehr das Feld raumen und zuruck weichen müssen / mit Hinterlassung vieler Todten und Gefangnen / worunter zwey vornehme Cavalier gewesen / einer todt der ander gefangen aber sehr verwundt / [4] [P] der Marggraf von Bayreith hat sich mit uns conjungiret / und schöne Troupen mit bracht / [A] innerhalb wenig Tagen wird man viel hören / gehet der Tourenne gar durch / so werden wir Ihme nachsetzen / so lang biß man Ihme recht klopffen kan / [5] [P] wir haben Ihn mit Stucken zu einer *Battalia invidirt*, [A] Er hat aber nicht geantwortet / sondern sich *reterirt*. (TKC 1673 09 09 S. 7)

Dieser Auszug entstammte einem Textexemplar des Typs Dokument, dessen vom Informanten verfasster Inhalt unverändert in den Zeitungen wiedergegeben wird. Dies schließt eine eventuelle Überarbeitung durch den Korrespondenten oder Herausgeber aus, es kam hier wohl zu keiner stilistischen Harmonisierung, die im Übrigen auch einen gewaltigen und unnützen Arbeitsaufwand für die Herausgeber bedeutet hätte. Innerhalb der Zeitungen lässt sich somit eine Kontinuität des periodischen Stils durch alle Textexemplare hindurch feststellen, woraus sich folgern lässt, dass dies der von sämtlichen Schreibkundigen des Deutschen gelernte Stil ist.

Mit den im Rahmen der Zeitungskritik im 17. Jahrhundert immer wieder hervorgehobenen Stilmängeln in den Zeitungstexten kann daher nicht der eventuelle Rückgang des Gebrauchs von Perioden gemeint sein, da der periodische Stil in allen Texten vorherrscht, auch wenn der Verfasser aus soziologischen Gründen nicht mit dem Kanzleistil vertraut gewesen sein kann. Die Periode ist deshalb nicht gleichzusetzen mit

Kanzleistil, sie wird nämlich von allen Schreibern gebraucht und scheint im 17. Jahrhundert zum allverbreiteten Pensum bei der Erlernung des Schreibens gehört zu haben. Die Stilkritiken der Zeitungsgegner dürften vielmehr den zu hohen Anteil von Perioden in den Texten im Visier gehabt haben. Der periodische Stil bleibt auch dann beibehalten, wenn der formalen Abfolge von Protasis und Apodosis kein Thema-Rhema-Inhalt mehr entspricht. Die Zeitungstexte vermitteln Nachrichten, sie dienen nicht in erster Linie einer Argumentation, daher kann man nicht erwarten, dass die Perioden in diesem Kontext denselben semantischen Aufbau aufweisen wie in der klassischen Rhetorik, in der die Perioden möglichst symmetrisch mit steigernder Spannung und zunehmendem Rhythmus in der Protasis und mit abnehmendem Rhythmus und Spannungslösung in der Apodosis angelegt sind. Aber wenn in den zwei oder drei Kola völlig zusammenhangslose Nachrichten zusammengefügt werden, wie es zuweilen gegen Ende von Korrespondenzen vorkommt, etwa in (2) und (3), so verliert die Periode wesentlich an Substanz. Letztlich wäre für die Wiedergabe von Kurzmeldungen der asyndetische Stil viel angebrachter. Es ist als Ironie zu betrachten, wenn Christian Weise, der als Verteidiger der Zeitungen galt, in seinem Traktat von 1677 vermerkt, dass die Periode vor allem ein Kunstgriff ist, um eine simple logische Proposition sehr umständlich und weitläufig darzulegen.[251] Sprachtheoretiker und Verfasser von Poetiken scheinen somit die Verfasser von Zeitungstexten viel mehr für ihren übermäßigen Gebrauch des periodischen Stils zu tadeln, als dass sie in ihnen das Fehlen desselben bemängelten. Man kann z.B. die beiden von Jens Gieseler[252] zitierten Sprachtheoretiker hier anführen: Sie verlangen beide für die Zeitungen eine verständliche Sprache ohne syntaktische Komplexität, d.h. mit „teils einer reinen, teils einer klaren und kurzen Sprache“, so Tobias Peucer, und Kaspar Stieler meint, „Alles gekünstelte und gezwungene findet darinnen keine statt“.

Der Gebrauch des asyndetischen Stils scheint in den Zeitungen nicht so sehr auf die Soziologie der Herausgeber und Korrespondenten zurückzuführen zu sein als vielmehr auf die Thematik und Art des Berichtens (was auch bedeutet, dass dieser Gebrauch textsortengebunden sein dürfte). Der asyndetische Stil begegnet z.B. bei sehr ausführlichen und detailgenauen Beschreibungen etwa von Paraden oder Kampfhandlun-

251 S. oben, 2.3.2.2, Christian Weise, Politischer Redner, S. 1.

252 Jens Gieseler, Vom Nutzen und richtigen Gebrauch der frühen Zeitungen Zur sogenannten Pressedebatte des 17. Jahrhunderts, in Gerd Fritz et al., Die Sprache der ersten deutschen Wochenzeitungen, S. 280.

gen und bei Auflistungen. So wird etwa die schon erwähnte Seeschlacht bei Schooneveldt teilweise in asyndetischem Stil erzählt, indem mit kurzen Einzelsätzen die bewegten Momente der Schlacht wiedergegeben werden.[253] Ebenso wird der periodische Stil bei der Schilderung der prächtigen Parade des dänischen Königs in (5) aufgegeben, obwohl der Berichterstatter am königlichen Hof ansässig und zweifellos des Kanzleistils kundig war:

(5) Erstlich kam eine Compagnie Reuterey / nach selbiger ein Königl. Bereiter / und darauff 70. Hand-Pferdt / auffs schönste mit Chad[??]en und Bändern geziehret; hernechst folgeten 72. Carossen / alle mit 6. Pferden bespannet / mit schönen Decken und Pferde-Zeugen. Darnach kamen 3. Compagnien Reuterey... (OPZb 1696 01 S. 5)

Es herrscht innerhalb der Zeitungen eine gewisse Komplementarität zwischen den Teiltexten, die rein aus Perioden bestehen, und solchen, die asyndetisch gereihte Einzelsätze enthalten. Der Wechsel von einem Stil zum anderen entspricht einer semantischen und kommunikativen Funktion. Der asyndetische Stil herrscht vor, wenn es darum geht, Vorgänge und Handlungen detailgetreu zu beschreiben, die Periode erlaubt es den Verfassern, zu argumentieren und den Leser zu beeinflussen. Da der periodische Stil aber zum damaligen Schreibstandard gehörte und als normaler, nicht markierter Stil zu interpretieren ist, wird er auch in neutral-informativen Teiltexten verwendet, die in Zeitungen die überwiegende Mehrheit bilden.

Innerhalb der Periode herrscht eine weitere Konkurrenzsituation, nämlich zwischen den unterschiedlichen Funktionen der ‚kohäsiven' Spracheinheiten (Konnektoren), die einerseits als syntaktisch-hypotaktische Konjunktionen im Satzbau und andererseits als Gliederungssignale im Aufbau der Periode fungieren.[254] Wenn die Satzsyntax sich mit der Gliederung der Periode deckt, ist diese Konkurrenz nicht sichtbar, da diese Einheiten beide Funktionen an derselben Stelle ausüben. Aber wenn die Gliederung der Periode nicht mit den syntaktischen Konnexionen übereinstimmt, scheint die Signalfunktion zur Abgrenzung der Kola zu überwiegen. Auf diese Gliederung und auf die Signalfunktion der konnektiven Einheiten soll nun das Augenmerk gelenkt werden.

---

253 S. oben, 2.3.3, Beispiel (65).

254 S. hierzu z.B. die oben zitierte Periode aus Wladimir Admoni, Historische Syntax, S. 197. Die Konjunktion „dass" führt sowohl syntaktisch untergeordnete Teilsätze als auch verkettete Kola ein, da sie jeweils den Beginn der Apodosis und der Klausel signalisiert.

4.2 Gliederungssignale an der Nahtstelle zwischen Kola

Um die Syntax in den Texten unseres Korpus anzugehen, erschien es uns angebracht, von den konnektiven Einheiten auszugehen, seien es die semantischen Konnektoren (Anaphern, Pronomen und weitere kohärenzstiftende Einheiten) oder die syntaktischen Konjunktionen und weitere Fügungswörter. Dies entspricht den Ausführungen von August Lange,[255] der darauf hinweist, dass innerhalb der hypotaktischen Periode „namentlich die Rolle der Konjunktionen bezeichnend ist“. Dabei ist gerade Langes Begriff der „hypotaktischen Periode“ interessant, da er der Tatsache Rechnung zu tragen versucht, dass Konnektoren, die im moderneren Sprachgebrauch ausschließlich zur hypotaktischen Strukturierung der Sätze gebraucht werden, innerhalb von Perioden deren Gliederung signalisieren. Aber handelt es sich bei dieser Signalfunktion noch um Markierung von Hypotaxe? Der hier vertretene Standpunkt geht davon aus, dass Hypotaxe und Periode zwei konkurrierenden Strukturierungsprinzipien entsprechen, die, obwohl beide präsent, sich ausschließen. Im Falle einer Konkurrenzsituation von beiden Strukturierungsprinzipien scheint die Periodengliederung vor dem hypotaktischen Satzbau Vorrang zu haben, deshalb soll Langes Begriff der „hypotaktischen Periode“ hier nicht übernommen werden.

Die für die Periode relevanten konnektiven Einheiten befinden sich an der Nahtstelle zwischen Protasis und Apodosis sowie zwischen Apodosis und Klausel. Es müssen aber auch jene Einheiten berücksichtigt werden, welche die gesamte Periode einleiten, denn dort werden Verbindungen sowohl mit voranstehenden Perioden als auch mit nachstehenden Kola geknüpft.

4.2.1 Gliederung zwischen Protasis und Apodosis an der Akme

Die bedeutendste Nahtstelle innerhalb einer Periode ist jene zwischen Protasis und Apodosis, hier befindet sich der Höhepunkt, die Akme. Sie kann durch Konjunktionen, Koordinatoren oder Subordinatoren markiert sein. In letzterem Fall bedeutet dies aber nicht, dass die Apodosis der Protasis irgendwie unterzuordnen wäre, es bedeutet nur, dass sich die Apodosis mit einer Verbalgruppe deckt, die formal, grammatisch, als subordiniert erscheint, nicht aber semantisch als solche interpretiert werden muss. Dass die innerhalb einer Periode formal, etwa durch Verbendstellung gekennzeichneten Verbalgruppen nicht den modernen gramma-

255 In Wolfgang Stammler et al., Deutsche Philologie im Aufriss, S. 983.

tischen Gepflogenheiten entsprechend als untergeordnet interpretiert werden sollten, zeigt die Äquivalenz an der Akme von ‚Relativpronomen' mit Verbendstellung und anaphorischen Pronomen mit Zweitstellung des finiten Verbs, wobei in beiden Fällen allein die kohärenzstiftende anaphorische Wiederaufnahme für die Strukturierung der Periode relevant ist.[256]

4.2.1.1 Markierung mittels Subordinator

Eine Periode kann sich durchaus mit einem komplexen Satz decken, dessen Nebensatz der Apodosis entspricht. In vielen Fällen handelt es sich dann um Sätze, in denen die als untergeordnet markierte Verbalgruppe eine Polyphonie, d.h. den Inhalt einer wiedergegebenen Rede ausdrückt. Dieses Muster kommt in den Zeitungen häufig vor, wo in der Protasis oft die Quelle mit Verbum dicendi angekündigt, in der Apodosis deren Bericht wiedergegeben wird. Solche Satzstrukturen können sich dann mit der Gliederung der Periode decken, vgl. (6, 7). Oft aber herrscht eine Konkurrenzsituation zwischen der Markierung des Übergangs von einem übergeordneten zu einem untergeordneten Äußerungsrahmen und der argumentativen Organisation der Periode: Der Übergang zur wiedergegebenen Rede ist in die Protasis integriert oder steht völlig außerhalb der Periode, bildet dann eine Art Vorstufe zum eigentlichen, periodisch konstruierten Teiltext wie in (8). Rückwirkend erscheinen auch die Beispiele (6) und (7) nur sehr bedingt als Perioden, es sind in der Tat nur untergeordnete Perioden, die zusammen eine übergeordnete Protasis bilden. Die Gliederung der Periode orientiert sich nicht nach der syntaktischen Bedeutung der Konjunktion (denn in (8) z.B. scheint „daß" eine größere Bedeutung zu haben), auch nicht nach der Abgrenzung von Redewiedergaben, die sich in den Zeitungen offensichtlich eher störend auf die periodische Strukturierung auswirken. Vorrangig ist das Gleichgewicht zwischen den Kola der Periode, die Akme muss an einer relativ zentralen Stelle identifizierbar sein: Deshalb scheint in (8) eine eher sekundäre syntaktische Fügung diese wichtige Artikulation der Periode darzustellen, und die Verbalgruppe mit Verbum dicendi muss als nicht zur Protasis angehörend betrachtet werden, da sonst das erste Kolon zu sehr an Gewicht gewinnen würde:

(6) [P] Hiesiger Päbstl. Nuncius hat durch einen von Ferrara angekommenen Expressen Advis erhalten / [A] <u>daß</u> der Pabst ihn zum Nuntio nacher Madrit erwehlet habe. (OPZb 1696 1 S. 2)

---

256 S. unten, 4.2.1.4.2.

(7) [P] Verwichenen Sonnabend Vormittag wurde im Unter-Hause fürgetragen / [A] ob die Declaration des Grafen von Argyle durch des Büttels Hände nicht gehörte zu verbrennen. (NM 1685 06 05 S. 4)

(8) [man vermuhtet / daß] [P] solche Zusammenkunfft nicht allein auf eine Jagd angesehen / [A] sondern wol wichtige Sachen aufs Tapet kommen werden / [C] welche uns nachgehends die Zeit eröffnen wird. (AM 1698 07 29 S. 4)

An der Akme leitet die als Signal fungierende Konjunktion eine Verbalgruppe ein, deren Funktion es logischerweise ist, weiterführende Informationen zu liefern, Ergänzungssätze und Attributsätze eignen sich dafür eher nicht. Deshalb kommen als Gliederungssignale rein grammatische Operatoren nicht in Frage.

Konjunktionen wie *dass* und *und* sind im 17. Jahrhundert meist als semantisch vollwertige Einheiten und nicht lediglich als grammatische Operatoren zu interpretieren.[257] Diese doppelte, semantische und grammatische Funktion, wird besonders bei diskontinuierlichen Konjunktionen deutlich, die aus zwei Einheiten bestehen, etwa „daß“ als Operator mit unterschiedlichen Einheiten als semantische Ergänzung: „so… daß“ (9), „ohne… daß“ (10), „auf… daß“ (11), „umb… daß“ (12). Die Konjunktion „daß“ kann ohne Begleitelement beide Funktionen in sich vereinen, etwa in (13) mit einer finalen Bedeutung:

(9) [P] unsere *Cavalleria* und *infanteria* haben derselben mit Stucken und *continuirl*ichen Scharmützieren so scharff zugesetzt / [A] das sie sich heunt nicht mehr sehen lassen / sondern sich *reterirt* (TKC 1673 09 09 S. 7)

(10) [P] In demBremischen war dieses mahl wenig Veränderliches vorgefallen / [A] ohne daß man fleißig fortfähret die eingerissene Teiche zu repariren. (AM 1698 07 29 S. 3)

(11) [P] S. Majest. wollen auch vermög der *Tractaten* dem *Duc de Lorreine* keine freye Armee zu lassen / [A] auf daß er desto leichter zu dem Frieden gebracht werde. (OPZa 1668 12 05 S. 2)

(12) [P] Dieser Tagen hat man Madame Guyon in ihrem Hause verarrestiret / [A] umb daß sie einige Versamlungen gehalten / und unterschiedliche Bücher / betreffend die Lehre der Quietisten / außgegeben. (OPZb 1696 05 S. 2)

(13) [P] Ihr Churfl. Durchl. von Bayern / haben auff Ordre des König Wilhelms alle Brücken über der Sambre und Maase lassen abnehmen / um die Milice beysammen zu halten / [A] daß sie nicht zum Feind übergehet /

257 Vgl. Michel Lefèvre, Syntaktische vs. Semantische Konnektion.

und von der Alliirten Vorhaben und Rathschläge Kundschafft überbringen könne (OPZb 1696 06 S. 3)

Man kann aus diesen Beispielen ersehen, dass die durch „daß" oder „daß + semantisches Element" eingeleiteten Apodosen meist eine finale oder kausale Verbalgruppe enthalten. Nur in (10) hat die Konjunktion „ohne... daß" eine besondere, eher argumentativ-diskursive Bedeutung, es wird eine Opposition bzw. Restriktion zur Assertion der Protasis angeführt. Anhand dieses Beispiels lässt sich die semantische Bedeutung der Akme veranschaulichen, im zweiten Kolon wird ein als Thema in der Protasis angeführter Sachgehalt erweitert und ausgeführt oder im Gegenteil widerlegt und zurückgewiesen. An der Akme stehen somit vorzugsweise Konjunktionen, die eine Opposition wie „ohne...daß" (10), „wiewol" (14), „da" (15) ausdrücken, desgleichen konnektive Partikeln wie „hingegen" (16) sowie auch Korrelationen mit „obschon/obgleich...so", „demnach...als" (18) und sonstige weiterführende, vergleichende, äquivalenzherstellende Konjunktionen wie „wie" (17), „so" (19):

(14) [P] Die Moßkowitische L[a?]gation ist dato noch nicht abgefährtiget / [A] wiewol sie täglich von der Käyserlichen Kammer mit großen Spesen unterhalten wird. (NM 1673 05 4 S. 2)

(15) [DIeser Tagen erhielte man allhie durch einen Expressen von Luxenburg Zeitung / daß] [P] die Frantzosen nun zum andernmahl unsere Gräntz-Pfäle des Landes von Rodemachern aus gezogen / [A] da doch solcher Strich Landes vermöge em Rybwyckischen Frieden uns außdrücklich zugewiesen / worden. (KOP 1699 95 S. 1)

(16) [P] [p] Ihr Churfl. Durchl. von Bayern / haben auff Ordre des König Wilhelms alle Brücken über der Sambre und Maase lassen abnehmen / um die Milice beysammen zu halten / [a] daß sie nicht zum Feind übergehet / und von der Alliirten Vorhaben und Rathschläge Kundschafft überbringen könne / [A] hingegen bey den Feindlichen Brücken und Pässen / so sie einhaben / Redouten und starcke Posten aufffühhren und besetzen lassen / des Feindes Uberfall zu verwehren. (OPZb 1696 06 S. 3)

(17) [P] Der Landmann schicket sich schon zur Erndte / [A] wie man dann in jetztbemeldter Herrschafft an einigen Orten mit Abmähung des Korns den Anfang gemachet. (AM 1698 07 29 S. 2)

(18) [P] Demnach die Franzosen mit 2. Fregaten und einem Krigs-Schiffe / unter dem Vorwand der Repreßalien / alles was sie von unsern Schiffen und Gütern antreffen / in unserm Golffo wegnehmen / und nacher Provenza schicken wollen / [A] als ist hierüber unter dem Volck allhier eine solche Verbitterung entstandten / daß / als der Frantzösische Gesandter Herr Gaumont diser Tagen bey etlichen Genuesischen Cavalliren auff dem

Platze gestandten / es mit Steinen nach ihm zu werffen angefangen (NM 1673 06 2 S. 5)

(19) [P] Selbigen Tag wurde durch Trompeten Schall kund gethan / daß sich jeder mann denffolgenden Tag zur Huldigung schicken solte / [A] so auch den 25. dito Morgens umb 9. Uhr durch läutung der grossen Glocken das Zeichen darzu gegeben ward (EZ 1698 26a S. 2)

4.2.1.2 Markierung durch Korrelation

Einige der oben zitierten Beispiele veranschaulichen bereits, dass es sich bei den Konjunktionen an der Akme oft um Korrelativa handelt, so dass beide Kola, Protasis und Apodosis, in gleicher Weise durch ein solches Signal eingeleitet werden. Die Korrelation[258] ist ein rhetorisch sehr effizientes Verknüpfungsmittel, sie stellt eine starke Kohärenz zwischen beiden Kola her und ist somit im periodischen Stil eine eher häufige Markierung der Gliederung. Das typischste Korrelativum ist „so" (20-24) mit seinen allomorphischen Varianten „als" (18, 25) und „also" (25):[259]

(20) [P] Ob man gleich mit jüngster Post von Hannover etwas wegen der Leich-Procession der seel. Herrschafft gemeldet / [A] so hat man dennoch nachgehnds den gantzen solennen Actum erhalten / welchen in folgenden dem geneigten Leser communicire: (AM 1698 04 01 S. 3)

(21) [P] Unangesehen man hiesieger Gegend weit und breit noch überall in voller Erndte begriffen ist / [A] so ist jedoch die Zufuhr des neuen Getraides / als Winter Gerst und Korn bey so früher Jahr-Zeit zimlich groß / [C] so dann auch verursachet / daß derer Preiß täglich mehr und mehr fallen thut. (KOP 1699 65 S. 2)

(22) [P] weil aber grosse Herrn Briefe dunckel zu lesen / [A] so muß man die Zeit erwarten. (AM 1698 07 29 S. 8)

(23) [P] Wo solches Wetter continuiret / [A] so möchten wir wohl bald offen Wasser bekommen (EZ 1698 26a S. 2)

(24) [P] massen dann auch bereits einige Völcker hier vorbey nach Ungarn abgefuhrt worden / solchen [für?] die Regimenter zu vertheilen / [A] so sind auch die von Chur-Bayern erkauffte Remontirungs-Pferde schon Uber-

258 Zur Bedeutung der Korrelation als syntaktisches Grundmuster in indogermanischen und germanischen Sprachen vgl. Jean Haudry, Parataxe, Hypotaxe, Corrélation; ders., Die Grundlagen der germanischen Korrelation; Yvon Desportes, Anapher, Korrelativa und Korrelationen.

259 Zur Bedeutung von „so" in Korrelationen und dessen Gebrauch im älteren Deutsch vgl. Yvon Desportes, „Sô" im ahd. Isidor. Zur Entwicklung ab dem Fnhd. vgl. Michel Lefèvre, Syntaktische Weiterentwicklungen.

nommen / und denen Käyserl. Commissarien in unterschiedliche Hauffen außgetheilet (EZ 1698 26a S. 3)

(25) [P] weil sich aber der Frantzösische Commendant Vandilet zu wöhren resolviert / [A] als ist den Tag über starck gegen einander geschossen worden [...] [P] da dann vom ersten Schuß das Tach auff der Müntz in Brand gerathen / vnnd der Frantzösische Commendant auff Gnad vnd Vngnad sich ergeben / [A] seyn also die Kayserl / den 16. diß Nachts vmb 9. Vhr in die Burg gezogen (MRZ 1673 44 S. 4)

Korrelationen beschränkten sich damals nicht auf Konzessivsätze. Der Ausdruck der Kausalität mit „weil...so“, „massen ...so“, da... so“, der Kondition mit „wo... so“, der Finalität mit „damit... als“ (37) und der Äquivalenz mit „so... so“ zeigen in welch vielfältigen semantischen Relationen Korrelationen eingesetzt wurden. Zum periodischen Stil gehören insbesondere Korrelationen mit temporalen Konjunktionen zu Beginn der Protasis (Relativa), etwa mit dem typischen „nachdeme... so“ in (26). Es ist allerdings zu vermuten, dass diese Korrelationen weniger Ausdruck einer rein temporalen Relation als die Herausstreichung der argumentativ-logischen Thema-Rhema-Verknüpfung sind. Diese typische Art der Gliederung von Perioden, die von späteren Grammatikern wie Adelung verpönt wurde,[260] hat sich zum expliziten Strukturierungsmittel der Periode gemausert, in der die Temporalität oft kaum mehr eine Rolle spielt. Die einleitende Konjunktion „nachdeme“ hat vor allem eine anaphorische Funktion, sie verweist auf den voranstehenden Kotext oder gar implizit auf den Kontext. Die durch „nachdem“ eingeleitete Protasis in (26) enthält einen Sachgehalt, der als bereits bekannt, als bereits in einem voranstehenden Teiltext geäußert markiert wird. Dadurch wird das einleitende Kolon der Periode einer Assertion entzogen, es handelt sich nicht mehr um einen zur Diskussion stehenden Sachgehalt. Deshalb ist auch der implizite Sprecher in diesem Teil der Periode schwer festzustellen, es kann sich sowohl um den Herausgeber als auch um das allgemeine Gerücht handeln. Im zweiten Kolon dann, der Apodosis, erscheint der Sprecher, d.i. der Informant, zwar explizit, aber indirekt mittels eines Pronomens der zweiten Person und assertiert eine neue

260 Johann Christoph Adelung, Grammatisch-Kritisches Wörterbuch, zum Lemma „demnach“: „Anm. Demnach für nachdem, weil, oder da, zu Anfange einer Periode, gehöret zu dem Unerträglichen des Kanzelleystyls, besonders, wenn als darauf folget: demnach dieselben mein Gutachten verlangt, als habe mit demselben nicht länger anstehen wollen.“ Vgl. Michel Lefèvre, Syntaktische Weiterentwicklungen.

Information: Man erfährt so in der Apodosis von einem Gegenangriff als Pendant zum Angriff, der in der Protasis thematisiert wurde:[261]

(26) [P] Nachdeme die Mohren einige Tage hero an einer Mine gegen das Bollwerck von St. Paul arbeiten lassen / und wir solches verspühret / haben wir dargegegen einen Ofen springen lassen / welcher nicht allein die Feindliche Mine vernichtet / sondern auch viele Barbaren getödtet und vergraben hat; → [A] So hat auch unsere Guarnison in einem Ausfall denen Mohren grossen Schaden gethan / und deren biß 400. getödtet. (KOP 1699 19 S. 2)

In dieser Periode (26) fällt zudem auf, dass die Gliederung durch starke makrostrukturelle Markierungen, Spatium und starke Interpunktion, unterstützt wird. Hier zeigt sich, dass der Periode auch bestimmte Repräsentationstypen entsprechen. Das Korrelativum „so" unterstreicht die Symmetrie der beiden Kola, auch in deren Inhalt, Angriff vs. Gegenangriff. Die Akme hat schließlich auch eine kommunikative Funktion, sie signalisiert den Übergang von einer Ebene der Kommunikation in der Protasis, jener des Herausgebers oder Korrespondenten, zu einer anderen in der Apodosis, jener des Informanten. Durch die Korrelation werden Äußerungseinheiten, die unterschiedlichen Äußerungsrahmen angehören, miteinander verkettet, und zwar ohne jegliche hypotaktische Nebenordnung.

Die syntaktische Korrelation deckt sich jedoch nicht immer mit den Kola der Periode. In Beispielen wie (27) kann man eine Konkurrenzsituation zwischen unterschiedlichen Verknüpfungsprinzipien feststellen: einerseits eine konzessive Korrelation mit „obschon... so", andererseits ein Verknüpfungssignal, das eine weiterführende Erklärung bzw. Nachricht einleitet. Dieses letzte Signal („indem") scheint als Abgrenzung zwischen den Kola an der Akme zu fungieren. So erhält die Periode tatsächlich ihren antithetischen Aufbau: In der Protasis wird die Frage gestellt, warum ein erwartetes Ereignis doch nicht eingetreten ist, bzw. es wird das Nicht-Eintreten eines Ereignisses thematisiert, es handelt sich

261 Beispiel (26) könnte auch als dreikolig interpretiert werden mit den Gliederungssignalen „nachdem" (zu Beginn der Protasis), V1 „haben" zu Beginn der Apodosis, „so" zu Beginn der Klausel. Dies wäre ein Beispiel mit doppelter Korrelation zu „nachdem", mit Schilderung der doppelten Gegenwehr bzw. des doppelten Gegenangriffs. Dadurch erhält die Abwehr mehr Gewicht als der Angriff. „[P] Nachdeme die Mohren einige Tage hero an einer Mine gegen das Bollwerck von St. Paul arbeiten lassen / und wir solches verspühret / [A] haben wir dargegegen einen Ofen springen lassen / welcher nicht allein die Feindliche Mine vernichtet / sondern auch viele Barbaren getödtet und vergraben hat; → [C] So hat auch unsere Guarnison in einem Ausfall denen Mohren grossen Schaden gethan / und deren biß 400. getödtet."

um keine neue Information, der Sachgehalt ist allgemein bekannt, und implizit ist hier die Frage nach dem ‚Warum' enthalten, die in den Köpfen der Leser Neugier, eine gewisse Spannung also, erweckt. Die Apodosis liefert die Erklärung, enthält die neue Nachricht, die Spannung wird gelöst. Zwischen Protasis und Apodosis herrscht durch den impliziten Sprecherwechsel eine Polyphonie. Somit sind alle Strukturierungsprinzipien der Periode vorhanden, und bei dieser Konkurrenzsituation von Strukturierungsmitteln scheinen diejenigen, die zum Aufbau der Periode beitragen, eindeutig den Vorrang zu haben:

(27) [P] Ob man schon gesaget / daß der Herr Stadthalter die Sophien Kirche würde bekommen zu seiner Kirche / so ist es doch nicht geschehen / [A] indem Ihro Majest. die Königin allen daselbst überigen Raum sich zu einer Empfar-Kirche einnehmen und darauf bauen lässet. (AM 1698 04 05 S. 4)

Dieses Beispiel zeigt auch, dass mehrere syntaktische Konnektoren zur Gliederung in Betracht gezogen werden können („so" und „indem"), allein die semantische Symmetrie und das Gleichgewicht der Kola führt zur obigen Gliederung. Dies bedeutet dann auch, dass die Konnektoren nicht unbedingt die bedeutendsten Elemente in der Strukturierung der Periode sein müssen. Eine Periode kann durchaus auch mit parataktischen Mitteln strukturiert werden, durch Koordination oder auch ganz ohne spezifisches Verknüpfungsmittel.

4.2.1.3 Markierung durch Koordination

Innerhalb einer Periode kann die semantische Relation zwischen Protasis und Apodosis, die durch Subjunktoren ausgedrückt wird, nämlich Opposition oder weiterführende Bestätigung, auch durch Koordinatoren ausgedrückt werden. Häufig findet man „aber" an der Akme (28, 29, 36), desgleichen „doch" (30, 36), „auch" (31, 32, 33, 35) sowie „und" (33, 34, 35, 36). Für diesen letzten Koordinator ist bemerkenswert, dass ihm stets das finite Verb folgt, er steht somit syntaktisch im Vorfeld, eine in allen Zeitungen feststellbare Besonderheit dieses Gliederungssignals an der Akme. Genauso wie der Subjunktor „daß" stets auch eine semantische Relation zwischen den Kola ausdrückt, darf der Koordinator „und" nicht als semantisch neutraler Operator betrachtet werden:

(28) [P] Im Metz liegen über 1200. Krancke / von der Turennischen Armee / welche über 8000. nicht mehr starck seyn sollen. [A] Tourenne aber ist mit samt des Graven von Königsmarck Regiment / so die Arrier Garte von den Frantzosen gehabt / über die Saar gezogen / und hat die Cöllnische Auxiliar-Völcker dießseits der Saar gelassen. (TKC 1673 12 29 S. 8)

(29) [P] Ihro Käyserl. Majest. werden sich zwar zu den Umbgängen einfinden / [A] aber hernach dero Residentz in Laxenburg continuiren. (OPZa 1673 05 25 S. 1)

(30) [P] Aus allen Holländ. Brieffen kan man hoffnung zu einem baldigen Frieden mit Franckreich schöpffen / so aber Spanien und dem Römischen Reich nicht viel nutzen dörffte / [A] doch ist hiervon nichts gewisses am Tag sondern bestehet alles in dem / wie ein jeder selbst schliessen will / [C] der allgemeine Frieden wäre am vorträglichsten. (OPZa 1673 06 05 S. 3)

(31) [P] der Herr Marschall Tourraine hat vnsere Werck nunmehr zum drittenmal vmbritten / vnd recognosciert / [A] auch gestern länger als eine Stundt zu Deutz am Vfer gestanden / vnd mit einem Perspective alles abgesehen (MRZ 1672 45 S. 4)

(32) [P] Sonsten ist die Holländische Flotta unweit Ostende ihren Cours nach Westen richtend / gesehen worden / [A] auch ist Printz de Conde zu Utrecht aufgebrochen / dörffte also nun bald angehen. (OPZa 1673 05 18 S. 4)

(33) [P] Der Kundschaffter Aussage nach / vernimbt man / daß bey Adrianopel sich die Türckische Armee versamle / allein mit zimlich schlechtem und zusammen gezwungenem Volck; [A] es ziehet sich auch eine Armee in Budziack von Tartarn und Türcken zusammen / unter eines Seraskier Commando / welche gegen Caminiec gehen / und auf der Polen Vorhaben acht haben sollen. [P] Jenseits der Theiß haben sich einige Malcontenten zusammen rottiret / [A] und eine Quantität Vieh aus den umliegenden Dorffschafften hinweg getrieben. (KOP 1698 43 S. 8)

(34) [P] Das Abdancken der Engelschen Trouppen wird / zum Widerwillen vieler Lords und Glieder des Parlaments / fortgesetzet / [A] und verlanget man sehr / wie S. Majestät der König solches auffnehmen werde / und ob dieselbe solche Bill werden passiren lassen. (KOP 1699 19 S. 2)

(35) [P] Man versichert / daß der König grosse Wercke in der Gegend Marly zu machen vorhabe / [A] und daß auch daran zu arbeiten 10. Battallionen aus Sr. Majest. der Königin / des Dauphins und andern Regimentern sollen employret werden. (KOP 1699 19 S. 2)

(36) [P] In der Graffschafft Marck sollen zwar zu weilen einige Scharmützel vorgehen / [A] doch aber ohne sonderbahren *effect*. [P] In Pohlen gehet es annoch wunderlich durch einander / [A] und will kein Theil dem andern nachgeben. (GER 1673 01 S. 4)

Diese Art der Gliederungsmarkierung ist an der Akme sehr häufig, man kann sie sowohl in weitläufigen Perioden als auch zwischen den Kola der untergeordneten Perioden feststellen, in (33) und (36) wird bei einer ganzen Reihung von Perioden die Gliederung durch Koordinatoren signalisiert. Die Koordination mehrerer unabhängiger Verbalgruppen innerhalb einer größeren Gesamtstruktur, die durch unterschiedliche Mittel eine starke Kohäsion und Kohärenz aufweist, steigert den Eindruck einer syntaktischen Komplexität, obwohl die einzelnen Glieder der Gesamtstruktur lediglich parataktisch verkettet sind. Die Kombination mit weiteren Einheiten, so dass diskontinuierliche, mehrgliedrige Koordinatoren entstehen, zeigt noch deutlicher, wie häufig auf diese Klasse von Einheiten zur Bildung von Perioden zurückgegriffen wird. In den bereits zitierten Beispielen kommen „und auch" (35) und „doch aber" (36) vor; solche Kombinationen erlauben es, die semantischen Relationen zwischen Apodosis und Protasis feiner abzustufen. Es kommen so auch koordinative Korrelationen vor, die ebenfalls zum Ausdruck der Opposition zum Einsatz kommen, etwa mit „zwar… aber" in (29), wo sich jedes Korrelat mit einem Kolon der Periode deckt. Bei koordinativen Korrelationen deckt sich in den meisten Fällen aber nur ein Teil der Korrelation mit der Gesamtstruktur der Periode; entweder ist die Korrelation Teil eines einzigen Kolons, oder Teile der Korrelation werden asymmetrisch auf Protasis und Apodosis verteilt, so dass eine deutliche Konkurrenzsituation zwischen Syntax und Gliederung der Periode entsteht. In (26) werden durch „nicht allein… sondern auch" Einheiten innerhalb der Protasis miteinander korreliert, die dadurch ein größeres Gewicht erhält als die Apodosis, die Periode selbst wird aber durch die Korrelation „nachdem… so" gegliedert; in (37) werden durch „nicht allein… sondern auch" zwei Prädikate innerhalb der Apodosis korreliert. In beiden Fällen ist die koordinative Korrelation für die Gliederung der Periode nicht relevant. In den Beispielen (38-40) steht das Korrelativum „sondern" tatsächlich an der Akme zwischen beiden Kola. Dabei ist (40) eines der seltenen Beispiele unseres Korpus (das insgesamt nur sechs Belege dieser Art zählt), in dem die koordinative Korrelation „nicht allein… sondern auch" symmetrisch zwischen Protasis und Apodosis Einheiten desselben syntaktischen Rangs korreliert. In vielen Fällen aber, so auch in (38) und (39), sind beide Glieder der Korrelation unterschiedlichen syntaktischen Rangs: Unter dem Skopus von „nicht allein" in der Protasis steht nur ein Glied der Verbalgruppe, unter jenem von „sondern auch" in der Apodosis steht die gesamte Verbalgruppe; das Korrelativum „nicht allein" in (40) steht unter dem Skopus einer Subordination, vor „sondern auch" wird die Subordination nicht wiederholt:

(37) [P] Vnd damit ein jeder disenhalben Wissenschafft / vnd keiner sich ins künfftig zu entschuldigen habe; [A] Als befehlen wir dises nicht allein zu

publiciren / sondern auch an alle gehörige Oerther zu affigiren. (MRZ 1672 35 S. 2)

(38) [1] [P] Ihro Churfürstl. Durchl. sind auch resolvirt dorthin zu gehen / der Jagdt aldort beyzuwohnen / [A] wohin auch der Herr Land-Graf von Hessen-Cassel gleichfals kommen / und insgesammt Ihro Königl. Maj. nach den Nieder-Landen begleiten werden / [2] [P] man vermuhtet / daß solche Zusammenkunfft nicht allein auf eine Jagd angesehen / [A] sondern wol wichtige Sachen aufs Tapet kommen werden / [C] welche uns nachgehends die Zeit eröffnen wird (AM 1698 07 29 S. 4)

(39) [1] [P] So große Hoffnung zu dem Friden gewesen ist / [A] so klein wird sie nun widerum / [2] [P] weilen der König in Franckr. die Stadt Cöllen zu den Tractaten nicht allein nicht mehr belibet / [A] sondern auch allerhand Obstacula sich hervor thun. (NM 1673 04 3 S. 2)

(40) [P] Man sagt nun vor gewiß / daß nicht allein die Stadt Cöllen zu den Fridens-Tractaten allerseits belibet sey / [A] sondern daß auch Mons. de Vitri und Courtin schon denominirt seyen / als Plenipotentiarij wegen diser Krone dahin zugehen. (NM 1673 03 8 S. 6)

Für die Koordinatoren „doch", „auch" und „und" besteht noch diese Besonderheit: Wenn sie an der Akme die Gliederung zwischen Protasis und Apodosis signalisieren, bilden sie das Vorfeld der von ihnen eingeleiteten Verbalgruppe, es folgt unmittelbar das finite Verb. So lassen sich diese Einheiten von homomorphen Einheiten unterscheiden, die eine rein syntaktische Funktion haben, also nicht diese besondere äußerungsrelevante, argumentative Rolle an der Akme spielen, und außen links im Vor-Vorfeld stehen.

In manchen der zitierten Beispiele werden durch Koordinatoren zwei Einzelsätze miteinander verknüpft, die durch Interpunktion und Majuskel als solche markiert sind, vgl. (28) und (33). In diesen Fällen hat der Koordinator eine reine Gliederungsfunktion innerhalb der Periode, er signalisiert die Struktur der Periode bei ansonsten asyndetisch aneinandergereihten Sätzen. Diese Beispiele bekräftigen die Vermutung, dass in Fällen wie (1, 2 und 3) anscheinend unabhängige, asyndetische Einzelsätze zu Perioden zusammenzufügen sind, dass nicht der Einzelsatz als syntaktische Grundeinheit zu betrachten ist, sondern die Periode. Letztere weist ein Konstruktionsprinzip auf, das flexibel genug ist, um auch grammatisch unabhängige Verbalgruppen einzuverleiben; die Gliederung der Periode kann die syntaktischen Kohäsionssignale völlig entbehren und lediglich mit semantischen Kohärenzmitteln strukturiert werden.

4.2.1.4 *Markierung durch semantische Wiederaufnahme*

Die Verwendung von anaphorischen Einheiten ist ein bevorzugtes Mittel zur Herstellung der Kohärenz innerhalb von Perioden. Ihre Formen sind vielfältiger als im heutigen Sprachgebrauch. Wenn sie an der Akme zum Einsatz kommen, stellen sie nicht nur eine semantische Relation zwischen beiden Kola her, sie entsprechen auch der grundlegenden Äußerungslogik der Periode, in der Apodosis das Thema der Protasis wieder aufzunehmen und in ein rhematisches Prädikat einzubinden.

4.2.1.4.1 *Selbig*- und *derselb*-

Zu den in unserem Korpus häufig an der Akme vorkommenden Einheiten, die im heutigen Sprachgebrauch zwar selten, für das 17. Jahrhundert aber typisch sind,[262] zählen zunächst *derselb*- (41-43) und *selb*- (44, 45). Hier stellt man eine funktional komplementäre Distribution mit anderen anaphorischen Einheiten fest wie etwa *dies*-, die in unserem Korpus nie an der Nahtstelle zwischen Kola vorkommt, es sei denn als Determinativum von Nominalgruppen, auch von solchen Nominalgruppen, die wie in (46) als renominalisierende Wiederaufnahme fungieren. Außerhalb dieser Signalstellung an der Akme sind beide Formen nahezu freie Varianten:

(41) [Reysende auß Türckey berichten / daß] [P] etliche Bassen dem Groß-Vezier nachsetzen / [A] selbigen in arrest zu nehmen; (OWP 1671 29 S. 2)

(42) [1] [P] zu Orsoy sollen etliche Außenwercke geschleiffet / [A] und selbige Statt mit wenigerm Volck besetzt werden / [2] [P] nach Reeß und andere Plätze am Rhein werden allerhand Sachen geführt / [A] selbige auffs beste zu versehen; (OWP 1671 34 S. 4)

(43) [P] Man erwartet S. H. alle Stunde zu Antwerpen. [A] Selbiger wird eine Armee von 30000. Mann meist Cavallery commandiren / [C] wie die Rede gehet / dürffte es woll nach Teutschland gehen. (TKC 1673 10 20 S. 7)

(44) [P] Unser Churfürst hat grosse Apparentz zu dem Würtzburger Bischoffthum / [A] derselbe hält sich auff seinem Lusthause Gaybach annoch auff (RN 1699 14 S. 2)

(45) [P] Verwichenen Donnerstag hat der ahnwesende Türckische Gesandter bey dem Hoff-Kriegs-Raths Vice Präsidenten Freyherrn von Heyster Audientz gehabt / [A] demselben ein Pferdt neben andern Türckischen Manufacturen *praesentirt* (OWP 1672 41 S. 3)

(46) [P] Von Mastricht marchiren unterschiedliche Regimenter Reuter und Fuß-Völcker nach Bergen op Zoom / [A] woselbst ehesten ein Campe-

262 Vgl. Michel Lefèvre, Anaphorika in der deutschen Sprache.

ment von Staatis. Völckern soll formiret werden / diese Stadt besser zu fortificiren. (AM 1698 04 01 S. 8)

4.2.1.4.2 Die Pronomen *d-* und *welch-*

Neben adverbialen Konnektoren wie „ingleichem" muss man hier dann vor allem die pronominalen Formen *d-* (51) und *welch-* nennen, auch in Verbindung mit etlichen Präpositionen (47-50). Es zählen zu den Pronomen auch unflektierte Formen wie „derowegen" (52), „dannen" (53), „wo" (54), „so" (55). All diese Proformen dienen zu Beginn der Apodosis der anaphorischen Wiederaufnahme eines Elements der Protasis und tragen somit zur symmetrischen semantischen Strukturierung der Periode bei:

(47) [P] WIr machen in unserer Historischen Relation abermahls den Anfang mit dem Norden und berichten das wenige so uns jüngste Posten aus Copenhagen gebracht / [A] welcher gestalt die von Ih. Hochfürstl. Durchl; dem Hertzogen von Würtenberg angefangene Munsterung numehro continuiret werde / [C] und ist selbige bey der Guarde zu Fuße numehro geendiget. (AM 1698 02 22 S. 1)

(48) [P] als hat man bey dem eingerissenen Advis / weil die Zahl der Distillirer sich fast täglich vermehren / ihnen solches Handwerck zu legen / ein Patent öffentlich anschlagen lassen / [A] Krafft welchen das Brandewein—brennen bey Straffe verboten worden / [C] als durch welches Mittel das Korn am Preiß sich zimlich vermindert hat. (AM 1698 07 29 S. 3)

(49) [P] Mit diesen Briefen hat man / daß bey I. K. m. Anwesenheit die grosse Alliance zu Manutenirung des Friedens und der Evangelischen Religion zum völligen Schluß gebracht werden solle / [A] laut welcher ein jedes Glied von solchen hohen Alliirten continuirlich eine gewisse Anzahl Krieges Schiffe und Soldaten parat halten wird / solche in Zeit der Raht gebrauchen können / [C] welches denn auch die Ursache / daß man Holländischer Seiten mit Aufbauung der neuen Krieges-Schiffe eylet. (AM 1698 07 29 S. 3)

(50) [P] Man hoffet laut Zellischen Briefen die Ankunfft des Königs von Engeland / [A] zu welchem Ende das neue Jagdt-Haus bereits verfertiget worden. (AM 1698 07 29 S. 4)

(51) [P] Ihre Königl. Maj. haben *resolvirt,* Chur Pfaltz und Lothringen zu vergleichen / [A] dessen Zufolge sollen beyde Fürsten Ihre Praetensiones aufsetzen / (OPZa 1668 12 05 S. 2)

(52) [P] Bey gegenwärtiger Heiligen Zeit wohnen Ihro Käysrl. und Königliche Majestät denen gewönlichen Andachten eyferigst bey / [A] derowegen dann auch die übrigen Geschäfften deß Hoffs biß nach denen Oster-Feyer-Tagen verschoben bleiben. (EZ 1698 26a S. 3)

(53) [P] Verschinen Donnerstag seyn 24. Wagen mit Gelt vnder Begleitung einiger Compagnien Reitter nacher Metz abgefahren / [A] von dannen solches auff der Mosel vnd den Rhein nach der Tourrainischen Armee passieren soll / [C] weilen beym König über die langsamme Bezahlung von der Armee Klagen einkommen. (MRZ 1673 11 S. 1)

(54) [P] Unserer Armee Pagage ist nacher Bonn geführet / [A] allwo an der Schiff-Brücken / so jüngst vom Eiß-Schaden gelitten / starck gearbeitet wird (TKC 1673 12) 15 S. 5)

(55) [P] Den 30. dito hat auch der Moscowittische Gesandte seine Vollmacht hergeben / [A] so ebenfalls durch den *Legations-Secretarium* denen Herren *Mediatoribus*, und von diesen weiter denen Türckischen *Plenipotentiariis* eingehändiget worden. (ORZ 1698 11 08 S. 6)

Als Gliederungssignal können unterschiedlichste anaphorische Einheiten zur Strukturierung der Periode beitragen, sie haben somit eine ähnlich kohäsive Funktion wie Konjunktionen. Auch hier kann die Verknüpfung einzelsatzübergreifend sein wie in (43) oder gar periodenübergreifend: Wenn die anaphorische Einheit *selbig-* zu Beginn der Protasis steht, stellt sie eine Kohärenz innerhalb einer Verkettung von Perioden bzw. eines ganzen Teiltextes her.[263]

An der Akme kann man auch eine gewisse Komplementarität oder gar Konkurrenz zwischen Gliederungssignalen des Typs ‚Konjunktion‘ und solchen des Typs ‚Pronomen‘ feststellen, so etwa bei redundanten Markierungen wie „und selbige“ in (42), wo in der nachfolgenden Periode dann allein das anaphorische „selbige“ zwischen den Kola steht. Diese Konkurrenzsituation könnte ein Zeichen für eine im Gang befindliche Entwicklung darstellen, für den Übergang von einer Verkettung von gleichrangigen Sätzen mit isotopischen Verknüpfungen zu einer syntaktisch bzw. hypotaktisch markierten Fügung von Teilsätzen mit der modernen Vorstellung einer Hierarchie von untergeordneten Verbalgruppen und übergeordneten Gesamtsätzen.

Alle Proformen der Beispiele (47-54) leiten Verbalgruppen ein, die als untergeordnete Nebensätze markiert sind, nämlich mit Verbendstellung. Dies kennzeichnet nach modernen Kriterien das ‚Relativpronomen‘. Anscheinend bestehen viele Apodosen aus einem Relativsatz, der Teil einer Nominalgruppe der Protasis ist, dieses Antezedens stimmt oft mit dem Thema der Protasis überein. Jedoch entspricht diese Abhängigkeit der Apodosis von der Protasis überhaupt nicht der semantisch-logischen Struktur einer Periode. Zudem lässt sich bei diesen vermeintlichen

263 S. unten, 4.2.3.

‚Relativsätzen' nicht bestimmen, ob sie appositiv oder attributiv sind. In der Tat wird in der Apodosis eine Neuigkeit, eine noch nicht bekannte Nachricht wiedergegeben, meist durch Vermittlung eines Dritten, so dass der Sachgehalt nicht als sekundäre Eigenschaft des durch die Nominalgruppe der Protasis Bezeichneten interpretiert werden kann, wie es bei einem appositiven Relativsatz der Fall wäre, und auch nicht als kennzeichnende, determinierende Eigenschaft dieser Nominalgruppe wie bei einem attributiven Relativsatz. Die Verbalgruppe der Apodosis liefert eine Prädizierung als Pendant zu jener der Protasis, in der die Antezedens-Nominalgruppe lediglich als Argument fungiert. Bei diesen Formen herrscht eindeutig eine Konkurrenzsituation zwischen der syntaktischen Struktur, die eine Abhängigkeit von einem Glied der Protasis suggeriert, und der kommunikativen Struktur der Periode, in der jedes Kolon eine unabhängige Äußerung enthält. Es konnte bereits gezeigt werden, wie die kommunikative Struktur der Periode Vorrang vor der formalen, syntaktischen Gestaltung hat; diese Apodosen erscheinen als abhängige Relativsätze allein deshalb, um den Integrationsregeln der bereits weit fortgeschrittenen Grammatikalisierung der Sprache Genüge zu tun. Es handelt sich aber um keine ‚Relativsätze' im eigentlichen Sinn, relevant ist lediglich die anaphorische Funktion des Relativpronomens und der symmetrische Effekt, in dem in der Apodosis ein Element der Protasis wieder aufgenommen und weitergeführt wird. Die vermeintlichen ‚Relativpronomen' sind daher als freie Varianten zu rein anaphorischen Pronomen des Typs *selbig-* zu betrachten, die zwischen Apodosis und Protasis eine parataktische Verknüpfung ohne Verbendstellung herstellen. In jedem Fall müssen die durch Pronomen eingeleiteten Verbalgruppen der Apodosis als unabhängige Propositionen betrachtet werden.

Zudem sind sie Marker der Polyphonie, denn die kommunikative Ebene, die dem Leser die neue Information liefert, entspricht nicht jener der Thematisierung in der Protasis. Dies kann man besonders eindeutig in (47, 48) und (49) ersehen, wo die anaphorischen Pronomen „welcher gestalt", „krafft welchen" und „laut welcher" explizit auf den Übergang von einem Äußerungsrahmen zum anderen hindeuten. Die Pronomen nehmen ein Element wieder auf, das vom Herausgeber oder Korrespondenten als bereits bekannt thematisiert wird, die anscheinend abhängigen Verbalgruppen der Apodosis liefern die neue Information zu diesem Thema vermittels eines Dritten, eines Informanten. Hier zeigt sich wiederum, dass die Markierung der Hypotaxe einhergeht mit dem Wechsel von einer Ebene der Kommunikation zur anderen.

Auch die von Wladimir Admoni zitierte Periode, die anscheinend nur aus abhängigen Nebensätzen besteht, enthält eine derartige, durch Pronomen eingeleitete Verbalgruppe mit Verbendstellung:

> [...] welche eines theils die aus beyden Häußern in Vor-Jahren beschehene eheliche Verbündnuß / andern theils die in vorigen leidigen Kriegs-Zeiten treu-geleistete Hülffe / der darauf im Jahr 1643. erfolgte Erb-Vertrag und andere hinc inde erwiesene gute Dienste und Freundschafft / nicht allein gnugsam an den Tag legen / sondern auch die nahe Verwandschafft und sonstige Beschaffenheit der Sachen von selbsten erfordert [...][264]

Wenn man die Hypothese annimmt, dass es sich nur um eine formale Abhängigkeit handelt und die Verbalgruppe als unabhängige Assertion zu interpretieren ist, in der „welche" lediglich ein Element wieder aufgreift das in der gesamten Apodosis kommentiert und erweitert wird, wird die gesamte Periode analysierbar. In der Protasis wird an das als bekannt vorausgesetzte gute Einverständnis zwischen zwei Familien erinnert, in der Apodosis wird dieses Einverständnis mit dem anaphorischen Pronomen „welche" wiederaufgenommen, und es wird behauptet, dass dieses Einverständnis durch mehrere Tatsachen bewiesen wurde. Man erhält so für diese Periode folgenden argumentativen Aufbau:

[P] [p] Es bestehen gute Beziehungen zwischen den beiden Familien.

[P] [a] Etliche vergangene Tatsachen beweisen diese guten Beziehungen, auch jene, dass man akzeptiert, dass daraus für die Zukunft gewisse Erfordernisse erwachsen.

Der Leser dieser Periode kann von Gliederungssignal zu Gliederungssignal die logische Argumentation nachvollziehen, indem er die Marker der Hypotaxe für all diese Verbalgruppen außer Acht lässt.

4.2.1.4.3 Die Proform *so*

In der Sprache des 17. Jahrhunderts wird *so* auch als Proform, insbesondere als Relativpronomen[265] gebraucht. Dies trifft auch auf die Zeitungstexte zu. Allerdings fällt auf, dass *so* als Proform äußerst selten an der Nahtstelle zwischen Kola zu finden ist. In mehreren Zeitungen wie *TKC* und *OWP* ist diese Einheit oft an der Akme als Konjunktion bzw. Korrelativum belegt, in anderen Positionen hingegen auch als Relativpronomen insbesondere für attributive Relativsätze gebräuchlich. Es scheint somit in einigen Zeitungen eine komplementäre positionale Distribution dieser Einheit zu bestehen, die mit einer komplementären funktionalen

264 Wladimir Admoni, Historische Syntax, S. 197; s. oben, 4.1.2.
265 Vgl. Michel Lefèvre, Die adverbialen Proformen.

Distribution dieses Pronomens und anderer Proformen einhergeht. Die Proform *so* fungiert als Relativpronomen und befindet sich außerhalb der Artikulationsstellen der Periode, andere Formen wie etwa *welch-* fungieren vorzüglich als Gliederungssignal. Dies würde bestätigen, dass es eine distinktive Funktion der anaphorischen Einheiten an der Akme gibt, die zwar formal abhängige Verbalgruppen einleiten, aber nicht als Relativpronomen zu interpretieren sind.

Diese scheinbare Abhängigkeit der Verbalgruppen, aber tatsächliche Unabhängigkeit der in diesen Verbalgruppen ausgedrückten Äußerungen bekräftigt zugleich die Hypothese, dass in einer Periode auch syntaktisch unabhängige Einzelsätze miteinander verknüpft werden können.

4.2.1.5 Markierung ohne spezifisches Gliederungssignal

Die Periode beruht auf einem Strukturierungsprinzip, das an sich stark genug ist, um syntaktisch unabhängige Einheiten ohne Markierung oder Verknüpfungsmittel als Kola zusammenfügen zu können. So können anscheinend asyndetische Einzelsätze allein durch die logische Organisation ihres semantischen Gehaltes zu Perioden zusammengefügt werden (56, 57, 59). In den Zeitungen ist diese Form absoluter Parataxe innerhalb von Perioden äußerst selten, wirklich asyndetische Teiltexte sind kaum belegt. Aber man findet Formen der Verknüpfung durch konnektive Einheiten, die nicht direkt an der Nahtstelle zwischen den Kola stehen, sondern nach rechts versetzt, so dass sie nicht mehr als eigentliche Gliederungssignale wirken können: „hochbemelter“ in (58), „aber“ in (60):

(56) [P] das Fürstenthum Siebenbürgen solte mit seinem Fürsten frey und neutral bleiben / gleichwie es vor diesem Krieg gewesen; [A] die Festungen Peterwaradein Illock und Esseck solten demoliret werden. (KOP 1698 43 S. 4)

(57) [P] Die Tartarn sind in Reusland mit einem starcken Schwarm eingefallen / [A] der Groß Feld-Herr hat von den hohen Schloß mit Stücken ein Zeichen geben / und die Leute warnen lassen sich zu salviren; [C] Wie dann auch die Königin von dortigen ihren Gütern sich weiter herein retiriret. (AM 1698 02 25 S. 4)

(58) [P] [p] Es continuiret / daß nicht allein der Graf Portland zum Duc de Bughingam gemachet worden / [a] sondern auch noch 3. Herren die Hertzogliche Würde erhalten sollen / [A] [p] einige spargiren zwar ob decline hochbemelter Graf solche Würde / weil diese Charge ihren Besitzern öffters Fatal gewesen / und sie in der Königs Ungnaden verfallen / [a] es ist aber nichts daran / und wird er sich an solchen Aberglauben nicht kehren. (AM 1698 07 29 S. 7)

(59) [Sonsten kombt Bericht / daß] [P] Herr Feldmarschall Würtz den Münsterischen 2. Schantzen vmb Crevecoeur vnd der General Arlow[s?] Schwartz Schleuß neben 3. andern Orthen wider abgewonnen [A] richtete anjetzo seinen Marsch gerad nach Groll quff selbiges auch einen Versuch zu thun. (MRZ 1672 30 S. 4)

(60) [P] Die Herren General Staaten von Holl- und West-Frießland seynd annoch in dero Deliberationen versammlet / [A] sollen sich aber in 4. oder 5. Tagen scheiden / und wieder nacher Hause kehren / [C] so daß von dero Schluß noch nichts kan gemeldet werden. (KOP 1698 43 S. 1)

Zwei scheinbar unabhängige Einzelsätze werden auf Grund ihrer semantischen Relation zueinander quasi spontan vom Leser zu einer Periode zusammengefügt.[266] Bei dieser semantischen Relation kann es sich um eine Opposition wie in (56) handeln: Dort bezieht sich jeder der beiden Einzelsätze auf einen Punkt des Friedensvertrages; dies erklärt den asyndetischen Stil, man hat es mit einer Art Auflistung zu tun. Im ersten Satz werden die Regionen erwähnt, für die das Status quo vorgesehen wird („Siebenbürgen"), im zweiten Satz hingegen werden jene Regionen behandelt, für die Veränderungen vorgesehen sind („Peterwaradein", usw.). Beide Sätze zusammen bilden daher zwei symmetrisch gestaltete Kola einer Periode. In (57) steht ein Einzelsatz vor einer zweikoligen Periode, doch hier besteht eine eindeutige semantische Relation: Die Periode enthält die logische Konsequenz zu dem im Einzelsatz thematisierten Sachgehalt, dieser Satz erscheint somit als Protasis einer satzübergreifenden, dreikoligen Periode mit Klausel.

Neben den Fällen wie in (56-58), in denen die Fügung zu einer periodischen Gesamtstruktur ohne kohäsives Mittel allein durch die semantische Relation zustande kommt, müssen auch jene genannt werden, die ein Gliederungssignal enthalten, das üblicherweise nicht zu den kohäsiven Mitteln gezählt wird, nämlich die Verberststellung zu Beginn der Apodosis. In (59) etwa signalisiert das finite Verb „richtete" allein die Abgrenzung zwischen den Kola, da sonst weder kohäsive Zeichen noch Interpunktion vorkommen. Oft wird das Gliederungssignal ‚Verb an erster Stelle' durch weiter nach rechts versetzte Kohäsionsmittel unterstützt wie in (60), wo nach dem initialen finiten Verb „sollen" an 3. Position die Konjunktion „aber" steht, die dann allerdings nicht mehr zur Abgrenzung der Kola dient.

266 Diese Fügungen werden herkömmlich als asyndetische Unterordnungen bezeichnet, vgl. etwa Alexander Polikarpow, Zum Problem der asyndetischen Subordination

Allgemein lässt sich in den Perioden eine gewisse Redundanz der Gliederungsmarkierungen feststellen, wobei eine regelrechte Konkurrenz zwischen den Markierungen für die 1. Stelle der Apodosis herrscht. Der Sprecher kann zwischen all den in diesem Kapitel erwähnten Mitteln wählen, um diese strategische 1. Position in der Apodosis zu besetzen: Man findet sowohl Konjunktion + Verbzweitstellung („auch solle" in (61)) als auch Verberststellung + Konjunktion („solle auch" in (62)). Diejenige Einheit, die sich am nächsten an der Nahtstelle zwischen Kola befindet, bestimmt den Verknüpfungstyp. Werden an dieser Stelle bevorzugt syntaktische Marker wie Konjunktionen, insbesondere Subordinatoren verwendet, so ist dies ein Hinweis für die zunehmende Grammatikalisierung der Sprache und den Übergang zum modernen hypotaktischen Satzgefüge. Werden anaphorische Verknüpfungsmittel bevorzugt, so wird die Herstellung einer satz- bzw. teiltextübergreifende Kohärenz privilegiert, die logisch-argumentative Strukturierung hat Vorrang:

(61) [P] Es sollen es vil tausend Menschen vil Stunden lang angesehen haben: [A] Auch soll in Caßonien gegen Süden über / über den Kiowischen Horisont / Tag und Nacht sich ein abscheulicher Comet vom 19. Octob. biß 20. Nov. 1672. haben sehen laßen. (MRZ 1673 21 S. 2)

(62) [P] [p] unsere Convoy ist von Cadiz glücklich eingelauffen / [a] hat 120000. Rthl. in bahrem Geld / und viel andere Wahren mitgebracht / [A] [p] solle auch in kurtzem wieder dahin absegeln / [a] und bey Ahnkunfft der Indianischen Flotte bereit zu seyn einzunehmen was ahnhero gehörig seyn möge. (OWP 1671 23 S. 2)

(63) [P] Selbigen Tag wurde durch Trompeten Schall kund gethan / daß sich jeder mann den folgenden Tag zur Huldigung schicken solte / [A] so auch den 25. dito Morgens umb 9. Uhr durch läutung der grossen Glocken das Zeichen darzu gegeben ward / [C] da sich dann jeder mann auff dem Marckt bey dem Rath-Hauß versammlete (EZ 1698 26a S. 2)

Beispiel (63) veranschaulicht, wie eine anaphorische Einheit „darzu", die sehr wohl die 1. Position in der Apodosis einnehmen könnte, weit nach rechts, fast an die letzte Stelle versetzt wird, da der Verfasser es vorzieht, an der Nahtstelle das Konjunktionalgefüge „so auch" zu setzen.

4.2.2 Gliederung zwischen Apodosis und Klausel

Eine Periode muss zumindest zweikolig sein, d.h. aus zwei antithetisch angeordneten Kola bestehen, sie kann aber auch ein drittes Kolon enthalten, das gewissermaßen als Schlussfolgerung der beiden ersten fungiert und das wir hier ‚Klausel' nennen. Die Gliederung zwischen der Klausel und den voranstehenden Kola hat eine ähnliche strategische Bedeutung wie jene an der Akme. Innerhalb der Zeitungen kann man bei einer Großzahl von dreikoligen Perioden einen impliziten oder expliziten Übergang vom Äußerungsrahmen des Informanten, der meist in der Apodosis am Zuge ist, zu einem übergeordneten Äußerungsrahmen, d.h. zu jenem des Korrespondenten oder Herausgebers, feststellen, der dann seinen subjektiven Kommentar, seine Meinung und Schlussfolgerung, äußert.

Formal kann diese Nahtstelle mit denselben Mitteln wie die Akme gekennzeichnet sein, etwa mit Konjunktionen, aber es bilden sich trotzdem für diese Stelle spezifische Marker heraus. Hier sind etwa Markierungen mit Verberststellung häufiger, aber vor allem stehen an dieser Stelle *w*-Pronomen, die sogenannte weiterführende Nebensätze einleiten.

4.2.2.1 Markierung durch Konjunktion

Wegen des spezifischen semantischen Gehalts der Klausel wird diese logischerweise oft mit finalen, konsekutiven Konjunktionen eingeleitet sowie mit temporalen Einheiten zum Ausdruck einer Fortsetzung, Folge, Weiterführung:

(64) [P] Die Herren General Staaten von Hollund West-Frießland seynd annoch in dero Deliberationen versammlet/ [A] sollen sich aber in 4. oder 5. Tagen scheiden/ und wieder nacher Hause kehren/ [C] so daß von dero Schluß noch nichts kan gemeldet werden. (KOP 1698 43 S. 2)

(65) [P] Die Vngewißheit von der See-Schlacht continuiert / [A] und versichert man / daß der Verlurst auff beeden Seiten gleich außgeschlagen / [C] <u>also daß</u> sich kein Theil eines sonderlichen Sigs zu rühmen haben. (MRZ 1672 28 S. 1)

(66) [P] Die Tartarn sind in Reusland mit einem starcken Schwarm eingefallen / [A] der Groß Feld-Herr hat von den hohen Schloß mit Stücken ein Zeichen geben / und die Leute warnen lassen sich zu salviren; [C] <u>Wie dann auch</u> die Königin von dortigen ihren Gütern sich weiter herein retiriret (AM 1698 02 25 S. 4)

(67) [P] Selbigen Tag wurde durch Trompeten Schall kund gethan / daß sich jeder mann den folgenden Tag zur Huldigung schicken solte / [A] so auch den 25. dito Morgens umb 9. Uhr durch läutung der grossen Glocken das Zeichen darzu gegeben ward / [C] <u>da sich dann</u> jeder mann auff dem Marckt bey dem Rath-Hauß versammlete (EZ 1698 26a S. 2)

(68) [P] Man tractirt zwar en Cesarinischen Handel noch mit zimlichen Eyfer / [A] weilen aber die Herren Ambaßadeurs der beyden Cronen Franckreich und Spanien nur in generalibus darinnen handlen wollen / [C] <u>als</u> kan man der Zeit noch nicht absehen / wie solcher Handel außgehen möchte (NM 1673 05 7 S. 4)

(69) [P] Dasige Theyß-Brücken hat man abgetragen/ [A] und die Requisten zu Wasser nacher Segedin transportirt/ [C] um sich auff allen Nothfall solcher wiederumb bedienen zu können. (OPZb 1698 47a S. 6)

(70) [P] In Meyland hat der Gouverneur den Abuys wegen Einführung der Genuesischen Extractions-Spiel verbothen / [A] welches nicht allein den Familien / sondern auch den Seelen schädlich / [C] und hat man die Bücher dem Einnehmer dieses Spiels weggenommen. (AM 1698 02 25 S. 5)

Z.T. gleichen sich die Einheiten zu Beginn der Apodosis und jene zu Beginn der Klausel, aber an letzterer Stelle ist das Paradigma deutlich geringer. Es kommt die Konjunktion „so“ mit den allomorphen „als“ und „also“ meist in Verbindung mit „daß“ in finaler Bedeutung (64, 65), nebst anderen finalen Konjunktionen wie „um“ in (69) vor oder als Korrelativum zu einem Glied der Apodosis (68). Die anderen Konjunktionen stehen hier oft in Verbindung mit „dann“: „wie dann“ (66), „da dann“ (67), indem dieses temporale „dann“ explizit auf die für Klauseln typische Folgerung, Weiterführung hindeutet. Dieser semantische Gehalt kann auch durch den simplen Koordinator „und“ ausgedrückt werden wie in (70).

Zu Beginn der Klausel steht oft auch das finite Verb, wird aber durch eine weiter nach rechts versetzte konnektive Einheit unterstützt, meist Verberststellung + „also“ in (71, 72). Die Verknüpfung kann auch asyndetisch sein in Form eines Anschlusssatzes mit Verbzweitstellung ohne Gliederungssignal, aber mit eindeutig konsekutivem semantischem Gehalt, so dass der Leser trotz formaler Abgrenzungsmerkmale mit Punkt oder Majuskel die Verbindung mit der voranstehenden Periode herstellt. Auch asyndetische Einzelsätze kommen selten wie in Beispiel (4) völlig ohne konnektive Einheiten vor, sie enthalten Koordinatoren („aber“ in (73)) oder Anaphern („solches“ in (73)), die Kohäsion oder Kohärenz über die Satzgrenzen hinaus herstellen:

(71) [P] In der 3. Action wurden die Feinde durch Mr. de la Fuillade und Marquis de Vaubron also getriben / daß sich die unsrige wol logiren kundten / [A] und avancirten sie solcher maßen / daß man versichert lebt / daß die Feinde aus ihrem Plaze zum scharchiren nicht mehr kommen werden. [C] Wird also hierauff bey uns Nacht und Tag eyfrigst gearbeitet / um diser Haupt-Belägerung inner 5. a 6. Tagen ein Ende zu machen. (NM 1673 06 8 S. 5)

(72) [P] Es ist zu verwundern / daß alle Gefangene uñ bereits Gerichtete und Todtgeschossene frembde Nationes sind / [A] und werden deren täglich noch mehr eingezogen / weil je einer den andern angiebt / worunter auch ein bekandter Blumen-Schilder. [C] Ist also GOtt Lob durch gute Ordre

und gemachte vorsichtige Anstalt des Rahts / treue Hülffe der Bürgerschafft / alles wieder in Ruhe gebracht worden. (OPZb 1696 07 S. 4)

(73) [P] Verwichenen Sonnabend Vormittag wurde im Unter-Hause fürgetragen / [A] ob die Declaration des Grafen von Argyle durch des Büttels Hände nicht gehörte zu verbrennen. [C] Es wurde aber beschlossen / solches nach Sr. Mayst. Wollgefallen anheim zu stellen. (NM 1685 06 05 S. 4)

An dieser Nahtstelle wird der semantische Gehalt der voranstehenden Apodosis weitergeführt, oder mittels Konjunktionen (etwa „so“ und deren Allomorphen, die einen Vergleich mit dem Voranstehenden herstellen, eine konklusive Bedeutung haben und somit eine Pause in der Progression der Periode einlegen) das Voranstehende summiert, bevor die Argumentation weitergeführt wird.

Unter den Konjunktionen zu Beginn der Klausel kann man somit schematisch zwei semantische Gruppen unterscheiden. Zunächst jene Gruppe von Konjunktionen, die auf eine Weiterführung der Information oder Argumentation hindeuten, sie stellen eine logische Relation zum Voranstehenden her, eine Progression von der Ursache zur Konsequenz, eine chronologische Fortsetzung. Diese semantische Kontinuität hat auch eine kommunikative Kontinuität zur Folge, der Sprecher in der Apodosis und jener der Klausel gehören zum selben Äußerungsrahmen, derselbe Sprecher legt Fakten dar und führt sie dann weiter. Die Klausel dient in solchen Fällen zur Weiterführung und Vervollständigung des propositionalen Gehalts (der Nachrichten selbst). Insbesondere eignen sich temporale Partikeln wie „dann“ oder der Koordinator „und“ wie in (66, 67) und (70) für eine solche propositionale Weiterführung.

Die zweite Gruppe von Klauseln enthält keinen eigentlichen propositionalen Gehalt, sondern einen Kommentar zu den voranstehenden Propositionen, d.h. eine Schlussfolgerung, die aus dem Berichteten zu ziehen ist, ein distanziertes Nachdenken zum Gehalt der Apodosis. Diese semantische Distanzierung geht einher mit einer kommunikativen Distanz, man wechselt zu einem anderen Äußerungsrahmen über. Zum Ausdruck dieses Bruchs in der Äußerungsstruktur eignen sich dann auch eher Marker der Hypotaxe, etwa die Konjunktionen „so... daß“ in (64) und (65). Noch deutlicher wird dieser Bruch, wenn statt konsekutiver Konjunktionen, solche eingesetzt werden, die darauf hindeuten, dass der Sprecher die in der Apodosis enthaltene Argumentationsrichtung bekräftigt und weiterführt, etwa mit „sintemalen“ in (74) und „maßen“ in (75):

(74) [P] Die von hier nacher Wien *spedirte Staffera* wird stündlich wieder zurück erwartet / [A] mit welcher zu vernehmen seyn wird / ob I. Kayserl.

Majest. dero Reiß nicht auch anhero setzen möchten / [C] <u>sintemalen</u> durch die Regimenter zu passirn / es allerhand Verhinderungen geben würde. (OPZa 1673 07 30 S. 4)

(75) [P] und weilen in so kurtzer Zeit allbereits ihrer 3. dahin gegangen sind / [A] als ist nicht allein unter den alten / sondern auch bey den jungen Cardinälen keine geringe Forcht / [C] <u>maßen auch</u> der Cardinal Atzosini / welcher am Podagra / wie wol ohne einige Lebens-Gefahr darnider ligt / in eine sehr große Betrübniß gefallen ist (NM 1673 04 2 S. 4)

So bildet sich das typische Muster der Periode in den Zeitungen heraus, das dem kommunikativen Zweck dieses Nachrichtenmediums im 17. Jahrhundert, zwischen objektiver Berichterstattung und subjektiver Beeinflussung des Lesers durch den Herausgeber, besonders angepasst ist. Im ersten Kolon, der Protasis, wird ein bereits bekannter Sachgehalt thematisiert, der Korrespondent oder Herausgeber äußert sich im Namen aller an der Kommunikation Beteiligten, die den Sachgehalt kennen, ohne ihn zu assertieren. Im zweiten Kolon, der Apodosis, schließt die eigentliche neue Nachricht an, die Quelle ist der Informant, der oft Zeuge des Geschehens war, dessen Äußerung aber meist nur vermittels anderer Kommunikationsinstanzen wiedergegeben wird. In der Klausel wird nach erneutem Wechsel der kommunikativen Perspektive die Nachricht kommentiert, der Korrespondent oder Herausgeber gibt seiner Subjektivität freien Lauf.

4.2.2.2 Markierung durch weiterführendes Relativpronomen

Der subjektive Kommentar der Klausel wird meist nicht mit grammatischen Gliederungssignalen (Konjunktionen) eingeleitet, sondern eher durch anaphorische Proformen. Es handelt sich fast immer um ein *w*-Pronomen, das eine scheinbar abhängige Verbalgruppe mit Verbendstellung einleitet, die nach modernen Kriterien als ‚weiterführender Nebensatz' interpretiert würde. Relevant ist aber auch hier vor allem die anaphorische Funktion, es wird ein in den voranstehenden Kola erwähnter Sachgehalt summierend wieder aufgenommen, und es wird dazu ein subjektiver Kommentar geäußert. Diese Äußerung darf aber nicht als Ergänzung eines Glieds der Apodosis betrachtet werden. Es besteht zwischen der Klausel und der Apodosis keine attributive oder appositive Relation, vielmehr bildet die Klausel wie jedes der voranstehenden Kola eine unabhängige kommunikative Einheit, sie enthält eine selbstständige Äußerung, bei der man die formal syntaktische Abhängigkeitsmarkierung außer Betracht lassen muss.

Zu den anaphorischen Einheiten, die eine Klausel einleiten können, gehört zunächst *welch-*, so dass formal kein spezifischer Unterschied mit Apodosen besteht, die mit derselben Einheit und ähnlich dependent markierter Verbalgruppe gekennzeichnet sind. Kommt es zu keiner expliziten Änderung in der kommunikativen Struktur, scheint das dritte Kolon ebenso wie die Apodosis zur Wiedergabe von Nachrichtenelementen zu dienen. Etwa in (76) kann man anhand der formalen Gestaltung der Gliederungssignale nicht eindeutig entscheiden, ob es sich um eine dreikolige Periode [[P], [A], [C]] handelt oder um eine vierkolige Fügung mit zwei Hierarchieebenen [P (p, a); A (p, a)]. Handelt es sich um eine dreikolige Periode, so fungiert die mit „welcher" eingeleitete Klausel als Ergänzung des Nachrichtenteils der Apodosis ohne Änderung des Äußerungsrahmens. Dies entspricht aber keineswegs der semantischen und kommunikativen Funktion einer Klausel. Als vierkolige Periode jedoch entstünde ein antithetischer Aufbau, der das Hin- und Herreisen des erwähnten Dokuments nachahmt, welches völlig der Logik einer zweikoligen Periode entspricht:

(76) [P]/[P, p] Nachdem nunmehro die Conferentien wegen der Gräntz-Scheidung sich zu Ryssel geendiget / [A]/[P, a] als ist das allda beschlossene / an den Churfürsten zur Unterzeichnung überbracht worden / [C]/[A, p] <u>welcher</u> selbiges also unterzeichnet durch einen Expressen wieder dahin gesandt / [A, a] umb ferner durch beyde Könige ausgewechselt und ratificiret zu werden. (KOP 1699 95 S. 1)

In (77, 78 und 79) scheint es sich hingegen um dreikolige Perioden zu handeln, in denen die Klausel durch dieselbe anaphorische Einheit *welch-* eingeleitet wird. In (77) ist der Übergang von der Ebene der Kommunikation des Herausgebers in der Protasis zu jener des Informanten in der Apodosis und wieder zurück zu jener des Herausgebers in der Klausel spürbar, es handelt sich um einen zyklischen Aufbau, wie er für die Perioden in den Zeitungen typisch ist.

(77) [P] Ob man gleich mit jüngster Post von Hannover etwas wegen der Leich-Procession der seel. Herrschafft gemeldet / [A] so hat man dennoch nachgehnds den gantzen solennen Actum erhalten / [C] <u>welchen</u> in folgenden dem geneigten Leser communicire: (AM 1698 04 01 S. 3)

In (78) schließt die Klausel an eine vierkolige Periode an, in der die beiden letzten Gliederungssignale ebenfalls *welch-*Pronomen sind, zudem in der typisch kontinuativen Form des Neutrums „welches". Die Klausel nimmt explizit durch die Renominalisierung „Auflage" den vorangehenden Gehalt wieder auf und fügt Informationen hinzu, die aber von einem anderen Sprecher womöglich in einem anderen Äußerungsrahmen stammen; es kommt nämlich eine doppelte Modalisierung durch die Parenthese „sagt man" und durch das Modalverb „soll" vor. Dies deutet also nicht nur auf eine Änderung der Ebene der Kommunikation hin, sondern auch auf die modalisierende Subjektivität des Sprechers, und entspricht durchaus den Strukturierungsregeln der Periode. Man könnte sogar vermuten, dass in der Klausel der Korrespondent oder Herausgeber selbst als impliziter Sprecher fungiert, der sich mit dem indefiniten Pronomen „man" selbst bezeichnet und mit einer gewissen Ironie seine Zweifel zum angeblich provisorischen Charakter der erwähnten neuen Steuer äußert.

Eine ähnliche Kommunikationsstrategie wird offensichtlich auch in (79) angewandt, wo die Klausel zunächst den Informationsgehalt der Apodosis weiterzuführen scheint, allerdings mit gewissen Unterschieden: Es geht hier um die Stärke der französischen Armee, nachdem in Protasis und Apodosis deren Führungskräfte aufgelistet wurden. In der Klausel geht es nicht mehr um objektive Informationen; es geht um eine womöglich subjektive Einschätzung der Stärke des Gegners, die innerhalb der Zeitung und in vorangehenden Ausgaben immer wieder diskutiert wurde; es geht nämlich darum, den Leser zu besänftigen und zu zeigen, dass die Streitkräfte immer schwächer werden, nachdem sie etliche Schlachten liefern mussten. In dieser Klausel äußert sich somit der Herausgeber und richtet sich direkt an den Leser, erinnert implizit an alle früheren Einschätzungen der französischen Truppen und weist durch Gebrauch der Partikel „noch" darauf hin, dass die Zahl der Truppen sinkt. Die anaphorische Einheit zu Beginn der Klausel scheint zwar ein bestimmtes Element der Apodosis wieder aufzunehmen, nämlich „armee", verweist aber zugleich implizit auf eine Reihe vorangehender Einschätzungen, so dass es sich hier in der Tat um einen subjektiven Kommentar mit implizitem Verweis auf die Äußerungssituation des Herausgebers handelt. Dies entspricht völlig der Funktion einer Klausel:

(78) [P] [p] Endlich hat gestern das Hauß der Gemeine beschlossen / eine jährliche Aufflage auff alle die Häuser zu legen / [a] als 2. Schillinge auff die kleinen / 4. auff die mittellmässigen / und 10. auff die grösten / doch der Armen ihre außgeschlossen / [A] [p] welches man rechnete / daß es 120000. Pf. Sterl. und wohl ziemlich mehr des Jahrs auffbringen werde / [a] welches Vergeleigung des Schadens des beschnittenen Geldes / so auff 1200000. Pf. gerechnet ist / dienen soll. [C] <u>Welche Aufflage</u> man saget so lange währen soll / biß daß das Capital und die Interesse werden vergnüget seyn. (OPZb 1696 1 S. 3)

(79) [P] der Printz von *Condé* wird neben dem *Duc d'Enguien* den 20. dieses zu *Chantilly* erwartet / [A] [p] weilen alle *Bagage* im Läger zuruck geblieben / [a] als vermuthet man / daß der König in kurtzer Zeit wieder zur Armee gehen werde / [C] welche noch 24000. Mann zu Pferdt und 32000. zu Fuß starck ist / ausser denen so in Garnison liegen. (OWP 1672 34 S. 2)

Die anaphorische Funktion der Einheit zu Beginn der Klausel greift über den unmittelbaren Kotext hinaus, ihr semantischer Gehalt ist weit größer als jener des Antezedens. Sogenannte weiterführende Anaphorika haben in der Tat die Eigenschaft, sich nicht auf eine bestimmte, voranstehende Einheit zu beziehen, sondern den gesamten semantischen Gehalt der voranstehenden Periode zu summieren und in der Klausel neu zu thematisieren. So könnte man die besondere Funktion des Neutrums „welches" in (80-82) umschreiben:

(80) [P] Mit den frischen Brieffen auß Spannien vom 14. Augusti / thut man noch versichern / [A] daß Ihro Königl. Majestät biß dahin in guter Gesundheit zu leben continuirten / [C] welches an diesem Hoff grosse Freude verursachet. (EPZ 1698 09 17 S. 3)

(81) [P] Derhalben schon *resolvirt*, bey denen von Holland / daß sie die Guarnisonen aus Schwoll / Kampen / Deventer ec. wollen einziehen / [A] und ihnen sothane Oerter auf ihre eigne Kosten für begebenden Einfall der Feinde *defend*irn lassen. [C] Welches ohne grosse *mutation* auch in diesen Landen kaum abgehen dörffte. (OPZa 1668 01 25 S. 3)

(82) [P] und sagt man / daß Rheinfels unter einem Käyserl. Obristen / mit Chur-Mayntzischen und Chur-Trierischen Völckern besetzet werden solle / [A] daher zweiffelt man auch nicht mehr / daß die übrige von der Cron Franckreich abzutreten schuldige Städte und Vestungen nächste Tage geräumet werden dürfften / [C] welches um so viel mehr zu wünschen / als / so lang dieses nicht geschehen / und man an Franckreich dem Inhalt deß Friedens-Instruments kein völliges Gnügen leistet / man dem Frieden nicht allerdings trauen darff. (KOP 1698 43 S. 7)

Man stellt somit eine große Polyfunktionalität der anaphorischen Einheit *welch-* in den Zeitungstexten fest. Sie erscheint als Relativpronomen, das eine abhängige Verbalgruppe in eine Nominalgruppe eingliedert, als Gliederungssignal an der Akme, das einen scheinbar abhängigen, aber kommunikativ unabhängigen Satz einleitet, und schließlich als Gliederungssignal zu Beginn der Klausel mit einer anaphorischen Funktion, die jener von weiterführenden Pronomen gleichkommt, zugleich auch einen Bruch in der Kommunikationssituation markiert. Durch diese Polyfunktionalität sind Fehlinterpretationen zwar möglich, sie wird teilweise aber durch eine komplementäre Distribution mit anderen Einheiten wieder aufgehoben: Anaphorische Einheiten des Typs *so* oder *d-* werden nicht als weiterführende Pronomen gebraucht, *welch-* fungiert als eigentliches Relativpronomen ausschließlich bei eingebetteten Relativsätzen außerhalb der Gliederungsstellen der Periode, d.h. innerhalb der Kola, oft mit Ellipse des Hilfsverbs, vgl. (83a) und (83b). Als weiterführendes Pronomen steht es an einer Nahtstelle zwischen Kola und fungiert als Gliederungssignal. Für die Distinktion der Einheiten an der Akme und jenen zu Beginn der Klausel kann man festhalten, dass *welch-* an der Akme meist flektiert ist, in der Klausel jedoch oft im Neutrum steht. Jedoch zeigen die Beispiele (76-79), dass diese Distribution bei weitem nicht völlig komplementär ist, insbesondere bei der Häufung von „welches" in (78), wo allein die Position auf die exakte Funktion schließen lässt.

(83a) [P] Allhier ist auch groß Mangel an Saltz / [A] darbey ist das Mehl / welches in der Accademie gewesen / so schwartz / [C] daß es nicht gebraucht werden kan. (MRZ 1672 43 S. 3)

(83b) [P] [p] Das Turennische Haupt-Quartier ist vor etlichen Tagen noch zu Wollstein gewesen / [a] das Geschütz aber nach Gemünden und Kirchberg gebracht / welche Oerter eingenommen / [A] [p] und Castelhuhn auch auffgefordert worden/ [a oder C?] welches Ahnstand begehrt / Verhaltungs-Befelch einzuholen (TKC 1673 11 27 S. 6)

Die Anapher zu Beginn der Klausel lässt sich insbesondere anhand der Änderung in der Kommunikationsstruktur identifizieren. In (80-82) ist der Übergang von einer Ebene der Kommunikation zur anderen eindeutig. Die Klausel liefert subjektive Kommentare, Überlegungen und Einschätzungen zu den Nachrichten der Apodosis, aber keine neue Nachricht. Die Häufigkeit solcher Klauseln und ihr Umfang etwa in (82) sind wichtige Hinweise für den polyphonen Aspekt der Zeitungen.

Neben den *welch*-Pronomen kommen zu Beginn der Klausel mit derselben Funktion oft auch *wo*-Formen in Kombination mit Präposition (84-86) vor:

(84) [Dises hat man vom Hofe / daß] [P] unser König auff den Empfang der Ratification der Tractaten mit Chur-Brandenburg alsobald einen Expreßen an Mons. Gremonville nach Wien abgeschickt hätte / mit Ordre / I. Käyserl. Majest. solchen zu vermelden / [A] und wann I. Käys. Majest. widerum eine Armee nach dem Reyne schi- cken würde / daß der König von Franckreich alsdann eine Armee nach den Käyserl. Erbländern senden wollte / [C] worauff man / wie auch aus Spanien eine Antwort erwartet. (NM 1673 06 1 S. 5)

(85) [P] Der Herr Berzera hat seine vollkommene Expedition nach Schweden vom Herrn Unter-Cantzler noch nicht erhalten / [A] ist er derowegen nach

Groß Pohlen abgegangen / solche bey dem Herrn Groß Cantzler zu erlangen / [C] worüber wunderliche Discursen gehen. (NM 1673 06 8 S. 2)

(86) PS. [P] Mastricht soll erobert / Breda berennt / [A] und die Engl. Frantzös. Flote vor Ostende seyn / [C] wovon morgen in der 53. extr. Relat. ein gewißers. (NM 1673 06 8 S. 8)

4.2.2.3 Klauseln in Form indirekter Fragesätze

Im modernen Deutsch ist das Pronomen des Neutrums „was" die prototypische weiterführende Einheit. Sie kommt in unserem Korpus vor, aber lediglich zur Einleitung von indirekten Fragesätzen. Sie können als Parenthesen inmitten der Apodosis oder auch der Protasis vorkommen (89) oder als Klausel einer dreikoligen Periode (87, 88) mit der für Klauseln üblichen kommentativen Funktion und implizitem Sprecherwechsel. Dieselbe kommentative Rolle spielt der mit „was" eingeleitete Fragesatz in (90), dort stellt er aber nur einen Teil der Klausel dar, da er nach rechts versetzt ist: Nicht die anaphorische Einheit fungiert dort als Gliederungseinheit, sondern die Konjunktion „jedoch":

(87) [P] Bey den Schwedischen Officierern ist in Pommern vnnd Bremischen / wegen deß anbefohlnen herauß marschiern / der Cron-Armee / grosses Frolocken / [A] auch der Hauß-Mann hoch erfreuet / weilen etliche 2. oder 3. Reutter verpflegen müssen / [C] was dise schleinige Veränderung in sich habe / kan niemand erfahren. (MRZ 1673 46b S. 3)

(88) [Man hat von Winsen / daß] [P] der Hertzog von Holstein Plön / General-Lieutenant bey der Chur-Brandenburgische Armee daselbst durch gereiset sey / [A] über die Elbe hieherwerts und gar nach Dennemarck zu gehen / [C] zu was Ende ist noch unbekannt. (NM 1673 01 2 S. 8)

(89) [P] So ist auch vorgestern an Ihre Chur-Fürstl. Durchl. von Brandenburg ein Currire / aber unbewust mit was Expedition / von hier abgeschickt worden / [A] welcher auch zugleich ferner nach Braunschweig / zu dem dahin ablegirten Herrn Grafen von Windisch- Grätz / gehen soll. (NM 1673 06 2 S. 2)

(90) [P] VOr etlich Tagen seynd Ihro Fürstl. Gnaden / der Herr Bischoff von Paßau allhier per Posta angelangt / [A] welcher am Montag bereits bey Ih. Kayserl. Mayest. Audientz gehabt / [C] jedoch unwissend / in was dessen Mitbringen bestehen möge. (NAC 1698 02 15 S. 1)

Diese mit „was" eingeleiteten subjektiven Kommentare sind meist Fragen des Herausgebers oder Korrespondenten zu fehlenden Nachrichten, Aufrufe zur Vervollständigung des in der Apodosis entwickelten Informationsteils. Es kann sich dabei auch um metadiskursive Äußerungen handeln, es wird auf spätere Ausgaben der Zeitung verwiesen, der Leser wird für weitere Informationen auf die nächste Ausgabe vertröstet. In jedem Fall stellen diese Fragesätze Einbrüche des Sprechers eines übergeordneten Äußerungsrahmens in die Nachrichtenwiedergabe und somit Beispiele von Polyphonie dar, und damit entsprechen sie völlig den kommunikativen Zwecken einer Klausel.

Zu den *was*-Fragesätzen kommen noch solche, die mit „ob“ (92) bzw. mit einleitendem finiten Verb + *ob* (93) oder auch mit Partizip („unbewußt“) + *ob* (91) markiert sind. Sie bilden subjektive Kommentare ganz ähnlich wie in Klauseln, befinden sich in unserem Korpus aber ausschließlich innerhalb der Apodosis. Es herrscht eine strikte komplementäre Distribution zwischen den *w*-Fragesätzen, die sich mit der Klausel einer Periode decken, und den *ob*-Fragesätzen, die Teil der Apodosis sind: Dies weist auf eine grundlegende funktionale Opposition hin. Es scheint, dass innerhalb der Apodosis kein Wechsel von einer Ebene der Kommunikation zur anderen stattfindet, der subjektive Kommentar stammt somit von der Quelle der Nachricht selbst, vom Informanten also. *Ob*-Fragesätze sind nicht polyphon, *w*-Fragesätze sind es, und schließen den äußerungsstrukturellen Zyklus der Periode:

(91) [P] Gleich jetzt kommt mit einem Expreßen die Zeitung / daß 1. Uhr von Gent 6000. Mann von der Avantgarde über die Brüggische Fahrt gemarchirt seyen / [A] ohne Bewust / ob sie nach Ardenberg oder nach dem Saß von Gent wollten. (NM 1673 05 7 S. 7)

(92) [P] Es sind gestern 16. Uberläuffer von der Frantzösischen Armee in Flandern allhier angekommen / [A] ob ihnen zu trauen sey / ist im Zweiffel. (NM 1673 06 1 S. 7)

(93) [P] Die Engländische Brieff melden / daß selbige Kriegs-Flotte 36. Segel starck gegen die See-Rauber außgelauffen / [A] man zweiffelt aber / ob sie sich mit der Holländischen *conjungiren* werde; (OWP 1671 23 S. 4)

4.2.3 Gliederung zwischen Perioden

Nicht allein die Apodosis und die Klausel, sondern auch die Protasis ist innerhalb einer Periode mit Gliederungssignal markiert, es begegnen Gliederungssignale gar zu Beginn eines Teiltextes, einer Korrespondenz oder der gesamten Zeitung. Zu einem kleinen Teil handelt es sich um dieselben Gliederungssignale wie innerhalb der Periode, aber meistenteils findet man hier Einheiten, die spezifisch für den Initiator, die Anfangsabgrenzung und Identifizierung der gesamten Periode sind, etwa die konnektive Partikel „sonsten“, die in den ursprünglichen Briefen, den Übergang vom geschäftlichen, diplomatischen oder privaten Inhalt zum Nachrichtenteil kennzeichnete.[267] In unserem Korpus konnten wir auch den häufigen Einsatz der Konjunktion „so" zu Beginn der Protasis in einigen Zeitungen feststellen, dies scheint aber ein nicht allgemein verbreiteter Usus gewesen zu sein und gehörte zur redaktionellen Linie etwa von *OPZa*.

Bei diesen einleitenden Gliederungssignalen wird sowohl kataphorisch auf die nachfolgenden Signale der Periode verwiesen als auch anaphorisch eine Kohärenz mit voranstehenden Perioden hergestellt. Man muss zur Analyse der einleitenden Signale zwischen drei Gruppen von Perioden unterscheiden, je nach dem, ob sie zu Beginn eines Teiltextes, Textes oder gar der gesamten Zeitung stehen und dort eine besondere diskursive Funktion haben und eine textübergreifende Kohärenz herstellen, ob sie mitten in einer Reihung von Perioden bzw. eines Teiltextes stehen, aber mit makrostrukturellen Abgrenzungsmarkierungen zu voranstehenden Perioden (Spatium oder starkes Interpunktionszeichen), so dass auch hier eine Kohärenz entsteht, die über den unmittelbaren Kotext hinausreicht, oder ob sie sich inmitten eines stark kohäsiven Teiltextes in eine Verkettung von Perioden einfügen, wo das einleitende Gliederungssignal dann eine Kontinuität markiert.

4.2.3.1 Markierung der Kontinuität bei Verkettung von Perioden in stark kohäsiven Teiltexten

Teiltexte innerhalb der Korrespondenzen können aus einer einzigen, mehr oder weniger weitläufigen Periode bestehen oder aus einer Verkettung von Perioden, bei der sich die Konturen der einzelnen Perioden verwischen. Dies umso mehr, als jedes Kolon einer Periode aus einer kleineren, untergeordneten Periode des Typs [P (p, a); A (p, a)] bestehen kann, so dass auch zwischen diesen hierarchisch strukturierten vierkoligen Perioden und der Verkettung von zwei zweikoligen Perioden unterschieden werden muss. Bei der vierkoligen Periode artikuliert sich ein oft komplexer Sachgehalt um eine einzige logische Proposition, bei der Verkettung von Perioden des Typs [(P, A); (P, A)] handelt es sich vielmehr um eine Folge mehrerer logischer Propositionen, um eine logische Progression, die sich um eine gemeinsame Thematik entwickelt. Die Perioden haben dann ein oder mehrere gemeinsame semantische Elemente, auf die mit anaphorischen Einheiten verwiesen wird. In diesen Fällen lassen sich die einzelnen Perioden nur schwer voneinander abgrenzen, man kann oft nur durch Zählung der Kola oder durch ungefähre einheit-

267 S. oben, 3.2.2.3.3.

liche Thematik zwei- oder dreikolige Fügungen abgrenzen. Anhand eines Spatiums oder eines starken Interpunktionszeichens wie Punkt, Doppelpunkt oder Semikolon kann man die gesamte Verkettung von Perioden abgrenzen wie etwa in (94), wo die Verkettung dreier Perioden durch „und“ und „auch“ mit zwei Punkten abgegrenzt wird.

Bei solchen Verkettungen sind die Gliederungssignale zwischen den Perioden fast identisch mit jenen zwischen den Kola, sie dienen der Markierung einer Kontinuität. Es handelt sich meist um parataktische Einheiten wie die Koordinatoren „und“ und „auch“ in (94), um konnektive Partikeln wie „ingleichem“ in (96). Aber auch heute als Subjunktoren interpretierte Einheiten wie das „wie“ zum Ausdruck einer Äquivalenz in (95) oder ‚weiterführende Nebensätze‘ einleitende Pronomen des Typs wie „welch-“ (97) oder „wo-“ (96, 99) sowie *da* + Präposition wie „darauf“ in (97) fungieren als Marker der Protasis. Zwischen den Perioden kann man auch anaphorische Einheiten des Typs „selbig-“ (100), „solch-“ (99) neben Renominalisierungen durch Nominalgruppen finden, die alle kohärenzstiftend sind und mehrere Perioden zu einem Teiltext fügen, in welchem isotopische Linien periodenübergreifend verlaufen:

(94) → [1] [P] Höchstbemeldter König ist mit der Conduite des jüngst gesessenen Parlements in Engeland sehr wol zu frieden / indem er alles nach seinem Willen erlanget / [A] ohne daß sie nicht resolviren können / eine Armee auf den Beinen zu halten / [C] dem aber ungeachtet / so vermuhtet man jedennoch / daß die meisten Glieder des alten Parlaments zu dem künfftigen Parlament wieder erwählet werden dürfften / [2] [P] und leben Ihro Königl. Maj. der Zuversicht / bey dem neuen Parlament eine ansehnliche Macht auf den Beinen zu haben / zu erhalten / [A] wie denn auch das vorige Parlament consentiret / die blaue Garde zu Pferde und Fuße in Engeland zu behalten / welche man vort ihre Gage zahlen wird / [3] [C] auch hat man Hoffnung / daß gleichfals ein Theil der Garde du Corps aus diesem Lande nach Engeland gehen werde. (AM 1698 07 29 S. 8)

(95) [1] [P] So wird *spargirt*, daß der Bischoff von Münster in Person zu Pariß gewesen / und mit selbiger Königl. M. eine Alliantz / [A] Krafft welcher Ihme auf Begehren ohne Trommelschlag / inner 24. Stunden von ged. I. M. Landsvölcker und Ausschus 24000. Mann zu Roß und Fuß geliefert werden sollen / geschlossen / [2] [P] wie sich dann dessen Gesander / eine grosse Summa Gelds zu- empfangen / und mit einer *Convoy* nach Münster zu führen / annoch am König. Hoffe befindet / [A] als wird / daß es wegen deß Grafen von Bentheim auf die Herren Staaden angesehen sey / geglaubt. (OPZa 1669 02 20 S. 2)

(96) [1] [P] VErgangenen Sambstag hatten wir so ein erschröcklich Ungewitter / mit Wind / Blitzen und Donnern / [A] dergleichen kaum bey Menschen-

Gedencken gewesen; [2] [P] Wordurch viele Häuser in dieser Stadt an ihren Dächern und Schornsteinen sehr beschädiget / [A] auch eine Menge Bäume niedergeworffen / und auß der Erden gerissen worden seynd: [3] [P] Ingleichem ist ein Schiff auff hiesiger Rhede mit 3. Männern verlohren gangen; [A] So hat hat auch der hefftige Wind die Feld-Früchten sehr verdorben / und das Korn / so zeitig ware / dergestalten außgeschlagen / daß fast nichts mehr in denen Aehren geblieben / und das übrige zur Erden niedergelegt worden ist. (EPZ 1698 09 10 S. 1)

(97) [1] [P] Eine Parthey aus der Garnison von Nieport / [1?]0 Mann starck / hat eine Frantzösische Parthey von 70. Mann biß Oostkamp verfolget / [A] worauff die Frantzosen sich auffs Casteel reteriret / [2] [P] worüber die Unsrigen genöthiget worden / an ener Seite der Fahrt Assistentz zu finden / [A] so sie auch erhalten / [3] [P] drauf sie das Casteel auffgefodert / [A] und die Frantzosen sich auch ergeben / [4] [P] welche abgezogene Parthey gestern hier gefänglich eingebracht / [A] und ferner also fort zu Schiffe nach Nyport gebracht / [5] [P] der Commendant von solcher feindlichen Parthey heisset Piero / sonsten Backelot / der Sohn aus dem rohten Löwen allhier / [A] welcher von den Holländischen Troupen desertiret ist. (OPZb 1696 06 S. 4)

(98) [1] [P] Gestern wurde bey Hoff der vormahls zu Novigrad gewesene Türckische Commendant mit der silbernen Hand / und in letzterer Belagerung zu Ofen gewesene Vice-Commendant / [Schmeckebey?] genannt / [A] bey welcher Eroberung er gefangen / und biß anhero zur Neustadt auffgehalten worden / sampt seiner Frauen / in Hoff-Capelle getauffet / [2] [P] worbey Ihro Käyserl. Majest. zu Gevattern gestanden / [A] welches Dieselbe auch zu ihrer jährlichen Unterhaltung 1000. Gülden aßigniret haben. (OPZb 1696 04 S. 5).

(99) [Von Warschau wird berichtet / daß /] [1] [P] nachdem der Cardinal *Primas* den König / wegen seiner *Submission* versichern lassen / auch alle andere Streittigkeiten völlig beygelegt worden / [A] hätte man den 29. passato daselbsten endlichen das *Senatus Consultum* gehalten / [C] darbey doch ferner nichts geschlossen worden / als daß auff den 16. nechstkünfftigen Aprilis der allgemeine Reichs-Tag seinen Anfang gewinnen solle / [2] [P] worauff der König seine Reiß nacher Preussen angetretten / [A] und würde man nun alle Anstalten zu der bevorstehenden Campagne wider den Erb- feind vorkehren. (NAC 1698 02 15 S. 1)

(100) [1] [P] Von dem Käys. *Internuntio* in Türckey Herrn Perіß ist Gestern ein Currier ahngelangt / so dem Verlauth nach alles guts mitgebracht / [A] ausser daß bey Griechisch-Weissenburg bereits in die 50000. Türcken ahnkommen / aller Kundtschafft nach / durch Siebenbürgen den Cosacken und Tartarn wider Pohlen zu Hülff zu gehen / [2] [P] selbiger König führet auch eine Armee von hunderttausendt Mann zusammen / [A] worzu die

Cron Schweden mit einem Corpo stossen / [C] und der Widerstandt gesambter Hand beschehen wird. (OWP 1671 24 S. 4)

Durch chronologische Schilderung aufeinander folgender Ereignisse, die in Zeitungen verständlicherweise häufig sind, kommt es zu solchen Verkettungen von Perioden wie in (97). Es können darin aber auch logische Schlussfolgerungen von der Ursache zur Konsequenz zum Ausdruck gebracht werden, wo dann etwa konnektive Einheiten wie „deswegen“ zwischen zwei Perioden zum Einsatz kommen oder auch ganze Gedankenführungen wie in der Rede des polnischen Königs.[268] Es fällt auf, dass bei der Verkettung von Perioden wie auch bei jener von Kola innerhalb der Perioden nirgends auf hypotaktische Verknüpfung zurückgegriffen wird; diese Verkettungen erfolgen durch parataktische Aneinanderreihung syntaktisch und vor allem semantisch-kommunikativ unabhängiger Einheiten. Es geht den Verfassern solcher stark kohäsiver Teiltexte darum, nahtlos aneinanderzufügen; die Hypotaxe und der Übergang von einer Ebene der Kommunikation zur anderen würden bestimmt als Brüche in dieser Kontinuität empfunden werden. Die meist verwendeten Verknüpfungsmittel sind daher die Koordination und anaphorische Einheiten und die seltenen Konjunktionen, die heute als ‚Subjunktoren‘ gelten, etwa „wie“, „da“ oder auch „so“. Sie sind nicht als Signale einer eigentlichen Hypotaxe zu interpretieren, denn auch sie leiten kommunikativ unabhängige Äußerungen ein, auch wenn diese aus Verbalgruppen mit Verbendstellung bestehen. Auch bei der Verkettung von Perioden fällt somit die Konkurrenzsituation zwischen Markierungen der Hypotaxe und jenen der Gliederung von Kola und Perioden auf. Die Verkettung von Perioden in stark kohäsiven Teiltexten kann keinesfalls als Beispiel syntaktischer Komplexität in der Sprache des Barocks angeführt werden mit Häufung der hypotaktischen Ebenen, wie es in einschlägigen Untersuchungen immer wieder hervorgehoben wird. Der Eindruck der Komplexität rührt lediglich von der falschen Interpretation von Gliederungssignalen wie „welch-“ und „wie“ her, die formal hypotaktisch wirken, eigentlich aber als parataktische bzw. anaphorische Verknüpfungsmittel zu betrachten sind. Bei dieser Form der Syntax soll offensichtlich möglichst vermieden werden, Tiefengrade bzw. hypotaktische Hierarchieebenen in den Satzgefügen zu bilden. Die Hypotaxe scheint vor allem einer besonderen diskursiven Funktion vorbehalten zu sein, um den Übergang von einer Ebene der Kommunikation zur anderen, von einem Äußerungsrahmen zum anderen zu kennzeichnen.

268 MRZ 1673 22 S. 1, s. oben, 3.3.2.3, Beispiel (279).

Die starke Kohärenz bei Teiltexten, die aus solchen Verkettungen von Perioden bestehen, entsteht vor allem durch isotopische Linien, die satzübergreifend diese Teiltexte durchziehen, und durch Verwendung etlicher anaphorischer Einheiten. Auch wenn Konjunktionen zur Verknüpfung von Perioden verwendet werden, wie in (94, 96), werden diese stets durch Anaphorika unterstützt, die ein oder mehrere Elemente des voranstehenden Kotextes wieder aufnehmen. In (94) ist der englische König Hyperthema des Teiltextes. Nach der Thematisierung im Vortext, wird er anaphorisch in jeder der folgenden Perioden wieder aufgenommen bzw. renominalisiert, nämlich durch die Nominalgruppe „höchsgemelter König" und „Ihro Königl. Maj". Weitere isotopische Linien entwickeln sich um das Thema „Garde" und um die Namen der hier erwähnten beiden Länder „Engeland" (der Name kommt in jeder Periode vor) und Holland, das deiktisch mit Bezug auf die Äußerungssituation durch „diesem Land" anaphorisiert wird. In (95) entsteht die Kohärenz durch zwei isotopische Linien für zwei Persönlichkeiten, die das Hyperthema des Teiltextes bilden: den französischen König und den Bischof von Münster. Ersterer wird durch „selbiger Königl. M." und „König. Hoffe" in jeder Periode neu erwähnt, Letzterer durch „Bischoff von Münster" und das Pronomen „dessen". In (96) schließlich entsteht trotz Schilderung voneinander unabhängiger Themen die Kohärenz um den Äußerungsort, der deiktisch jeweils durch „dieser Stadt" und „hiesiger" bezeichnet wird. Die Konjunktionen kennzeichnen bei solchen Verknüpfungen die argumentative, logische Progression in der Verkettung der Perioden; thematische Einheit und Kohärenz entstehen durch die begleitenden Anaphorika, die stets vorhanden sind: Eine Periode verweist stets auf Elemente des Ko- und Kontextes. Dies bleibt auch dann wahr, wenn sich die Periode zu Beginn eines Teiltextes oder nach einem makrostrukturellen Zeichen der Diskontinuität befindet: Anaphorische Einheiten verweisen dann auf frühere Texte, auf Äußerungssituationen, in denen derselbe Sprecher am Zuge war.

4.2.3.2 Markierung der Diskontinuität in Teiltexten mit Verkettung von Perioden

Die Makrostruktur kann inmitten einer Verkettung von Perioden auch Signale der Diskontinuität liefern: Zwischen zwei Perioden stehen dann ein Spatium oder ein starkes Interpunktionszeichen. Ein Punkt markiert oft das Ende einer Verkettung von Perioden, fungiert als Terminator für Teiltexte. Dennoch stehen zu Beginn der darauf folgenden Teiltexte Gliederungssignale, die dann sowohl eine Verknüpfung mit nicht unmittelbaren Ko- und Kontexten als auch eine Diskontinuität mit dem unmittelbaren Vortext darstellen.

4.2.3.2.1 „So“ und „Und“ in *OPZa*

Hier sollen zunächst zwei Konjunktionen erwähnt werden, die man zwar an der Nahtstelle zwischen zwei Kola in fast allen Zeitungen findet, zu Beginn von Protasen aber nur in wenigen Zeitungen wie etwa *OPZa*, nämlich „So“ (101, 102, 105, 106) und „Und“ (105-107):

(101) [1] Man vernimt / daß zu Lübeck Käys. Schwed. Chur Brandenburg. Sächsisch. Lüneburgische und andere Gesandten erscheinen werden / umb / wegen der Gravschafft Oldenburg und Delmenhorft / zu tractirn. [2] So ist untern Kauffleuten allhier / weil sie mit jüngster Post / daß ihre Schiff in Spania und Portugall glücklich eingeloffen / Brieff erhalten / grosse Freud / doch ist ein aus Schweden kommenes mit Kupffer und Eisenwahren beladenes Schiff / unter Jasmond in Pommern gestrandet. (OPZa 1668 01 14 S. 3)

(102) [1] Es wird von Londen geschrieben / das daselbst und an andern Orten in England sich abermal ein grosser Comet mit einem langen Schweiff / anfänglich blutroth / hernach wie lauter Feuer sehen lasse. [2] So melten die Haagische Brieff / daß der Herr von Peinigen seine Ambassada nach Pariß in wenig Tagen fortsetzen werde / die von Printz Moritz und Herrn von Beverning aber / nacher Wien / bleibt wegen bösen wetters und vorhabender Werbung etwas ausgesetzt. (OPZa 1668 02 04 S. 2)

(103) [1] Die Feuer-dack zu Pleymouth ist nunmehro fertig / und wird selbige den Schiffen grossen Dienst thun. → [2] So hat man auch mit der Erndte um dieser Stadt einen Anfang gemacht / und ist das Gewächs nach Hertzens Wunsch gediehen. (KOP 1699 65 S. 5)

(104) [1] Zu Lissabon wird an denen offtgedachten 12. Krieges-Schiffen mit solchem Eyfer gearbeitet / daß solche vor dem Ende dieses Monats in See gehen können. → [2] So continuiret man auch die Werbungen fleißig / und hat solche guten Fortgang. (AM 1698 07 29 S. 6)

(105) [1] So seyn von Brüssel 2. Regim. zu Fuß und 4. Comp. zu Pferd / umb in die Stadt einlogirt zu werden / angelangt / weil aber die Burger davon befreyet / in dem sie jährlich 60000. fl. dem Gubernator davor zahlen / jene hingegen mit Gewalt hinein zu kommen trachten / als wird deßwegen ein grosser Tumult besorgt. [2] [P] Und melden die Haagische Brieff / daß Printz Moritz von Nassau / nebenst Herrn Romswinckel nacher Cleve verreist. [3] [A] Und ist man *resolvirt,* zu Verstärckung der alten Comp. 8000. Mann zu werben. (OPZa 1667 12 28 S. 4)

(106) [1] So ist nun der Frantz. Gesandte *Mons. Guitri* in gehabter Urlaub Audientz von Ihrer Käys. M. mit dero von lauter Diemanten versetzten Con-

terfeit auf 5000. Reichsth. werth begnadet worden. [2] Und hat man aus Ungarn / daß durch die von denen Türcken aus allen Vestungen zusammen bringenden Völckern / umb den Groß Vezier einen *Succurs* von etlich 1000. Mann nacher Candien zu schicken / ein starckes *Corpus formirt* würde. (OPZa 1667 12 31 S. 1)

(107) Wir musten aber auch 14. todt oder gefangen hinterlaßen / derer Erledigung halber wir uns nicht auffhalten kunnten. → Und also gelangten wir / in der Brüßlischen Seiten / mit etwan 100. Mann zu Pferdt / und den Officirern / von welchen man gewißlich rühmen kan / daß sie ihre Pflicht wol gethan haben. (NM 1673 02 2 S. 8)

Innerhalb einer Verkettung von Perioden kann die Konjunktion „So" zu Beginn der Protasis wegen ihrer vergleichenden Semantik, die eine Äquivalenz zum voranstehenden Kotext herstellt, Kontinuität mit dem Vortext signalisieren. In *OPZa* aber wird diese Einheit verwendet, um eine Diskontinuität zwischen zwei Perioden zu markieren. Dies scheint spezifisch für die redaktionelle Linie dieser Zeitung zu sein. In (101) und (102) kann man feststellen, dass die Thematik in der zweiten Periode jeweils nichts Gemeinsames mit jener der ersten Periode hat. Der Verfasser scheint die Konjunktion „So" zu verwenden, um diesen thematischen Bruch zu unterstreichen, um von einem Thema zum anderen überzugehen. In Kontrast dazu kann man einige Zeitungen anführen, etwa *Am* und *KOP*, in denen die einleitende Konjunktion „So" auf ein wichtiges gemeinsames Element zwischen zwei Perioden hindeutet: In (103) ist „dieser Stadt" der gemeinsame Nenner der Perioden, in (104) kommt es von einer Periode zur anderen zu einer Progression in derselben Thematik: Es ist zunächst die Rede von der Rüstung der portugiesischen Flotte, dann von der Rekrutierung der Soldaten. Dennoch besteht auch in diesen beiden Fällen eine gewisse Ambiguität, da jeweils die Perioden durch ein starkes Interpunktionszeichen und durch ein Spatium getrennt werden, „So" markiert demnach auch eine Diskontinuität, zumindest was den Äußerungsrahmen betrifft, da in jeder Periode jeweils ein anderer impliziter Sprecher am Zuge ist. In jedem Fall markiert „So" zu Beginn einer Periode eine Diskontinuität in der Äußerungsstruktur, wobei in *Am* und *KOP* zumindest eine semantische Kontinuität beibehalten wird, nicht aber in *OPZa*. Doch ist wenig wahrscheinlich, dass das ‚Signifié' von „So" (‚Vergleich, Herstellung einer Äquivalenzrelation') in dieser einen Zeitung völlig verloren ging. Anscheinend bezieht sich dieses ‚Signifié' in *OPZa* auf die Kommunikationssituation bzw. -intention. Der Sprecher deutet mit dieser Einheit, die zur konnektiven Partikel geworden ist, an, dass er die folgende Nachricht so wie schon die voranstehende wiedergeben wird. Man könnte die Semantik von „So" hier wie folgt paraphrasieren: „Genauso, wie ich Ihnen die Information der Quelle X wiedergegeben habe, genauso werde ich jetzt die Information der Quelle Y wiedergeben". So erklärt sich die Markierung eines Bruchs in der Äußerungsstruktur, da nun zu einer anderen Nachrichtenquelle übergegangen wird. Dies ist dann auch der gemeinsame Nenner der einleitenden Partikel „So" in sämtlichen Zeitungen des Korpus.

Ähnliches geschieht mit dem Koordinator „Und": Er deutet in (105) und (106) auf einen eindeutigen thematischen Bruch, eine Diskontinuität zwischen den Perioden hin, zugleich aber auf eine konstante Kommunikationssituation bzw. -intention. Der Sprecher weist darauf hin, dass er im Folgenden eine neue Nachricht bzw. Nachrichtenquelle hinzufügen wird. Aber auch der Koordinator „Und" ist ambig: Er weist in (107) auf eine thematische Weiterentwicklung, die über die Abgrenzungsmarkierung Spatium hinausreicht, und zugleich auf eine Diskontinuität in der Verkettung von Perioden hin, wo doch beide entgegengesetzten Funktionen in den Zeitungen eher komplementär distribuiert sind.

Diese Konjunktionen wirken zu Beginn der Periode als diskursive, konnektive Partikeln, die eine Polyphonie markieren, sie verweisen auf die Kommunikationssituation des Korrespondenten oder Herausgebers, man hat es hier zu Beginn der Periode mit derselben Ebene der Kommunikation wie in Klauseln zu tun, womit der zyklische Aufbau der Periode erneut veranschaulicht wird.

4.2.3.2.2 Markierung der logischen und chronologischen Progression

Zum Ausdruck einer logischen und chronologischen Progression können hier keine *w*-Pronomen verwendet werden wegen der starken Diskontinuitätsmarkierung durch Spatium. Nach Spatium müssen somit Konnektoren stehen, die sowohl mit dieser äußerungsstrukturellen Zäsur als auch mit der starken thematischen Kohärenz mit dem Vortext in Einklang zu bringen sind: „dergleichen" (108), „hierauff" (109). Zu den Einheiten, die auf eine thematische Opposition hinweisen gehört „gleichwol" (110):

(108) Der Königliche Hoff ist von *Marly* wieder nach *Versailles* gekommen / und wird allda die Ostern halten. → <u>Dergleichen</u> der Hertzog und Hertzogin von Orleans / mit *Mademoiselle,* so von St. *Cloud* zurück gekehrt seynd (EZ 1698 26a S. 2)

(109) Es sind von den Chur-Brandenburgischen ein Rittmeister und andere todt auch einige verwundet von den unsrigen ist ein Corporal und ein Reiter geblieben / auch sind in 6. gefangen genommen worden. → <u>Hierauff</u> gin-

gen die Chur-Brandenburgi- sche widerum über die Lippe / worüber die abgehauene Brücke wider reparirt ist. (NM 1673 02 2 S. 4)

(110) Er ist am 11. Febr. Abends um 9. Uhr / in St. Eustachij Kirchen zu des unglaublich groß gewesenen Volckes Belibung seinem Leichname zufolgen Einhaltung still begraben worden. → Gleichwol waren in 800. Persohnen zur Folge / worbey sich 8. Prister und vil Kinder von St. Trinite / vorauß aber vil Arme / denen er ein großes legirt hat / befunden. (NM 1673 03 2 S. 3)

Weitere Konnektoren haben eine eher temporale Bedeutung, „indessen", deutet auf eine Gleichzeitigkeit hin (111), „nun" verankert die aktuelle Periode in der Gegenwart, so dass zwischen zwei Perioden mit demselben Thema eine Chronologie entsteht; die eine Periode handelt von der Vergangenheit oder wiederholt schon Bekanntes, die zweite ist in der Gegenwart verankert (112-114):

(111) Die Copulation des Hertzogen von Lotthringen und Madamoiselle / sol den 14. Septemb. zu Versailles durch einen Gevollmächtigen geschehen / und darauff Madamoiselle alsobald nach Lotthringen zu den Hertzog ihren Bräutigam gehen. Selbigen Tages will alsdann der König nach Fontainebleau reisen / und biß den 5. Novembr. allda verbleiben. → Indessen sagt man / daß der Hertzog von Lotthringen eine grosse Menge Edelgesteine / Silberwerck / und viele andere köstliche Mobilien von weyland der Königl. Frau Mutter geerbet / und dessen Antheil viel grösser als dero Herren Gebrüder seyn soll. (OPZb 1698 33b S. 4)

(112) Es musten deßwegen alle Krigs-Völcker 48. Stunden lang zu Roß und Fuße in den Waffen stehen / und hatten wir 2. sorgliche Nächte. → Nun aber schlaf- fen wir widerum etwas geruhiger. (NM 1673 02 7 S. 3)

(113) Es wird starck von einer Recroutirung einiger Regimenter geredet / auch etliche abgedanckte Officirer und Soldaten wieder anzunehmen. → Nun wil man mit Fortificirung der Städte Zurphen und Schwol fortfahren / zu welchem Ende bereits dort unterschiedliche Ingenieurs angekommen seyn. (OPZb 1698 33b S. 5)

(114) Wir machten uns darauff am 17. Decemb. frü um 10. Uhr auff den Weg / in der Hoffnung / am 18. frü in Charle-Roy zu seyn. → Nun war kein anderer Weg durchzukommen / als das Qvartir / wodurch wir paßiren musten / zu forciren. Haben wir also über dieselbige Dicke (Dämme) worüber der Feind seinen March genommen hatte / auch den unsern genommen (NM 1673 02 2 S. 6)

Die Funktion dieser konnektiven Partikeln ist es, zu verknüpfen und gleichzeitig abzugrenzen, eine Diskontinuität mit dem Kotext zu markieren, aber zugleich eine periodenübergreifende Verbindung herzustellen.

Beispiel (111) etwa besteht aus einer Verkettung von drei Perioden, in denen die Hochzeit des Herzogs von Lothringen mit Mademoiselle, Elisabeth Charlotte von Orléans, Schwiegertochter des Königs Ludwigs XIV. und Tochter der Lieselotte von der Pfalz, das Hyperthema bildet. Die zweite Periode knüpft an dieses Thema mit der Wiederholung des Hochzeitsdatums durch „selbigen Tag" an und kündigt an, dass der König der Zeremonie beiwohnen wird. Die dritte Periode nach Spatium scheint mit der konnektiven Partikel „indessen" eine weitere temporale Wiederaufnahme zu beinhalten, aber es geht nicht mehr um die eigentliche Hochzeit, sondern um den Herzog von Lothringen und sein Vermögen. Durch „Indessen" wird somit eine Diskontinuität mit dem unmittelbaren Kotext markiert, eine Verbindung mit einem weitläufigeren Kotext hergestellt und vor allem der implizite Sprecherwechsel gekennzeichnet: Diese Zäsur in der Kommunikation erlaubt es dem Herausgeber quasi als ‚a parte' Informationen unterschiedlicher Herkunft zu liefern, etwa so, wie es ein moderner Sprecher mit dem Ausdruck „à propos Hochzeit, ..." tun würde.

Bei der vermeintlich temporalen Partikel „nun" stellt man eine ganz ähnliche semantische und kommunikative Komplexität fest. In (112) scheint es zwar tatsächlich eine simple chronologische Progression zwischen den Perioden zu geben, doch hier ähnelt der Gebrauch von „Nun" innerhalb eines Teiltextes eher jenem zu Beginn von Teiltexten, wo diese konnektive Partikel sich auf die davorstehende Äußerungszeit im Kopf der Korrespondenz bezieht und das ‚Jetzt' der Kommunikationssituation fixiert.[269] In (112) begegnet die Periode zwar mitten in einer Verkettung von Perioden, aber nach einem Spatium, das einen impliziten Sprecherwechsel signalisiert. Man kann also vermuten, dass der Korrespondent hier Teiltexte unterschiedlicher Herkunft zu einer Collage konglomeriert und dass die mit „nun" eingeleitete Periode in ihrem ursprünglichen Umfeld am Beginn des Textes stand. Da sie in ihrem neuen Umfeld nun mitten im Teiltext steht, verliert die Partikel „Nun" ihre periodenübergreifende Verbindungsfunktion und wird zur simplen temporalen Partikel zwischen zwei Perioden umfunktioniert. In (113) verknüpft „Nun" zwei Perioden mit unterschiedlicher Thematik, und diese Partikel stellt den temporalen Bezug mit der allgemeinen Kommunikationssituation her, man könnte sie etwa wie folgt paraphrasieren: „Im allgemeinen Kontext der Geschehnisse dieser Region erreicht uns gerade eine neue Nachricht, welche die vorhergehenden vervollständigt." Auch

269 S. unten, 4.2.3.3.7.

in diesem Beispiel hat die Partikel „Nun“ eine kommunikative Funktion. In (114) schließlich wird „Nun“ mit der Bedeutung einer logischen Progression verwendet, wie etwa zur Einleitung der zweiten (kleinen) Prämisse in einem Syllogismus.

4.2.3.2.3 Kataphorische Einheiten

Manche Gliederungssignale zu Beginn der Periode können eine Zäsur mit dem Vortext durch ihre kataphorische Funktion bewirken. Zu ihnen zählt „So“, diesmal als 1. Korrelativum (d.h. als ‚Relativum‘) einer Korrelation, vgl. (115), wo mit dem 2. Korrelativum zu Beginn der Apodosis eine starke Kohäsion entsteht. Durch den Verweis nach rechts entsteht nach links eine Diskontinuität. Auch als Ausdruck der Kondition wie in (116) verweist „So“ auf die kohäsive Verknüpfung mit den Argumenten der Kondition nach rechts. Die Diskontinuität mit dem Vortext wird jeweils mit Spatium bekräftigt:

(116) Man schickt auch widerum Gesandte an den Röm- und Moßkowitischen Käyser / um den Pohlen nicht zu aßistiren. → So selbige Potentaten solches thun / wird es ihr eigener Ruin seyn. (NM 1673 02 6 S. 5)

Diese Diskontinuität besteht bei genauerem Hinsehen jedoch nicht mit der Thematik des Vortextes, denn neben dem Korrelativum „So“ kommen jeweils anaphorische Einheiten vor, die eine Kohärenz mit vorstehenden Perioden herstellen: in (115) durch die Renominalisierung „der Käyser“; durch „selbige Potentaten“ und „solches“ in (116). Hier besteht also von einer Periode zur anderen eindeutig eine thematische Kohärenz. Die kohäsive Diskontinuität scheint in (116) mit einer Veränderung in der Äußerungssituation einherzugehen: Die mit „So“ eingeleitete Periode besteht aus einer freien indirekten Rede, welche die Drohungen des türkischen Sultans wiedergibt, während in der davorstehenden Periode der Korrespondent als Sprecher in seinem Äußerungsrahmen fungiert und vom Sultan in der dritten Person spricht, ihn mittels des unpersönlichen „man“ bezeichnet. In der ersten Periode wird von Kurieren berichtet, in der zweiten der Inhalt des Schreibens wiedergegeben. Diese Diskontinuität in der Äußerungssituation wird noch durch den Wechsel des Satztyps verstärkt; in der zweiten Periode hat man es offensichtlich mit einem Aufforderungssatz in der Kommunikation vom Sultan zu den Potentaten zu tun, so dass die Worte des Sultans noch drohender erscheinen. Diese Zäsur in der Äußerungsstruktur markiert eine durchaus polyphone Textstelle.

Ganz ähnlich verhält es sich in (115). Die erste Periode liefert eine objektive Nachricht über den Sultan, der implizite Sprecher dürfte der

Informant sein. Die zweite Periode ist ein Ausrufesatz, in dem sich der Korrespondent äußert. Durch die Korrelation „So… so…“ entsteht eine kohäsive Diskontinuität mit dem Vortext, die mit einem Bruch in der Äußerungssituation einhergeht; aber zwischen beiden Perioden besteht eine enge thematische Kohärenz.

4.2.3.2.4 Markierung der Diskontinuität durch Verberststellung

Weitere Konjunktionen, die als Gliederungssignale zwischen Perioden nach Spatium begegnen, sind Einheiten, die man mit ähnlicher Funktion auch zu Beginn ganzer Texte finden kann.[270] Dies scheint die Hypothese zu bestätigen, dass die Perioden nach einem Spatium einem ursprünglichen Kotext entnommen wurden, in dem sie als Initiatoren eines ganzen Textes fungierten. Innerhalb einer Verkettung von Perioden werden diese unterschiedlichen Textteile verschiedener Quellen zwar durch Spatium gekennzeichnet und abgegrenzt, trotzdem erscheinen diese Konglomerate als polyphone Collagen, in denen die mit den Spatien angedeutete Diskontinuität mit den Gliederungssignalen, die eine Kontinuität suggerieren, im Widerspruch steht, wobei Letztere im neuen Kotext neu zu interpretieren sind und neue Kohärenzeffekte schaffen. Typisch sind nach Spatium Anschlussperioden, die mit Verberststellung eingeleitet werden. Dabei kann es sich wie in (117) um einen Hinweis auf eine narrative Kontinuität handeln; die nach rechts versetzte konnektive Partikel „also“ in dieser Periode zeigt zugleich an, dass eine logische Schlussfolgerung aus voranstehenden Perioden gezogen wird, dass diese Periode demnach als unabhängige Äußerung zu interpretieren ist, quasi als Klausel des gesamten Teiltextes. Das Spatium unterstreicht den Wechsel der kommunikativen Perspektive. Es kann sich wie in (118), einem Auszug aus *TKC*, auch um einen elliptischen Stileffekt handeln, das in der direkten Rede wiedergegebene Zeugnis des Informanten wirkt echter, glaubwürdiger: Somit wird hier auch eine kommunikative Veränderung markiert. In (119) scheint das Verb an erster Stelle zunächst einen Konditionalsatz einzuleiten, aber die konnektive Partikel „nun“ deutet ebenfalls darauf hin, dass diese Periode wie eine Schlussfolgerung, eine Klausel zu interpretieren ist mit dem für diese Textteile typischen Übergang von einem Äußerungsrahmen zum anderen. In (120) und (121) bezieht sich das Verb an erster Stelle auf die Äußerungssituation des Korrespondenten (120) bzw. des Informanten (121). Damit ist die Verberststellung in beiden Beispielen ein deutlicher Hinweis auf kommunikative Änderungen,

270 S. unten, 4.2.3.3.

auf den Übergang von einem Äußerungsrahmen zu einem anderen. Aber während die Verberststellung zugleich in (120) eine narrative Kontinuität anzeigt, haben wir es in (121) mit dem einzigen Beleg unseres Korpus zu tun, in dem ein Verb zu Beginn eines gesamten Textexemplars, nämlich einer Korrespondenz steht. Man kann vermuten, dass diese Periode einem ursprünglichen Kotext entnommen wurde, in dem sie nicht als Initiator eines Textes fungierte; darauf deutet auch die anaphorische Renominalisierung „dise Convocation“ hin. Die Periode wurde also isoliert, aus ihrem ursprünglichen Kotext herausgeschnitten, eine noch heute übliche Praxis der Publizistik:

(117) Die 2. bekannten widerum auff das Versprächen sie zu perdoniren / auff noch 5. andere in dem Wirtshause / Roß- Brücke genandt / man eylete auch solche außzuforschen / welches dann bald geschahe. → Sind also alle acht Dibe / mit den gestolenen Jubelen sehr reich beladen im Verhafft / ob sie das Leben erhalten werden / stehet noch im Zweiffel. (NM 1673 02 1 S. 5)

(118) Nun sind sie an 12. (2.) Octobr. Gott-Lob! auffgebrochen / und die Reuterey an der Stadt am Mayn vorbey auff Miltenburg. → Ist ein unzählich Volck; haben 5. gantze Stunden aneinander mit ihren Vorbeyzug / nur zu Pferd / zugebracht: die fuß-Völcker einen andern Weg genommen. (TKC 1673 10 26 S. 8)

(119) So machen die Herren Holländer sich auch auf die See fertig / willens ihre Flotte zu Ende deß künfftigen Mertzens; und also ein Monat ehender / als vor einem Jahr geschehen / auslauffen zulassen. Sollte nun der Friede nicht geschlossen werden / dörfft es wol blutiger / als jemals / daher gehen. (TKC 1673 12 29 S. 2)

(120) Sonsten ist die Holländische Flotta unweit Ostende ihren Cours nach Westen richtend / gesehen worden / auch ist Printz de Conde zu Utrecht aufgebrochen / dörffte also nun bald angehen. → Wird benebens berichtet / es seye nicht nur in der Provintze Holland / sondern auch in denen andern 3. die *Resolution* gefasset / den 3. Mann so von Bürgern als Bauren auffzubieten / umb desto besser allen Einfall zu verwahren (OPZa 1673 05 18 S. 4)

(121) Ein anders vom obigen Dato.
Berichte / daß dise Convocation noch immer auffgehalten werde / unter der Hoffnung ein Accommodement zu treffen. (NM 1673 02 3 S. 4)

4.2.3.3 Markierung des Beginns von Texten und Teiltexten

Neben den Gliederungssignalen, die zwei Perioden innerhalb eines kohäsiven Teiltextes verknüpfen, und solchen, die innerhalb eines Teiltextes eine Diskontinuität in der Thematik oder in der Kommunikationssituation oder auf beiden Ebenen zugleich markieren, findet man Gliederungssignale zu Beginn von Perioden, deren Funktion es ist, ganze Texte oder Teiltexte einzuleiten. In den Zeitungen handelt es sich meist um Initiatoren von Korrespondenzen. Es mag überraschen, dass zu Beginn von unabhängigen Texten Konnektoren stehen, die an keinen Kotext anknüpfen können. Doch muss diese Feststellung gleich durch zwei Bemerkungen eingeschränkt werden: Zunächst werden nicht alle Texte durch Konnektoren eingeleitet; als Gliederungssignale fungieren meist andere syntaktische Einheiten mit für Initiatoren von Perioden typischen Indices oder Markierungen, die im Folgenden ebenfalls berücksichtigt werden sollen. Andererseits sind Korrespondenzen nicht unbedingt als isolierte Texte zu betrachten, sie können sich auf frühere Textexemplare desselben Typs beziehen; zudem tragen sie zur Kohäsion und Kohärenz der gesamten Zeitung bei, es können Bezüge zu anderen Korrespondenzen in der aktuellen Ausgabe der Zeitung bestehen; dann muss auch Rücksicht auf den Kopf der Korrespondenzen genommen werden, mit Angabe des Orts und des Datums der Äußerung, auf die sich Teile des Textes zu Beginn der Korrespondenz beziehen können: Einleitende Konnektoren beziehen sich nicht nur auf den eventuell voranstehenden Kotext, sondern auch auf externe Variablen der Äußerungssituation.

4.2.3.3.1 Das Gliederungssignal „Sonsten“

Sehr treffend wird die Problematik der texteinleitenden Konnektoren durch die Einheit „Sonsten“ veranschaulicht. Dieser Konnektor scheint anzudeuten, dass die nachstehende Periode neue Elemente einem schon bekannten Gehalt hinzufügt. Aber durch seine initiale Stellung kann er nur auf weit zurückliegende oder implizite Sachgehalte Bezug nehmen. Ursprünglich wurde dieser Konnektor verwendet, um in Briefen den Übergang vom geschäftlichen, diplomatischen oder privaten Teil zu jenem Teil, der allgemeine Nachrichten enthielt und als Grundlage für die frühen publizistischen Formen der ‚Neuen Zeitungen‘ diente, zu markieren.[271] Wenn man also einen solchen Nachrichtenteil dem ursprünglichen Brief entnimmt und in einer Korrespondenz abdruckt, erscheint zu Beginn dieser Korrespondenz der Konnektor „Sonsten“, der auf Inhalte im ursprünglichen Kotext verweist, zu denen die Leser keinen Zugang haben, der aber innerhalb des neuen Kotextes keinen Übergang mehr signalisieren kann. Welche neue Funktion erhält dann „Sonsten“ in Zeitungen?

271 S. oben, 3.2.2.3.3.

Befindet sich der Konnektor „Sonsten“ oder seine Variante „anders“ (125) inmitten einer Korrespondenz nach einem Spatium (124) oder zu Beginn eines Absatzes (123) als Zeichen kommunikativer Diskontinuität, so kann diese Einheit freilich die Polyphonie in diesem Textteil unterstreichen und anzeigen, dass es sich um ein Textkonglomerat, um eine Collage aus Textteilen unterschiedlicher Quellen handelt. Hier kann „Sonsten“ vom Leser als Zeichen für eine Veränderung in der Äußerungssituation und für eine Kontinuität in der Thematik interpretiert werden.

Schwieriger wird die Uminterpretation von „Sonsten“ zu Beginn ganzer Texte wie in (122). Da dieser Konnektor auf eine Diskontinuität verweist, kann er keine explizite oder implizite Verbindung zu früheren Perioden oder Texten herstellen. Hier kann er nur noch als diskursive, konnektive Partikel interpretiert werden, die sich auf die Äußerungssituation bezieht, auf den Korrespondenten als Textgestalter, der seinem Leser Nachrichten von Drittinformanten ankündigt, bevor man den Äußerungsrahmen wechselt und zu jenem des Informanten übergeht. Hier hat die Partikel „Sonsten“ dieselbe kommunikative Funktion wie ein einleitendes Verbum dicendi vor der Redewiedergabe und könnte mit „es wird berichtet, dass...“ paraphrasiert werden:

(122) Antwerben vom 11. dito.
Sonsten seynd einige Tagen hier viel Völcker aus Holland nacher Flandern bey 20. oder 30. vor und nach geführet / deren dann 6000. schon gezählt worden / man hält dafür / es seye umb die *Quarnisonen* in Flandern zu verstärcken / angesehen / weilen die Herren Saaten dem König in Franckreich wenig trauen / weilen neue Werbungen in Franckreich angestellet seyn. (OPZa 1668 10 10 S. 3)

(123) Ober Ungarische Brife melden / daß [...] eine Parthey Rebellen von 500. Mann unversehens über die Theiß gesetzt / auff erlangte Kundschafft aber / der H. Obriste Schmid mit 5. Compagnien selbige verfolgt / und [...] nider gemacht.
→ Sonsten ist diser Tagen von Ihrer Käyserl. Majest. ein Currirer zu dem Groß-Sultan abgeschickt worden / in was Expedition aber / ist noch unbewust. (NM 1673 01 7 S. 2)

(124) In dem Hertzogthum Parma müßen alle Einwohner sich mit Pferden und Gewähr versehen / ohne daß man weiß / zu was Ende. → Sonsten gehet allhier die Rede / daß es zwischen den Cronen Franckreich und Spanien zur Ruptur kommen werde (NM 1673 01 7 S. 4, aus Mayland)

(125) Auß Pommern hat man / daß ehest ein Schiffs-Beschlag geschehen sollte / um eine große Anzahl Schwedischer Krigs-Völcker im Früling herauß

zubringen. → Anders kommt auß den Nordischen Königreichen wenig veränderliches ein. (NM 1673 03 2 S. 7)

4.2.3.3.2 Das Gliederungssignal „Nachdem“

Der vermutlich prototypischste Konnektor zu Beginn von Perioden bzw. ganzer Texte ist „Nachdem“ (126) mit seinen Varianten „nach dem“ (127, 128) und „Demnach“ (129); er ist der häufigste, der zur Einleitung von Korrespondenzen verwendet wird. Er gehört zu einem Paradigma von anscheinend temporalen Einheiten, die auf eine Gleichzeitigkeit oder eine chronologische Progression hindeuten, wie „Seithero“ (131), „Indem“ (132), „Dieweil“ (133) usw.:

(126) Auß Mante in Franckreich / vom 10. Augusti.
Nachdem wir / seit dem 18. passato / mehr nicht als 2. warme Täg gehabt / sahe man / den 20. Nachmittags umb 3. Uhr / den Himmel auff eine solche erschröckliche Weise sich verfinstern / daß es jederman darüber angst (EPZ 1698 09 03 S. 2)

(127) Wien vom 15. Juny.
NAch dem die von dem Käyserl. Herrn Gubernator in Ungarn / wegen deß von denen Türcken bey Löventz und Neutra weggetribenen Stadt Vihes / und leute / an den Vezier zu Ofen / hievor berichteter maßen abgeschickte / 2. Depu- tirte wider zurücke gekommen sind / hat hochgedachter Herr Gubernator Ihrer Käyserl. Majest. dero Relation eingeschickt / und ist alsobald darauff ein Currirer an die Ottomannische Porten ab- geschickt worden. (NM 1673 06 5 S. 1)

(128) Ein anders den 6. dito.
[1] [P] Nach deme über jüngste von den Span. Hofe / wegen deß *Don Joan d'Austria* einglangte Zeitung / [A] umb wiederumb anderer Bericht nachfolget / daß nemlich derselbe nur durch *contrari* Wind von seiner *instituirten* Reiß nacher Niederland auf die Seiten getrieben / [C] und dar- aus unschuldig angegeben worden seye / als ob er vor der Kron Span. *defici*ren / und anderst wohin lenden wollen. [2] Als wird die hievorgemelte Reformation und *Reduction*, der Käys. Völcker auf innständiges Anhalten deß Päbstl. Nuntii und deß jüngstens hier angelangten Expressen vom Pabst noch gewiß fortgehen / (OPZa 1668 09 05 S. 2)

(129) Auß Metz / vom 18. dito.
Demnach 800. Mann Spanische Cavallerie im Luxenburgischen angelangt / als ist aller orten auf selbigen Gräntzen Ordre ergangen / sich wohl vor zusehen / vnd die Dörffer mit Schlagbaumen zu verwahren (MRZ 1673 45 S. 2)

(130) Rom / vom 6. Sept.
Indem der Pabst immer auff Erleichterung des Volcks be-dacht / hat er das Leib-Brod einen Julium abzuschlagen anbefohlen / und den Keller-sampt dem Küchen-Meister / wegen geschehenen Unterschleiff / incarceriren lassen; Auch anbefohlen / daß von den vom D. Gasparo Altieri besessenen Gütern / jährlich 4000. Scudi der Fürstin dieses Nahmens / so lang sie lebet / soll gegeben werden. (OPZb 1698 41a S. 2)

(131) Auß Ceuta / vom 30 September.
Seithero das neue Retranschement [in?] Defension ist / thun unsere Arbeiter fleissig an dem neuen Bollwerck von St. Paul arbeiten / so auch bald fertig seyn wird. (ORZ 1698 11 15 S. 3)

Auf den ersten Blick scheinen diese Konjunktionen eine Chronologie der geschilderten Ereignisse herzustellen. In (126, 127, 129, 131) kann man den Einsatz dieser Einheiten als ein Bemühen interpretieren, das Geschilderte in die richtige zeitliche Abfolge zu setzen. Dieser Eindruck wird durch Korrelationen wie „demnach…als" (129) verstärkt, da das Korrelativum „als" ebenfalls temporal gedeutet werden könnte und durch die Korrelation eine zeitliche Abfolge strukturiert zu werden scheint. Zusätzlich erscheinen beide korrelierten Verbalgruppen bei solcher Interpretation als kommunikativ gleichwertig, demselben Äußerungsrahmen angehörend.

Doch stellt man auch fest, dass diese Konjunktionen, auch Korrelativa, nicht unbedingt chronologische oder gar logische Gehalte miteinander verknüpfen. In (131) entsteht durch Verwendung von „Seithero" der Eindruck, dass zunächst ein „Retranchement", dann die neue „Bastion" gebaut wurden, doch erfährt man im voranstehenden Kotext, dass beides gleichzeitig gebaut wurde. Desgleichen sind die in (130) geschilderten Ereignisse nicht deshalb miteinander verknüpft, weil sie gleichzeitig geschahen. Die in (128) in Protasis und Apodosis berichteten Begebenheiten sind in keine chronologische oder gar logische Abfolge zu setzen: Beide Kola sind zwar durch die Korrelation „nachdeme…als" verknüpft, aber in der Protasis geht es um ein diplomatisches Dementi des Gerüchts über die Rebellion des Don Juan d'Austria. In der Apodosis wird berichtet, dass der Papst vom deutschen Kaiser verlangt, Soldaten zur Bekämpfung der Türken und zur Befreiung Candias freizustellen. Beim Fehlen eines voranstehenden Kotextes und einer semantischen Kohärenz mit den folgenden Textteilen muss man feststellen, dass diese durch „Nachdeme" eingeleitete Periode in gar keinem temporalen Verhältnis mit dem Vor- und Nachtext steht.

Diese Einheiten sind demnach nicht als Konjunktionen mit temporaler Semantik zu betrachten, sie scheinen vielmehr eine diskursive Funktion zu haben und als konnektive Partikeln eingesetzt zu werden, die in Verbindung mit der Äußerungssituation stehen. Diese Partikel bewirkt zudem, dass das von ihr eingeleitete Kolon, die Protasis, nicht dieselbe kommunikative Funktion hat wie die nachfolgende Apodosis. In der durch solche Einheiten eingeleiteten Protasis werden Ereignisse geschildert, die als bereits geschehen, bekannt und assertiert dargestellt werden. In der Apodosis hingegen werden neue Nachrichten hinzugefügt; man geht implizit oder explizit zum Äußerungsrahmen des Informanten über. Der Sachgehalt der Protasis gilt nicht als Nachricht, er wird zur Erinnerung, als Aufbaubasis für neue Informationen thematisiert, die Apodosis muss dann antithetisch dazu neue Argumente erbringen. Somit haben die konnektiven Partikeln keine temporale, sondern eine modalisierende Funktion, sie leiten den von allen Teilnehmern der Kommunikation als wahr und akzeptiert vorausgesetzten Sachgehalt ein, während die Apodosis die Nachrichten Dritter wiedergibt, die es nun auf ihre Wahrhaftigkeit zu prüfen und dem Leser zu assertieren gilt.

Der kommunikative Aufbau der Periode in den Zeitungen, in denen man Neues an bereits Bekanntem anknüpft, entspricht demselben rhetorischen Muster wie der Syllogismus: Man geht von einer logischen Proposition aus, die als universell gültig und akzeptiert vorausgesetzt wird, die man mit einer individuellen Proposition in Verbindung bringt.

Diese logische Informationsstruktur in den Perioden der frühen deutschen Zeitungen geht einher mit einer besonderen Äußerungsstruktur. Der in der Protasis allgemein gültige Sachgehalt wird als wahr vorausgesetzt, er wird demnach nicht assertiert. Der Sprecher setzt die thematisierten Gehalte als bereits vom Leser akzeptiert voraus, es besteht in der Aussage der Protasis keine illokutive, an den Leser gerichtete Wirkung, es wird vom Leser nicht verlangt, diesen Sachgehalt als wahr zu akzeptieren. Die Proposition der Protasis steht für eine Assertion nicht mehr zur Disposition, dies anzuzeigen ist die Funktion von Partikeln wie „Nachdeme“. Es wird auf eine frühere Aussage verwiesen, wie man aus dem Beispiel (127) explizit ersehen kann: Die Partikel „Nachdem“ wird im weiteren Verlauf der Protasis durch „hievor berichteter maßen“ quasi paraphrasiert. Die temporale Funktion der Partikel ist es, auf eine frühere Assertion des thematisierten Sachgehalts zu verweisen, die man für (127) tatsächlich in einer zwei Wochen früheren Ausgabe der Zeitung finden kann, vgl. (127b):

(127b) Aus Preßburg wird berichtet / daß die Türcken bey Lenentz und Neutra das Vih / mit dem Vorwandt daß selbiges auff ihrem Territorio wäre geweidet worden / weggetrieben / und deßwegen der Königl. Gubernator einige gedeputirte an den Vezier nach Ofen abgeschickt hätte. (NM 1673 06 2 S. 2)

Ebenso wenig, wie die Partikel „Nachdem“ innerhalb der semantischen Proposition als temporal zu interpretieren ist, genauso wenig darf man sie als syntaktisch subordinierend betrachten. Die durch diese konnektiven Partikeln eingeleiteten Verbalgruppen bilden keine hypotaktische Hierarchie, da es sich oft um Korrelativa handelt, die gleichrangige Einheiten miteinander verknüpfen. Perioden, wie jene in (128) oder jene, die von Wladimir Admoni zitiert wird,[272] sind syntaktisch nicht analysierbar, wenn man das einleitende „nachdem“ als Subordination und „Nachdem…als…“ als hypotaktische Korrelation betrachtet. Interpretierbar werden diese Perioden erst, wenn man jedes Kolon als unabhängige Proposition oder Aussage betrachtet.

Nur in der Äußerungsstruktur besteht gewissermaßen eine Unterordnung, da die Protasis die Voraussetzung für die Apodosis bildet. Auch die Diskrepanz zwischen dem nicht assertierten Gehalt und den neuen Assertionen in der Apodosis kann asymmetrisch wirken. Wenn man einen Zusammenhang zwischen formaler Gestaltung und semantisch-kommunikativer Bedeutung postulieren will, muss man davon ausgehen, dass die Markierung der Unterordnung hier auf die Nicht-Assertion hindeutet, da es ein wesentliches Merkmal von Nebensätzen ist, sich dieser Illokution zu entziehen.[273] Geht man davon aus, dass die Verbendstellung nicht als Signal für hypotaktische Unterordnung, sondern für Nicht-Assertion ist, hat man für die sogenannte ‚hypotaktische‘ Periode einen gut funktionierenden Beschreibungsansatz.

In Perioden wie (128) scheint aber noch nicht einmal eine solche äußerungsstrukturelle Unterordnung zu bestehen. Hier muss man sich an der Korrelation orientieren, die auf eine Äquivalenzbeziehung zwischen beiden Kola und deren Aussage bzw. Aussagetyp (Negation) hindeutet, die man wie folgt paraphrasieren könnte: „Genauso wie im Falle Don Juan d’Austria es keine Veränderung gibt (er bleibt dem König getreu), genauso gibt es auch keine Veränderung, was die militärische Organisation in Österreich betrifft.“ Die semantische Äquivalenzkorrelation beruht somit auf dem, was sich in beiden Fällen nicht bewahrheitet hat, auf

272 S. oben, 4.1.2, Wladimir Admoni, Historische Syntax, S. 197.
273 Vgl. hierzu etwa Matthias Marschall, Von Schichten und Schächten.

dem dementierten Gerücht über d'Austria einerseits, auf den nicht bewahrheiteten Befürchtungen des Papstes zu den Abrüstungen in Österreich andererseits. Auch hier wirkt sich die syntaktische Markierung vor allem kommunikativ aus, der Sprecher weist auf seine Kommunikationssituation, auf seine Gestaltung der Nachrichten, indem er Dementis zusammenfügt.

4.2.3.3.3 Konnektoren mit kausaler oder konzessiver Bedeutung

Auf der kommunikativen Struktur der Periode, die von bereits Bekanntem und Assertiertem ausgeht, beruhen noch weitere Relationen als die vermeintlich temporalen. So stehen zu Beginn der Protasis auch konnektive Einheiten, die anscheinend eine kausale Bedeutung haben wie „Weil" (132), „Dieweil" (133) oder solche, die eine konzessive Relation ausdrücken wie „Unangesehen" (134), „Unerachtet" (135), „obwohl" (136), „ob zwar" (137). Durch die Verwendung von kausalen Einheiten weist der Sprecher darauf hin, dass die in der Apodosis assertierten neuen Informationen in einem logischen Verhältnis zu den bereits bekannten Sachgehalten der Protasis stehen; hier entspricht der neue Sachgehalt in der Apodosis dem, was aus den Prämissen in der Protasis logischerweise zu schließen, zu erwarten war. Umgekehrt stehen die neu assertierten Gehalte in Opposition zu den aus der allgemeinen Prämisse kalkulierbaren Erwartungen, wenn konzessive Konnektoren gebraucht werden. Der Sprecher schätzt, dass die in der Apodosis wiedergegebenen Nachrichten dem entgegenstehen, was man auf Grund der bekannten Tatsachen erwarten konnte:

(132) Basel vom 27 May.

Weiln Das Thom-Capittel des hohen Stifftes Basel nach gehaltener Reformation ihre Kirchen-Zierahten und andere Kostbahrkeiten hinterlassen / und aus dieser Stadt sich begeben / als hat es dagegen einige Prätensiones gemachet / welche alle 15 Jahren renoviret sollen werden / damit sie nicht den Nahmen der Vergessenheit hinterlieSen. (NM 1685 06 02 S. 3)

(133) Wien vom 22. Jul.

Dieweil Heute Ihr. Majest. der Römischen Käyserin Nahmens-Tag eingefallen / so ist derselbe mit sonderbahrer Solennität begangen worden / und haben sich alle hier anwesende Gesandte in die Käyserl. Favorita erhoben / alda bey allerhöchstgedachter Ihr. Käyserl. Majest. den gewöhnlichen Glück Wunsch abzustatten. (KOP 1699 65 S. 7)

(134) Cölln / vom 25. Julii.

Unangesehen man hiesieger Gegend weit und breit noch überall in voller Erndte begriffen ist / so ist jedoch die Zufuhr des neuen Getraides / als

Winter Gerst und Korn bey so früher Jahr-Zeit zimlich groß / so dann auch verursachet / daß derer Preiß täglich mehr und mehr fallen thut. (KOP 1699 65 S. 2)

(135) Lüttig / vom 25. Julii.
Unerachtet unser Capittel allen allhier befindlichen Officierern / in was für Potentaten Dienst sie auch seyn möchten / die Werbung in dieser Stadt und deren Vorstädten vor einigen Tagen scharff verbieten lassen; so continuiren doch unterschiedliche Frantzös. Capitains in der Stille und unter der Hand Volck anzunehmen / und nach Givet / Charlemont / Philippeville und andern zwischen der Sam-bre und Maase liegenden Oertern zu senden. (KOP 1699 65 S. 2)

(136) Auß Fridberg in der Wetterau / vom 13. dito.
Obwol der Herr Graff Königsmarck vorgestern mit vnterschidlichen Trouppen zu Röß / die Lohn gegen Buzbach passiert / vnd der allgemaine Ruff gangen / Fridberg zu berennen / dahin die Tourrainische Armee folgen solte / haben sie sich doch nacher Giessen gewendet / allwo noch andere Troupen zu jhnen gestossen / vnd jhren Marsch auff Marpurg genommen. (MRZ 1673 21 S. 4)

(137) Heydelberg vom 26. May.
Ob man zwar verhofft gehabt / es würde die bißher sehr variabel gewesene Unpäßlichkeit Ihrer Churf. Durchl. zu Pfaltz unsers gnädigsten Churfürsten und Herrn sich dermahleins in eine beständige Gesundheit / zu höchstem Verlangen des gantzen Chur-Hauses / und sämptlicher getreuen Unterthanen / verwandelt haben / so hat es doch dem allerhöchsten GOtt gantz anderst gefallen / in dem derselbe höchst besagte Churfürstl. Durchl. heut zwischen 1 und 2 Uhr von dieser Zeitlichkeit zu sich in die ewige Freude und Seligkeit abgefordert; (OPZb 1698 46b S. 2)

Diese Strukturierung der Information in der Periode zeigt, dass zu Beginn der Periode eindeutig der Korrespondent bzw. Herausgeber implizit als aktueller Sprecher fungiert, da er die logischen Zusammenhänge zwischen dem bekannten Thema und den in der Apodosis wiederzugebenden Nachrichten subjektiv einschätzt und seinem Leser durch Verwendung solcher konnektiven Partikeln zu Beginn der Periode mitteilt und somit gleich zu Beginn des Teiltextes die Rezeption des Lesers orientiert. Die konnektiven Partikeln befinden sich auf derselben Ebene der Kommunikation wie die einleitenden Wendungen mit Verbum dicendi + *dass*: Es handelt sich um einen Äußerungsrahmen, der jenem des Informanten hierarchisch übergeordnet ist; diese Partikeln gehören nicht zum semantisch-propositionalen Gehalt der wiedergegebenen Nachrichten, sie sind nicht auf den Informanten zurückzuführen, der erst in der Apodosis am Zuge ist.

4.2.3.3.4 „Daß"

Einige Korrespondenzen werden mit der Konjunktion „Daß" eingeleitet. Man könnte zunächst vermuten, dass es sich dabei um die Umkehrung der üblichen syntaktischen Struktur mit Verbum dicendi + *dass* + VG (mit Verbendstellung) handelt. Dies würde aber mit der Äußerungsstruktur der Periode nicht in Einklang stehen, in der die einleitende Phase als Äußerung des Korrespondenten oder Herausgebers zu betrachten ist, der einen bereits bekannten Sachgehalt thematisiert. Dies würde eine Umkehrung der Reihenfolge der impliziten Sprecher und der logischen Informationsstruktur mit sich bringen und eine zu große Umwälzung bedeuten. Und in der Tat entsprechen auch die mit „Daß" eingeleiteten Perioden durchaus dem prototypischen äußerungsstrukturellen Muster. Die Konjunktion „Daß" dient genauso wie „Nachdem" dazu, einen bereits in einer vorangehenden Korrespondenz assertierten Gehalt zu thematisieren, denn die mit „Daß" eingeleitete Verbalgruppe steht unter dem Skopus nicht etwa eines Verbum dicendi, sondern eines Verbs, das bestätigt (138) oder widerlegt (139):

(138) Venedig vom 30. Dito.
Daß die meiste Türckische Armee nach *Candia Nova* sich zuruck gezogen / und die vor Candien gelassene Völcker wegen *continuir*lichen Regenwetters also abgenommen / daß die Belagerten ihre Bollwerck und Mauren ohne Hindernus derselben *reparirn* können / wird von *Zante confirmirt* (OPZa 1667 12 31 S. 4)

(139) Nider-Elbe vom 14. Februar.
Daß der Frantzösische Feld-Marschall Mons. de Turenne sich nach dem Birckenbaum zurücke gezogen und also sich weichhafft und verschantzend angestellt hätte / hat man lange geredet: Jetzt aber verlautet / daß auff die Avis / daß die Churbrandenburgische auch zurücke in ihre Qvartire gegangen wären (NM 1673 02 4 S. 7)

Die Einheit „Daß" fungiert hier nicht als unterordnende Konjunktion, die durch Hypotaxe markierte Redewiedergaben enthält, sondern als konnektive Partikel wie die bereits beschriebenen Konnektoren in dieser Position, durch die der Sprecher einen bereits assertierten Sachgehalt thematisiert und dessen Wahrheit nachträglich bekräftigt oder widerlegt. Syntaktisch sollte man die mit „Daß" zu Beginn der Periode eingeleiteten Verbalgruppen nicht als Nebensätze der Redewiedergabe, sondern vielmehr als Nominalgruppen-äquivalente Attribut- oder Ergänzungssätze interpretieren, in denen man also die Konjunktion „Daß" als ‚translatierten‘[274] finiten Artikel ‚das‘ ansieht. Auch dies entspricht dem prototypischen Muster der Periode, die in den meisten Fällen in unserem Korpus durch eine finite Nominalgruppe eingeleitet wird.

4.2.3.3.5 Finite Nominalgruppen

Neben den Perioden, die mit einer konnektiven Partikel, die sich auf die Äußerungssituation des Korrespondenten bezieht, eingeleitet werden, und solchen, die mit einem kommunikativ äquivalenten Verbum dicendi + *dass* beginnen, zu denen man auch die unpersönlichen Wendungen des Typs „es will verlauten, daß“, „Es laufft ein Gerücht, daß“, „Allem Anschein nach“, „Wie man vernimmt“, „mit einem Expressen kommt, daß“ zählen muss, stehen zu Beginn von Perioden einleitend zu Teiltexten oft auch finite Nominalgruppen, Präpositionalgruppen oder äquivalente *dass*- bzw. (bei Verben mit interrogativer Semantik) *was*-Ergänzungssätze.

Zunächst scheinen mit Nominalgruppe oder Präpositionalgruppe eingeleitete Perioden in medias res zu beginnen, der Leser vermeint, direkt in den Äußerungsrahmen des Informanten versetzt zu werden, ohne den sonst üblichen Übergang über den Äußerungsrahmen des Korrespondenten, vgl. (140-144):

(140) Pariß den 9. Dito.) Monsieur Colbert ist zum General Feld Marschale und Obristen erwählet (TKC 1673 12 29 S. 6)

(141) Ein anders / vom 28. October.
Der König hat durch seinen Ambassadeur in Spanien / eine Esquadre zu Einhaltung der Barbarischen Räuber / auch deren von Allgiers / anbiethen lassen; (OPZb 1698 46b S. 4)

(142) Ein anders auß Cöllen / vom 16. dito.
Der neulich entstandene Vnwill zwischen dem Bischoff von Straßburg vnd Hern Marggrafen von Grana / hat sich sehr vermehrt (MRZ 1673 13 S. 4)

(143) Ein anders auß Wienn / vom obigen dito.
An Auffbauung der 6. neuen grossen Schiffen / thut nicht allein an allhiesigem Ufer eine grosse Anzahl Hand-wercks-Leuth arbeiten / sondern es wird auch so gar darmit an denen Fest-Tägen nicht gefeyret / auff daß solche umb so ehender verfertiget / und nach Hungarn abgeführt werden (NAC 1698 04 12 S. 1)

274 Translation im Sinne von Lucien Tesnière, Elements de syntaxe structurale: Durch die Einheit ‚dass‘ wird die Verbalgruppe in eine Nominalgruppe ‚translatiert‘, als handelte es sich bei ‚dass‘ und ‚das‘ um das Determinans einer Nominalgruppe, was gerade im Falle der deutschen Konjunktion ‚dass‘ etymologisch auch der Fall ist.

(144) Auß Bremen / vom 26. dito.

Zur Defension deß Nider-Säxischen Craises / werden der Stände Völcker zusamen geführt / auff dem Lauff-Platz bey Griffhorn / jm Lüneburgischen auff den 28. May sich einzufinden / vnd ist die hiesige Mannschafft zu diser Statt Antheil gestern dahin marchiert. (MRZ 1673 15 S. 2)

Es fällt aber auf, dass jene Nominalgruppen, die so unmittelbar in die Berichterstattung versetzen, fast immer finit sind; sie bezeichnen also Gegenstände oder Personen, von denen der Sprecher meint, dass sie nicht näher bestimmt werden müssen, dass es sich um bekannte und bereits früher determinierte Referenten handelt. Insofern können die finiten Artikel dieser Nominalgruppen zu Beginn von Teiltexten als deiktische bzw. anaphorische Einheiten betrachtet werden, die sich implizit auf eine frühere Nominalisierung des Referenten beziehen. Diese Beziehung kann gar explizit werden wie in (142), wo die Nominalbasis „Vnwill" mit dem Attribut „neulich entstandene" determiniert wird und somit auf eine vorangehende Erwähnung des Geschehens hinweist. In (143) hingegen ist dieser anaphorische Bezug bei der Nominalgruppe „Auffbauung der 6. neuen grossen Schiffen" implizit, der Leser muss sich an die Schilderungen in früheren Ausgaben erinnern (vgl. (143b), die sich wiederum explizit auf frühere Nachrichten beziehen), um zu wissen, warum und zu welchem Zwecke der österreichische Admiral Aschenburg über eine Flotte verfügen will, die für die Donau geeignet ist, nämlich um von diesem Fluss aus einen gezielten Angriff auf türkische Positionen führen zu können:

(143b) An denen grossen / von von dem Admiral Aschenburg auff eine abermahlige besondere Form zu bauen / angegebenen Schiffen / wird mit allem Eyfer gearbeitet / welche in nächstkünfftigem Monath Maij verfertiget / und so gleich nach Peter-Wardein / sambt denen von dem vorigen Schiff-Armament überbliebenen Schiffen abgeführt (NAC 1698 04 09 S. 2)

Ähnlich verhält es sich mit der „defension" in (144): Warum muss sich diese Region verteidigen? Welche Gefahr droht ihr? Dies wird vom Korrespondenten als allgemein bekannt vorausgesetzt, der Leser muss sich auf frühere Assertionen dieser Nachrichten beziehen, aber auch auf das mit dem Korrespondenten gemeinsame Wissen um politische und geographische Verhältnisse, um Personen und Institutionen. In der Tat stehen zu Beginn von Perioden oft Eigennamen wie in (140) „Monsieur Colbert" und in (141) „der König". Hinzu kommen auch die Titel wichtiger Persönlichkeiten, „König", „I. Käys. Maj.", „der Sultan", nach denen in den Zeitungen der damaligen Zeit nie der Name genannt wird, so dass auch dieser stets als bekannt vorausgesetzt wird.

So spielt die Kategorie der Definitheit dieselbe kommunikative Rolle, wie die oben geschilderten konnektiven Partikeln, durch die zu Beginn der Teiltexte eine allgemeine Prämisse thematisiert wird, der in der Apodosis die Assertion neuer Nachrichten folgt. In unserem Korpus kommen nur äußerst selten Varianten oder Ausnahmen zu diesem Muster vor, nur knapp zehn Nominalgruppen zu Beginn eines Teiltextes sind wie (145) indefinit markiert:

(145) Londen / vom 24. Octobr.
Ein Edelmann des Lords Rivers / welcher am Sambstag Abend gantz allein aus dieser Stadt nach Barnet zu seinem Herren ritte / ward unterwegens durch 3. Männer zu Fuß angefallen (OPZb 1698 46b S. 5)

Dennoch haben auch diese indefiniten Nominalgruppen ein definites Element, welches sich aber in der Expansion rechts von N befindet. In (145) ist die Nominalgruppe zwar indefinit markiert, es wird eine nicht näher bestimmte Person erwähnt, die aber zum Umfeld einer Persönlichkeit gehört, die als bekannt, als universelle Prämisse gelten kann, nämlich „Lord River". Man stellt fest, dass alle anscheinend undefiniten Nominalgruppen unseres Korpus diesem Schema entsprechen, die eigentliche Prämisse wird durch ein definites Glied der undefiniten Nominalgruppe bezeichnet. Somit gibt es im gesamten Korpus keine Ausnahme zum oben geschilderten Muster der Äußerungsstruktur in der Periode.

4.2.3.3.6 Das Pronomen „Was"

Eine weitere Variante bilden die etwa 6 Belege in unserem Korpus von Teiltexten, die mit dem Pronomen „Was" eingeleitet werden: Sie bilden das Akkusativobjekt in der einleitenden Verbalgruppe, die daneben durchaus definite Glieder aufweist, etwa die Nominalgruppe im Nominativ „die Moscowittische Legation" in (146). Zudem ist das Pronomen „Was" nicht eigentlich als undefinit zu betrachten, es bezieht sich nämlich auf bekannte und bereits erwähnte Sachgehalte, wirkt somit ebenso anaphorisch wie die einleitenden definiten Nominalgruppen: In (146) wird durch das Zeitadverb „vorgestern", in (148) durch die Verbalgruppe „in meinem letzern berichtet" ein expliziter Bezug auf eine vorangehende Assertion hergestellt. Durch das Pronomen „Was" wird Bekanntes thematisiert, der Unterschied zu definiten Nominalgruppen ist, dass es nicht oder noch nicht semantisch aktualisiert ist. Man weiß, dass es den Sachgehalt gibt, man weiß (noch) nicht, was es ist. Dieses Pronomen fungiert als semantisch leere Hülle, als eine Art Kommunikationskanal oder Nachrichtenträger, auf den man verweisen kann, dessen Inhalt man aber erwartet wie in (148), wo im weiteren Verlauf der Protasis diese Hülle mit „daß der hertzog von Lothringen…" ausgefüllt wird:

(146) Auß Wien / vom 26. dito.
Was die Moscowittische Legation / so vorgestern Audientz gehabt / bey Ihr Käys. Majest. angebracht / ist gantz in geheim / man ist hier beschäfftigt / zu den neugemusterten 8. Regimenter / noch etliche zu werben (MRZ 1673 19 S. 3)

(147) Venedig den 3. Julii.
Was diese Woche von newem auß *Levante* mit verschiedenen Kauffmans-Schiffen ahnhero gebracht / bestehet in deme / daß zwar ein theil der Türckischen Schiff-*Armata* in Candia bestünde / man erwarte aber mit dem Uberrest den *Capitain Bassa,* welcher wie man sagt von dem Groß-Vezier verschlossene *ordre* und Befelch hat solche ehender nicht als ahn einem ihme benenten Ort zu eröffnen und alsdann zuverrichten was darin vermeldet / derowegen man aller Orthen in Erwartung seiner sich zum eiffegsten rüstet (OWP 1671 29 S. 1)

(148) Rheinstrom von 17. Novemb.
Was ich in meinem letzern berichtet / daß der hertzog von Lothringen auf *interposition* der Räm. Käys. Maj. und beeden Herren Marggrafen zu Baden / sich mit Chur Pfaltz zu vergleichen *resolvirt, continuirt* annoch (OPZa 1668 11 14 S. 2)

4.2.3.3.7 Bezugnahme auf den Ort und das Datum der Korrespondenz

Als letzte Variante für die einleitenden Einheiten der Periode müssen hier die in den Zeitungen sehr häufigen Fälle erwähnt werden, in denen zu Beginn einer Korrespondenz Bezug auf die Äußerungssituation genommen wird, insbesondere auf Zeit und Ort der Äußerung. Dadurch wird nicht etwa ein als bekannt vorausgesetzter und in vorangehenden Korrespondenzen assertierter Sachgehalt thematisiert, es wird vielmehr Bezug auf den Kopf der Korrespondenz genommen, der in Form eines Absendeorts und -datums diese Informationen zu den externen Variablen für den gesamten Text liefert. Dadurch erscheint jede zeitliche und geographische Referenz zu Beginn der Korrespondenztexte als anaphorischer Bezug auf den Korrespondenzkopf. Bereits gewisse einleitende definite Nominalgruppen wie in (141) können ohne Bezugnahme auf den Korrespondenzkopf und dessen Ortsangabe nicht interpretiert werden („der König" wird als Ludwig XIV. identifiziert, da „Paris" als Absendeort im Kopf vermerkt ist). Genauso sind situationsdeiktische Einheiten, die sehr oft solche Perioden einleiten, anhand des Korrespondenzkopfes zu perspektivieren, etwa „hier" in (149) und „Heute" in (151), sowie eine ganze Reihe von formalen Varianten, zu denen man alle Formen der zeitlichen (152) und geographischen (150) Lokalisierung zählen muss. Diese Orts- und Zeitangaben können sich auch leicht nach rechts versetzt befinden:

(149) Lemberg vom 17 May.
Hier lauffen continuirlich Zeitungen ein von des Feindes Streiffen / und daß viel Volck von ihnen in die Sclaverey genommen wird / viel Land und Dörffer verwüstet werden (NM 1685 05 29 S. 6)

(150) Brehmen vom 4 Juny.
Dieser Orten seind bey die 60 Soldaten paßiret / welche wegen Churbrandenburg in Gretziel ablösen sollen (NM 1685 06 02 S. 7)

(151) Stockholm / vom 31. Dec.
Heute zu Mittage hat man so woll die Englische als Holländische Kauffleute auff das Rahthaus beruffen (OPZb 1696 05 S. 8)

(152) Haag vom 7 Junii.
Vor 2 Tagen ist der Obrist Warhop auß England / mit Briefe von den König an Se. K. H. und denen Hn. General Staaten gekommen (NM 1685 06 02 S. 6)

Man könnte diese Fälle als Ausnahmen zum Äußerungsschema der Periode betrachten, in dem die universelle Prämisse einleitend einen bekannten Sachgehalt thematisiert, aber es ist sehr wohl auch möglich, diese Bezugnahme auf die externen Variablen der Äußerungssituation als eben solche Prämissen zu interpretieren, schließlich wird dadurch (wie durch alle anderen, oben geschilderten Formen) der Beginn einer Periode bzw. eines Teiltextes im Äußerungsrahmen des Korrespondenten verankert. Ort und Zeit der Korrespondenz können somit als allgemein bekannte und akzeptierte Prämissen thematisiert werden, es handelt sich zudem stets um definite Einheiten, die auf eine bereits bestimmte Variable verweisen.

Als Fazit zu diesem Kapitel kann hier festgehalten werden, dass die Periode einen Strukturierungsrahmen bildet, der straff genug ist, um in den Zeitungstexten des 17. Jahrhunderts als syntaktische Grundeinheit betrachtet zu werden. Deszendent zwischen den Kola innerhalb der Periode und aszendent zwischen den Perioden in Teiltexten dienen Einheiten der unterschiedlichsten Wortklassen dazu, die einzelnen Glieder zu verketten und zu einem kohäsiven und kohärenten Ganzen zusammenzufügen: Es kann sich um Konjunktionen handeln, um anaphorische Pronomen oder Nominalgruppen, um finite Verben an erster Stelle oder einfach nur um die grammatische Kategorie der Finitheit. Sie signalisieren an den Artikulationsstellen zwischen den Kola und zu Beginn der Periode die Abgrenzung der einzelnen Glieder. Die Funktion dieser Einheiten wird durch ihre Position bestimmt. Befinden sie sich an einer Artikulationsstelle, so ist ihre Funktion als Gliederungssignal vorrangig, ihre an anderer Stelle mögliche syntaktisch-subordinierende oder semantische Funktion wird überschattet. Als Gliederungssignale haben all diese unterschiedlichen Einheiten zugleich auch eine ähnliche verknüpfende Funktion: Die einzelnen Kola werden miteinander parataktisch verkettet, ohne Unterordnung, ohne hypotaktische Hierarchien zu bilden, und zwar auch dann, wenn es sich formal um sogenannte ‚Subordinatoren' handelt mit anschließender als abhängig markierter Verbalgruppe, d.h. mit Verbendstellung. An der Nahtstelle zwischen Kola wirken alle Gliederungssignale als Einheiten, die unabhängige logische Propositionen miteinander verknüpfen. Kohärenz entsteht zwischen den Kola und zwischen den verketteten Perioden durch satzübergreifende isotopische Linien, durch äußerst redundante Anaphorisierungen und Renominalisierungen, die in jedem Kolon symmetrisch zum voranstehenden angelegt sind und in den Zeitungen teilweise auch textübergreifend wirken.

Das syntaktische Gefüge der Periode ist auch äußerungsstrukturell relevant, die Gliederungssignale haben eine wichtige kommunikative und argumentative Funktion. Sie grenzen innerhalb der Perioden unterschiedliche Kommunikate ab, Äußerungsteile, die unterschiedlichen Sprechern in unterschiedlichen Äußerungsrahmen zuzuordnen sind. Die syntaktische Artikulation zwischen Kola entspricht oft auch einem Übergang von einer Ebene der Kommunikation zur anderen. An der Akme schließt das Gliederungssignal ein einleitendes Kommunikat ab, das als universelle Prämisse schon bekannte Sachgehalte thematisiert, ohne sie neu zu assertieren. Die Apodosis besteht aus Äußerungsteilen, die assertiert und modalisiert werden, dem Adressaten unterbreitet und von ihm als wahr akzeptiert werden sollen. In der Klausel ist wiederum der Korrespondent oder Herausgeber mit subjektiven Kommentaren am Zuge. Die Periode weist somit in ihrer Äußerungsstruktur einen zyklischen Aufbau auf, der die allgemeine Problematik in den Zeitungen veranschaulicht: In den Teiltexten und Perioden vermengen sich die Stimmen des Herausgebers, Korrespondenten und des Informanten, aber letztlich ist vor allem der Herausgeber an strategisch wichtigen Stellen am Zuge: zu Beginn und am Schluss der Periode. Gliederungssignale sind in dieser Struktur zugleich auch Signale der Polyphonie.

Es besteht somit eine Konkurrenzsituation zwischen den unterschiedlichen Funktionen der Einheiten, die an für die Periode relevanten Stellen als parataktische Gliederungssignale, an anderer Stelle aber durchaus als Marker der Hypotaxe fungieren. Es soll nun im Folgenden diese hypotaktische Funktion einiger Einheiten, die bereits als Gliederungssignale der Periode identifiziert wurden, untersucht werden, mitsamt deren semantischer und kommunikativer Bedeutung.

4.3 Hypotaxe

In Anbetracht der bisher erlangten Erkenntnisse zur Strukturierung der Periode erscheint die Sprache des 17. Jahrhunderts weitaus weniger komplex als es bisherige Analysen nahelegen. Sieht man von den syntaktischen Konnektoren ab, die in der Periode als Gliederungssignale fungieren, bleiben im Wesentlichen nur zwei große Gruppen von untergeordneten Verbalgruppen bestehen: einerseits die durch *dass* eingeleiteten Verbalgruppen, die zumeist (aber nicht ausschließlich) indirekte Redewiedergaben einleiten, so dass die Hypotaxe mit Integrierung von Kommunikaten untergeordneter Äußerungsrahmen einhergeht, und andererseits die Relativsätze.

4.3.1 Der Subordinator dass

Es sollen hier alle Verwendungen und Funktionen dieses prototypischen Subordinators in den fünf achtseitigen Ausgaben von *KOP*, die in unserem Korpus enthalten sind, erörtert werden. In diesem Teilkorpus ist „daß“ knapp 100-mal belegt. In einer ersten Gruppe von Belegen ist „daß“ Teil einer Konjunktionalfügung; eine zweite Gruppe umfasst die Belege von „daß“ ohne beigefügte Konjunktionaleinheit, in denen keine indirekte Redewiedergabe markiert wird; in der letzten und größten Gruppe von etwa 2/3 der Belege leitet „daß“ nach Verbum dicendi eine indirekte Redewiedergabe ein.

4.3.1.1 „Daß“ als Teil einer Konjunktionalfügung

In unserem Teilkorpus aus *KOP* sind 20 der 98 Belege von „daß“ Teil einer der folgenden mehrgliedrigen Konjunktionalfügungen: „so…daß“ (3 Belege), „also daß“ (4), „daß also“, „solch-…daß“ (3), „es sey dann, daß“ (3), „ohne daß“, „mit dem Beding, daß“, „dergestalt, daß“. Bei einer Hälfte dieser mehrgliedrigen Konjunktionen handelt es sich um Korrelationen, die trotz der Abhängigkeitsmarkierung eines der beiden Glieder eher als Verkettung von syntaktisch gleichrangigen Einheiten zu betrachten sind. Zudem befinden sich acht dieser 20 Belege (darunter eine Korrelation) an der Nahtstelle zwischen zwei Kola von Perioden, drei an der Akme, fünf zwischen Apodosis und Klausel und fungieren somit vorrangig als Gliederungssignale der Periode, durch die eine Verkettung ohne hypotaktische Hierarchie bewirkt wird. Auch in diesen Fällen muss die formale Abhängigkeitsmarkierung außer Acht gelassen werden. Es bleiben also nur noch drei Belege von Konjunktionalgefügen mit „daß", die inmitten eines Kolons einen zusätzlichen hypotaktischen Rang einleiten, und in allen drei Fällen handelt es sich um die Form „es sey dann, daß" (153-155):

(153) [P] [p] IN Franckreich wendet man grossen Fleiß an / die Handlung in vorigen florisanten Stand zu bringen / [a] weiln dieselbe durch den letzten Krieg gäntzlich ruiniret worden / [A] [p] welches aber fast unmüglich geschehen kan / es sey dann / daß denen Protestanten derer Gottesdienst wieder vergönnet / [a] auch die letztere Publicirte Daclaration casiret und vernichtet werde. (KOP 1699 19 S. 1)

(154) [P] Laut Ordre des Königes / müssen alle Regimenter vor dem nechstkünfftigen Decembr. Monaht complet seyn / [A] und sollen die Supernumeraires des Königl. Hauses wieder angenommen werden / [C] welches nie geschiehet / es sey dann / daß man eines Krieges vermuhten ist. (KOP 1699 94 S. 5)

(155) [P] [p] Die weil die zwey Ost-Indische Compagnien nicht eilen zu einem Vergleich zu kommen / [a] und dennoch befunden wird: daß ihre Vereinigung zum meisten Nutzen des Reichs gereichen würde / [A] [p] erweisen sich die Herrn Regenten geneiget / solch Accommodement auf die Bedingungen / so sie darbey sehen / und ohne Widersprechen / als von Unpartheyischen kommende anzunehmen / selber zu machen / [a] welches zu solcher Auswürckung am meisten helffen wird; [C] also / daß selbiges / es sey dann daß die fürnehmste interessirte Persohnen dargegen hielten / nun wol endlich gefunden werden möchte. (KOP 1699 65 S. 4)

Man stellt fest, dass alle drei Verwendungen von „es sey dann, daß" eine sehr ähnliche Funktion haben: Sie leiten eine Restriktion zu einer allgemeinen Aussage ein. Der Kotext besteht weniger aus Nachrichtenteil als aus einer Art Kommentar, und in der Tat befinden sich die Verwendungen in (154) und (155) innerhalb einer Klausel, eines Kolons also, das aus einem Kommunikat besteht, in dem der Korrespondent oder Herausgeber sich subjektiv zum Berichteten äußert. Auch die Apodosis, in die (153) eingebettet ist, gleicht einer subjektiven Reaktion auf das im Vortext Wiedergegebene. In (153) und (154) besteht der subjektive Kommentar darin, das vorher Berichtete in Frage zu stellen, dessen Wahrheit zu leugnen mit jeweils der durch „es sey dann, daß" eingeleiteten Restriktion, die als Modalisierung des Kommentars fungiert, als ‚conditio sine qua non' für die Wahrheit des im Vortext Berichteten. Der Korrespondent oder Herausgeber ist der Meinung, dass die von ihm im Vortext wiedergegebenen Nachrichten nur dann wahr sein können, wenn die subjektiv von ihm angeführte, durch „es sey dann, daß“ eingeleitete Bedingung wahr ist. In (155) drückt der Exzeptivsatz eine Befürchtung des Korrespondenten oder Herausgebers aus. In allen drei Fällen also sind diese durch „es sey dann, daß“-Sätze kommunikativ polyphon, sie drücken eine subjektive Restriktion seitens des Sprechers eines übergeordneten Äußerungsrahmens zum Inhalt der Nachrichten aus, die vom Informanten, dem Sprecher des untergeordneten Äußerungsrahmens, stammen.

4.3.1.2 „Daß“ als eingliedrige Konjunktion

In unserem Teilkorpus kommen nur vier Belege von „daß“ als eingliedrige Konjunktion vor, durch die keine indirekte Redewiedergabe eingeleitet wird, d.h. die nicht nach Verba dicendi stehen: „die Zeit, daß“ (156), „sein, daß“ (157), „verursachen, daß“ (158), „besorgen, daß“ (159). Der erste Beleg befindet sich in einer Protasis, die anderen in einer Apodosis oder Klausel:

(156) [P] [p] Es ist zwar bishero spargiret worden / wegen einer Reduction der Militz / so wohl zu Pferd als zu Fuß / [a] allein bis dato die Kayserl. Erklärung noch nicht erfolget; [A] [p] weil aber die Zeit schon vorhanden / daß die Winter-Quartiere regulirt werden sollen / [a] als bleiben selbige vor besagte Regimenter / bis auff Kayserliche Verordnung aus gesetzt; (KOP 1699 94 S. 6)

(157) [P] Ob nun von allerseits Alliirten nunmehr zu den würcklichen Tractaten werde geschritten werden / stehet zu erwarten / [A] und scheinet dabey die gröste Schwierigkeit zu seyn / daß die Türcken in solcher Proposition der Moscowitter mit keinem Wort gedencken (KOP 1698 43 S. 4)

(158) [P] Unangesehen man hiesieger Gegend weit und breit noch überall in voller Erndte begriffen ist / [A] so ist jedoch die Zufuhr des neuen Getraides / als Winter Gerst und Korn bey so früher Jahr-Zeit zimlich groß / [C] so dann auch verursachet / daß derer Preiß täglich mehr und mehr fallen thut. (KOP 1699 65 S. 2)

(159) [P] Man redet noch starck von Anmarsch einiger Dähnischen Völcker / [A] welches das Flüchten / so wohl von Königl. als Fürstliche Unterthanen und benachbahrten Haußleuthen täglich vermehren thut / [C] weil sie besorgen / daß eine unvermuhtete Einquartierung ihnen über den Hals kommen möchte. (KOP 1699 95 S. 8)

Die Verbalgruppe in (156) scheint zunächst ein Relativsatz als Expansion des Substantivs „Zeit“ zu sein, aber man darf nicht übersehen, dass nicht das Relativpronomen „da“ verwendet wird, sondern die Konjunktion „daß“. Auch im modernen Sprachgebrauch gibt es noch Wendungen wie „Es ist Zeit, dass du nach Hause kommst“, und auch hier ist die Konjunktion nicht unbedingt als temporale Expansion des Substantivs „Zeit“ zu interpretieren. In unserem Beispiel (156) kommt hinzu, dass als Basis der durch „daß“ eingeleiteten Verbalgruppe „sollen“ fungiert, ein Verb, das auf die auffordernden Worte eines Dritten hindeutet. Somit erscheint ein Teil der Verbalgruppen unter dem Skopus von „daß“ als Redewiedergabe, die als solche nachträglich ein zweites Mal durch das Modalverb „sollen“ markiert wird; Letzteres hat hier eine ähnliche Funktion wie ein verbum dicendi. In diesem militärischen Kontext dürfte es sich bei diesen indirekten Redeteilen um Befehle handeln, worauf auch die Nominalgruppe „Kayserliche Verordnung“ hindeutet: Der Gehalt der durch „daß“ eingeleiteten indirekten Rede ist der zu erwartende kaiserliche Befehl und zugleich der wohl schon wegen der fortgeschrittenen Jahreszeit bereitliegende Befehl der Militärbehörden, die lediglich auf grünes Licht warten, diesen Befehl zu verkünden. Desgleichen steht in der modernen Sprache „[es ist Zeit,] dass du nach Hause kommst“ nicht allein unter dem Skopus von „Zeit“, sondern „es ist Zeit“ ist eine untrennbare Fügung, die als Äquivalent einer Aufforderung interpretiert werden muss. Auch in der modernen Sprache beinhaltet der *dass*-Satz eine implizite indirekte, auffordernde Rede. Somit markiert die Konjunktion „daß“ in diesem Beispiel einen kommunikativen Übergang von einem Äußerungsrahmen zum anderen wie bei Redewiedergaben nach Verbum dicendi. In (157) ist das Substantiv „Schwierigkeit“ im Rahmen der hier erwähnten diplomatischen Verhandlungen als Anaphorisierung eines Arguments, d.h. einer Rede, zu interpretieren, und der durch „daß“ eingeleitete Nebensatz enthält demnach in expliziter Form diese anaphorisierte Rede, es handelt sich also auch hier um eine indirekte Redewiedergabe. Desgleichen in (159), wo „besorgen“ als Verbum dicendi interpretiert werden kann. Hier besteht die Besonderheit darin, dass man sich in einer Klausel befindet, wo der Herausgeber oder Korrespondent seine subjektive Meinung preisgibt, die sich hier auf die zitierten Worte eines Dritten stützt. Ebenso muss man die Position innerhalb einer Klausel berücksichtigen, um den *dass*-Satz in (158) richtig zu interpretieren. Er gibt die subjektive Meinung des Korrespondenten wieder, er beinhaltet einen Kommentar, der explizit durch das Verb „verursachet“ als eine Art Schlussfolgerung zum Nachrichtengehalt des Informanten dargelegt wird. Auch in diesen Beispielen, die zunächst nicht unter dem Skopus eines Verbum dicendi zu stehen schienen, fungiert die Konjunktion

„daß“ stets zur Einleitung einer indirekten Rede und zur Markierung eines Übergangs von einer Ebene der Kommunikation zur anderen.

4.3.1.3 „Daß“ als eingliedrige Konjunktion nach Verben der Perzeption und des Wissens

In sechs Belegen steht die Konjunktion „daß“ unter dem Skopus des Verbs „wissen“ (160, 161) oder eines Verbs der Perzeption: „sehen“ (162), „vermercken“ (163), „vernehmen“ (164, 165):

(160) [P] Sonsten machet man allhier einige Reflexion auf die Kriegs-Rüstung in Portugal / [A] weil man weiß / daß der Graff von Oropesa / aus dem Hause Branganca / anjetzo bey Hofe in grossem Ansehen. (KOP 1698 43 S. 3)

(161) [Die Brieffe aus Jamaica bekräfftigen / daß man allda Zeitung habe /] [P] wie nemlich auf Darien 13. Stücke von 12. biß 18. Pfund / nebenst vielen Spaden und Schauffeln gefunden worden / [A] welche die Spanier / als welche gewust / daß der Gouverneur von Carthagena / um die Schotten wegzuschlagen / abgereiset war / samt allem dem daselbst hinterlassenen mit sich genommen hätten; (KOP 1699 95 S. 2)

(162) [P] Der König von Portugal hat von den Ständen seines Reichs eine jährliche Revenue von 600000. Crusides gefordert / zu Unterhaltung seiner Trouppen / welche er noch täglich verwehret / [A] indem er wohl siehet / daß bey Absterben des Königs von Spanien solche Monarchie leichtlich in die Hände des Printzen von Bourbon fallen möchte / [C] weßwegen er sich in solchen Stand zu setzen / und zu mainteniren / genöhtiget wird. (KOP 1698 43 S. 1)

(163) [P] Weil der Pabst vermercket / daß seine Kräffte sehr abnehmen / so [A] hat er seine vorgehabte Reise nach Nettuno wieder eingestellet; (KOP 1698 43 S. 4)

(164) [P] welcher auch / nachdem er in einer Chaise angekommen / und vernommen / daß die Generalität hier stünde / [A] alsobald aus derselben heraus sprang / und die Rede des obgedachten Marquis d'Uxelles anhörete (KOP 1698 43 S. 5)

(165) [P] Der Graff von Oettingen / Groß-Bohtschaffter nach Türckey / hat durch einen Expressen berichtet / daß er seine Reise zwar ziemlich beschleunige / [A] er habe aber von denen Türckischen Gräntzen vernehmen müssen / daß zu Belgrad allerhand ansteckende Kranckheiten im Schwan (KOP 1699 95 S. 7)

Es versteht sich von selbst, dass ein Gedanke nur dann ausgereift ist, wenn er in Worte gefasst ist. Der Gegenstand eines Wissens ist demnach zugleich auch eine Aussage, und das Verb „wissen“ kann als Verbum dicendi aufgefasst werden. Desgleichen kann sich die Perzeption in gewissen Kontexten auf die Perzeption von Worten beziehen und das Verb „vernehmen“ in solchen Fällen die Wiedergabe von erlauschten Reden ankündigen. Schließlich erlangt man durch die Perzeptionen „vermercken“ und „sehen“ ein Wissen, das Anlass zu einer Rede gibt. Auch diese Verben gehören zum Paradigma der Verba dicendi, die anschließende Konjunktion „daß“ markiert wie stets den Übergang zu einer neuen Ebene der Kommunikation.

In (161) wurde das Wissen der Spanier wohl aus der Spionage gewonnen, es handelt sich um erlauschte Reden, um gehörte Worte, die Kenntnis besteht somit aus indirekten Redeteilen. Genauso verhält es sich mit den erlauschten bzw. vernommenen Worten, die in (164) und (165) nach den Verben „vernehmen“ indirekt wiedergegeben werden. In (160) ergibt sich der Gegenstand des Wissens aus einem am portugiesischen Hof kursierenden Gerücht, der *dass*-Satz enthält auch hier eine Redewiedergabe, es sind Worte, die von den Höflingen, die hier mit dem unpersönlichen Pronomen „man“ bezeichnet werden, wieder aufgenommen werden, um zu spekulieren und Vermutungen anzustellen. Somit können die im *dass*-Satz wiedergegebenen Redeteile sowohl dem Gerücht als auch den Spekulationen der Höflinge entstammen. Es sind mehrere implizite Sprecher für diese Reden vorhanden, die Konjunktion „daß“ ist daher in mehrerer Hinsicht ein Signal der Polyphonie. Ebenso verhält es sich in (165): Die Periode beginnt in üblicher Manier mit einem Weiterreichen des Wortes vom Korrespondenten an den Informanten, der hier namentlich bekannt ist (es handelt sich um den Grafen Oettingen), eine erste „daß“-Konjunktion nach dem Verbum dicendi markiert diesen ersten kommunikativen Übergang. In der Apodosis werden durch diesen Grafen Gerüchte Dritter über eine Epidemie wiedergegeben, dieses Gerücht wird aber auch vom Grafen Oettingen in seinem eigenen Äußerungsrahmen wieder aufgenommen, um seine verspätete Rückkehr zu rechtfertigen: Der zweite *dass*-Satz kann daher sowohl im Skopus des Verbum dicendi „berichtet“ als auch des Perzeptionsverbs „vernehmen müssen“ stehen, die Konjunktion „daß“ signalisiert auch hier einen äußerst polyphonen Gehalt. Ebenso in (162), wo der König von Portugal eine politische Situation „sieht“ (d.h. erkennt und weiß), die in der Tat zum Spanischen Erbfolgekrieg geführt hat. Aber der Gegenstand dieses Wissens ist auch das Argument, welches vom Rat zur Erlangung von Kriegskrediten gebraucht wird. Der Gehalt des *dass*-Satzes ist sowohl erlangtes als auch benutztes Wissen, zudem ist dieses Wissen im damaligen diplomatischen Europa überall verbreitet und wird in etlichen Korrespondenzen erwähnt, da man auf Nachrichten über die Gesundheit des spanischen Königs gespannt war. Der Gehalt des *dass*-Satzes gibt also ein allgemein in Europa verbreitetes Wissen wieder, dies wird durch die illokutive Partikel „wohl" unterstrichen, es gehört aber auch zu den Verhandlungsargumenten zwischen dem König von Portugal und seinem Rat, denn dieses Wissen ist so offenkundig allgemein verbreitet, dass man „wohl" die Kriegskredite nicht verweigern kann. Auch hier ist die Konjunktion „daß" ein Signal für eine in mehrfacher Hinsicht polyphone Redewiedergabe.

4.3.1.4 „Daß" als eingliedrige Konjunktion nach Verbum dicendi

Mehr als 60 der Belege unseres Teilkorpus stehen unter dem Skopus von expliziten Verba dicendi („berichten", „befehlen", „bemerken", „sagen", „versichern", „Ordre geben", „beordern", „schreiben", „ankündigen", „bekräftigen", „divulgiren", „melden", „behaupten") oder von Verben, die relativ unmittelbar durch eindeutige Metonymie oder Metapher als solche interpretiert werden können („es ist fest, daß", „nicht zweifeln, daß", „vermuten, daß", „fürchten, daß", „glauben, daß", „befinden, daß", „begehren, daß", „verbieten, daß", „meinen, daß", „vermeinen, daß", „resolviren, daß", „mitbringen, daß") oder auch von Perzeptionsverben, welche die passiv vernommenen Redeteile von der Perspektive des Empfängers der Perzeption aus schildern („man vernimmt, daß", „man hat, daß") und schließlich von Substantiven, die metonymisch eine geschriebene oder mündliche Rede anaphorisieren („Rede, daß", „Schreiben, daß", „Nachricht, daß", „Briefe, daß", „Zeitung, daß", „Verordnung, daß").

Man stellt fest, dass einige indirekte Reden durch die Konjunktion „ob" eingeleitet werden (166) oder als Nominalgruppe mit einem auf *-ung* abgeleiteten Substantiv „Zeitung und Confirmation von Verlassung Dartens mit sich" (172) oder als Infinitivgruppe (173) erscheinen. In diesem letzten Beispiel werden zudem zwei unterschiedliche Formen von Redewiedergaben durch „und" miteinander koordiniert: einerseits eine Infinitivgruppe „in diesem gantzen Staat frey zu reisen", andererseits ein *dass*-Satz „jedoch daß er nicht anhero in die Stadtkommen solte". Diese Koordination zeigt, dass beide Syntagmen als gleichwertig zu betrachten sind, beide Gruppen stehen auf derselben hypotaktischen Ebene, aber die unterschiedliche Markierung deutet darauf hin, dass sie nicht auf derselben Ebene der Kommunikation stehen; sie können in der Tat nicht unter dem Skopus desselben Verbs stehen, da die eine Gruppe beinhaltet, was dem Grafen „de las Torres" erlaubt ist, die andere, was ihm verboten ist.

Die Äußerungsstruktur zeigt an, dass der *dass*-Satz wörtlich den Inhalt der Depesche wiedergibt, die der Gouverneur von Mailand von seinem spanischen Fürsten erhalten hat. Man ist also in der Kommunikationssituation vom König zum Gouverneur, die Infinitivgruppen schildern zusammenfassend den restlichen Inhalt dieser Depesche, man befindet sich dann entweder im Äußerungsrahmen des Gouverneurs oder des Korrespondenten. Es fällt daher auf, dass hier der Übergang von einer Ebene der Kommunikation zur anderen eindeutig mit einer Änderung der Markierung der indirekten Rede gekennzeichnet ist:

(166) [1] [P] [p] Am Dienstag wurde der Herr Battista Nani zum Ambassadeur nach Engelland erwehlet / [a] welcher bereits alle Anstalten zu einer baldigen Ab- reise machen lässet; [A] [p] weil zumahlen versichert wird / daß der König in Engelland / von der Ottomanischen Pforte / zum Mediator eines Friedens mit den Christlichen Potentaten vorgeschlagen worden; [a] es hätte auch zu dem Ende der Groß-Vezier an höchstgedachten König ein außführliches Schreiben / durch den Secretarium des Lord Paget / abgehen lassen / [2] [P] und gehet die Rede / ob wolte man von Türckischer Seite zu frieden seyn / daß bey den Tractaten die Uberlassung aller derjenigen Plätze / welche so wol der Käyser als unsere Republique anietzo besitzen / zum Fundament stehe; [A] hingegen solte Caminiec demolirt / und der Cron Polen hernach eingeräumet werden; (KOP 1698 43 S. 3)

(167) [P] Viel Krieges-Munition wird aus den Städten nach unsern Frontieren gebracht / [A] und ist es feste / daß diesen Sommer. 2. Campementer von unsern eigenen Trouppen gegen ultimo Junii sollen formiret werden / [C] gegen welche Zeit der König von Engelland alhier erwartet wird. (KOP 1698 43 S. 2)

(168) [P] Man versichert / daß der König grosse Wercke in der Gegend Marly zu machen vorhabe / [A] und daß auch daran zu arbeiten 10. Battallionen aus Sr. Majest. der Königin / des Dauphins und andern Regimentern sollen employret werden. (KOP 1699 19 S. 2)

(169) [1] [P] Brieffe aus Ceuta vom 2. dieses melden / daß die Mohren ihre Arbeit langsam fortsetzten / und daß die dahin geschickte Schiffe in den Haven nicht kommen können / [A] dahero die vorgehabte Landung in Barbarien keinen Fortgang gehabt: [2] [P] doch sind vorige Woche 2. expresse Courier mit Zeitung von dannen gekommen / daß die gantze Guarnison selbigen Ort wegen Mangel der Bezahlung verlassen wolten / [A] welches allhie einige Bestürtzung verursacht. (KOP 1699 94 S. 4)

(170) [P] Am vergangenen Mittwoch Nachmittags ward allhier ein Auffstand von 2000. Armen / [A] welche nach dem Rathhauß giengen / zu begehren / daß man einem jeden ein 3. pfündiges Brodt und einen Stuyver […] / geben sollte. (KOP 1699 65 S. 5)

(171) [P] So wohl aus dem Abmarsch der Königlichen Guarde nach Königsöhr / als andern Präparatorien vermuhtet man / [A] daß die vorseyende Mariage des Durchleuchtigsten Hertzogs von Holstein Gottorst / etc. mit unserer ältesten Crohn Princeßin / binnen kurtzen / wiewohlen in aller stille / vollzogen werden dörffte. (KOP 1698 43 S. 8)

(172) [P] Das aus Neu-Jorck zu Dartmonty angekommene Schiff / H[oou?]wel genannt / bringet Zeitung und Confirmation von Verlassung Dartens mit sich [A] und daß ein Gerücht lieffe / daß selbiges Land alsobald von den Spaniern / wie sie davon Nachricht bekommen / wiederumb in Besitz genommen worden. (KOP 1699 94 S. 3)

(173) [P] Bedachter Gouverneur sol aus Spanien Bericht erhalten haben / den Grafen de las Torres aus seinem Arrest loß zu lassen / [A] und wäre demselben erlaubet / in diesem gantzen Staat frey zu reisen / jedoch daß er nicht anhero in die Stadtkommen solte. (KOP 1699 65 S. 6)

Aus diesen Beispielen kann man auch ersehen, dass die Modalisierung anders als in der heutigen Sprache, in der sie vorrangig im Phema zwischen Thema und Rhema angesiedelt ist, in periodisch strukturierten Satzgefügen nicht die zentrale Position zwischen Protasis und Apodosis einnehmen kann. In der Periode kann sich wegen der antithetisch-symmetrischen Anordnung der beiden ersten Kola kein Phema herausbilden. Auch haben sich modalisierende Partikeln noch kaum entwickelt. Die zyklische Äußerungsstruktur der Periode, in der zunächst ein bereits assertierter und somit als für wahr angesehener Sachgehalt thematisiert wird, schließt somit die Modalisierung größtenteils aus der zweiten Hälfte der Protasis aus. Modalisierungen in Form von subjektiven Kommentaren kommen vorrangig nach rechts versetzt vor, etwa in Klauseln, in den Zeitungstexten auch zu Beginn der Protasis, wenn durch Verbum dicendi die Wiedergabe der Nachrichten Dritter eingeleitet wird. Diese Verba dicendi übernehmen dann oft auch die modalisierende Funktion, indem die Glaubwürdigkeit der zitierten Quelle berechnet wird, etwa mit den Verben „versichert" (166), „vermuhtet" (171) oder mit der Konjunktion „ob" statt „daß" (166), wo zudem die Redewiedergabe mit Konjunktiv II markiert ist. Ein weiteres Mittel der Modalisierung besteht in der Art, wie die Quelle bezeichnet wird; wenn etwa die Redewiedergabe unter dem Skopus von „Gerücht" steht wie in (172) wiederum mit Konjunktiv II.

Mustergültig für die Äußerungsstruktur in den Perioden wäre etwa Beispiel (171). In der Protasis werden zunächst Elemente thematisiert, die sich einer Assertion und somit auch einer Modalisierung völlig entziehen: „So wohl aus dem Abmarsch der Königlichen Guarde nach Königsöhr / als andern Präparatorien". Der Übergang zum Äußerungsrahmen des Informanten wird durch ein modalisierendes Verbum dicendi markiert, „vermuhtet", der *dass*-Satz enthält seinerseits eine Modalisierung durch das Verb „dörffte". Die Nebensätze mit dem vom Informanten stammenden Nachrichtengehalt erscheinen somit stets als polyphone Satzglieder, da sich in ihnen die Stimmen eines oder mehrerer Informanten mit der modalisierenden Stimme des Korrespondenten oder Herausgebers vermengen. Letzterer gibt stets den Tenor für den Inhalt der Nachricht an und beeinflusst von vornherein deren Inhalt durch die Wahl der einleitenden Einheit, ob Verbum dicendi mit modalisierender Bedeutung oder metonymisches Substantiv mit demselben Effekt wie etwa „Gerücht". In jedem Kolon können solche polyphonen Glieder an den Rändern der zyklischen Periode wie etwa in der Klausel (174) stehen, aber auch in der Apodosis (175), so dass auch in diesem zentralen Teil der Periode ein Einbruch des subjektiv bewertenden und kommentierenden Herausgebers oder Korrespondenten nicht ausgeschlossen ist:

(174) [P] und noch im Monat Martio von beeden Seiten die Commissarien benennet werden sollen / die Gräntz Scheidung fowol in Morea als Dalmatien vorzunehmen / [A] und einige Graben gemacht / und Pfeiler oder Säulen zu Anmerckung der Confinien zu setzen; [C] ist also nicht mehr zu zweiffeln / daß ehists der Friedenschluß und Subscription erfolgen werde. (KOP 1699 19 S. 6)

(175) [P] an den Carossen / die meistens mit 6. Pferden bespannet waren / hat man fast kein Ende sehen können / [A] und ist zu bemercken / daß weder die Generalität noch sonsten jemand den Hut aufgehabt / sondern alle mit entblösten Häuptern geritten sind. (KOP 1698 43 S. 6)

Als Fazit zur Untersuchung der *dass*-Nebensätze in den fünf Ausgaben von *KOP* kann man festhalten, dass es sich in allen Fällen um ein als Redewiedergabe zu interpretierendes Satzglied handelt. Jedenfalls markiert „daß" als eingliedrige Konjunktion stets eine Polyphonie, eine Veränderung in der Äußerungssituation, den Übergang von einer Ebene der Kommunikation zur anderen. Sie signalisiert die Polyphonie auch dann, wenn sie Teil einer mehrgliedrigen Konjunktion ist. Die *dass*-Sätze in den Zeitungen haben somit eine wichtige argumentative und kommunikative Funktion, die stets entsprechend ihrer Position innerhalb der Periode perspektiviert werden muss, da eine gewisse komplementäre funktionale Distribution der Übergänge von einem Äußerungsrahmen zum anderen innerhalb einer Periode je nach Kolon festzustellen ist. Der Inhalt der in den *dass*-Sätzen wiedergegebenen Reden ist oftmals durch isotopische Linien mit Teiltexten aus unterschiedlichen Äußerungsrahmen verbunden, somit fungieren sie als Argument für unterschiedliche Sprecher und weisen einen hohen Grad an Polyphonie auf.

4.3.2 Relativsätze

Zu den häufigsten Formen der untergeordneten Nebensätze zählen die Relativsätze, die erheblich zur hypotaktischen Strukturierung der Texte beitragen. Jedoch hat die Untersuchung der Gliederung von Perioden gezeigt, dass so manche Einheit, die nach modernen Kriterien als Relativpronomen interpretiert würde, ein kommunikativ unabhängiges Glied bzw. Kolon der Periode einleitet, wobei deren anaphorische Funktion Vorrang vor der syntaktischen Markierung mit Verbendstellung hat. In diesem Kapitel sollen die Relativsätze untersucht werden, die tatsächlich von einer Nominalgruppe abhängig sind, und es soll den Fragen nachgegangen werden, ob es eine komplementäre Distribution von Pronomen gibt, die relativ zu einer Nominalgruppe, und solchen, die weiterführend, also von einer Verbalgruppe abhängig sind, ob es eine Relation zwischen der Äußerungsstruktur in den Perioden und der semantischen und kommunikativen Funktion der Relativsätze gibt.

4.3.2.1 Formen des Relativpronomens

In der deutschen Sprache des 17. Jahrhunderts sind auch alle heute üblichen Formen der Relativpronomen belegt, man muss aber für die frühere Sprache das Paradigma mit unflektierten Formen ergänzen, die heute kaum mehr in der Standardsprache gebräuchlich sind wie „da“, „wo“, und „so“,[275] wobei letztere Form heute als Relativpronomen überhaupt nicht mehr vorkommt. Die Distribution der einzelnen Formen unterscheidet sich für die damalige Sprache aber erheblich von jener im heutigen Deutsch.

4.3.2.1.1 Das Relativpronomen *d-*

Das heute als prototypisch geltende Relativpronomen kommt in den Zeitungen des 17. Jahrhunderts äußerst selten in dieser Funktion vor. Im gesamten Korpus ist diese Form nur etwa zehnmal belegt, wenn man *NM* ausschließt, denn in dieser Zeitung wird sie weitaus öfter gebraucht, man findet im Schnitt ein *d*-Relativpronomen alle drei bis vier Ausgaben dieser Zeitung, d.h. zwei pro Monat. *NM* ist auch die einzige Zeitung unseres Korpus, in der die Form des Neutrums „das“ belegt ist (185, 188), wovon fünf Belege in einem gesamten Jahr begegnen. Auch *MRZ* und

---

275 Vgl. Michel Lefèvre, Die adverbialen Proformen.

OPZb heben sich hervor, denn diese beiden Zeitungen beinhalten fast sämtliche anderen Belege des *d*-Relativpronomens in unserem Korpus. Neben den wenigen Belegen in der weiblichen Form „die“ (181, 182), jenen in der Form des Plurals (183, 184) und jenen in der Form des Nominativs und Akkusativs Maskulinum „der“ (176, 179) und „den“ (179, 180) kommt in unserem Korpus nur ein einziger Beleg mit der Genitivform „dessen“ vor (189), der Genitiv des Femininums „deren“ ist überhaupt nicht belegt.

Es herrscht also eine große Variabilität im Gebrauch des *d*-Relativpronomens, viele Redaktoren scheinen ihn ganz, andere weitgehend zu vermeiden. Dabei scheint es keine semantische Restriktion für den Gebrauch dieser Form gegeben zu haben, denn alle Belege unseres Korpus sind gleichmäßig auf attributive und appositive Relativsätze distribuiert, ebenso wenig gab es Einschränkungen wegen der Strukturierung der Periode, man findet *d*-Relativsätze in Protasen (176, 178, 179, 184, 186) ebenso wie in Apodosen (177, 179, 181, 183, 185, 188) und in Klauseln. Das *d*-Pronomen kann sich sogar, wenn auch äußerst selten, an der Akme zwischen Protasis und Apodosis befinden (182) und an der Nahtstelle zwischen Apodosis und Klausel (182). Als Gliederungssignal leitet es dann zwar keinen eigentlichen Relativsatz ein, in der Klausel z.B. bildet der mit „d-“ eingeleitete Satz einen eigenständigen subjektiven Kommentar des Korrespondenten oder Herausgebers. An diesen Stellen kann das *d*-Pronomen einen kommunikativen Übergang signalisieren, in bestimmten Fällen wie in (187) hat das Pronomen „das“ genau dieselbe Funktion wie das weiterführende Nebensätze einleitende „was“, das man in der heutigen Sprache erwarten würde:

(176) [P] Aus Seeland hat man / daß ein Caper zu Mittelburg / ein Pinnaße von 24. Stücken führend / ein Englisch Schif erobert / und hernach auch ein Straß-Fahrer von Londen / <u>der nach Levante gewollt / und mit 20. Stücken Geschütz versehen war</u> / übermannet und auffgebracht habe / [A] und sey dises Schiff gar reich bela- den / nähmlich neben andern / mit 150. Fäßern fein Englischen Zinn / 200. Stücke Bley / 200. Ballen Pfeffer und vilem Englischen Säy und Stoff / [C] so daß es / wie man sagt / auff 4. Tonnen Goldes geschätzet wird; (NM 1673 01 7 S. 7)

(177) [P] denselben tag thäte auch der Herr Bischoff von Caminieck gründliche Relation von der Ubergabe derselben Vestung / [A] da er alle Schuld auff den Herrn General Podolsky / <u>der sich aber auch darin zu verantworten gewust</u> / geschoben. (NM 1673 02 3 S. 2)

(178) [P] Der Mußkowitische Gesandter / der allhier vor 4. Tagen angelanget ist / hat Audientz gehabt / [A] deßen Verrichtung weiß man nicht. (NM 1673 02 5 S. 7)

(179) [P] Einer / dem man das Beste zugetrauet hatte / [A] der hiermit auch noch verschwigen bleibt / ist flüchtig. (NM 1673 02 7 S. 3)

(180) [P] allein der Admiral Reutter erkundschaffte durch ein Perspectual so balden jhr Ordnung / vnd ersahe seinen Vortheil / gab die Losung / [A] worauff vnser Flotta / als der Herr Admiral Tromp so die Avant: der Seeländer: Admiral die *arvieregarde*, vnd der Admiral Reutter die Battaglii führte / dem Feind mit einer guten *resolution* vnder Augen gieng / sich durch schlug / [C] vnd also den Wind bekam / den sie auch *continuir*lich behielte (MRZ 1673 26 S. 3)

(181) [P] Dise Mißthäter seynd deß dritten Tags hernach alle 4. gefänglich eingezogen / vnd vom Marschall Gericht *examiniret* worden / [A] welche auff vil andere solche gottlose Buben / die sich zusammen gerottet haben / den Reichstag vber vmb Warschaw böses zu stifften / sollen bekandt haben. (MRZ 1672 11 S. 1)

(182) [P] so wird auch weder von der Schwedischen noch Chur Brandeburgischen Hülff mehr gehört / [A] die vor weniger Zeit so gewiß gemacht worden. (MRZ 1672 11 S. 2)

(183) [P] es hat aber der darin ligende Obrister Westerhold in Münsterischen Dinsten mit seinem Regiment zu Pferde / und 2. Compagnien zu Fuße sich also defendirt / [A] daß die Chur-Brandenburgische solchen Ort mit Hinterlaßung viler Todten / die auff Wägen nach Ham geführet wurden / wider qvitiren musten. (NM 1673 01 3 S. 7)

(184) [P] und haben vil Officirer / die vormahls in Deventer / bißher aber in unsern Dinsten gewesen sind / sich bey diser Attaqve wolgehalten / [A] daß also ihr voriger Fähler nicht mehr gedacht wird. (NM 1673 01 5 S. 7)

(185) [P] Wo die Gottseligkeit in vollem Schwange geht /
[A] Da sihet man ein Reich und Land / das fest besteht. (NM 1673 01 1 S. 5)

(186) [P] Das Holländische Ost-Indische Schiff / das bey Portland gestrandet hat / ist wider floot gemacht [A] und zum Vortheil von dem großen Admiral von Engeland darvon gebracht worden. (NM 1673 03 3 S. 5)

(187) [P] Der Herr Drost kommt so stündlich hieher / und gehet nach dem Herrn Feld-Marschall de Turenne nach Soest / [A] er hat zimliche Barschafft bey sich / und verhofft wegen des Amts und Freyheit Altona zu accordiren / [C] das GOtt gebe! (NM 1673 04 9 S. 7)

(188) [P] Hieraus schlüßt man / daß die Holl- oder Seeländer nicht allein die besagte Insul / [A] sondern auch ein Engl. Königs-Schiff mit 60. Stücken /

das zu des Platzes Beschirmung lag / weggenommen hätten. (NM 1673 05 3 S. 5)

(189) [P] alda hat man beyde / mit Ketten wol verwahrt / auff einem sieben Schuhe hoch verfertigten Wagen und unter einem darauff gemachtem Galgen / [A] dem Volck / dessen mehr als hunderttausendt gewesen / zu sehen vor gestellt (OWP 1671 33 S. 3)

Hier muss man sich fragen, warum diese Einheiten so wenig als Relativpronomen gebraucht werden, zugunsten der flektierten Form „welch-" oder der unflektierten Formen „so", „da" und „wo". Die wahrscheinlichste Erklärung ist, dass es eine komplementäre funktionale Distribution dieser Einheiten gab. Die *d*-Pronomen kommen in den damaligen Texten sehr häufig vor, aber nicht als Relativpronomen. Funktionale Konkurrenz besteht bei den *d*-Formen nicht nur mit anderen anaphorischen Verwendungen, sondern auch mit homomorphen Einheiten, die als Determinanten von Nominalgruppen fungieren. Als solche haben sie eine konnektive Funktion zur Einleitung syntaktischer Einheiten (z.B. Infinitivgruppen) und eine Signalfunktion zur Abgrenzung von Kola innerhalb der Periode sowie von Perioden innerhalb von Teiltexten. Die Form des Nominativs Maskulinums „der" erscheint in den Zeitungen meist als Determinans einer finiten Nominalgruppe zu Beginn der Periode nach Virgel oder starker Interpunktion, so dass die Sequenz „ / der" für damalige Leser als Repräsentationstyp für den Beginn von Verbalgruppen (oder Ableitungen von Verbalgruppen),[276] Kola (191) oder Perioden (190) erschien:

(190) [1] [P] Von Madrid hat man / daß durch gantz Spanien / alle Frantzösische Wahren verboten / [A] und Anstalt gemacht worden / die Frantzosen an allen Orthen / so man kan / zu *attaquiren* / [2] [P] mit Portugall dörffte man auch wieder Krieg bekommen / [A] weiln da- selbst starck geworben wird / [3] [P] der Tourenne ist dieser Tagen mit vielen Trouppen zu Trier angelangt / [A] ob er daselbst übergehet / oder die Guarnison herauszuziehen willens / stehet zu erwarten. (TKC 1673 12 15 S. 5)

(191) [P] Montags ist der Comte de Estre bey hoff arrivirt / [A] der Printz de Conde wird hinfüro allezeit dem geheimen raht beywohnen. (TKC 1673 12 18 S. 7)

Offensichtlich fungiert das Determinans in erster Position eines Kolons und vor allem einer Periode als Gliederungssignal, das die Strukturelemente der Periode und die Periode selbst abgrenzt. In unserem Teilkorpus, das aus den fünf Ausgaben von *KOP* besteht, ist „d-" kein einziges

276 Als von Verbalgruppen abgeleitet gelten insbesondere Infinitivgruppen und Partizipgruppen.

Mal als Relativpronomen belegt, aber viermal als Determinans einer finiten Nominalgruppe mit Abgrenzungsfunktion. Würden neben diesen Einheiten auch noch *d*-Relativa stehen, die ebenfalls dem Repräsentationstyp mit Virgel „ / d- " entsprächen, würde es bei der Rezeption Verwechslungen mit den Gliederungssignalen geben, da sonstige, heute übliche makrostrukturelle Zeichen weitestgehend fehlten.

Dies umso mehr, als der Repräsentationstyp „ / der" auch zur Abgrenzung von bestimmten Syntagmen fungiert, von appositiven Nominalgruppen (192) und von Infinitivgruppen, deren erstes Glied eine Nominalgruppe im Dativ Femininum ist (193). Für diese syntaktischen Anschlüsse gab es im 17. Jahrhundert, wo die Präposition „um" noch selten zur Einleitung von Infinitivgruppen verwendet wurde,[277] keine Varianten, für das Relativpronomen hingegen gab es eine große Auswahl an Formen, so dass die funktionale Distribution der *d*-Formen zu Ungunsten des Relativpronomens erfolgte:

(192) Die alte Ost-Indische Compagnie hat resolviret / eines dero Schiffe / der König William genannt / mit 50. Stücken und 150. Mann innerhalb 14. Tagen nach Indien zu schicken. (KOP 1699 95 S. 2)

(193) [P] dieses nöthigte unsere Wölcker wieder zurück nach Harderwick zu gehen / [A] woselbst sie 900. Mann liessen / umb zuverhindern / daß selbige Stadt von den Feinden nicht mochte verbrennet oder geplündert werden / [P] sie seynd auch mit guter Handanlegung der Bürger anjetzo darüber / einige *Fortificationes* allda zu machen / [A] der Feinde Vorhaben dar-auf zu verhindern / die andere seynd vorgestern allhier wiederumbankommen. (TKC 1673 12 15 S. 7)

Ganz ähnlich verhält es sich mit dem Repräsentationstyp „ / den". Obwohl es sich eigentlich um den bestimmten Artikel handelt, fungiert die Sequenz „ / d-" als Quasi-Konjunktion zur Identifizierung und Einleitung von Syntagmen wie Appositionen (194), Infinitivgruppen (195, 197, 198) und Partizipgruppen (196), die jeweils mit einer finiten als Akkusativobjekt oder Dativobjekt des Infinitivs bzw. Partizips fungierenden Nominalgruppe beginnen. Im 17. Jahrhundert werden finale Infinitivgruppen noch relativ selten durch die zur Konjunktion umfunktionierten Präposition „um" bzw. „umb" eingeleitet. Im Sprachsystem bestand dazu keine Notwendigkeit, da ein deutlicher funktionaler Kontrast zwischen „ / d-" zur Identifizierung von Infinitivgruppen und etwa „ / welch-" zur Kennzeichnung von Relativsätzen bestand. Die funktionalen Verschiebungen innerhalb des Sprachsystems führten zu einer Vermehrung des

277 Vgl. Michel Lefèvre, Infinitivgruppe mit *zu* bzw. *um(b)...zu*.

Gebrauchs von „ / d-“ als Relativpronomen, die durch systematische Verwendung von „um“ bzw. „umb“ zur Identifizierung von Infinitivgruppen kompensiert wurde. Die 40 Seiten unseres Teilkorpus enthalten keinen Beleg von „ / den“ als Relativpronomen, dafür aber jeweils eine Infinitivgruppe (195) und eine Partizipgruppe (196) mit dem isomorphen Determinans:

(194) worauf Herr *Marquis de Grana* mit seinem Regiment eingezogen / und sich in deß Bischoffs von Straßburg Palast einlogirt / den Wexerhof genand / darinn über 30 Fuder Meins / etliche 100 Malter Habern [gefunden]. (TKC 1673 11 27 S. 3)

(195) Bedachter Gouverneur sol aus Spanien Bericht erhalten haben / den Grafen de las Torres aus seinem Arrest loß zu lassen (KOP 1699 65 S. 6)

(196) Se. Majest. speisete zu Mittag bey dem Printzen und der Printzessin von Dennemarck / den Hertzog von Glochester zur Seiten sitzen habend. (KOP 1699 95 S. 3)

(197) und stehen einige Regimenter Spanier jenseito der Ruhr / den Frantzosen den Übergang zu verhindern. (TKC 1673 12 15 S. 5)

(198) Hertzog Carl / den empfangenen Schimpff an dem Kayser zu rächen / liesse sich von dem Erz-bischof leichtlich erbitten / sein Beschutzer zu werden. (TKC 1673 11 24 S. 7)

Die Form „dessen“ kommt in den Zeitungstexten relativ häufig vor, aber fast ausschließlich als Gliederungssignal zwischen Kola, und leitet somit Verbalgruppen mit Verbendstellung ein, die nicht als eigentliche Relativsätze betrachtet werden können. Die Form „dessen“ wird somit hauptsächlich als Anapher, nicht als Marker der Hypotaxe verwendet. Für den Genitiv gibt es eine deutliche distributionelle Verschiebung: Als Gliederungssignal ist die Einheit „d-“ höchst selten, im Genitiv aber häufig, sowohl an der Akme (199, 200) als auch zu Beginn der Klausel (201). In unserem vierzigseitigen Teilkorpus aus *KOP* ist „dessen“ viermal als Gliederungssignal belegt:

(199) [P] Man ist eines Engländischen Abgesandtens allhier gewärtig / [A] dessen Verrichtung noch ohnbekant; (OWP 1672 16 S. 3)

(200) [P] Verwichene Mitwoche hat sich einer sonst berühmt gewesene Kauffmann aus dem Staub gemacht / [A] dessen Falliment sich auff 200000. Rthlr. erstrecken soll. (KOP 1699 95 S. 6)

(201) [P] Die considerableste Zeitung / welche die Brieffe vom 22. October von Madrit mitbringen / ist die continuirende gute Disposition von Ih. Majestäten / [A] welche sich anitzo also befinden / daß man versichern will / Ih. Majest. niemahls so gesund / frisch / und starck / vorhero gesehen zuha-

ben / [C] dessen sich auch alle dero Unterthanen von Hertzen erfreuen. (KOP 1699 94 S. 2)

Zudem besteht für diese Form eine Konkurrenz zwischen jenen Belegen, die eine als abhängig markierte Verbalgruppe (mit Verbendstellung) einleiten, und solchen, die eine unabhängige Verbalgruppe (mit Verbzweitstellung) einleiten (202, 203). Unter Letzteren muss man zwischen jenen unterscheiden, die innerhalb einer Periode eine Nominalgruppe als Possessivdeterminans einleiten wie (202) und jenen, die an der Nahtstelle zwischen zwei Kola als anaphorisches Gliederungssignal fungieren wie (203). Dabei besteht eine funktionale Gleichwertigkeit für alle Belege von „dessen" als Gliederungssignal. Diese Formen veranschaulichen, dass an der Akme zwischen *dessen + Verbendstellung* und *dessen + Verbzweitstellung* keinerlei Unterschied besteht, sie leiten an dieser Stelle auf jeden Fall unabhängige Satzglieder ein. Die Abhängigkeitsmarkierung durch Verbendstellung ist an dieser Stelle nicht relevant, sie sind neutralisiert:

(202) [P] Der König von Engelland hält mit denen jüngst aus Engelland gekommenen Herren offtermahlen zu Loo Raht / [A] und hat auf einige eingekommene Zeitungen aus Franckreich und Engelland / dessen Reise nach Bergen op Zom und Breda auf etliche Tage verschoben (KOP 1699 65 S. 1)

(203) [1] [P] Auß Westphalen hat man / daß der Herr Bischoff von Münster die Belägerung vor Gröningen noch continuiert / [A] doch mit Schiessen und Feuer einwerffen so grosse Gewalt nit mehr brauche / sonder daß maist mit minteren thue / [2] [P] dessen berühmte Ingenieur seye von denen Belägerten gefangen / vom Herrn Bischoff zwar 8000. Reichsthaler für seine Rantzion gebotten / [A] der Gefangne aber allbereit nach dem Haag geschickt worden (MRZ 1672 37 S. 2)

4.3.2.1.2 Das Relativpronomen „da"

Bei der oben festgestellten komplementären funktionalen Distribution der *d*-Formen, die kaum als Relativpronomen eingesetzt werden, kann man davon ausgehen, dass eine Großzahl der Relativsätze durch deren freie, flektierte Variante „welch-" und durch heute nicht mehr in dieser Funktion übliche Einheiten gekennzeichnet wird, insbesondere durch nicht-flektierte Formen wie „so", „wo" und „da" mit unterschiedlichen Varianten wie „daselbst" und „allwo" sowie durch Kombinationen mit Präposition für „da" und „wo". Es gibt für „da" und „wo" Einschränkungen in den Gebrauchsmöglichkeiten, zwar nicht so restriktiv wie im heutigen Deutsch, aber schon im 17. Jahrhundert kommen beide unflektierten Formen nicht bei allen semantischen Antezedenstypen vor, nur „so“ kann für alle semantischen Typen eingesetzt werden.

Die Form „da“ bezieht sich hauptsächlich auf Antezedentien mit lokaler (204, 205) oder temporaler (206) Bedeutung, wobei auch solche Nominalbasen vorkommen, die nur metonymisch als Zeit- oder Ortsangabe interpretiert werden können, wie „Gelegenheit“ in (207). In Verbindung mit einer Präposition kann sich dieses Relativpronomen allerdings auf eine unbegrenzte semantische Palette von Antezedentien beziehen wie „Fort“ in (208) und „Rencontre“ in (209):

(204) [P] Nach dem gestern die Lottringer mit Gewalt durch den Wald gebrochen / vnd sich in 600. starck in hiesige Dorffschafften einlogiert / haben [A] Herr Marggraff Fürstl. Durchl. um dero Regiment solche vmbzogen / das Gewöhr abgenommen / vnd wider zu dem Loch / da sie herein kommen / hinauß weisen lassen (MRZ 1673 20 S. 1)

(205) [P] Am Sonntage Abends ist allhier wider ein großer Brand gewesen / [A] nähmlich in des Käysers Hofe / da ein Qvartier verbrandte. (NM 1673 02 8 S. 8)

(206) man hält aber darfür daß diese Sache / wiewol sie in der Unmöglichkeit bestehet / biß an die Zeit / da der Kriegß-Rath gehalten wird / dörffte verschoben werden (OWP 1671 07 S. 3)

(207) ES hat mich gut bedünckt E. Durchl. durch dise Gelegenheit / da ein Pohlnischer vom Adel durch Gottes Hilff in sein Vaterland zurücke gehet / zuschreiben. (NM 1673 02 6 S. 4)

(208) [P] und wie von den Frantzös. Frontieren geschrieben wird / solle alles *magnific* im Lager hergehen / [A] und unter andern seye auff dasiger Ebne ein Fort gebauet / davon der König Gouverneur seyn / und von *Duc de Bourgogne* durch den Printzen *de Conti souten*irt / und *attaqui*rt werden soll (EPZ 1698 09 10 S. 3)

(209) [P] Als jüngst eine Rencontre bey Ameyden vorgegangen / darinnen der tapffere Capitain Turck gebliben ist / so hat man hierauff einen Ritmeister gefangen eingebracht / [A] welcher beschuldiget wird / daß er durch seine Unvorsichtig- und Nachläßigkeit besagten cavallir in der Rencontre zum Tode hinterlassen hätte. (NM 1673 06 2 S. 5)

Dennoch kommen die *da*-Relativa in den Zeitungstexten nicht so häufig vor wie in anderen Textsorten jener Zeit.[278] In unserem 40seitigen Teilkorpus aus *KOP* gibt es keinen einzigen Beleg. Eine triftige Erklärung wäre auch hier, dass „da“ so manche andere syntaktische Funktion aus-

278 Vgl. Michel Lefèvre, Die Sprache der Lieselotte von der Pfalz; ders., Die adverbialen Proformen.

übt, sie begegnet insbesondere als Gliederungssignal in Perioden, und der eher geringe Gebrauch als Relativpronomen entspräche einer funktionalen Entlastung.

Als Gliederungssignal kommt „da“ selten allein vor, in (210) steht diese Einheit an der Akme in Korrelation zu „wo“ zu Beginn der Protasis, so dass die durch „Wo…, da…“ gegliederte Periode insgesamt einem Dyptichon des Typs „Wer die Wahl hat, [der] hat die Qual“, einer Urform des Relativsatzes,[279] ähnelt. In (212, 213) fungiert „da“ in Verbindung mit Präposition als Gliederungssignal, in (213, 214) zusätzlich in Verbindung mit „dann“, „denn“ oder „doch“ in der Apodosis, um die periodenstrukturierende Funktion zu unterstützen:

(210) [P] WO man einträchtig lebt / [A] da wird das kleine groß / [P] Und wo man zwistig ist / [A] da gibt man sich sehr bloß (NM 1673 01 1 S. 6)

(211) [P] Seine Majestät haben zu *Chantilly pernocti*ren / und heut zu gedachtem Compiegne anlangen wollen / [A] daselbsten sie den 30 /31 /1. und 2. September verbleiben / und den 3. das Lager besehen werden (EPZ 1698 09 17 S. 2)

(212) [P] zwischen den Frantzosen und Staadischen ist bey Schönhoven ein scharffes Gefecht vorgangen / [A] darin beyderseits viele verwundt und todt blieben (OWP 1672 40 S. 4)

(213) [1] [P] Wie man vernimmet / hat der Englische Envoye vom Hofe aus Engelland Briefe / [A] mit Einhalt / daß Ih. Königl. Majest. dero längst vorgehabte Reise diesem Churfürstl. Hofe die Visite zugeben / diesen Sommer bewerckstelligen werden / [2] [P] und soll der Envoye diesem Hof solche Ankunfft verständiget [A] und dabey versichert haben / daß in 2. Monaten Ih. Königl. Majest. sich an diesem Hofe einfinden würden / [C] da man de[n]n von der vorhin gemelden Mariage ein mehrers vernehmen dürffte. (AM 1698 04 05 S. 3)

(214) [P] Selbigen Tag wurde durch Trompeten Schall kund gethan / daß sich jeder mann den folgenden Tag zur Huldigung schicken solte / [A] so auch den 25. dito Morgens umb 9. Uhr durch läutung der grossen Glocken das Zeichen darzu gegeben ward / [C] da sich dann jeder mann auff dem Marckt bey dem Rath-Hauß versammlete / (EZ 1698 26a S. 2)

In den Verwendungen als Gliederungssignal zur Abgrenzung von Kola fungiert „da“ stets als anaphorische Einheit, die sich auf ein Element des Vortextes oder auf den Vortext insgesamt bezieht.[280] Insofern sind diese

279 Vgl. Jean Haudry, Die Grundlagen der germanischen Korrelation.
280 Vgl. Andreas Lötscher, Die textlinguistische Interpretation von Relativsätzen.

Verwendungen nur durch die Position innerhalb der Periode von Relativsätzen zu unterscheiden, da sie zwar kommunikativ unabhängige Aussagen einleiten, die aber wie Relativsätze als abhängige Verbalgruppen mit Verbendstellung markiert sind. Andere Verwendungen von „da" unterscheiden sich von jenen als Relativpronomen dadurch, dass sie kaum mehr als Proform zu interpretieren und quasi zu Konjunktionen geworden sind, etwa die in unserem Korpus häufigen kausalen Konjunktionen. In einigen Fällen aber kann nicht eindeutig entschieden werden, ob „da" als Proform oder als Konjunktion fungiert, etwa in (215) und (216). Diese Zweideutigkeit bzw. dieses Zwischenstadium veranschaulicht eine im Gang befindliche Entwicklung von der Proform zur kausalen Konjunktion. Als Konjunktion drückt „da" zwar vor allem kausale (217), aber auch konditionale (218) und konzessive (219) Relationen aus:

(215) [P] Der König hat dem hertzog von Lützenburg zur Recompens seiner grossen Action / da er vor Voerden das Holländische Läger auffgeschlagen / zum HauptMann seiner Guardien gemacht / [A] vnd jhme das Privilegium gegeben / in seinem Namen so vil Commissiones zu newen Werbungen auffzugeben (MRZ 1672 47 S. 2)

(216) [P] Gestern ist der Printz von Oranien im Rath gewesen / da etliche abtretten müssen / worüber sich der Herr *de Groot absentirt* [A] der Fiscal hat hergegen den *Ruart* von Putten gefänglich in die *Casteleine* anhero gebracht. (OWP 1672 32 S. 3)

(217) [P] Weil die allhier und zu Dantzig sich befindende Span. Werber dieser Tagen wieder auf 1200. Mann Patenta erhalten / [A] als werden selbige Werbungen / da dieser Orten sonst keine zu finden / mit grossem Zulauff *continuirt* / und die Völcker von Dantzig anhero / umb förters nach Brüssel geführt zu werden / gebracht (OPZa 1668 07 28 S. 3)

(218) [P] die Savoysche Trouppen bleiben in dem Genuesischen zu *Zuccarello* und *Pieve* beständig stehen 8000. Mann starck [A] und solte der Hertzog selber noch mit 1000. zu Fuß und mit 500. Pferd zu denselben gestossen und der *Resolution* seyn / da man ihme nit schleunige *Satisfaction* gebe / daß er ihnen biß 20000. über den Halß führen wolte (OWP 1672 33 S. 2)

(219) [P] Von Cölln vernimbt man / daß die Gevollmächtigte schon ahngefangen miteinander zu *negoti*iren / [A] und die Holländische in der Conferentz gesagt / daß sie vom Frieden tractiren solten / da sie doch nicht einmahl die Ursach wüsten warumb man Krieg wider sie führte (OWP 1673 28 S. 3)

4.3.2.1.3 Das Relativpronomen „wo"

Das Relativpronomen „wo" bezieht sich in unserem Korpus ausschließlich auf Antezedenzien mit lokaler Bedeutung (220, 221). Es kommen für dieses Relativpronomen heute unübliche Formenvarianten vor, „woselbsten“ (222) oder „allwo“ (223). In Kombination mit einer Präposition gibt es keine semantischen Restriktionen, was den Bezug auf das Antezedens betrifft. Wie schon für die Proform „da“ hat auch „wo“ in Kombination mit einer Präposition oft die Funktion eines Gliederungssignals in der Periode, sowohl an der Akme (224, 225) als auch zwischen Apodosis und Klausel, wie in (226) mit der Form „worüber“. Schließlich begegnet in den Texten des 17. Jahrhunderts auch relativ häufig die Form „wo“ als Konjunktion, insbesondere zum Ausdruck der Kondition (226).

(220) [P] von Kähl an / durch die Stadt / bis in des General d'Uzelles Residentz / war zu beyden Seiten die Guarnison mit ihrem Gewehr rangirt / [A] und zwischen ihnen / und zwar auf den grossen Plätzen der Stadt / wo höchstgedachter Hertzog vorbey paßiren muste / stunden gantze Regimenter / so wol an Cavallerie als Infanterie; (KOP 1698 43 S. 5)

(221) [P] Man schreibet aus unterschiedlichen Oertern des Königreich Franckreichs / wo neue Bekehrte sind / daß sie sich leyder in einem so unglücklichen Stand befinden / daß sie sich tausendmahl lieber den Todt wünscheten / [A] umb ein Ende ihres Elendes zu sehen (KOP 1699 19 S. 5)

(222) [P] und sollen deren bey die 20000 dieser Tagen in einer Nacht sich daselbsten / laut eingebrachten Zettuln vor den Pforten / woselbsten alle Ein- und Ausgehende expresse observirt worden / daselbsten logirt haben / [A] und deren viele aus Mangel Logirung unterm Himmel geschlaffen haben. (KOP 1699 65 S. 3)

(223) [P] Die General Pachter haben vor den Platz von Vendome / allwo deß Königs Bildnuß hat sollen auffgerichtet werden / mehr nicht als 550000. Pfund geben wollen / [A] der König aber will nicht länger darvon reden hören / [P] sondern hat gesagt / es wäre ihm mit Auffrichtung dieses Bildnusses / weilen es zu sehr nach dem Heydenthumb schmeckte / nicht gedienet / [A] und wurde es besser seyn / die angefangene Arbeith wieder abzubrechen (EPZ 1698 09 03 S. 2)

(224) [P] Sonsten befindet sich der König nebst der Königin bey gewünschter Gesundheit in dem Escurial / [A] allwo der Käys. Ambassadeur / Graf von Harrach zeit den 14. dieses auch gewesen. (KOP 1699 94 S. 4)

(225) [P] Vorgestern ist der Rest der Königl. Bagage und deß Hertzogen von Burgund / nebenst 16. mit Geld beladenen Maul-Eseln / unter Convoy 400. *Mousquetairs* von den *Gardes du Corps* zu Pferd / nach Compiegne abgangen / [A] wohin der Hoff auch gestern gefolget (EPZ 1698 09 17 S. 2)

(226) [... daß /] [P] wo er sich von Franckreich nit separiern wurde / [A] alle Gütter der Englischẽ Kauff-Leute in Spania confisciert werden solte / [C] worüber aber der Englische Hoff sehr verwühret ist (MRZ 1673 46 S. 1)

4.3.2.1.4 Das Relativpronomen „so“

Die Verwendung von „so“ als Relativpronomen ist für alle semantischen Bezüge möglich (227); diese Form lässt sich aber nicht mit einer Präposition kombinieren, so dass offensichtlich die Kombinationen mit einer Präposition auf die beiden anderen unflektierten Formen „da“ und „wo“ distribuiert sind und diese beiden Proformen mit Präposition unbeschränkt eingesetzt werden können:[281]

(227) Tourenne aber ist mit samt des Graven von Königsmarck Regiment / so die Arrier Garte von den Frantzosen gehabt / über die Saar gezogen / und hat die Cöllnische Auxiliar-Völcker dießseits der Saar gelassen. (TKC 1673 12 29 S. 8)

Diese Form hat allerdings zahlreiche konkurrierende Funktionen im Sprachsystem, welche wohl erklären, dass sie sich als Relativpronomen nicht bis ins heutige Deutsch erhalten hat und dass sie in den Texten des 17. Jahrhunderts mit sehr unterschiedlicher Frequenz verwendet wird. „So“ fungiert nämlich vor allem als Konjunktion, z.B. zur Einleitung von Perioden oder Teiltexten, als Relativum und Korrelativum und an unterschiedlichen Stellen in der Periode als Gliederungssignal. Diese Form behält in all ihren Funktionen ihre Grundbedeutung: die Herstellung eines Vergleichs. Dadurch wird auch bei der Konjunktion stets ein exophorischer oder endophorischer Bezug mit einem Komparans hergestellt, aber nicht in der Art einer anaphorischen Wiederaufnahme wie beim Relativpronomen.

Als Gliederungssignal kann „so“ entweder der Klasse der Konjunktionen bzw. Korrelativa entlehnt sein oder jener der anaphorischen Proformen an der Akme (228-230), teils auch zwischen Apodosis und Klausel (231). Es ähnelt dann, wie die anderen Proformen an diesen Stellen, einem Relativpronomen mit anschließender Verbendstellung, leitet aber eine kommunikativ unabhängige Aussage ein:

(228) [P] Heute hat er seine Ankunfft den Deputirten der Alliirten Cantons kund thun lassen / [A] so ihn deswegen beneventirt haben. (KOP 1699 19 S. 4)

(229) [P] Worauff der Provost der Kauffleute / um diesen Pöbel zu zerstreuen / die Compagnie der Feuer-Röhrer und die Nacht-Wache gegen sie marschiren ließ / [A] so sie mit Stockschlägen renneten / und einige ins Gefängniß wurffen; (KOP 1699 65 S. 5)

(230) [P] Verwichene Mitwoche hat sich einer sonst berühmt gewesene Kauffmann aus dem Staub gemacht / [A] dessen Falliment sich auff 200000.

281 Vgl. Michel Lefèvre, Die adverbialen Proformen.

Rthlr. erstrecken soll. → [P] Er hat über 60. Creditores zurück gelassen / [A] so aber meistentheils hiesige Kauffleute und Frantzosen sind / (KOP 1699 95 S. 6)

(231) [P] Das Gerüchte / wegen eines gegen dies Regierung geschmiedeten Complots / verschwindet / dessen mehrern Theil aus Rapport einer sogenandten Maria Davids entstanden / [A] welche wohl 20. andere Persohnen angegeben / [C] so da / nachdem sie examiniret / wieder loß gelassen und frey erklähret worden; (KOP 1699 94 S. 3)

4.3.2.1.5 Konkurrenz zwischen den Relativpronomen „so" und „welch-"

Die Formen „so" und „welch-" sind die häufigsten Relativpronomen in unserem Korpus, und wenn man die Verwendungen als Gliederungssignale ausschließt, d.h. nur jene Relativsätze, die in Kola der Perioden eingebettet sind, berücksichtigt, ist (zumindest in unserem Teilkorpus aus *KOP*) „so" mit 14 Belegen das häufigste Relativpronomen gegenüber 12 für „welch-".

Insgesamt kommt das anaphorische „so" im vierzigseitigen Teilkorpus 18-mal vor, davon viermal als Gliederungssignal, elfmal als Relativpronomen in Abhängigkeit von einer Nominalgruppe der Protasis, nur dreimal in Abhängigkeit von einer Nominalgruppe der Apodosis.

In demselben Teilkorpus ist die Form „welch-" insgesamt 46-mal als anaphorische Einheit belegt, bei der großen Mehrheit davon handelt es sich aber um Gliederungssignale, bei zehn Belegen um Relativpronomen in Abhängigkeit von einer Nominalgruppe der Protasis, bei nur zwei Belegen in Abhängigkeit von einer Nominalgruppe der Apodosis.

So kann man nicht nur eine Tendenz zu einer komplementären Distribution beider Einheiten feststellen, „welch-" fungiert vorrangig als Gliederungssignal zwischen Kola, „so" als Relativpronomen von in Kola eingebetteten Relativsätzen, sondern auch eine asymmetrische Distribution der Relativsätze auf Protasis und Apodosis, woraus man schließen könnte, dass die semantisch-kommunikative Funktion des Relativsatzes sich für das erste Kolon besser eignet.

4.3.2.2 Die semantisch-kommunikativen Funktionen der Relativsätze

Man unterscheidet üblicherweise zwischen zwei semantischen Typen von Relativsätzen, einerseits den attributiven Relativsätzen, die zur Determinierung der nominalen Basis beitragen, auf welche sie sich beziehen, und somit wesentliche Charakteristika dieser Basis bestimmen, andererseits den appositiven Relativsätzen, die eine beiläufige Information zur nominalen Basis liefern. Es gilt nun, diese semantische Unterscheidung mit der semantischen Struktur der Periode zu perspektivieren.

Es muss zunächst zwischen einerseits den Relativsätzen unterschieden werden, die als Glied eines Kolons sich nicht mit der Struktur der Periode decken und andererseits den durch Anapher eingeleiteten Verbalgruppen mit Verbendstellung, die sich mit einem Kolon der Periode decken, und nicht als eigentliche Relativsätze fungieren, höchstens mit den sogenannten weiterführenden Relativsätzen eine gewisse Ähnlichkeit haben.

4.3.2.2.1 Relativsätze als Teil der Protasis

Man könnte sich vorstellen, dass attributive Relativsätze, die zur Determinierung einer Nominalbasis beitragen, innerhalb der Protasis fehl am Platze sind, da es an initialer Stelle der Periode darum geht, schon Bekanntes und Determiniertes als universelle Prämisse zu thematisieren. Die einleitenden Nominalgruppen der Protasis sind meistens finite Nominalgruppen, die man nicht mehr durch einen Relativsatz zu determinieren braucht.[282]

Dennoch werden zuweilen auch indefinite Nominalgruppen zu Beginn einer Periode thematisiert etwa in (179), wo die initiale Nominalgruppe durch das Determinans „einer“ indefinit markiert ist, aber durch den attributiven Relativsatz „dem man das beste zugetrauet hat“ determiniert wird. Eine ähnliche Determinierung erfolgt durch die Korrelation „wo…, da…“ in (210), wo zu Beginn der Periode ein indefinites *w*-Pronomen durch ein *d*-Pronomen determiniert wird.

Auf die Definitheit der Nominalgruppe zu Beginn der Protasis kann also durchaus auch von Einheiten rechts von N geschlossen werden. Es wurden Beispiele angeführt, in denen die Apposition oder eine Genitiverweiterung der initialen Nominalgruppe das bekannte finite Element, die universelle Prämisse, enthielt,[283] ebenso verhält es sich mit den Relativsätzen rechts von N.

Das bekannte Element im Relativsatz kann zunächst ein Hinweis auf die Kommunikationssituation, auf das ‚Hier‘ und ‚Jetzt‘ der Äußerung sein. Es wurde bereits festgestellt, dass in den Zeitungen zu Beginn von Korrespondenzen oft Bezug auf den Ort und das Datum des Korrespondenzkopfes genommen wird und dies als Thematisierung eines bekannten Elements gelten kann.[284] So findet man in (232) „allhier“ im Relativ-

---

282 S. oben, 4.2.3.3.5.
283 S. oben, 4.2.3.3.5, Beispiel (145), und 4.2.3.3.6, Beispiele (146)-(148).
284 S. oben, 4.2.3.3.7.

satz, das zur Determinierung der Nominalbasis „Juden“ beiträgt, die sich so als universelle Prämisse der Periode interpretieren lässt. In (233) wird die Nominalbasis „Kerls“ durch die deiktische Ortsbezeichnung „der Stadt“ in Verbindung mit der bekannten Äußerungssituation gebracht, in (234) dienen gleich mehrere deiktische Bestimmungen „hiernechst bey dieser Stadt“ dazu, die durch „einem“ indefinit markierte Nominalgruppe zu determinieren. Desgleichen für „in diesem Lande“ in (235), „das ganze Land“ in (236) und „diese Stadt“ in (237). Auch in einigen der oben zitierten seltenen Relativsätze mit dem Relativpronomen *d-* wurde ein Bezug auf die Äußerungssituation hergestellt: durch Hinweis auf den Äußerungsort mit „allhier“ in (178) und auf den Sprecher mit „unseren Diensten“ in (184):

(232) [P] Weil die Juden / so sich alhier aufhalten / in sehr grosse Schulden gerahten / und solche zutilgen ein hohes Interesse geben müssen / [A] so hat der Pabst anbefohlen / daß man ihnen aus der Cammer etliche 1000. Scudi / gegen 3. vom 100. vorstrecken solle. (KOP 1698 43 S. 5)

(233) [P] 12. oder 13. geringe Kerls aber / so in einem Dorff eine halbe Stunde von der Stadt zusammen gelauffen waren / ruffen solches / [A] und bekahmen dafür 20. Dublonen. (KOP 1699 19 S. 4)

(234) [P] Man hat diese Nacht das Korn von einem Stück Landes / so einem hiernechst bey dieser Stadt liegenden Dorff zugehöret / abgeschnitten / ohne daß man annoch diejenigen / so es gethan haben / entdecken können. (KOP 1699 65 S. 5)

(235) [P] Es sind bey die 800. Per- sohnen von allerhand Handwercker / auch einige Boots- Leute Bombardierer und Constabels / welche in diesem Lande von dem Czaren in Dienst genommen sind / von hier nach Tessel gesandt / [A] von dar sie mit Schiffen nach Moscovien transportiret werden. (KOP 1698 43 S. 1)

(236) [P] Madame de Nemours / welcher das gantze Land verwichenen Donnerstag abermahls huldigen müssen / wird auch erwartet; [A] Imgleichen die Hertzogin de L Esdigueres und Mr. de Matignon / die auch an das Land Prätension machen. (KOP 1699 19 S. 3)

(237) [P] Monsr. de Vauban / welcher einige Tage in dieser Stadt gewesen / und derselben Fortification unterschiedliche mahl samt unserm Gouverneur besichtiget hat / ist vorgestern von hinnen längst Veurne nach Ipern verreiset / [A] der Gegend ein Campement von 15. biß 16000. Mann abgestochen ist. (KOP 1699 65 S. 4)

Es kommen durchaus auch attributive Relativsätze in Nominalgruppen vor, deren Basis bereits finit und bekannt ist, auf eine frühere Assertion hinweist und somit auch ohne Relativsatz als universelle Prämisse der

Periode thematisiert werden könnte. Es kann sich um Nominalgruppen mit früher bereits assertierten Toponymen handeln, etwa „Portland“ in (186), um schon früher erwähnte Personenbezeichnungen wie „der tapffere Capitain Turck“ in (209), „den Ehrwürdige Prälat“ in (238), „die Thal-Leuthe und Piemonteser“ in (240) und auch um schon früher erwähnte Gegenstände wie „das zerfallene Bergwerck“ in (239) und „deß Königs Bildnuß“ in (240):

(238) [P] Derjenige Mörder / so am verlittenen Sambstag den Hoch-Ehrwürdigen Prälaten der Benedictiner Freyadelicher Abtey Cornelimünster Hrn. Baron von Genertzhagen / als er mit 3. von seinen conventalen Hn. nach Achen / umb daselbsten zu Ersparung der Unkosten in seiner Kirchen in Veneration auffhaltende Reliquien / dem 7jährigen alten Gebrauch nach / bey Präsens der Ungarn zu zeigen abgereiset / im hellen Tag in einem unweit gemeldten Achen gelegenen Busch / der Schonfoerst genandt / erschossen / [A] soll attrapiret / und der Rede nach von einigen Bößwichtern zu dieser grausamen Morthat erkaufft seyn. (KOP 1699 65 S. 2)

(239) [P] Aus Siebenbürgen hat man Nachricht / daß die jenige Commissarii / so zu Besichtigung des zerfallenen Bergwercks zu Nagybanien abgeschicktt worden / so viel befunden / daß es ziemlich reich an Gold und Silber / [A] dannenhero die Unkosten zur wieder Anbauung desselben nicht vergebens seyn dürfften. (KOP 1699 94 S. 7)

(240) [P] Gestern ist der Prediger Arnaut / welcher wegen der Thal-Leuthe und Piemonteser nach Engelland gewesen / von dannen wieder anhero gekommen. [A] Hingegen aber der Polnische Ambassadeur Galetzky von Rotterdam mit einer Jagd nach Brüssel abgereiset. (KOP 1699 65 S. 1)

In der Äußerungsstruktur der Perioden, in denen in erster Position ein als bekannt vorausgesetzter Sachgehalt als universelle Prämisse thematisiert wird, muss die Determination durch ein Syntagma erbracht werden, das syntaktisch dieser initialen Position angehört. Wird die Definitheit der Nominalbasis durch eine Ergänzung rechts von N erbracht, muss diese hypotaktisch diesem N untergeordnet sein, um als unmittelbare Determination erscheinen zu können. Es kann hier keine parataktische Verknüpfung geben, ein untergeordneter attributiver Relativsatz ist die syntaktisch geeignetste Lösung.

Weitere Relativsätze dienen dazu, das Denotat der Nominalbasis, auf die sie sich beziehen, einzuschränken, den Referenten auf einen Teil des durch N Bezeichneten zu reduzieren. Bei solchen Relativsätzen fungiert oft das kataphorische Pronomen „derjenig-“ als Antezedens: „derjenige Theil / so über der Sau liegt“ in (241), „ein Theil derjenigen Grand-Musquetaires / so alhier angenommen worden“ in (242), „denjenigen / so sich angeben würden“ in (243) und „derjenigen Plätze / welche [...] anietzo besitzen“ in (244). Diese Relativsätze bestimmen den Teil des Ganzen, das als Prämisse angeführt wird, und schließen die Verbindung mit der Äußerungssituation durch deiktische Einheiten wie „allhier“ in (242) nicht aus.

(241) [P] und weilen dann / vermöge dieses / derjenige Theil der Festung Brod / so über der Sau gegen Boßnien liegt / mit noch andern Oerthern denen Türcken überlassen / und die Käyserl. Besatzungen heraus gezogen werden / [A] dagegen aber gedachtes Brod zu einem Handels Platze sehr wol gelegen / als kan selbiger Antheil umfangen / nicht aber befestiget werden. (KOP 1699 19 S. 8)

(242) [P] Am verwichenen Montag ist ein Theil derjenigen Grand-Musquetaires / so im Nahmen Ihr. Königl. Maj. in Pohlen alhier angenommen worden / und meistentheils in Ober-Officierern bestehen / von hier nach Pohlen abgereiset / und sind dieselbe zu Schiffe biß nach Preßburg gefahren / von dannen sie ihren Weg zu Lande fortsetzen werden (KOP 1699 65 S. 7)

(243) [P] Nachdem Ihro Kayserl. Majest. wegen Proviandirung der in hiesiger / und einigen Hungarischen Festungen liegenden Garnisonen / allergnädigst resolviret / daß solche nemlich denjenigen / so sich bey der deswegen angestellten Cammer-Commission angeben würden / auffgetragen werden solte / [A] so vermut man nun auch / daß noch an vielen Orten dergleichen Proviandirung an die meist bietende überlassen werden dürffte. (KOP 1699 94 S. 6)

(244) [P] und gehet die Rede / ob wolte man von Türckischer Seite zu frieden seyn / daß bey den Tractaten die Uberlassung aller derjenigen Plätze / welche so wol der Käyser als unsere Republique anietzo besitzen / zum Fundament stehe; [A] hingegen solte Caminiec demolirt / und der Cron Polen hernach eingeräumet werden; (KOP 1698 43 S. 3)

Einige wenige Relativsätze in der Protasis haben jedoch eine andere Funktion, als eine Nominalgruppe zu determinieren oder sie mit einer bestimmten Variablen der Äußerungssituation zu verknüpfen. In (245) enthält der Relativsatz weder Einheiten, die sich auf die Äußerungssituation beziehen (diese stehen zu Beginn der Protasis, außerhalb des Relativsatzes: „ehegestern“ und „allhie“), noch eine definite Nominalgruppe, die bekannte Elemente renominalisiert. Es handelt sich um einen appositiven Relativsatz, dessen kommunikative Funktion es ist, einen abseits assertierten Kommentar auszudrücken. Es handelt sich um eine Parenthese, die einem Äußerungsrahmen entspricht, der jenem der Antezedens-Nominalgruppe übergeordnet ist, um einen Einbruch des Herausgebers oder des Korrespondenten. In diesem Beispiel mit anti-französischem

Kontext ist die appositiv, nebenbei erbrachte Information im Relativsatz, dass der festgenommene Dieb ein Franzose ist, ein Mittel, um die Voreingenommenheit des Lesers noch zu steigern. Diese Apposition enthält implizit alle gegen Frankreich gerichteten Kritiken, gegen dessen Kriegspolitik insbesondere in den Niederlanden, da ja die Korrespondenz aus Lüttich stammt, einer von den französischen Truppen belagerten Stadt. In diesem Relativsatz mit anscheinend beiläufigem, appositivem Kommentar konzentriert sich implizit aller Groll gegen Frankreich, den man explizit wegen der Zensurgefahr kaum ausdrücken konnte. Hier dient der Relativsatz also einem subjektiven Kommentar, einer Assertion innerhalb eines syntaktischen Glieds, das nicht assertiert wird und für Kommentare nicht zur Disposition steht. Dadurch steigert sich der Effekt dieses Einbruchs des Herausgebers, durch den Relativsatz entsteht eindeutig eine Polyphonie. Spürbar ist diese Polyphonie auch in (246), wo der Korrespondent oder Herausgeber im Relativsatz dem Leser hilfreich zur Seite steht, um einen wenig bekannten Ort zu lokalisieren, wobei diese geographische Präzisierung auch als Determinierung mit Bezug auf eine als bekannt vorausgesetzte Variable der Äußerungssituation aufgefasst werden könnte:

(245) [P] Ehegestern ward allhie ein beruffener Dieb / so ein gebohrner Frantzos / gefänglich eingebracht / [A] welcher sich in die Gunst der verwittibten Gräfin von R[?] zu insinuiren wissen. (KOP 1699 94 S. 2)

(246) [P] jedoch sollen die Insulen beyder Ströhme / wie auch das Ländlein Barska / so zwischen der Theyß und Donau lieget / dem Römischen Käyser / gleich wie es nun in dessen Besitz ist / verbleiben / [A] dagegen aber die Palancka Titul ein mehrers nicht / als es nun ist / fortificiret werden (KOP 1699 19 S. 7)

Diese Formen der Einmischung des Korrespondenten oder Herausgebers ist in Protasen wegen der Thematisierung von bereits assertierten Elementen eher selten; in den Apodosen jedoch, wo die Nachrichten Dritter wiedergegeben werden, könnten solche Einschübe häufiger vorkommen.

4.3.2.2.2 Relativsätze als Teil der Apodosis

In der Apodosis werden die Textteile aus dem Äußerungsrahmen des Informanten wiedergegeben, aber gegen Ende der Apodosis kehrt man wegen des zyklischen Aufbaus der Periode wieder in einen Bereich zurück, in dem sich oft der Herausgeber oder Korrespondent in seinem Äußerungsrahmen zu Wort meldet. Relativsätze können als formale Gestaltung dieser abschließenden Kommunikate dienen, das Relativpronomen an dieser Stelle kann den Übergang von der Perspektive des Informanten zu jener des Korrespondenten signalisieren. In (247) schildert der Verfasser den Bau der Festung von Homburg. Er streut subjektive Kommentare in diesen Bericht mit ein in Form des Attributs „wunderschön" in der Protasis und des Relativsatzes in der Apodosis. Zunächst erscheint dieser Relativsatz als determinierend, da er substanzielle Eigenschaften der Nominalbasis zu liefern scheint, aber die Hyperbel „Wunderkunst der Natur" klingt eher subjektiv und entspricht umso mehr einem subjektiven Kommentar des Korrespondenten, als implizit begrüßt wird, wie schwer die Festung von Feinden eingenommen werden kann, wie viele Verluste der Feind dabei erleidet, ohne dass es zu einer Schlacht gekommen wäre. Die Natur scheint also auf der Seite von Homburg zu stehen, einer Stadt, mit der der Sprecher offensichtlich subjektiv verbunden ist. Er teilt dem Leser mit, wie leid es ihm tut, dass diese Stadt allmählich zerstört wird, und wie sehr ihn die feindlichen Verluste dabei erfreuen. Einen derartigen Kommentar kann man schwer in expliziter Form veröffentlichen, aber der Relativsatz verhüllt unter dem Anschein objektiver Beschreibung diese Subjektivität. Dies veranschaulicht auch, wie sehr Relativsätze zur Polyphonie beitragen. Polyphon wirkt auch der Relativsatz in (248), in dem quasi als indirekte Rede der Gehalt des „Versprechens" wiedergegeben wird. Das Relativpronomen markiert auch in diesem Beispiel den Übergang von einer Ebene der Kommunikation zur anderen. Auch in (249) entspricht der Relativsatz einer veränderten Ebene der Kommunikation, zumindest einer veränderten Perspektive des Sprechers. Ebenso in (250), wo die Nominalgruppe „das Land" einen Bezug mit der Äußerungssituation des Korrespondenten herstellt, während im Vortext aus der Perspektive des Informanten berichtet wird.

(247) [P] An der wunder- schönen Festung Homburg sprengt man noch immer an den starcken Gewölbern; [A] in dem untersten / <u>so eine rechte Wunder-Kunst der Natur ist / und in einem tieff-gewölbten See unter der Festung bestehet</u> / gehet das Sprengen wegen des vielen Wassers / sehr mühsam her / [C] es dürfften auch besorglich noch wol einige Minirer darinnen verlohren gehen. (KOP 1698 43 S. 6.)

(248) [P] Unterdessen werden grosse Geld-Mittel auffgebracht / um unterschiedliche / und vor allem die Lacken allda zu fabriciren / und in Auffnehmung zubringen / [A] zu welchem Ende Se. Majest. viele Arbeits-Leute dorthin zu kommen nöthiget / mit Versprechen / von sehr grossem Vortheil / <u>so sie zu geniessen haben sollen</u> / [P] von denen Abreisenden aber viele zurück kommen / [A] so sich mit denen Frantzosen nicht wohl comportiren können. (KOP 1699 19 S. 1)

(249) [P] Die weil die zwey Ost-Indische Compagnien nicht eilen zu einem Vergleich zu kommen / und dennoch befunden wird: daß ihre Vereinigung zum meisten Nutzen des Reichs gereichen würde / [A] erweisen sich die Herrn Regenten geneiget / solch Accommodement auf die Bedingungen / so sie darbey sehen / und ohne Widersprechen / als von Unpartheyischen kommende anzunehmen / selber zu machen (KOP 1699 65 S. 4)

(250) [P] Auf Befehl unsers Gouverneurs / hat man allen Ober- und Unter-Officierern bey der Artillerie / den dritten Theil ihrer Gage abgekürtzet / [A] damit man hier durch die grosse Unkosten / welche das Land bißher tragen müssen / in etwas erleichtern möge (KOP 1699 65 S. 5)

Auch in bereits weiter oben zitierten Relativsätzen kommt diese kommunikative Funktion zum Vorschein: Relativsätze erlauben es dem Korrespondenten oder Herausgeber, subjektive Kommentare aus ihren übergeordneten Äußerungsrahmen in Berichte des untergeordneten Äußerungsrahmens des Informanten einzuschleusen. In (177) kann der Relativsatz „der sich aber auch darin zu verantworten gewust" nur als subjektiver Kommentar aus einer anderen Perspektive als jener des Informanten verstanden werden, welches auch durch die illokutiven Partikeln „aber auch" unterstrichen wird. Ebenso in (179) mit dem Relativsatz „der hiermit auch noch verschwigen bleibt", einem expliziten Einschub des Korrespondenten oder Herausgebers, der erklärt, dass er einige Namen wegen der Zensur nicht nennen kann. In (189) scheint „dessen mehr als hunderttausendt gewesen" ebenfalls ein solcher Kommentar aus einem übergeordneten Äußerungsrahmen zu sein, um die Größe der Menge zu unterstreichen, ja zu übertreiben.

Man stellt also fest, dass in sehr vielen Fällen der Relativsatz in der Apodosis einem *dass*-Satz mit indirekter Redewiedergabe gleichkommt. Wenn man induktiv annimmt, dass diese kommunikative Funktion ein Charakteristikum sämtlicher Relativsätze in Apodosen ist, auch in jenen, in denen man dies nicht eindeutig mit Hilfe von Bezügen auf die Äußerungssituation oder mit illokutiven Partikeln beweisen kann, erhalten die Zeitungstexte eine interessante Äußerungstiefe mit noch zahlreicheren Kommunikaten unterschiedlicher Ebene in Teiltexten, die anscheinend ausschließlich aus der objektiven Perspektive des Informanten geschildert sind. So könnte man in (188) den Relativsatz „das zu des Platzes Beschirmung lag" als erklärenden Einschub des Korrespondenten oder Herausgebers verstehen, der dem Leser Verständnishilfen für Ereignisse liefert, die sich in weit entfernten exotischen Ländern abgespielt haben. In (181) muten sowohl das Attribut links von N als auch der Relativsatz rechts von N „solche gottlose Buben / die sich zusammen gerottet haben“ wie subjektive Äußerungen an, die nicht dem sachlichen Stil der Kanzleisprache entsprechen. Ebenso subjektiv wirkt das Attribut „fest“ im Relativsatz (185).

4.3.2.2.3 Kommunikativ neutrale Relativsätze

Es fällt auf, dass Relativsätze, die eine Zeit- oder Ortsangabe als Antezedens haben wie jene in (205, 206, 220), keine besondere kommunikative Funktion zu haben scheinen. Sie dienen der objektiven zeitlichen oder geographischen Bestimmung des Geschilderten, ohne dass man dabei die Perspektive oder die Ebene der Kommunikation bzw. den Äußerungsrahmen wechselt. Man kann aus diesen Relativsätzen weder subjektive Kommentare noch Erklärungen herauslesen. Diese Relativsätze gehören zum Paradigma der subordinierten Zeit- und Ortsangaben, die als diskursiv neutral gelten können.

Kommunikativ neutral sind schließlich auch die nicht spatialen oder temporalen Relativsätze, die gegen Ende der Protasis oder zu Beginn der Apodosis begegnen wie jene in (251, 252, 222):

(251) [P] hingegen der Frantzös. Ambassadeur / Marq. de Harcourt / so Zeit des Königs Abwesenheit / Arangues und andere Oerter des Reichs besehen / allhie wieder angelangt: [A] Welcher darauf den 17. dieses durch einen seiner Edelleute / unterschiedliche in Kleidern und Galanterien bestehende Präsenten / von wegen seiner Gemahlin / an der Königin und der Gräffin de Berlips / nach dem Escurial geschickt. (KOP 1699 94 S. 4)

(252) [P] DEr König von Portug[?] [?] von den Ständen seines Reichs eine jährliche Revenue von 600000. Crusides gefordert / zu Unterhaltung seiner Trouppen / welche er noch täglich verwehret / [A] indem er wohl siehet / daß bey Absterben des Königs von Spanien solche Monarchie leichtlich in die Hände des Printzen von Bourbon fallen möchte (KOP 1698 43 S. 1)

Diese Relativsätze gehören zum Nachrichtenteil im Äußerungsrahmen des Informanten, sie stellen keinen Einschub eines anderen Sprechers aus einem anderen Äußerungsrahmen dar, sie dienen der Determinierung von Nachrichten. Dies bestätigt auch, dass die Perioden zyklisch aufgebaut sind, dass ihr zentraler Teil dem Äußerungsrahmen des Informanten entspricht und die Textteile aus der Perspektive des Korrespondenten oder Herausgebers sich zu Beginn oder am Schluss der Periode befinden. Die Relativsätze tragen zu diesem zyklischen Aufbau bei, ihre Interpretation hängt von ihrer Position in der Periode ab. An den Rändern der Periode fungiert das Relativpronomen zugleich als Marker des Übergangs zu einer anderen Ebene der Kommunikation.

4.4 Fazit zur Syntax

Die Zeitungstexte des 17. Jahrhunderts gleichen einer Polyphonie des Barocks. Hinter einer scheinbaren Komplexität verbirgt sich eine streng gegliederte Strukturierung, in der einfache Bestandteile miteinander verkettet werden, in der die syntagmatische Linearisierung vor allem aus parataktischer Reihung besteht, in der sich aber mehrere Stimmen zugleich äußern, wenn auch stets unter Vorherrschaft des Herausgebers, der den Ton angibt. Die Harmonie des Ganzen wird in den damaligen Rhetoriken als „zierlich" bezeichnet, woraus sich zwar keine syntaktische Definition der Periode schließen lässt, aber man kann dennoch feststellen, dass die Texte eine auffällige Regelmäßigkeit und Regelhaftigkeit in der Struktur dieses Gefüges aufweisen, so dass die Einheit ‚Periode' in den Zeitungstexten des 17. Jahrhunderts als syntaktische Grundeinheit gelten kann.

Eine Erklärung für die von unterschiedlichen Sprachforschern festgestellte Tendenz zu größerer syntaktischer Komplexität in der Sprache des Barocks liegt offensichtlich darin, dass man den Satz in dessen moderner grammatischer Auffassung als syntaktische Grundeinheit ansieht, anstatt des Kolons, des elementaren Glieds der Periode. Eine Fügung von zwei, drei oder vier Kola ergibt eine Periode, mehrere Perioden können ohne deutliche Zäsur miteinander zu einer Periodenreihung verkettet sein und einen Teiltext bilden. Der heutige Leser erwartet Interpunktionszeichen zur Abgrenzung syntaktischer Grundeinheiten. Diese dienen in den Zeitungstexten mit großer Regelmäßigkeit zur Abgrenzung eben solcher Perioden oder Periodenreihungen, so dass zwischen zwei starken Interpunktionszeichen relativ weitläufige Einheiten stehen können.

Die Repräsentationstypen verhelfen somit vorrangig zur Abgrenzung von makrostrukturellen Einheiten, die heute oft als „komplex" bezeichnet werden. Die Abgrenzung von Einheiten der Mikrostruktur erfolgt über die Gliederungssignale, die zur Verknüpfung der einzelnen Kola dienen. Eine weitere Erklärung für die heute oft empfundene Komplexität der damaligen Sprache liegt in der Tatsache, dass man auch diese Gliederungssignale nach heutigen Kriterien analysiert. Zu diesen Signalen gehören Einheiten aus unterschiedlichen Wortklassen, es handelt sich um Konjunktionen, Pronomen, aber auch um die grammatische Kategorie der Definitheit. Diese Einheiten sind somit polyfunktional, sie fungieren außerhalb der Gliederungsstellen der Periode als Koordinatoren, Subordinatoren, Relativpronomen, an den Nahtstellen zwischen Kola fungieren sie als formal unterordnende, aber kommunikativ als parataktische

Verknüpfungsmittel. Das Aufbauprinzip einer Periode beruht auf der Verkettung kommunikativ gleichrangiger Einheiten ohne hypotaktische Hierarchisierung. Als syntaktisches Muster könnte hierfür vor allem die Korrelation gelten, bei der gleichrangige Glieder quasi symmetrisch miteinander korreliert werden. Kohärenz entsteht in der Periode durch Verwendung etlicher Anaphern, die von einem Kolon zum anderen, von einer Periode zur anderen zahlreiche isotopische Linien bilden.

Die Abgrenzung von Perioden, Kola und auch bestimmter syntaktischer Einheiten erfolgt z.T. ohne Konnektoren im eigentlichen Sinne, sondern durch definit markierte Nominalgruppen in Kombination mit einem Interpunktionszeichen wie die Virgel. Die Sequenz „ / d-" fungiert als Gliederungssignal und als Marker für den Beginn von Infinitivgruppen oder Partizipgruppen.

Syntaktische Komplexität entsteht auch dadurch, dass die hypotaktische Hierarchie sehr oft mit der Hierarchie der Ebenen der Kommunikation einhergeht. Die Hypotaxe muss in den Zeitungen veranschaulichen, wie der Herausgeber das Wort an den Korrespondenten und dieser es an den Informanten weiterreicht; zugleich aber auch, wie der Herausgeber als chronologisch letzter und in der Bedeutung vorrangiger Sprecher die Redeteile der anderen Sprecher auswählt, anordnet, kommentiert, bewertet, modalisiert, mit anderen Redeteilen verknüpft. Bei dieser verwirrenden Äußerungsstruktur kann sich gerade die Periode als hilfreiches ordnendes Prinzip erweisen. Sie ist meist zyklisch aufgebaut, sie beginnt im Äußerungsrahmen des Herausgebers oder Korrespondenten, geht zu jenem des Informanten über und kommt in der Klausel wieder zu jener des Herausgebers zurück.

Die Verbindung von Hypotaxe und Polyphonie wurde auch für die moderne Sprache festgestellt, etwa in einer Beschreibung der kommunikativen Funktionen der Subordination von Matthias Marschall.

> [...] Erstens kann man die Nebensätze grundsätzlich im Sinne einer polyphonen Textstruktur interpretieren. Nebensätze stellen dann Spuren von der Intervention anderer Stimmen im Text dar. Ähnlich wie in der Redewiedergabe wird hier auf Information zurückgegriffen, die anderen Interaktionszusammenhängen entstammt, in denen sie Thema ist. Dieser Interpretationsansatz trägt der Tatsache Rechnung, dass Nebensätze nicht (oder zumindest nicht in gleicher Weise) assertiert sind wie Hauptsätze.[285]

Im selben Beitrag unterstreicht Matthias Marschall ein weiteres Charakteristikum der Subordination: Sie entzieht sich der Kommunikation, sub-

285 Matthias Marschall, Von Schichten und Schächten, S. 130.

ordinierte Verbalgruppen sind nicht Gegenstand einer Assertion, sie werden als bekannt und akzeptiert vorausgesetzt:

> Der Inhalt der Nebensatzpropositionen erscheint als unproblematisch zur Diskurswelt gehörig, in ihr selbstverständlich zugänglich, und steht als solcher nicht selbst zur kommunikativen Disposition. Hier eröffnet sich eine Verbindung zu Prozessen der Redewiedergabe, genauer, zur Zuweisung von Textteilen zu einer anderen Redeinstanz. Diese Beziehungen müssten vor dem Hintergrund einer kritischen Neudefinition der „Redewiedergabe" im Detail untersucht werden.[286]

In den Perioden der Zeitungstexte des 17. Jahrhunderts fällt auf, dass sich dort in eben dieser Weise ganze Glieder einer eigentlichen Assertion entziehen. Es handelt sich um Glieder, die nicht nach modernen Kriterien als subordiniert gelten, sondern um die einleitenden Kola der Perioden. Die semantisch-logische Struktur der Periode kann mit jener eines Syllogismus verglichen werden: In der ersten Proposition wird eine universelle Prämisse thematisiert, nicht assertiert, sie ist oft anaphorisch, verweist also auf frühere Assertionen. Die beiden von Matthias Marschall ermittelten Funktionen der Subordination in der modernen Sprache distribuieren sich in der Zeitungssprache des 17. Jahrhunderts einerseits auf die Protasis, was die kommunikative Funktion betrifft, andererseits auf subordinierte Verbalgruppen, was die Polyphonie betrifft.

286 Matthias Marschall, Von Schichten und Schächten, S. 134.

Versuch einer Bilanz.

Die kombinierten Untersuchungen der makrostrukturellen Besonderheiten, der äußerungsstrukturellen Komplexität und der spezifischen syntaktischen Grundeinheiten in den Zeitungstexten des letzten Drittels des 17. Jahrhunderts erlaubt es, Einsicht in die Vielschichtigkeit und Vielstimmigkeit der damaligen Zeitungstexte zu erlangen, die bei einem rein linearen, eindimensionalen Ansatz kaum zu beschreiben wären.

Die Vielstimmigkeit der Zeitungstexte ähnelt einer barocken Polyphonie. Sie entsteht aus dem Zusammenspiel einer Vielzahl von Stimmen bzw. Sprechern, die bei der Nachrichtengestaltung mitwirken. Auffällig ist dabei zunächst, dass die Makrostruktur diese Stimmen in scheinbar drei klar unterschiedene Ebenen der Kommunikation einteilt. Zunächst existiert die Stimme des Herausgebers, der vorgibt, nur als Sprachrohr zu fungieren, den Kommunikationskanal bzw. das Medium zur Verfügung zu stellen, in welchem einer Reihe von Texten mit anderer Äußerungssituation Raum geboten wird. Die zweite Ebene der Kommunikation ist jene des Korrespondenten, dessen Äußerungen sich formal zu Textexemplaren des Typs Korrespondenz zusammenfügen, und dessen Äußerungssituation durch den Kopf der jeweiligen Korrespondenz zwar deutlich fixiert wird, aber meist gleich zu Beginn der Texte wieder unscharf wird, da der Korrespondent seinerseits vorgibt, nur als Vermittler zu fungieren und Berichte Dritter in indirekter, freier indirekter oder direkter Rede wiederzugeben. Diese Textteile entstammen der dritten Ebene der Kommunikation, jener des Informanten, wobei auch dieser Äußerungsrahmen vielschichtig sein kann mit etlichen weiteren untergeordneten Sprechern. Durch diese dreischichtige Makrostruktur, die auf drei Tiefenränge in der Äußerungsstruktur hindeuten will, wird zunächst der Eindruck einer größtmöglichen Distanz zum Berichteten erweckt, die Verantwortung für den Gehalt der Äußerungen wird in die letzte Ebene verlegt und somit zugleich jede direkte Kommunikation mit dem Leser vermieden, die Nachrichten erfährt man indirekt aus entfernten Quellen.

Diese sichtbare Struktur ist aber ein trügerischer Schein, wodurch sich der Herausgeber wohl vor allem vor der Zensur zu schützen suchte. Es kommen in allen Teiltexten der Zeitungen sprachliche Einheiten vor, die einen Bezug mit einem Äußerungsrahmen herstellen, der nicht jenem des Informanten entspricht. Innerhalb der Nachrichtenteile begegnen Zeichen der Modalisierung, der Bewertung, Variationen der Distanzierung zur wiedergegebenen Quelle, subjektive Qualifikationen, subjektive Fokussierungen durch gezielte Anordnung der Teiltexte, Variationen des Äußerungstyps, Parenthesen. All diese sprachlich-kommunikativen Mittel werden verwendet, um direkt auf den Leser einzuwirken.

Diese Texte beweisen, dass die Sprecher des Barocks über eine Vielzahl ausgeklügelter sprachlicher Mittel mit diskursiver Funktion verfügten, um auch indirekt und implizit kommunizieren zu können. Sie beweisen auch, mit welcher Virtuosität sich die Sprecher der Spannung zwischen barocker Vielstimmigkeit, die zuweilen wie eine undurchschaubare Kakophonie anmutet, und alles übertönender Einstimmigkeit, die alle Register der wirksamen Beeinflussung beherrscht, zu bedienen wussten.

Diese Vielstimmigkeit lässt sich auch innerhalb der syntaktischen Grundeinheit, der Periode, nachweisen. Deren zwei-, drei- oder vierkoliger Aufbau weist fast ebenso viele Übergänge von einer Ebene der Kommunikation zur anderen auf. Diese Ebenen sind meist zyklisch angeordnet; Beginn und Schluss der Periode entsprechen Kommunikaten, in denen sich vorrangig die einstimmige Subjektivität des Herausgebers äußert, es werden die Nachrichten bewertet, es werden Kommentare zur Beeinflussung des Lesers eingewebt. Auch in der Mikrostruktur wird eine kommunikativ zweckdienliche Polyphonie organisiert.

Über die Spezifität der hier untersuchten Textsorten hinaus zeigt sich, dass die Berücksichtigung solcher Vielschichtigkeit der Äußerungsstruktur eine erfolgreiche Methode zur Analyse jeder Art von Texten ist, auch historischer Texte. Selten besteht ein Text aus nur einer Dimension, einer Ebene der Kommunikation. Allerdings fehlt es oft an eindeutigen Markierungen dieser Vielschichtigkeit, die Polyphonie ist oft implizit und muss anhand indirekter Hinweise nachvollzogen werden. Gerade für historische Texte muss auch das Verwenden von heute nicht mehr üblichen Zeichen berücksichtigt werden wie dem Spatium und von Zeichen, die heute nicht mehr als Marker der Polyphonie interpretiert werden wie der Hypotaxe. Es gäbe aber noch weitere Untersuchungsansätze, die im Rahmen dieser Arbeit noch nicht ausschöpfend berücksichtigt wurden, etwa die temporale und aspektuelle Struktur der Texte, deren Marker für das 17. Jh; bestimmte Besonderheiten aufweisen.

Auch müsste in der Linguistik systematisch auf Begriffe zurückgegriffen werden können, die dieser Vielstimmigkeit und Vielschichtigkeit der Kommunikation besser gerecht werden, so etwa jene der ‚Ebenen der Kommunikation', die kaum über die deutsche Romanistik hinaus bekannt geworden sind. Es wurde auch aus der deutschen Romanistik erfolgreich der Begriff der ‚Gliederungssignale' übernommen. Ursprünglich handelt es sich um einen Begriff zur Untersuchung gesprochener Sprache, offensichtlich entsprach die frühere Rhetorik einigen Prinzipien der Sprechsprache, da sich der Begriff vorzüglich zur Beschreibung der Abgrenzungs- und Verknüpfungsmarker innerhalb der Periode eignet. Dies stellt einen innovativen Ansatz zur Untersuchung von Konnektoren dar, die eine in diesen Texten ungeahnte Polyfunktionalität aufweisen. Die Konnektoren dienen teils zur Artikulation der Periode, teils zur syntaktischen Fügung untergeordneter Syntagmen, teils zur Kennzeichnung der Kommunikate, teils zur Abgrenzung der Redewiedergabe. Dieser funktionalen Vielfalt steht auch eine Formenvielfalt gegenüber. Als Konnektoren im weiteren Sinne bzw. als Gliederungssignale sind nicht nur spezifische sprachliche Einheiten zu berücksichtigen, sondern auch grammatische Kategorien und ganze Repräsentationstypen.

Bei der syntaktischen Analyse von Texten muss somit nicht nur die dem linguistischen Zeichen inhärente Verbindung von Signifiant und Signifié, d.h. von Form und Bedeutung, berücksichtigt werden, sondern auch die kommunikative Funktion. Die Perioden und deren Bestandteile, die Kola, erweisen sich nicht nur als sprachliche Zeichen, als Kombinationen von Form und Bedeutung, sondern auch als Kommunikate. Die Anordnung dieser Kommunikate ist in unserem Korpus in ganz besonderer Weise der Kommunikation in den früheren Zeitungen angepasst: Thematisierung bereits bekannter Begebenheiten, Hinzufügen neuer Nachrichten mit Kommentaren und Angaben zu deren Glaubhaftigkeit, Schlussfolgerungen. In modernen Texten wurde der periodische Stil aufgegeben oder zumindest aufgeweicht, durch hierarchische Ränge der Hypotaxe ersetzt. Die kommunikative Organisation bei diesen funktional zusätzlich belasteten Subordinationen ist sicherlich viel schwieriger nachzuvollziehen.

Ein diachroner Befund dieser Untersuchung ist auch, dass man es im 17. Jahrhundert mit einem Zwischenstadium beim Übergang von der Periode zum komplexen Satz moderner Auffassung zu tun hat. Dies lässt sich insbesondere an der Polyfunktionalität der Konnektoren, insbesondere der Subjunktoren und Relativpronomen erkennen. Sie dienen zwar zur Einleitung von untergeordneten Verbalgruppen mit Verbendstellung, aber zugleich auch zur Abgrenzung von Kola innerhalb der Periode, als Gliederungssignale, d.h. als parataktische Verknüpfungsmittel. Als solche leiten sie unabhängige Kommunikate ein, jedoch werden diese Verbalgruppen nach modernen Kriterien wegen der Verbendstellung als abhängig interpretiert. Dies zeugt von der zunehmenden Grammatikalisierung der Sprache, in der die Verbendstellung als Charakteristikum der Abhängigkeit gilt, wo sie doch vielmehr als Kennzeichnung von unabhängigen Kommunikaten gelten sollte, die einer Assertion entzogen werden. Verbalgruppen mit Verbendstellung und Subjunktoren weisen in diesen Zeitungstexten auf eine Konkurrenzsituation zwischen der Gliederung von Teiltexten einerseits in rhetorische Einheiten (die Perioden) mit kummulativer Verkettung deren einzelnen Glieder (der Kola) und andererseits in komplexe Sätze mit hypotaktischer Hierarchisierung der Glieder. Es dominiert der periodische Stil noch deutlich in diesen Zeitungstexten, die unterordnende Funktion von Subordinatoren ist an den Nahtstellen der Periode neutralisiert. Die parataktische Verkettung führt zu weitläufigen Gefügen, die, wenn die Gliederungssignale tatsächlich als subordinierend interpretiert werden, nur schwer zu analysieren und für moderne Leser demnach schwer zugänglich sind.

Die Regelmäßigkeit der binären oder ternären Gefüge in den Perioden, der antithetische Aufbau der Kola, der symmetrische Rhythmus innerhalb der Perioden und die richtige Interpretation der Gliederungssignale als Abgrenzungsmarker ohne subordinierende Funktion sind effiziente Hilfen, um auch die komplexesten Satzgefüge des Barocks anzugehen. Diese im Rahmen moderner Syntaxabhandlungen völlig unorthodoxe Untersuchungsmethode liefert dennoch die für alle Leser einleuchtendsten Analysen früherer Satzgefüge. Die Untersuchung der Zeitungstexte erlaubt es somit, auch andere Textsorten jener Zeit zu erschließen. Die Zeitungstexte dürfen lediglich als Varianten für andere Textsorten gelten, in denen die Perioden ebenfalls präsent oder gar vorherrschend sind: in der Literatur, in Romanen und Gedichten, in der Kanzleisprache. Die oben geschilderten syntaktischen Merkmale der Periode sind stets willkommene Hilfen zur richtigen Segmentierung und zum besseren Verständnis der Texte.

Dadurch lässt sich bestimmt auch die Vorstellung des barocken Schwulsts und der barocken Komplexität korrigieren, da die Periode mit ihrem parataktischen Verkettungsprinzip auf einer eher simplen Grundlage basiert.

Ein weiteres Vorurteil zur Sprache des 17. Jahrhunderts lässt sich anhand der Zeitungen korrigieren: die Vorstellung, dass die damalige Sprache noch weit von einer einheitlichen Standardisierung entfernt sei, mit etlichen regionalen und soziolektalen Varianten. Die Zeitungen weisen im Gegenteil eine weitgehend vereinheitlichte Sprache auf quer durch das gesamte Korpus mit Titeln aus den unterschiedlichsten Regionen und für jeden Titel mit Korrespondenzen aus den vielfältigsten Herkunftsorten.

Zudem wird durch diese Analyse auch das Vorurteil widerlegt, dass in diesem Stadium seiner historischen Entwicklung das Sprachsystem unzulänglich über Mittel zum Ausdruck der feineren Nuancen der Äußerung verfügte, dass die kommunikative Variabilität in Bezug auf Äußerungsintention, Modalisierung, Bewertung, Ironie usw. die Vielfältigkeit der heutigen Sprache noch nicht erreicht habe. Die bereits festzustellende Polyfunktionalität der Konnektoren, die sowohl eine syntaktische als auch äußerungsstrukturelle Artikulation signalisieren, die schon weit verbreiteten diskursiven Einheiten, insbesondere der illokutiven und fokussierenden Partikeln, zu denen man noch die modalisierende Funktion bestimmter Verbgefüge und Attribute zählen muss, und vor allem die äußerst komplexe Äußerungsstruktur der Zeitungen mit ausgeklügelten und wirksamen kommunikativen Ausdrucksmitteln zeigen, dass die damaligen Sprecher durchaus in der Lage waren, das Sprachsystem so zu gebrauchen, dass alle subjektiven Schattierungen seitens des Sprechers, alle Berechnungen zum Wahrheitsgehalt, alle Bewertungen mit größter Feinsinnigkeit zum Ausdruck gebracht werden konnten. Lediglich das Fehlen äußerungssituativer und impliziter Kenntnisse hindert den heutigen Leser, die Funktion polyfunktionaler Adverbien bzw. Partikeln richtig zu bewerten.

Diese sprachliche Untersuchung der Zeitungstexte des 17. Jahrhunderts mit Berücksichtigung sämtlicher sprachlicher Ebenen, von jener des Textes zu jener der Syntax über die Äußerungsstruktur, soll auch zu einem kritischen Lesen dieser Texte anreizen, da die Äußerungsumstände insbesondere wegen der drohenden Zensur stets zu indirekten Sprechakten führten, da gewisse Meinungen nicht direkt an den Leser gebracht werden durften. So finden sich in den Zeitungen Pseudo-Korrespondenzen und Pseudo-Zitate, in denen jeweils der Herausgeber der Zeitung als Sprecher fungiert, die subjektive Anordnung der Korrespondenzen, das Anführen direkter Redeteile ohne Kontext, direkte Zeugnisse aufsehenerregender Geschehnisse. Dies alles stellt eine ausgeklügelte Kombination von Kommunikationsmitteln dar, um die Verantwortung des Nachrichtengehalts auf möglichst entfernte Sprecher zu übertragen, um die Neugier und Sensationslust des Lesers zu befriedigen, um den Herausgeberpflichten nachzukommen (der offizielle Nachrichten und Propagandatexte drucken muss), um den gewerblichen Notwendigkeiten genüge zu tun, Leser zu gewinnen, auch Werbetexte zu veröffentlichen usw. Für all diese Kommunikationsintentionen gibt es bestimmte makrostrukturelle, rhetorische und indirekte sprachliche Signale, auf die der heutige Leser aufmerksam sein muss, um Fehlinterpretationen zu vermeiden. Der historische, soziologische, wirtschaftliche und wissenschaftliche Gehalt der damaligen Zeitungen ist wegen fehlender Erkenntnisse zum kritischen Angehen dieser Texte von der Forschung noch unzulänglich erschlossen worden. Dadurch lässt sich auch ein kritisches Lesen heutiger Zeitungstexte gewinnen, da die damaligen publizistischen kommunikativen Gepflogenheiten auch heute noch üblich sind. Über die frühen Zeitungen lässt sich auch deshalb ein distanziertes Lesen moderner Zeitungen erlernen, weil die zeitliche Entfernung es dem heutigen Leser erlaubt, sich eingehender mit den Manipulationstechniken auseinanderzusetzen, ohne vom aktuellen Kontext abgelenkt zu werden. Zu den Mitteln der Leserbeeinflussung zählt insbesondere das Vermengen der Ebenen der Kommunikation. Immer wieder erscheinen mitten in Textteilen, die als objektive Wiedergabe von Nachrichten gestaltet sind, Kommunikate, die auf den Herausgeber der Zeitung zurückzuführen sind. In den Zeitungen des 17. Jahrhunderts muss man insbesondere zu Beginn der Protasis oder in den Klauseln von Perioden auf solche Einmischungen gefasst sein, ebenso in eingebetteten hypotaktischen Verbalgruppen. Man muss die Signale für solche Kommunikate identifizieren können, nämlich Gliederungssignale, Modalisierungspartikeln, Distanzmarkierung durch Konjunktiv oder Fehlen dieser Marker. Auch in der Makrostruktur gibt es Anhaltspunkte: die Gestaltung des Korrespondenzkopfes, das Spatium, das oft auf ein Textkonglomerat, auf eine Polyphonie hindeutet. Man muss Textteile erkennen können, in denen der Korrespondent zwei unterschiedliche Quellentexte miteinander verwoben hat, um den dargestellten Standpunkt zu verstärken, welches Qualität und Glaubwürdigkeit der Nachricht zu garantieren scheint.

Die Spannung zwischen Polyphonie und überall herauszuhörender und vorherrschender Stimme des Herausgebers entspricht einer Spannung zwischen Objektivität und Subjektivität, zwischen Nachricht und Meinung, zwischen Information und Manipulation.

Die Beschreibung der Zeitungstexte des 17. Jahrhunderts erlaubt es auch, gewisse Erkenntnisse in der Diachronie der deutschen Sprache zu ergänzen oder zu korrigieren. Insbesondere die in diesen Texten beschriebene Funktion der Syntax, der Subordination und der Subordinatoren, dürfte sich auch in der syntaktischen Analyse der modernen Sprache niederschlagen. Im 17. Jahrhundert fungieren Subordinatoren oft als parataktische Verknüpfungsmittel, als Gliederungssignale; die Verbalgruppe mit Verbendstellung ist nicht unbedingt als abhängig zu interpretieren. Es fällt in damaligen Texten auch der häufige Gebrauch von Korrelationen auf, die sich mit der binären Struktur der Perioden decken und die zwei syntaktisch gleichwertige Einheiten miteinander verknüpfen. Es besteht eine Konkurrenz zwischen anaphorischen Konnektoren, die eine syntaktische Abhängigkeit einleiten, und solchen, die eine unabhängige Verbalgruppe einleiten, wobei jedoch als Gliederung der Periode stets die anaphorische Funktion vorherrscht. Schließlich besteht auch eine Konkurrenzsituation zwischen der Grammatikalisierung der Sprache, bei der Subordinatoren und Verbendstellung als Marker der Hypotaxe fungieren, und der kommunikativen Strukturierung, bei der die Verbendstellung vor allem signalisiert, dass ein propositionaler Gehalt der Assertion entzogen wird. Dies führt zu neuen Überlegungen zur allgemeinen Entwicklung der Konnektoren und der Funktion der Subordination in der deutschen Sprache.

Auch zur Funktion und Markierung der Redewiedergabe geben die Zeitungstexte Anlass, gewisse Erkenntnisse neu zu orientieren. Die Markierung durch Konjunktiv II scheint in der bisherigen diachronischen Beschreibung von einer temporalen Funktion im Rahmen der grammatischen Zeitenfolge zu einer rein modalen Funktion in komplementärer Distribution zum Konjunktiv I übergegangen zu sein. Es zeigt sich jedoch, dass zwischen Konjunktiv I und Konjunktiv II eine gewisse Komplementarität in der Markierung der indirekten Rede bestand, die zumindest auf eine Abstufung der Distanzmarkierung hindeutet, aber auch auf eine Hierarchisierung der Markierungen, die parallel zur Hierarchie der Ebenen der Kommunikation verläuft, welches bisher noch nie in diachronen Beschreibungen vermerkt wurde.

Schließlich lässt sich anhand der Zeitungen des 17. Jahrhunderts auch veranschaulichen, wie wenig sich das eigentliche Sprachsystem im Laufe der letzten 300 Jahre verändert hat. Spürbare und eindeutige Entwicklungen gab es hingegen im Gebrauch dieses Sprachsystems durch die einzelnen Sprecher. Alle in den Zeitungstexten vorkommenden Sprachzeichen existieren auch heute noch im System, aber ihre Bedeutung, ihre kommunikativ-diskursive Funktion in einzelnen Äußerungen, d.h. in der ‚Parole', unterscheiden sich teilweise erheblich vom modernen Gebrauch. Z.B. fungieren nur wenige Adverbien in der Sprache des Barocks als modalisierende Partikeln, man beobachtet den Beginn eines Sprachgebrauchs, der für Einheiten wie *vermutlich*, *sicher* usw. zum fast ausschließlichen Gebrauch geworden ist, ohne jedoch das System an sich zu tangieren. Wenn die Sprache des Barocks dem heutigen Leser Schwierigkeiten bereitet, so liegt es nicht am System, sondern vielmehr am Gebrauch.

Literatur

Johann Christoph Adelung, Grammatisch-Kritisches Wörterbuch der Hochdeutschen Mundart, 4 Bde, 2. Aufl., Leipzig 1793-1801.

Wladimir Admoni, Historische Syntax des Deutschen, Tübingen 1990.

Vilmos Agel, Syntax des Neuhochdeutschen bis zur Mitte des 20. Jahrhunderts, in: Werner Besch, Anne Betten, Oskar Reichmann, Stefan Sonderegger (Hgg.), Sprachgeschichte. Ein Handbuch zur Geschichte der deutschen Sprache und ihrer Erforschung, Bd. 2, 2. Aufl., Berlin/New York 2000 S. 1855-1903.

Mikhaïl Bakhtine, Le Marxisme et la philosophie du langage. Essai d'application de la méthode sociologique en linguistique, Paris 1977 (Original: Leningrad 1929).

Wolfgang Behringer, Thurn und Taxis. Die Geschichte ihrer Post und ihrer Unternehmen, München 1990.

Emile Benveniste, L'appareil formel de l'énonciation, in: Emile Benveniste, Problèmes de linguistique générale, vol. II, Paris 1974, S. 79-90.

Werner Besch, Die Entstehung und Ausformung der neuhochdeutschen Schriftsprache / Standardsprache, in: Werner Besch, Anne Betten, Oskar Reichmann, Stefan Sonderegger (Hgg.), Sprachgeschichte. Ein Handbuch zur Geschichte der deutschen Sprache und ihrer Erforschung, Bd. 2, 2. Aufl., Berlin/New York 2000 S. 1781-1810.

Anne Betten, Zur Entwicklung der Prosasyntax im 15. und 16. Jahrhundert. Überlegungen zur Analyse, in: G. Stötzel (Hg.), Germanistik – Forschungsstand und Perspektiven. Vorträge des Deutschen Germanistentages 1984, 1. Teil, Berlin/New York 1985, S. 107-115.

Anne Betten (Hg.), Neuere Forschungen zur historischen Syntax des Deutschen: Referate der Internationalen Fachkonferenz Eichstätt 1989, Tübingen 1990.

Anne Betten, Norm und Spielraum im deutschen Satzbau. Eine diachrone Untersuchung, in: Klaus Jürgen Mattheier – Haruo Nitta – Mitsuyo Ono (Hgg.), Methoden zur Erforschung des Frühneuhochdeutschen, München 1993, S. 125-145.

Else Bogel – Elger Blühm, Die deutschen Zeitungen des 17. Jahrhunderts: ein Bestandsverzeichnis mit historischen und bibliographischen Angaben, (= Studien zur Publizistik: Bremer Reihe / Deutsche Presseforschung, 17) Bremen 1971.

Else Bogel, Schweizer Zeitungen des 17. Jahrhunderts: Beiträge zur frühen Pressegeschichte von Zürich, Basel, Bern, Schaffhausen, St. Gallen und Solothurn, (= Studien zur Publizistik: Bremer Reihe / Deutsche Presseforschung, 19) Bremen 1973.

Holger Böning, Periodische Presse, Kommunikation und Aufklärung: Hamburg und Altona als Beispiel, Bremen 2002.

Holger Böning (Hg.), Deutsche Presseforschung: Geschichte, Projekte und Perspektiven eines Forschungsinstituts der Universität Bremen; nebst einigen Beiträgen zur Bedeutung der historischen Presseforschung, (= Presse und Geschichte: Neue Beiträge, 13) Bremen 2004.

Franz Bosbach (Hg.), Feindbilder: die Darstellung des Gegners in der politischen Publizistik des Mittelalters und der Neuzeit. Bayreuther Historisches Kolloquium 7 (1991), Köln 1992.

August Buchner, Anleitung zur Deutschen Poeterey, Wittenberg 1665. (Nachdruck: Marian Szyrocki (Hg), Tübingen 1966).

Ulrike Demske, Merkmale und Relationen. Diachrone Studien zur Nominalphrase des Deutschen, (= Studia Linguistica Germanica 56) Berlin/New York 2001.

Yvon Desportes, Zu „huu-“, „ir“, „th-“, „these“ im ahd. Isidor. Vorbemerkungen zu einer Analyse der Korrelate und Korrelatverbindungen im ahd. Isidor, in: Albrecht Greule (Hg.), Entstehung des Deutschen: Festschrift für Heinrich Tiefenbach, Heidelberg 2004, S. 31-63.

Yvon Desportes, „Sô“ im ahd. Isidor, in: Yvon Desportes – Franz Simmler – Claudia Wich-Reif (Hgg.), Die Formen der Wiederaufnahme im älteren Deutsch. Akten zum Internationalen Kongress an der Université Paris Sorbonne (Paris IV) 8. bis 10. Juni 2006, (= Berliner Sprachwissenschaftliche Studien 10) Berlin 2008, S. 9-66.

Yvon Desportes, Stimmenvielfalt und Sprecherwechsel im ahd. Isidor. Die sprachlichen Merkmale der Polyphonie im Ahd, in: Claudia Wich-Reif (Hg.). Strukturen und Funktionen in Gegenwart und Geschichte. Festschrift für Franz Simmler zum 65. Geburtstag, Berlin 2007, S. 95-176.

Yvon Desportes, Anapher, Korrelativa und Korrelationen in Otfrids Evangelienbuch, in: Franz Simmler – Claudia Wich-Reif (Hgg.), Syntaktische Variabilität in Synchronie und Diachronie vom 9. bis 18. Jahrhundert. Akten zum Internationalen Kongress an der Rheinischen Friedrich-Wilhelms-Universität Bonn 9. bis 12. Juni 2010, (= Berliner Sprachwissenschaftliche Studien 24) Berlin 2011, S. 39-85.

Ainars Dimants, Die Entwicklung der Massenmedien in Lettland nach der zweiten Unabhängigkeit (The Development of Mass Media in Latvia after the Second Independence), Diss. FU-Berlin 2002.

Oswald Ducrot, Le dire et le dit, Paris 1984.

Robert Peter Ebert, Historische Syntax des Deutschen II: 1350-1700, Berlin/ Frankfurt a.M. 1986.

Ulrich Eisenhardt, Die kaiserliche Aufsicht ueber Buchdruck, Buchhandel und Presse im Heiligen Roemischen Reich Deutscher Nation (1496–1806); ein Beitrag zur Geschichte der Bücher- und Pressezensur, (Diss. Habil. Bonn) Karlsruhe 1970.

Gerd Fritz – Erich Strassner et al. (Hgg.), Die Sprache der ersten deutschen Wochenzeitungen im 17. Jahrhundert, Tübingen 1996.

Andreas Gardt, Das Fremdwort in der Sicht der Grammatiker und Sprachtheoretiker des 17. und 18. Jahrhunderts. Eine lexikographische Darstellung, in: Zeitschrift für deutsche Philologie 116 (1997) S. 388-412.

Gérard Genette, Figures III, Paris 1972.

Johann Christoph Gottsched, Vollständigere und Neuerläuterte Deutsche Sprachkunst. Nach den Mustern der besten Schriftsteller des vorigen und itzigen Jahrhunderts abgefasset, 5. Aufl., Leipzig 1758 (Nachdruck: Ausgewählte Werke, 12 Bände, Band 8, Berlin/New York 1968-1987).

Albrecht Greule, Die Parenthese in der deutschen Sprache: Gegenwart und Geschichte, in: Franz Simmler – Claudia Wich-Reif (Hgg.), Probleme der historischen deutschen Syntax unter besonderer Berücksichtigung ihrer Textsortengebundenheit. Akten zum Internationalen Kongress an der Freien Universität Berlin 29. Juni bis 3. Juli 2005, (= Berliner Sprachwissenschaftliche Studien 9) Berlin 2007 S. 349-360.

Mirra M. Guchmann, Die Sprache der deutschen politischen Literatur in der Zeit der Reformation und des Bauernkrieges, (= Bausteine zur Sprachgeschichte des Neuhochdeutschen, 54) Berlin 1974.

Elisabeth Gülich, Makrosyntax der Gliederungssignale im gesprochenen Französisch, München 1970.

Elisabeth Gülich – Klaus Heger – Wolfgang Raible, Linguistische Textanalyse: Überlegungen zur Gliederung von Texten, 2., durchges. u. erg. Aufl., (= Papiere zur Textlinguistik, 8) Hamburg 1979.

Didier Haberkorn, Untergeordneter Hauptsatz, in: Michel Lefèvre (Hg.), Subordination in Syntax, Semantik und Textlinguistik, (= Eurogermanistik, 15) Tübingen 2000 S. 157-168.

Roger Hainsworth – Christine Churchers, The Anglo-Dutch Naval Wars 1652-1674, Thrupp/ Stroud/ Gloucestershire 1998.

Jean Haudry, Parataxe, Hypotaxe, Corrélation dans la phrase latine, Bulletin de la Société de Linguistique de Paris BSLP, 68 (1973) S. 147-186.

Jean Haudry, Die Grundlagen der germanischen Korrelation am ‚Heliand' dargestellt, in: Yvon Desportes (Hg.), Konnektoren im älteren Deutsch. Akten des Pariser Kolloquiums März 2002, (= Germanistische Bibliothek 15) Heidelberg 2003, S. 161-178.

Anke Holler-Feldhaus, Zur Grammatik der weiterführenden w-Relativsätze, in: Zeitschrift für Germanistische Linguistik, 31 (2002) S. 78-88.

Franz Hundsnurscher, J. G. Schottelius' Spracharbeit als rhetorische Programmatik, in: Claudia Wich-Reif (Hg.), Strukturen und Funktionen in Gegenwart und Geschichte. Festschrift für Franz Simmler zum 65. Geburtstag, Berlin 2007, S. 589-604.

Roman Jakobson, Essais de linguistique générale. Vol. II., Paris 1963.

William Jervis Jones, Sprachhelden und Sprachverderber. Dokumente zur Erforschung des Fremdwortpurismus im Deutschen (1478-1750), Berlin/New York 1995.

Karen Kinnemark, Studien zum Fremdwort in deutschen Zeitungen aus der ersten Hälfte des 17. Jahrhunderts, in: Publizistik 9 (1964) S. 359-363.

Hans-Joachim Köhler, Flugschriften als Massenmedium der Reformationszeit. Beiträge zum Tübinger Symposium 1980, (= Spätmittelalter und frühe Neuzeit, 13) Stuttgart 1981.

Jarno Korhonen, Zur Textkonstitution und Syntax in der „Relation" des Jahres 1609, in: Peter Wiesinger (Hg.), Studien zum Frühneuhochdeutschen. Emil Skala zum 60. Geburtstag, Göppingen 1988, S. 227-246.

Karl O. Kurth (Hg.), Die ältesten Schriften für und wider die Zeitung. Die Urteile des Christophorus Besoldus (1629), Ahashver Fritsch (1676), Christian Weise (1676), und Tobias Peucer (1690) über den Gebrauch und Mißbrauch der Nachrichten, Brünn/München/Wien 1944.

Heinrich Lausberg, Elemente der Literarischen Rhetorik. Eine Einführung für Studierende der klassischen, romanischen, englischen und deutschen Philologie, München 1949, hier 3. Aufl. 1967.

Heinrich Lausberg, Handbuch der literarischen Rhetorik. Eine Grundlegung der Literaturwissenschaft, München 1973.

Michel Lefèvre, Die Sprache der Lieselotte von der Pfalz, Stuttgart 1995.

Michel Lefèvre, Versuch einer textlichen Strukturanalyse der deutschen Briefe der Pfalzgräfin Liselotte an Sophie von Hannover, in: Marcel Vuillaume und Eugène Faucher (Hgg.), Signans und Signatum. Auf dem Wege zu einer semantischen Grammatik. Festschrift für Paul Valentin zum 60. Geburtstag, (= Eurogermanistik 6) Tübingen 1995. S. 425-439.

Michel Lefèvre, Die adverbialen Proformen *so, da, wo* im späten Frühneuhochdeutschen, in: Marie-Hélène Pérennec (Hg.), Proformen des Deutschen, (= Eurogermanistik 10) Tübingen 1996, S. 63-75.

Michel Lefèvre, Syntaktische vs. Semantische Konnektion im Deutschen des 17. Jahrhunderts, in: Yvon Desportes (Hg.), Konnektoren im älteren Deutsch. Akten des Pariser Kolloquiums März 2002, (= Germanistische Bibliothek 15) Heidelberg 2003, S. 253-270.

Michel Lefèvre, Anaphorika in der deutschen Sprache des 17. Jahrhunderts. Am Beispiel der Trauerspiele von Andreas Gryphius, in: Franz Simmler (Hg.), Syntax. Althochdeutsch-Mittelhochdeutsch: Eine Gegenüberstellung von Metrik und Prosa. Akten zum internationalen Kongress an der Freien Universität Berlin 26. bis 29. Mai 2004, (= Berliner Sprachwissenschaftliche Studien 7) Berlin 2005, S. 223-241.

Michel Lefèvre, Was darf *es* sein? Überlegungen zur semantischen „Leere" des Pronomens *es*, in: Jean-François Marillier – Martine Dalmas – Irmtraud Behr (Hgg.), Text und Sinn. Studien zur Textsyntax und Deixis im Deutschen und Französischen. Festschrift für Marcel Vuillaume. Zum 60. Geburtstag, (= Eurogermanistik 23) Tübingen 2006, S. 67-78.

Michel Lefèvre, Langue de spécialité dans les premiers périodiques allemands du XVIIème siècle, in: John Humbley (Hg.), Aspects de la recherche en langues de spécialité, (Cahiers du CIEL de l'Université Paris 7 Denis Diderot,

2007/2008) Paris 2008, S. 101-115. http://www.eila.univ-paris-diderot.fr/ recherche/clillac/ciel/cahiers /2007-2008
Michel Lefèvre, Einflüsse des Französischen auf die deutsche Sprache des Barocks. Entlehnung, Integration und Vermeidung der französischen Spracheinflüsse in der Sprache deutscher Zeitungen, die einen deutsch-französischen Konflikt schildern, in: Jean-Marie Valentin (Hg.), unter Mitarbeit von Hélène Winckel, Akten des XI Internationalen Germanistenkongresses Paris 2005, Band IV (= Jahrbuch für Internationale Germanistik, Reihe A: Kongressberichte 80) Bern u.a. 2008, S. 195-199.
Michel Lefèvre, Die Periode als strukturierende Einheit der Zeitungstexte im 17. Jahrhundert. Zwischen Mikrostruktur und Makrostruktur, in: Yvon Desportes – Franz Simmler – Claudia Wich-Reif (Hgg.), Mikrostrukturen und Makrostrukturen im älteren Deutsch vom 9. bis zum 17. Jahrhundert: Text und Syntax. Pariser Kolloquium 6-7. Juni 2008, (= Berliner Sprachwissenschaftliche Studien 19) Berlin 2010, S. 81-102.
Michel Lefèvre, Syntaktische Weiterentwicklungen in der Zeitungssprache vom 17. bis 19. Jahrhundert, in: Franz Simmler und Claudia Wich-Reif (Hgg.), Geschichte der Gesamtsatzstrukturen vom Althochdeutschen bis zum Frühneuhochdeutschen, (= Jahrbuch für Internationale Germanistik, Reihe A, Kongressberichte 104) Bern u. a. 2011, S. 153-176.
Michel Lefèvre, Infinitivgruppe mit *zu* bzw. *um(b)…zu*: Entwicklungstendenzen in Form und Funktion im 17. und 18. Jahrhundert, in: Franz Simmler – Claudia Wich-Reif (Hgg.), Syntaktische Variabilität in Synchronie und Diachronie vom 9. bis 18. Jahrhundert. Akten zum Internationalen Kongress an der Rheinischen Friedrich-Wilhelms-Universität Bonn 9. bis 12. Juni 2010, (= Berliner Sprachwissenschaftliche Studien 24) Berlin 2011, S. 219-238.
Michel Lefèvre, Qualifikation und subjektive Bewertung: attributive Adjektive in modalisierender und bewertender Funktion, in: Günter Schmale (Hg.), Das Adjektiv im heutigen Deutsch. Syntax, Semantik, Pragmatik, (= Eurogermanistik 29) Tübingen 2011, S. 83-96.
Michel Lefèvre, Le récit d'actes de guerre dans les journaux allemands du XVIIème siècle: l'exemple de la bataille navale de Schooneveldt et du siège de Maastricht (1673), in: Jacqueline Bel und Michel Lefèvre (Hgg.), Actes et machines de guerre. (= Cahiers du Littoral 13) Aachen/Boulogne-sur-Mer 2012, S. 259-277.
Michel Lefèvre, Textgestaltung in den frühen Zeitungen: zum Problem der Kontinuität vom Satz zum Text, in: Jozef Wiktorowicz, Anna Just, Ireneusz Gaworski 5Hgg.), Satz und Text. Zur Relevanz syntaktischer Strukturen zur Textkonstitution, (= Schriften zur diachronen und synchronen Linguistik 8) Frankfurt a.M. 2013, S. 143-158.
Gottfried Wilhelm Leibniz, Unvorgreifliche Gedanken, betreffend di Ausübung und Verbesserung der deutschen Sprache. Zwei Aufsätze, Hg. v. Uwe Pörksen, Stuttgart 1995.

Jacqueline Léon, Proposition, Phrase, Enoncé: parcours historique, in: L'information Grammaticale 98 (2003) S. 5-16.
Margot Lindemann, Deutsche Presse bis 1815, (= Abhandlungen und Materialien zur Publizistik 5) Berlin 1969.
Margot Lindemann, Nachrichtenuebermittlung durch Kaufmannsbriefe: Brief-„Zeitungen" in der Korrespondenz Hildebrand Veckinchusens (1398-1428), (= Dortmunder Beiträge zur Zeitungsforschung 26) München 1978.
Andreas Lötscher, Die textlinguistische Interpretation von Relativsätzen, in: Deutsche Sprache 26 (1998) S. 97-137.
Lutz Mackensen, Zeitungen als Quelle zur Sprachgeschichte des 17. Jahrhunderts, in: Ostdeutsche Wissenschaft Bd. II-IV (1956/57), München 1958, S. 146-157.
Lutz Mackensen, Über die sprachliche Funktion der Zeitung, in: Gustav Erdmann – Alfons Eichstätt (Hgg.), Worte und Werte. Festschrift für Bruno Marquardt, Berlin 1961, S. 232-247.
Lutz Mackensen, Zur Sprachgeschichte des 17. Jahrhunderts. Aus der Arbeit der Deutschen Presseforschung, in: Wirkendes Wort 14 (1964) S. 157-170.
Matthias Marschall, Von Schichten und Schächten. Nebensätze, Textschichtung und Polyphonie, in: Michel Lefèvre (Hg.), Subordination in Syntax, Semantik und Textlinguistik, (= Eurogermanistik 15) Tübingen 2000, S. 123-134.
Klaus Jürgen Mattheier, Wege und Umwege zur neuhochdeutschen Schriftsprache, in: Zeitschrift für Germanistische Linguistik 9 (1981) S. 274-307.
Klaus Jürgen Mattheier – Haruo Nitta – Mitsuyo Ono (Hgg.), Methoden zur Erforschung des Frühneuhochdeutschen: Studien des Deutsch-Japanischen Arbeitskreises für Frühneuhochdeutschforschung, München 1993.
René Métrich – Eugène Faucher et al., Dictionnaire des invariables difficiles, 4 Bde, Nancy 1993-2001.
René Métrich – Eugène Faucher, Wörterbuch deutscher Partikeln: unter Berücksichtigung ihrer französischen Äquivalente, Berlin u.a. 2009.
Jörg Meier, Textstrukturen und Textmuster. Zum Modell einer historischen Textlinguistik, in: Claudia Wich-Reif (Hg.), Strukturen und Funktionen in Gegenwart und Geschichte. Festschrift für Franz Simmler zum 65. Geburtstag, Berlin 2007, S. 605-627.
Armand Minard, La subordination dans la prose védique. Etudes sur le Satapatha-Brhmana, (= Annales de l'Université de Lyon. Série 3. Lettres fasc. 3) Paris 1936.
Georges Molinié, Dictionnaire de rhétorique, Paris 1996.
Hans Moser, Die Kanzleisprachen, in: Werner Besch – Anne Betten – Oskar Reichmann – Stefan Sonderegger (Hgg.), Sprachgeschichte. Ein Handbuch zur Geschichte der deutschen Sprache und ihrer Erforschung, Bd. 2, 2. Aufl., Berlin/New York 2000, S. 1398-1408.
Larissa Neborskaja, Besonderheiten der syntaktischen Struktur der direkten und indirekten Rede im deutschen Volksbuch vom 16. bis 18. Jahrhundert, in: Franz Simmler – Claudia Wich-Reif (Hgg.), Probleme der historischen deut-

schen Syntax unter besonderer Berücksichtigung ihrer Textsortengebundenheit. Akten zum Internationalen Kongress an der Freien Universität Berlin 29. Juni bis 3. Juli 2005, (= Berliner Sprachwissenschaftliche Studien 9) Berlin 2007, S. 283-300.

Marina A. Oleynik, Zur Textsortengebundenheit der Adressatenbezeichnung (am Beispiel von Widmungen und Vorreden zu literarischen Texten des 16. Jahrhunderts), in: Franz Simmler – Claudia Wich-Reif (Hgg.), Probleme der historischen deutschen Syntax unter besonderer Berücksichtigung ihrer Textsortengebundenheit. Akten zum Internationalen Kongress an der Freien Universität Berlin 29. Juni bis 3. Juli 2005, (= Berliner Sprachwissenschaftliche Studien 9) Berlin 2007, S. 301-312.

Martin Opitz, Buch von der Teutschen Poeterey, Breslau 1624

Alexander Polikarpow, Zum Problem der asyndetischen Subordination in der Syntax der gesprochenen deutschen Sprache, in: Deutsche Sprache 24 (1996) S. 154-168.

Marcel Pérennec, Présentation des mots du discours en allemand, in: Louis Basset – Marcel Pérennec (Hgg.), Les classes de mots. Traditions et perspectives, Lyon 1994, S. 285-312.

Carsten Prange, Die Zeitungen und Zeitschriften des 17. Jahrhunderts in Hamburg und Altona: ein Beitrag zur Publizistik der Frühaufklärung, (= Beiträge zur Geschichte Hamburgs, hg. vom Verein für Hamburgische Geschichte 13) Hamburg 1978.

Monika Rössing-Hager, Ansätze zu einer deutschen Sprachgeschichtsschreibung vom Humanismus bis ins 18. Jh, in: Werner Besch – Anne Betten – Oskar Reichmann – Stefan Sonderegger (Hgg.), Sprachgeschichte. Ein Handbuch zur Geschichte der deutschen Sprache und ihrer Erforschung, Bd. 2, 2. Aufl., Berlin/New York 2000, S. 1564-1614.

Johann Rudolph Sattler, Teutsche Orthographey und Phraseologey, Basel 1617 (Nachdruck: Hildesheim 1975).

Siegrid Schmidt, Die Bilder sind zugleich der Text: Erzähltechnische und visuelle Strukturierung des Lied vom Hürnen Seyfrid (1530 und 2001), in: Claudia Wich-Reif (Hg.), Strukturen und Funktionen in Gegenwart und Geschichte. Festschrift für Franz Simmler zum 65. Geburtstag, Berlin 2007, S. 371-390.

Justus Georgius Schottel, Der schreckliche Sprachkrieg: teutonum antiquissimorum (= horrendum bellum grammaticale). Hg. v. Friedrich A. Kittler, Leipzig 1991.

Justus Georgius Schottel, Ausführliche Arbeit Von der Teutschen Haubt Sprache [...], Braunschweig 1663 (Neudruck: Tübingen 1967, = Deutsche Neudrucke. Reihe Barock, 11, 12).

Karl Schottenloher, Flugblatt und Zeitung: ein Wegweiser durch das gedruckte Tagesschrifttum, (= Antiquitätenfreunde 21) Berlin 1922.

Thomas Schröder, Die ersten Zeitungen: Textgestaltung und Nachrichtenauswahl, Tübingen 1995.

Sonja Schultheiß, Zeitgeschichte in der europäischen Publizistik des 17. Jahrhunderts – Quantitative und qualitative Vergleiche der Nachrichten im „Teutschen Kriegs-Kurier“, in der „Gazette“ und in der „London Gazette“ 1672-1679, Diss. Nürnberg 2001.

Britt-Marie Schuster, Die Verständlichkeit von frühreformatorischen Flugschriften. Eine Studie zu kommunikationswirksamen Faktoren der Textgestaltung, Diss. Hildesheim/Zürich/New York 2001.

Britt-Marie Schuster, Der Zusammenhang von syntaktischer Variabilität und Textsortenstil in der „Stats= und Gelehrte[n] Zeitung des Hamburgischen unpartheyischen Correspondenten“ (1731), in: Franz Simmler – Claudia Wich-Reif (Hgg.), Syntaktische Variabilität in Synchronie und Diachronie vom 9. bis 18. Jahrhundert. Akten zum Internationalen Kongress an der Rheinischen Friedrich-Wilhelms-Universität Bonn. 9. bis 12. Juni 2010, (= Berliner Sprachwissenschaftliche Studien 24) Berlin 2011, S. 273-293.

Britt-Marie Schuster, Die Geschichte des öffentlichen Kommunizierens von der Frühen Neuzeit bis heute. [Monographie, die im Erich-Schmidt-Verlag erscheinen wird.]

Franz Simmler, Teil und Ganzes in Texten. Zum Verhältnis von Textexemplar, Textteilen, Teiltexten, Textauszügen und Makrostrukturen, in: Daphnis 25 (1996) S. 597-625.

Franz Simmler, Zur Geschichte der Interpunktion im Deutschen. Gebrauchsnormen zur Kennzeichnung von Fragen und Ausrufen, in: Yvon Desportes (Hg.), Philologische Forschungen. Festschrift für Philippe Marcq, (= Germanische Bibliothek 3) Heidelberg 1994, S. 43-115.

Franz Simmler, Textsortengebundene syntaktische und interpungierende Entwicklungsetappen vom 14. bis 18. jahrhundert, in: Jörg Jungmayr et al. (Hgg.), Das Berliner Modell der mittleren deutschen Litteratur. Beiträge zur Tagung Kloster Zinna 29.09-01.10.1997, (= Beihefte zum Daphnis) Amsterdam 2000, S. 47-68.

Franz Simmler, Geschichte der Interpunktionssysteme im Deutschen, in: Werner Besch – Anne Betten – Oskar Reichmann – Stefan Sonderegger (Hgg.), Sprachgeschichte. Ein Handbuch zur Geschichte der deutschen Sprache und ihrer Erforschung, Bd. 3, 2. Aufl., Berlin/New York 2003, S. 2472-2504.

Wolfgang Stammler (Hg.), Deutsche Philologie im Aufriss, Unveränderter Nachdruck der 2. überarbeiteten Aufl., Berlin 1966-1969.

Kaspar Stieler, Der Teutschen Sprache Stammbaum und Fortwachs oder Teutscher Sprachschatz, Nürnberg 1691 (Nachdruck: Hg. v. Gerhard Ising, Hildesheim 1968, (= Documenta linguistica: Reihe II).

Kaspar Stieler, Zeitungs Lust und Nutz, Hamburg 1695 (Nachdruck: Bremen 1969).

Birgit Stolt, Periodus, cola und Commata in Luthers Bibeltext, in: Peter Wiesinger (Hg.), Studien zum Frühneuhochdeutschen. Emil Skala zum 60. Geburtstag, (= Göppinger Arbeiten zur Germanistik 476) Göppingen 1988, S. 263-268.

Erich Straßner, Journalistische Texte, (= Grundlagen der Medienkommunikation 10) Tübingen 2000.
Erich Straßner, Zeitung, (= Grundlagen der Medienkommunikation 2) Tübingen 1997.
Hiroyuki Takada, Orthographische Vorschrift und Praxis im Barock. Zum Anteil der Grammatiker an der schriftsprachlichen Norm, Zeitschrift für deutsche Philologie 116 (1997) S. 68-89.
Lucien Tesnière, Elements de syntaxe structurale, Paris 1959.
Klaus-Peter Wegera (Hg.), Zur Entstehung der neuhochdeutschen Schriftsprache. Eine Dokumentation von Forschungsthesen, (= Reihe Germanistische Linguistik 64) Tübingen 1986.
Christian Weise, Politischer Redner, das ist kurtze und eigentliche Nachricht: wie ein sorgfältiger Hofmeister seine Untergebenen zu der Wohlredenheit anführen soll, Leipzig 1677.
Peter Wiesinger, Die Diagliederung des Neuhochdeutschen bis zur Mitte des 20. Jahrhunderts, in: Werner Besch – Anne Betten – Oskar Reichmann – Stefan Sonderegger (Hgg.), Sprachgeschichte. Ein Handbuch zur Geschichte der deutschen Sprache und ihrer Erforschung, Bd. 2, 2. Aufl., Berlin/New York 2000, S. 1932-1951.
Peter Wiesinger, Formen der Wiederaufnahme am Beispiel eines österreichischen Adeligenbriefes des 17. Jahrhunderts, in: Yvon Desportes – Franz Simmler – Claudia Wich-Reif (Hgg.), Die Formen der Wiederaufnahme im älteren Deutsch. Akten zum Internationalen Kongress an der Université Paris Sorbonne (Paris IV) 8. bis 10. Juni 2006, (= Berliner Sprachwissenschaftliche Studien 10) Berlin 2008, S. 377-388.
Jean-Marie Zemb, Structure logique de la proposition allemande, Paris 1969.